Estadísticas tributarias en América Latina y el Caribe 2026

1990-2024

Por favor, cite esta publicación de la siguiente manera:
OECD et al. (2026), *Estadísticas tributarias en América Latina y el Caribe 2026*, OECD Publishing, Paris, https://doi.org/10.1787/38649e87-es.

ISBN 978-92-64-86557-0 (impresa)
ISBN 978-92-64-78637-0 (PDF)
ISBN 978-92-64-70851-8 (HTML)

Estadísticas tributarias en América Latina y el Caribe
ISSN 2959-4928 (impresa)
ISSN 2959-4936 (en línea)

Publicado originalmente por la OCDE con el título: OECD et al. (2026), *Revenue Statistics in Latin America and the Caribbean 2026*, OECD Publishing, Paris, https://doi.org/10.1787/2f21f131-en.
En caso de discrepancia entre la obra original y la traducción, solo se considerará válido el texto de la obra original.

Imágenes: Portada © John W. Banagan/Getty Images.

Las erratas de las publicaciones se encuentran en línea en: https://www.oecd.org/en/publications/support/corrigenda.html.

Presentación

La publicación *Estadísticas tributarias en América Latina y el Caribe 2026* ha sido elaborada conjuntamente por el Centro de Política y Administración Tributaria de la Organización para la Cooperación y el Desarrollo Económicos (OCDE), el Centro de Desarrollo de la OCDE, la Comisión Económica para América Latina y el Caribe de las Naciones Unidas (CEPAL-NU), el Centro Interamericano de Administraciones Tributarias (CIAT) y el Banco Interamericano de Desarrollo (BID), con el apoyo financiero de la Agencia Española de Cooperación Internacional para el Desarrollo (AECID) así como de los gobiernos de Canadá, Irlanda, Japón, Luxemburgo, Noruega, los Países Bajos, Suecia y Suiza. Esta publicación presenta datos detallados y comparables a nivel internacional sobre los ingresos tributarios de 29 economías de América Latina y del Caribe (ALC), cuatro de las cuales son miembros de la OCDE y quince son miembros del Centro de Desarrollo de la OCDE

La publicación *Estadísticas tributarias en América Latina y el Caribe 2026* se basa en la clasificación de ingresos establecida en la Guía Interpretativa de la OCDE. Se presentan también comparaciones con los promedios de indicadores tributarios para las economías de la OCDE. En la presente publicación, el término "impuestos" se limita exclusivamente a los pagos obligatorios sin contraprestación efectuados al gobierno general. Los impuestos carecen de contraprestación en el sentido en que, normalmente, las prestaciones proporcionadas por el gobierno a los contribuyentes no guardan relación directa con los pagos realizados por estos. La metodología de la OCDE clasifica un impuesto de acuerdo con su base: renta, utilidades y ganancias del capital (categoría 1000); nómina (categoría 3000); propiedad (categoría 4000); bienes y servicios (categoría 5000); y otros impuestos (categoría 6000). Las contribuciones obligatorias a la seguridad social pagadas al gobierno general se tratan aquí como impuestos y se clasifican en la categoría 2000. Para mayor detalle sobre el concepto de impuesto, su clasificación y su registro según el criterio de devengo, véase la Guía de Interpretación que figura en el Anexo A.

Aplicar la metodología de la OCDE a América Latina y el Caribe (ALC) posibilita la comparación de sistemas tributarios a partir de una base coherente en la región, entre los países de ALC, con los países miembros de la OCDE, y con todos los países incluidos en la base de datos global de estadísticas tributarias. Sin embargo, en algunas ocasiones, esta metodología difiere de la empleada por la CEPAL-NU, el CIAT y el BID; en esos casos, las diferencias se han indicado en el texto y en las notas.

El informe ofrece un panorama general de las principales tendencias en materia tributaria en la región de ALC. Examina los cambios registrados entre 1990 y 2024 en el nivel y la composición de la tributación, así como en la atribución de la recaudación tributaria a los diversos subsectores de gobierno. El informe incluye un capítulo que analiza las tendencias de los ingresos fiscales provenientes de los recursos naturales no renovables en la región de ALC en 2024 y 2025.

Agradecimientos

La publicación *Estadísticas tributarias en América Latina y el Caribe 2026* ha sido elaborada conjuntamente por el Centro de Política y Administración Tributaria de la Organización para la Cooperación y el Desarrollo Económicos (OCDE), el Centro de Desarrollo de la OCDE, la Comisión Económica para América Latina y el Caribe de las Naciones Unidas (CEPAL-NU), el Centro Interamericano de Administraciones Tributarias (CIAT) y el Banco Interamericano de Desarrollo (BID). Esta publicación se benefició del apoyo financiero de la Agencia Española de Cooperación Internacional para el Desarrollo (AECID) en el marco de las actividades dirigidas a mejorar los sistemas fiscales en América Latina y el Caribe (ALC). También recibió apoyo financiero de los gobiernos de Canadá, Irlanda, Japón, Luxemburgo, Noruega, Países Bajos, Suecia y Suiza.

Las personas de estas organizaciones responsables de redactar la presente publicación han sido: Emmanuelle Modica y Pedro Baptista del Centro de Política y Administración Tributaria de la OCDE, bajo la supervisión de la Directora, Manal Corwin, del Sub-director, Ben Dickinson, del Jefe de la División de Políticas y Estadísticas Tributarias, Kurt Van Dender, y del Jefe de la Unidad de Análisis de Datos Tributarios y Estadísticas, Alexander Pick; Laura Gutiérrez y René Orozco del Centro de Desarrollo de la OCDE, bajo la supervisión de la Directora, Ragnheiður Elín Árnadóttir, del Director adjunto, Federico Bonaglia, Sebastián Nieto Parra, Jefe de la División de Dinámica del Desarrollo Regional y del Jefe de la Unidad de América Latina y el Caribe, Juan Vázquez Zamora; Indira Romero de la Sede Subregional de la CEPAL-NU en México, Michael Hanni y Dalmiro Morán de la División de Desarrollo Económico de la CEPAL-NU, bajo la supervisión del responsable de la División de Desarrollo Económico, Noel Pérez Benítez; Julio Alberto López de la Dirección de Estudios e Investigaciones Tributarias del CIAT, bajo la supervisión del Director, Santiago Díaz de Sarralde; y Alberto Barreix, Líder Técnico Principal en Economía Fiscal del BID bajo el Especialista Líder de Sector en Administración Fiscal, Ubaldo González de Frutos. Michael Hanni de la CEPAL-NU fue autor del capítulo especial sobre los ingresos fiscales provenientes de los recursos naturales no renovables en América Latina y el Caribe (Capítulo 2).

Los autores desean agradecer a otras personas del Centro de Política y Administración Tributaria y el Centro de Desarrollo de la OCDE por su invaluable contribución a la mejora y finalización de la edición 2026 de esta publicación. Karena Garnier, Delphine Grandrieux y Elizabeth Nash se encargaron de la maquetación de la publicación, mientras que Ria Sandilands y Rai Santana prepararon el material de comunicación. Michael Sharratt brindó una valiosa ayuda con las bases de datos, el sitio web y otras herramientas de difusión. Los autores desean dar las gracias a Bopha Chhun, de la Dirección de Medio Ambiente, que facilitó estadísticas de ingresos relacionadas con el medio ambiente.

Por último, el Centro de Política y Administración Tributaria y el Centro de Desarrollo de la OCDE quisieran agradecer a colegas de entidades nacionales, a los que hemos consultado con frecuencia durante la preparación de esta publicación. En particular, damos gracias a Yannick Gordon del Ministerio de Finanzas y Gobierno Corporativo de Antigua y Barbuda; Eduardo Rodriguez, del Ministerio de Hacienda de Argentina; Fidelia Raulina Pérez Castillo y Mariam Ortiz, del Ministerio de Hacienda de la República Dominicana; Paúl Auz Puga, Lorena Huerta, Donald Zhangallimbay, Marcos Gonzalez y Esteban Castillo del Banco de Desarrollo del Ecuador, Marina E. Echegoyén de Espinal, Joaquin Alberto Montano Ochoa and Humberto Barrera Salinas del Ministerio de Hacienda de El Salvador; David Fernando Pineda Pinto, del Servicio de Administración de Rentas, y Kervin Andre Sánchez Valle y Santos Ariel Rodriguez, de la Secretaría de Finanzas de Honduras; Princess Scott, de la Administración de Impuestos de Jamaica; Hoanny Flores, del Ministerio de Hacienda de Panamá; Zonia Portillo y Diego Dominguez de la Dirección Nacional de Ingresos Tributarios (DNIT) en Paraguay y Jorge Luis Sanchez Vecorena, Pilar Denisse Villena Guzman, Reynaldo Torres Ocampo y Gustavo Jara Acosta de la SUNAT (Superintendencia Nacional de Aduanas y de Administración Tributaria) en Perú.

In Memoriam

Esta edición de las *Estadísticas tributarias en América Latina y el Caribe* está dedicada a Juan Pablo Jiménez, que falleció en junio de 2025. Juan Pablo deja un legado imperecedero para académicos y responsables de las políticas fiscales en América Latina. A lo largo de su sobresaliente carrera profesional, combinó el trabajo académico con la experiencia práctica, ostentando cargos relacionados con la formulación de políticas en su Argentina natal y en otros lugares del mundo. Colaboró ampliamente con el Fondo Monetario Internacional, la Comisión Económica para América Latina y el Caribe, el Banco Interamericano de Desarrollo y el Centro Interamericano de Administraciones Tributarias. Además de sus contribuciones en materia de tributación, Juan Pablo era un firme defensor de la ampliación del conocimiento sobre el federalismo fiscal en la región y una referencia en este campo. Su fallecimiento constituye una profunda pérdida para quienes han tenido el privilegio de trabajar con él. Recordado por su alegría, generosidad y espíritu de colaboración, deja tras de sí una contribución intelectual de valor perdurable, y un ejemplo de dedicación y entusiasmo que seguirá inspirando iniciativas para fortalecer las finanzas públicas en la región y abordar desafíos persistentes y emergentes.

Índice

GRÁFICOS

CUADROS

RECUADROS

Resumen ejecutivo

La recaudación tributaria como proporción del PIB incrementó entre 2023 y 2024 en un poco más de la mitad de los países de América Latina y el Caribe (ALC) estudiados en el presente informe. Por su parte, el promedio no ponderado de la recaudación tributaria como proporción del PIB de la región de ALC aumentó 0.2 puntos porcentuales (p.p.), hasta el 21.7%. Este aumento del promedio regional se debió principalmente al marcado incremento de los ingresos obtenidos por los impuestos sobre bienes y servicios en Cuba; si se excluye a Cuba, en 2024, el promedio de ALC se mantuvo sin cambios respecto al año anterior, en un contexto de crecimiento económico moderado y precios volátiles de las materias primas.

La recaudación tributaria como proporción del PIB en la región de ALC en 2024

La recaudación tributaria como proporción del PIB de la región de ALC osciló entre el 9.2% de Guyana y el 33.7% de Brasil en 2024. Entre los años 2023 y 2024, la recaudación tributaria como proporción del PIB aumentó en 15 países y descendió en 13. En todos los países salvo en tres, en los que la recaudación tributaria como proporción del PIB descendió en 2024, el crecimiento del PIB nominal superó el incremento de los ingresos tributarios nominales.

Las variaciones en la recaudación tributaria como proporción del PIB entre 2023 y 2024 oscilaron entre un descenso de 3.0 p.p. en Trinidad y Tobago y un incremento de 5.0 p.p. en Cuba. Las mayores subidas (superiores a 1.5 p.p.) se produjeron en Antigua y Barbuda, Barbados, Brasil y Cuba, países en los que dichos resultados se debieron principalmente a reformas tributarias. Por el contrario, los dos descensos más marcados durante este período fueron sobre todo consecuencia de factores económicos: la caída observada en Trinidad y Tobago se debió a la disminución de la recaudación del impuesto de sociedades (IS), ocasionada por la bajada de los precios internacionales de la energía en 2023, así como por la reducción de la producción de gas natural; por su parte, la disminución de 2.4 p.p. observada en Guyana fue consecuencia de un extraordinario crecimiento económico (en particular, en el sector petrolero), superior al aumento de la recaudación de impuestos.

En 2024, en la región de ALC, la recaudación del impuesto sobre el valor agregado (IVA) y de otros impuestos sobre bienes y servicios (tales como los impuestos especiales, los derechos de aduana e impuestos generales) como proporción del PIB aumentó 0.1 p.p. y 0.3 p.p. respectivamente, en promedio. Los ingresos obtenidos por el IS y el impuesto sobre la renta de las personas físicas (IRPF) descendieron respectivamente 0.2 p.p. y 0.1 p.p. en promedio con respecto al año anterior.

En 2024, las tendencias de la recaudación tributaria variaron de manera considerable entre las distintas subregiones de ALC. La recaudación tributaria como proporción del PIB promedio de América Central y México (incluida Cuba) aumentó 0.7 p.p., hasta el 19.8%, en 2024, mientras que el promedio de América del Sur se incrementó en 0.1 p.p., hasta el 22.9%. Por el contrario, la recaudación tributaria como proporción del PIB del Caribe descendió 0.2 p.p. con respecto al año anterior, hasta el 22.3%.

Si se observa un período histórico más amplio, el promedio de la recaudación tributaria como proporción del PIB de la región de ALC aumentó 1.5 p.p. entre 2014 y 2024, debido principalmente a un incremento de los ingresos por IVA y por los impuestos sobre la renta y las ganancias (de 0.3 p.p. y 0.6 p.p., respectivamente). La diferencia entre los promedios de la recaudación tributaria como proporción del PIB de ALC y de la OCDE se redujo muy ligeramente durante este período, de 12.6 p.p. en 2014 a 12.3 p.p. en 2024.

Entre 2014 y 2024, 21 países registraron un aumento de su recaudación tributaria como proporción del PIB, mientras que siete países (Argentina, Bolivia, Cuba, Guyana, Panamá, Perú, y Trinidad y Tobago) sufrieron un descenso. La recaudación tributaria per cápita aumentó en todos los países sobre los que hay datos disponibles, ya que en la República Dominicana, Nicaragua y Guyana se duplicó con creces en términos de paridad de poder adquisitivo (PPA). La recaudación tributaria per cápita de 2024 presentó enormes variaciones entre los diferentes países de la región de ALC: en la cuarta parte de ellos, este indicador se situó por debajo de los 3 300 dólares estadounidenses, mientras que otra cuarta parte, superó los 7 200 dólares estadounidenses (ambas cifras en términos de PPA).

Estructuras tributarias en la región de ALC

En 2024, los impuestos sobre bienes y servicios generaron un 49.2% de los ingresos tributarios totales de la región de ALC en promedio, frente a menos de un tercio en la OCDE (31.2% en 2023, último año disponible). El IVA fue la principal fuente de dichos ingresos en la región de ALC en 2024, al representar un 28.9% de la recaudación tributaria total y un 6.2% del PIB en promedio.

Los impuestos sobre la renta y las ganancias generaron un 29.1% de la recaudación tributaria total de la región de ALC en 2024. Los ingresos procedentes del IS y del IRPF representaron un 17.4% y un 9.6% de la recaudación tributaria total respectivamente, frente a un 11.9% y un 23.7% en la OCDE (cifras de 2023). La proporción promedio de las contribuciones a la seguridad social en los ingresos tributarios totales fue de un 15.9% en la región de ALC en 2024, por debajo del promedio de la OCDE, del 25.5% (cifra de 2023).

Impuestos especiales relacionados con la salud en la región de ALC

En 2024, la recaudación de impuestos relacionados con la salud – impuestos especiales sobre el tabaco, las bebidas alcohólicas y las bebidas azucaradas – representó un 0.39% del PIB y generó un 1.96% de los ingresos tributarios totales en 17 países de ALC sobre los que hay datos disponibles. Esta recaudación osciló entre menos de un 0.10% del PIB en Brasil y un 0.69% del PIB en Nicaragua. Los ingresos por impuestos especiales sobre las bebidas alcohólicas constituyeron un 0.23% del PIB en promedio en 17 países, mientras que los ingresos procedentes de impuestos especiales sobre el tabaco y las bebidas azucaradas supusieron un 0.12% y un 0.08% del PIB respectivamente. Entre 2012 y 2024, la recaudación de impuestos relacionados con la salud cayó un 0.12% del PIB en promedio en 17 países, debido principalmente al descenso de la recaudación de impuestos especiales sobre el tabaco que, en parte, puso de manifiesto un descenso importante del consumo de tabaco en la región de ALC. La recaudación de impuestos especiales sobre las bebidas alcohólicas y azucaradas se mantuvo prácticamente sin cambios entre 2012 y 2024 (con un descenso de 0.02 p.p.).

Sección especial: Tendencias de los ingresos fiscales procedentes de recursos naturales no renovables

Los ingresos por hidrocarburos entre los principales productores de petróleo y gas de la región de ALC disminuyeron del 4.1% del PIB en promedio en 2023 al 3.1% del PIB en 2024, en medio de una fuerte volatilidad del mercado. Las disminuciones en Colombia y Trinidad y Tobago impulsaron la caída general, que se vio parcialmente compensada por mayores ingresos petroleros en Guyana. Mientras tanto, los ingresos de la minería cayeron del 0.55% del PIB en promedio en 2023 al 0.47% del PIB en 2024, en gran parte debido a una fuerte contracción de los ingresos tributarios en Colombia. En 2025, se proyecta que los ingresos por hidrocarburos caigan al 3.0% del PIB debido a una fuerte caída de precios, mientras que se estima que los ingresos mineros aumenten al 0.63% del PIB, impulsados por incrementos excepcionales en el precio del oro, la plata y, en menor medida, del cobre.

El informe *Estadísticas tributarias en América Latina y el Caribe de 2026* proporciona datos comparables a escala internacional sobre los niveles y las estructuras tributarias de 29 países de ALC, entre los que se encuentran, por primera vez, Granada y Surinam: Antigua y Barbuda, Argentina, Bahamas, Barbados, Belice, Bolivia, Brasil, Chile, Colombia, Costa Rica, Cuba, Ecuador, El Salvador, Granada, Guatemala, Guyana, Honduras, Jamaica, México, Nicaragua, Panamá, Paraguay, Perú, la República Dominicana, Santa Lucía, Surinam, Trinidad y Tobago, Uruguay y Venezuela. El promedio de ALC representa el promedio no ponderado de 28 países de la región incluidos en esta publicación, a excepción de Venezuela debido a problemas con los datos.

En la presente publicación, se definen los «impuestos» como los pagos obligatorios sin contrapartida a la administración general. En esta clasificación, también se incluyen las contribuciones a la seguridad social (CSS) obligatorias que se pagan a la administración general. En la Guía de interpretación del Anexo A se ofrece más información sobre la clasificación de los impuestos.

1 Tendencias tributarias, 1990-2024

Introducción

Las *Estadísticas tributarias en América Latina y el Caribe 2026* presentan los ingresos tributarios íntegros, pormenorizados y armonizados de 29 países de América Latina y el Caribe (ALC) hasta 2024, año en el que la recaudación como porcentaje del PIB aumentó en algo más de la mitad de los países incluidos en este informe, de manera más destacada en aquellos que implementaron reformas tributarias importantes.

Tras una fuerte recuperación del impacto que tuvo el COVID-19, el crecimiento económico se ha mantenido en niveles bajos en muchos países de ALC. Aunque esta tendencia es un reflejo de factores cíclicos – entre ellos condiciones externas menos favorables, el desmantelamiento de las transferencias públicas y el endurecimiento de la política monetaria – también se debe a obstáculos estructurales, en particular el escaso aumento de la productividad (OECD et al., 2025[1]). Al mismo tiempo, persisten las dificultades sociales, ya que la pobreza y la pobreza extrema de esta región se mantuvieron por encima de los niveles previos a la pandemia y la inflación siguió mermando el poder adquisitivo. En 2024, un 25.5% de la población de la región de ALC en promedio vivía en la pobreza (2.2 puntos porcentuales [p.p.] menos que en 2023) y un 9.8% vivía en la extrema pobreza (0.7 p.p. menos) (OECD et al., 2025[1]; ECLAC, 2025[2]). Pese a los recientes esfuerzos de consolidación, el espacio fiscal para promover la inversión y ampliar los programas de protección social sigue siendo limitado. El servicio de la deuda como porcentaje de la recaudación aumentó hasta el 13.5% en 2023, desde el 9.8% de 2012 (OECD et al., 2025[1]).

Para financiar sus programas de desarrollo, las administraciones de esta región tienen que aumentar el gasto público y movilizar más recursos. Es esencial disponer de sistemas tributarios más justos y eficientes: los reducidos ingresos tributarios limitan la capacidad estatal para responder a las demandas de la ciudadanía y mejorar los servicios públicos. Asimismo, mediante el reequilibrio de la estructura tributaria para no seguir dependiendo de los impuestos al consumo y del impuesto de sociedades (IS) y la promoción de la progresividad del impuesto sobre la renta de las personas físicas (IRPF), la región podría seguir reduciendo las desigualdades y minimizar las distorsiones que restringen la iniciativa empresarial (OECD et al., 2025[1]). También se necesitan reformas tributarias para fomentar una transición verde y justa (OECD et al., 2022[3]). En muchos países de ALC, se requiere un pacto tributario más sólido entre la administración, la ciudadanía y el sector privado, que garantice el respaldo político necesario para sostener dichas reformas a lo largo de lo que se prevé será un proceso prolongado (OECD et al., 2021[4]).

El informe *Estadísticas tributarias en América Latina y el Caribe 2026* proporciona una base única para llegar a dichos pactos tributarios, al servir como pilar para emprender análisis detallados de las políticas tributarias de los países y también como punto de partida común para el intercambio de conocimientos y el desarrollo de capacidades en toda la región. El informe se organiza como sigue. En este capítulo (Capítulo 1) se aborda la evolución de los principales indicadores tributarios desde 1990 hasta 2024, entre ellos, la recaudación tributaria como proporción del PIB, la estructura tributaria y la proporción de ingresos tributarios que generan los diferentes niveles gubernamentales. Asimismo, analiza la eficacia del impuesto sobre el valor agregado y la recaudación de impuestos relacionados con el medio ambiente y de impuestos relacionados con la salud. Dicho análisis se completa con secciones especiales sobre los ingresos procedentes de recursos naturales no renovables (Capítulo 2). En el Capítulo 3 se incluyen cuadros comparativos de los indicadores tributarios fundamentales de la región, y los Capítulos 4 y 5 contienen un desglose minucioso por país de los ingresos tributarios.

Niveles de recaudación tributaria y variaciones anuales en 2024

La recaudación tributaria como proporción del PIB en 2024

La recaudación tributaria como proporción del PIB mide la parte del producto interno bruto (PIB) que procede de los ingresos tributarios (incluidas las contribuciones a la seguridad social que reciben las administraciones públicas). El promedio de ALC representa una medida no ponderada de 28 países incluidos en esta publicación y excluye a Venezuela por la falta de datos (véase en el Recuadro 1.1 una explicación completa sobre la recaudación tributaria como proporción del PIB).

En 2024, la recaudación tributaria como proporción del PIB en la región de ALC se situó en el 21.7% (Gráfico 1.1). Los porcentajes más altos de este indicador fueron los de Brasil (33.7%), Barbados y Jamaica (ambos del 30.7%), mientras que los países con los promedios más bajos fueron Guyana (9.2%), Panamá (11.3%) y Guatemala (14.3%). Todos los países de la región de ALC registraron una recaudación tributaria como proporción del PIB inferior al promedio de la OCDE, que se situó en el 34.1% en 2024[1].

Gráfico 1.1. Recaudación tributaria como proporción del PIB en la región de ALC, 2024

Ingresos tributarios totales como porcentaje del PIB

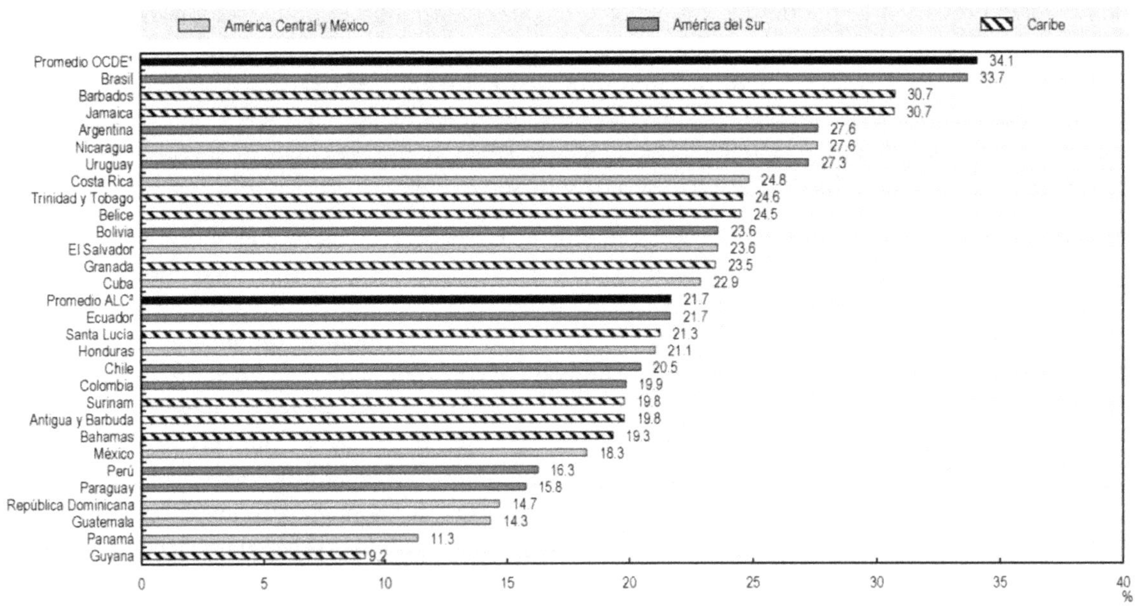

Nota: La clasificación de los países en diferentes subregiones respeta la clasificación de la CEPAL y se basa en el idioma de cada uno de ellos. El «Caribe» abarca los países no hispanohablantes, incluidos Guyana y Surinam, mientras que «América Central y México» abarca países hispanohablantes, incluidos la República Dominicana y Cuba.

Las cifras no incluyen los ingresos de la administración local de Antigua y Barbuda, Argentina (aunque incluye los ingresos de las provincias), Bahamas, Barbados, Cuba, Granada, República Dominicana, Santa Lucia, Surinam y Trinidad y Tobago, por falta de datos disponibles.

1. Representa el promedio no ponderado de 38 países miembros de la OCDE. Chile, Colombia, Costa Rica y México también están incluidos en el promedio de la OCDE.

2. Representa el promedio no ponderado de 28 países de América Latina y el Caribe que se incluyen en esta publicación, sin contar con Venezuela por problemas de disponibilidad de los datos.

Fuente: OCDE et al. (2026[5]), Cuadro 3.1.

StatLink https://stat.link/kw3yrp

Los cambios observados en la recaudación tributaria como proporción del PIB entre 2023 y 2024 fueron variados en toda la región, y oscilaron entre un descenso de 3.0 p.p. en Trinidad y Tobago y un incremento de 5.0 p.p. en Cuba (Gráfico 1.2). Quince países experimentaron un aumento de su recaudación tributaria como proporción del PIB, mientras que trece países registraron un descenso. En 2024, el promedio de la recaudación tributaria como proporción del PIB en la región de ALC fue 0.2 p.p. más alta que en 2023. Este aumento debe interpretarse teniendo en cuenta la enorme subida observada en Cuba; si se excluye Cuba, la recaudación tributaria como proporción del PIB promedio de ALC se mantuvo sin cambios en 2024 con respecto a 2023.

Gráfico 1.2. Variación de la recaudación tributaria como proporción del PIB en la región de ALC, 2023 y 2024

Variación interanual, p.p.

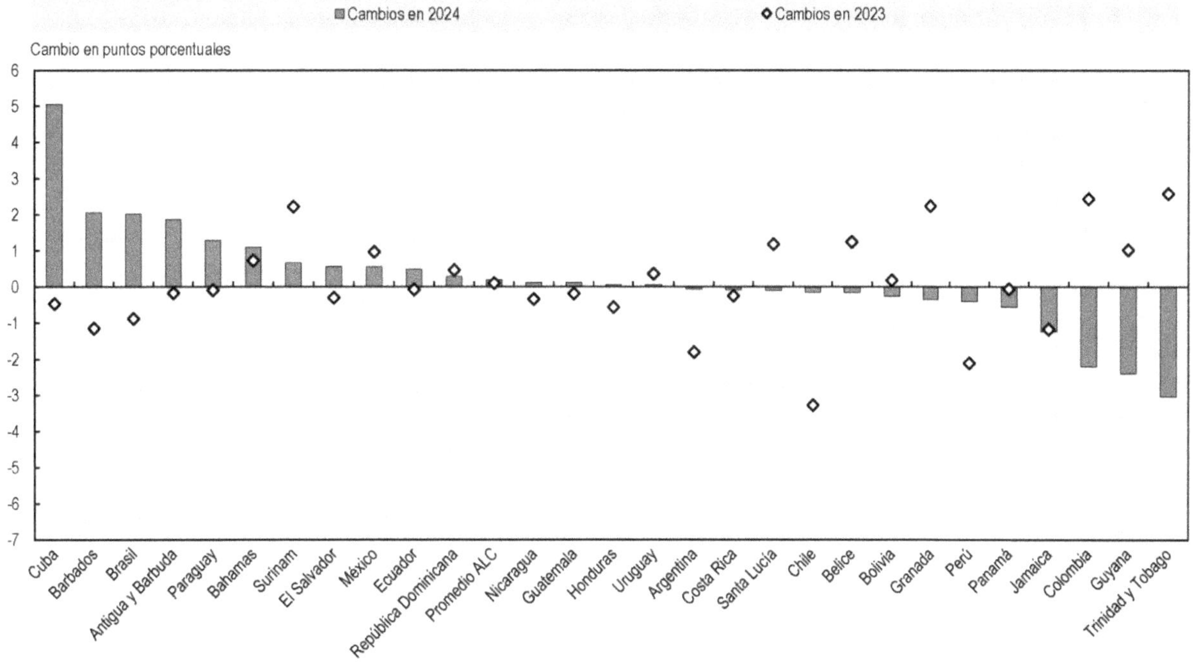

Nota: El promedio de ALC representa el promedio no ponderado de 28 países de ALC incluidos en esta publicación, sin contar con Venezuela por problemas de disponibilidad de los datos. El promedio de la OCDE representa el promedio no ponderado de los 38 países miembros de la OCDE. Chile, Colombia, Costa Rica y México también están incluidos en el promedio de la OCDE.
Fuente: Cálculos propios basados en OCDE et al. (2026[5]), Cuadro 3.1.

StatLink https://stat.link/bl9g5n

Recuadro 1.1. Metodología de cálculo de la recaudación tributaria como proporción del PIB

Los coeficientes tributarios que se reflejan en esta publicación expresan la recaudación tributaria total como porcentaje del PIB. El valor de este cociente depende de su denominador (PIB) y su numerador (ingresos tributarios). Ambos, numerador y denominador, pueden experimentar una corrección histórica. La recaudación tributaria como proporción del PIB debe interpretarse con precaución: los ingresos tributarios nominales y el PIB nominal pueden moverse en el mismo sentido (ambos pueden subir o bajar). Sin embargo, la recaudación tributaria como proporción del PIB se moverá en sentido contrario a lo largo del mismo período si la variación de los ingresos tributarios nominales es inferior a la experimentada por el PIB nominal.

En 23 países de ALC, el año de referencia para el informe coincide con el año natural. Los cinco países restantes ofrecen datos relativos al ejercicio presupuestario:

- El ejercicio presupuestario en Barbados, Belice y Santa Lucía va de abril a marzo. Esto significa que el año de referencia para el informe 2024 se corresponde con el período comprendido entre el segundo trimestre de 2024 y el primer trimestre de 2025.
- El ejercicio presupuestario en Trinidad y Tobago abarca de octubre a septiembre, de modo que el año de referencia del informe 2024 comprende desde el cuarto trimestre de 2023 al tercer trimestre de 2024.
- El ejercicio presupuestario de Bahamas termina el 30 de junio. El año de referencia del informe 2024 abarca desde el tercer trimestre de 2023 al segundo trimestre de 2024.

El numerador (ingresos tributarios)

Esta publicación utiliza las cifras relativas a los ingresos tributarios que presentan los centros de referencia o que publican anualmente los ministerios de Hacienda, las administraciones tributarias o las oficinas de estadística nacionales. Los datos históricos pueden experimentar correcciones anuales, siendo las más importantes las de los años más recientes. Las cifras anteriores también pueden variar de una edición a otra cuando mejoran los datos (por ejemplo, si se obtienen nuevos datos o se ajusta la clasificación).

El denominador (PIB)

Las cifras relativas al PIB utilizadas en la presente publicación proceden, en su mayoría, del informe *Perspectivas de la economía mundial* (informe WEO, por sus siglas en inglés) que publica el FMI (IMF, 2025[6]). Las cifras relativas al PIB de los cuatro países de ALC que también son miembros de la OCDE (Chile, Colombia, Costa Rica y México) se basan en las Cuentas Nacionales anuales de la OCDE.

Las cifras del PIB se revisan y actualizan para dar cuenta de las mejoras en las fuentes de datos y de una mayor precisión en los procedimientos de cálculo o para aproximarse en mayor medida a nuevas directrices internacionales de cálculo del valor del PIB. Las cifras de PIB nominal de esta edición fueron objeto de una revisión del 0.5% o más con respecto a las que figuran en la edición de 2025 en relación con 16 países. De estos, se revisó al alza el PIB de 2023 de ocho países y a la baja, el de otros ocho países. Las revisiones tanto al alza como a la baja de mayor magnitud fueron las correspondientes a Bahamas (9.2%) y a Trinidad y Tobago (-12.3%), respectivamente.

Recaudación tributaria como proporción del PIB

La diferencia entre el coeficiente tributario de 2023 que aparece en las ediciones de 2025 y 2026 de este informe osciló entre -1.6 p.p. en Bahamas y +3.4 p.p. en Trinidad y Tobago. Estos cambios se debieron principalmente a las revisiones del PIB mencionadas anteriormente.

El promedio de recaudación tributaria como proporción del PIB de la región de ALC correspondiente a 2023 que aparecía en la edición de 2025 de las *Estadísticas tributarias en América Latina y el Caribe* era del 21.3%. En la edición de este año, el promedio equivalente de ALC (a excepción de Granada y Surinam, que no fueron incluidos en la edición de 2025) se sitúa en el 21.5%.

Variaciones más importantes de la recaudación tributaria como proporción del PIB en los países de ALC en 2024

En este apartado se examinan las variaciones más llamativas de la recaudación tributaria como proporción del PIB en 2024, un año en el que el crecimiento económico de la región de ALC siguió ralentizándose, en consonancia con una tendencia que comenzó en 2022. El crecimiento en 2024 se vio influido por unas condiciones externas menos favorables, desafíos estructurales persistentes y precios volátiles de las materias primas. El incremento de los gastos y los costos de servicio de la deuda a causa de las altas tasas de interés siguió ejerciendo presión sobre las cuentas fiscales (ECLAC, 2025[7]; OECD et al., 2025[1]). En esta difícil coyuntura, los países que pudieron aumentar de manera considerable sus recaudaciones tributarias como proporción del PIB en 2024 fueron aquellos que implementaron reformas tributarias importantes.

Los mayores incrementos de la recaudación tributaria como proporción del PIB en 2024 se produjeron en Cuba, Barbados, Brasil y Antigua y Barbuda.

- Cuba registró el mayor incremento de su recaudación tributaria como proporción del PIB (de 5.0 p.p.) en un contexto de contracción de la actividad económica (ECLAC, 2025[8]). Este aumento se debió principalmente a un ascenso de 4.1 p.p. en los ingresos por el impuesto sobre las ventas con respecto a 2023. Las políticas encaminadas a ampliar la base imponible y fortalecer la disciplina fiscal contribuyeron a dicho incremento (CubaDebate, 2025[9]).
- Barbados registró el segundo mayor crecimiento de los ingresos tributarios como porcentaje del PIB (2.1 p.p.) debido a un aumento de 3.0 p.p. en la recaudación del IS. Este resultado fue consecuencia de la combinación entre un aumento de las ganancias de las multinacionales y reformas tributarias. En noviembre de 2023, Barbados reformó su régimen del IS para adaptarlo al Pilar II del Marco Inclusivo de la OCDE/G20. Las características principales de la reforma fueron un aumento de la tasa del IS, hasta el 9% (en sustitución de tasas anteriores que oscilaban entre el 1% y el 5.5%), la eliminación de algunas deducciones por activos a las que tenían derecho las compañías de seguros y la introducción de sistemas de prepago mensual para las corporaciones con domicilio en Barbados (Ministry of Economic Affairs and Investment, 2025[10]; IMF, 2025[11]).
- El incremento de 2.0 p.p. en los ingresos tributarios de Brasil entre 2023 y 2024 se atribuye a una mayor recaudación del IVA, otros impuestos sobre bienes y servicios, y el impuesto sobre la renta, que se incrementaron en 0.5 p.p., 1.0 p.p. y 0.5 p.p. respectivamente durante este período. Las reformas que han contribuido a estos incrementos han sido entre otras la subida de las tasas de los impuestos especiales sobre el combustible y los límites impuestos al crédito tributario vinculado a las contribuciones al Programa de Integración Social/Programa de Formación del Patrimonio del Servidor Público (PIS/PASEP) y la Contribución para la Financiación de la Seguridad Social (COFINS) (Secretaria do Tesouro Nacional, 2025[12]; ECLAC, 2025[7]; IMF, 2024[13]). Está previsto que las contribuciones del PIS y COFINS se eliminen gradualmente a partir de 2026 y sean sustituidas por un nuevo régimen dual de IVA, como parte de la reforma destinada a reducir las distorsiones, mejorar la productividad y simplificar los impuestos al consumo en diferentes niveles del gobierno (OECD et al., 2025[14]). El aumento de la recaudación del impuesto sobre la renta en 2024 se debió principalmente a una nueva regulación y a los pagos específicos introducidos por la Ley n.º 14,754/2023, que reformó la tributación de las inversiones extranjeras aplicando una tasa fija a los ingresos obtenidos a partir de un amplio conjunto de activos financieros extranjeros

y ganancias imponibles de compañías extranjeras controladas. Esta ley eliminó además las exenciones tributarias existentes para fondos de inversión de tipo cerrado y exclusivo (ECLAC, 2025[7]).

- La recaudación de impuestos sobre bienes y servicios de Antigua y Barbuda impulsó el incremento de 1.9 p.p. en los ingresos tributarios de 2024: la recaudación del IVA aumentó 1.2 p.p., mientras que la de otros impuestos sobre bienes y servicios lo hizo 0.8 p.p. El presupuesto de 2024 incluyó medidas para aumentar la tasa de IVA del 15% al 17% (la tasa correspondiente al sector turístico aumentó del 14% al 17%) y también la ampliación de la base impositiva del IVA para incluir los servicios de *streaming* a través de internet. Asimismo, introdujo impuestos especiales al alcohol, el tabaco y los productos a base de cannabis e incrementó los impuestos sobre bienes inmuebles de lujo, así como la tasa correspondiente al gravamen sobre las transferencias de dinero (*Money Transfer Levy*) (del 2% al 5%). Este paquete tributario reportó más ingresos de lo previsto en 2024 y las autoridades prevén un nuevo incremento de la recaudación del 0.5% del PIB en 2025 (UWI Five Islands Campus, 2024[15]; IMF, 2025[16]).

Al mismo tiempo, los descensos más notables de la recaudación tributaria como proporción del PIB entre 2023 y 2024 se registraron en Trinidad y Tobago, Guyana y Colombia.

- La caída de 3.0 p.p. en el coeficiente tributario de Trinidad y Tobago fue la más elevada de la región de ALC en 2024. Este dato se debió principalmente a un descenso de 4.4 p.p. en la recaudación del IS, ya que el pago de impuestos por parte de las empresas de hidrocarburos descendió significativamente en 2024 a causa de la bajada de los precios internacionales de la energía y las caídas en la producción de gas natural. La recaudación tributaria se vio perjudicada además por un aumento en 2024 del umbral correspondiente al impuesto sobre el petróleo crudo, un tributo aplicado sobre los ingresos brutos obtenidos por la venta de esta materia prima (ECLAC, 2025[7]; MOF, Trinidad and Tobago, 2024[17]).
- La recaudación tributaria como proporción del PIB de Guyana descendió 2.4 p.p. en 2024, al registrarse caídas en los ingresos obtenidos por las categorías de impuestos principales. Estos descensos se debieron principalmente a que el crecimiento económico superó los ingresos tributarios: en 2024, el PIB relacionado con el petróleo (incrementado por un aumento de la producción petrolífera) y el PIB no relacionado con el petróleo aumentaron respectivamente un 58% y un 13% (IMF, 2025[18]).
- Colombia registró un descenso de 2.2 p.p. en su recaudación tributaria como proporción del PIB en 2024. Esta caída, impulsada por un descenso de 1.8 p.p. en los ingresos obtenidos por el IS, contrarrestó prácticamente por completo el incremento observado en 2023 (OECD et al., 2025[14]). En 2024, se generaron amplios créditos tributarios para las empresas del sector del petróleo, el gas y la extracción de minerales después de que el Tribunal Constitucional anulase una norma introducida durante el año anterior (como parte de la Ley 2277) que ponía fin al carácter deducible de los pagos de regalías. Por otra parte, los anticipos procedentes del sector de los hidrocarburos descendieron, en un contexto de descenso de los precios internacionales del carbón térmico y el petróleo crudo (ECLAC, 2025[7]).

Gráfico 1.3. Variación interanual de la recaudación tributaria como proporción del PIB en los países de ALC, según las principales partidas tributarias, 2024

Variación interanual, p.p.

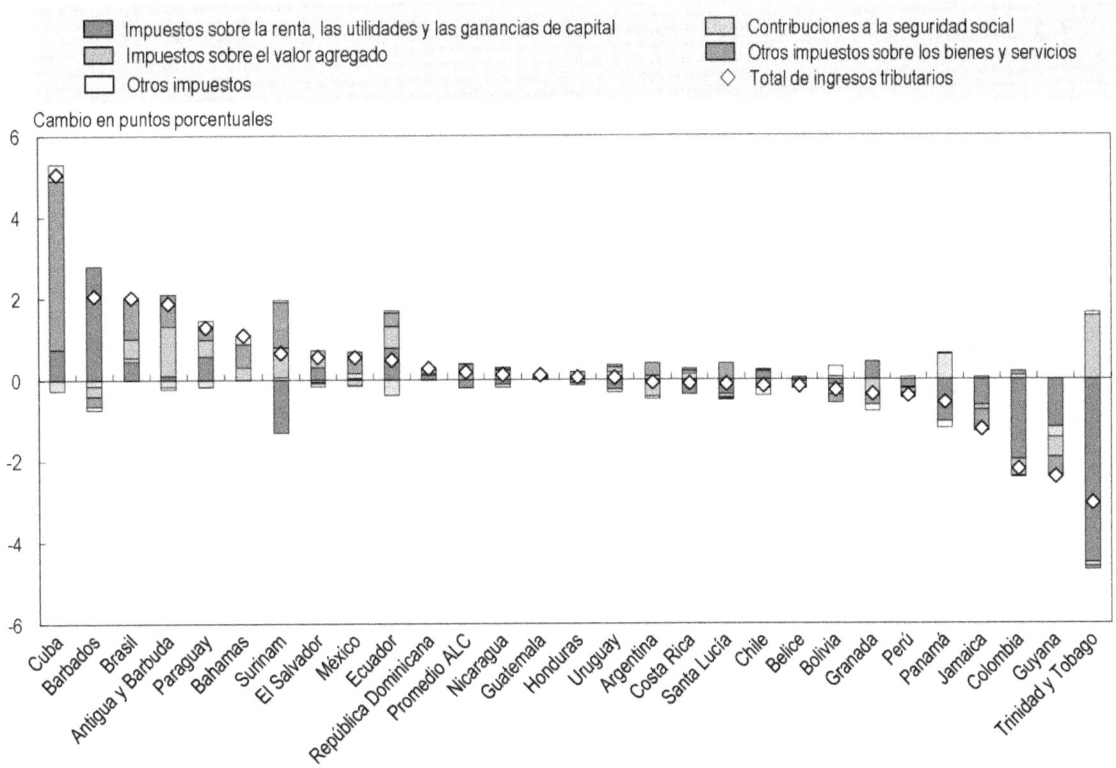

Nota: El promedio de ALC representa el promedio no ponderado de 28 países de ALC incluidos en esta publicación; se excluye Venezuela, dada la falta de datos disponibles.
Fuente: Cálculos propios basados en OCDE et al. (2026[5]), Capítulo 3.

StatLink https://stat.link/ovg5xp

Las variaciones de la recaudación tributaria como proporción del PIB se deben a los cambios relativos registrados por los ingresos tributarios nominales y el PIB nominal (Recuadro 1.1). De un año para otro, si los ingresos tributarios aumentan más que el PIB (o disminuyen menos que el PIB), la recaudación tributaria como proporción del PIB aumentará. Por el contrario, si los ingresos tributarios aumentan menos que el PIB, o disminuyen más, la recaudación tributaria como proporción del PIB disminuirá. Por lo tanto, una recaudación tributaria como proporción del PIB más alta no necesariamente significa que hayan aumentado los ingresos tributarios en términos nominales o reales.

El Gráfico 1.4 muestra la variación porcentual del PIB nominal y los ingresos tributarios nominales entre 2023 y 2024. En la mayoría de los casos, los ingresos tributarios nominales y el PIB nominal aumentaron durante este período, salvo en Colombia, Panamá y Trinidad y Tobago, que registraron caídas en los ingresos tributarios nominales durante el período. Los ingresos tributarios aumentaron más que el PIB nominal en 15 países y menos en 10 países.

Las elevadas tasas de inflación contribuyeron a que se registrasen grandes incrementos de los ingresos tributarios nominales y del PIB nominal entre 2023 y 2024 en Argentina (superiores al 200% en ambos casos) y en Cuba (superiores al 30% en el caso del PIB nominal y al 60% en el caso de los ingresos tributarios nominales).

- En Cuba, la reforma monetaria de 2021 (OECD et al., 2023[19]) cuyo objetivo era unificar las tasas de cambio mediante la eliminación del peso convertible (CUC) desató una escalada inflacionista y una crisis monetaria (Coface, 2025[20]).
- En Argentina, la inflación interanual alcanzó el 118% a finales de diciembre de 2024, aunque la consolidación fiscal y el cese del financiamiento monetario iniciado a finales de 2023 la frenaran considerablemente (OECD et al., 2025[1]; OECD, 2025[21]).

Gráfico 1.4. Variaciones de los ingresos tributarios nominales y el PIB nominal por subregión, 2023-2024

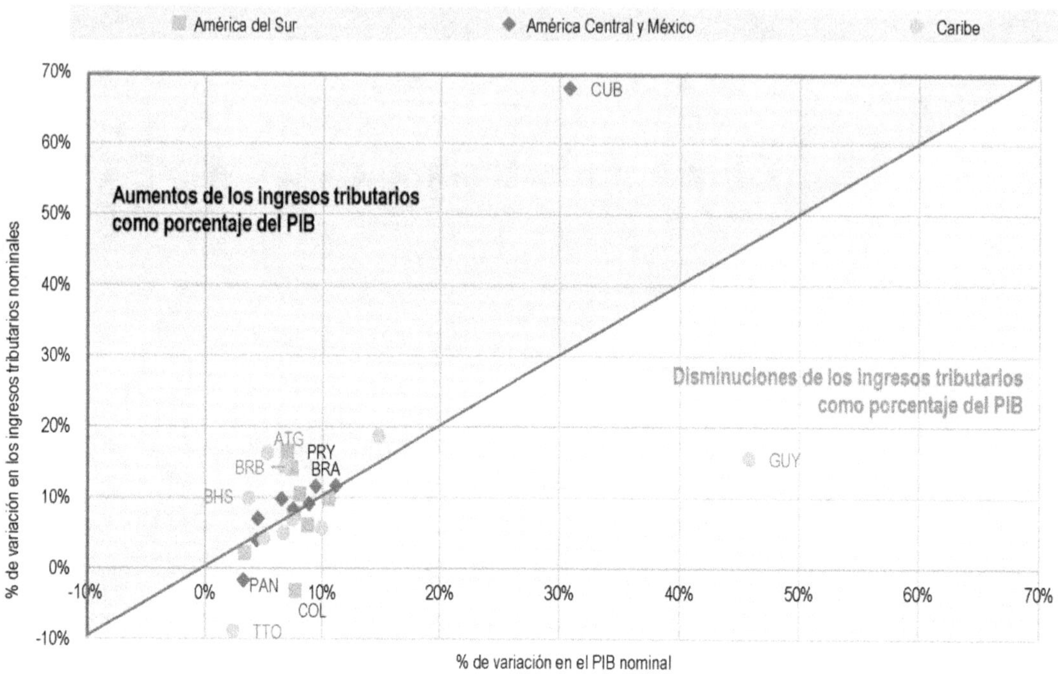

Nota: La línea diagonal que atraviesa el gráfico representa el punto en el que la variación en los ingresos tributarios y el PIB fueron de la misma magnitud y, por tanto, el punto en el que la recaudación tributaria como proporción del PIB se mantuvo inalterada. La recaudación tributaria como proporción del PIB aumentó en los países por encima de la diagonal y cayó en aquellos que se sitúan por debajo de ella. Para facilitar la interpretación de los datos, esta cifra omite a Argentina.
Fuente: Los datos relativos a ALC son cálculos propios basados en OCDE et al. (2026[5]).

StatLink https://stat.link/c4iy8n

Variaciones de los ingresos tributarios por diferentes tipos de impuestos en 2024

En promedio, en la región de ALC, los ingresos recaudados por los impuestos sobre bienes y servicios aumentaron entre 2023 y 2024, mientras que la recaudación del impuesto sobre la renta se contrajo durante el período (Cuadro 1.1).

Cuadro 1.1. Variaciones de los ingresos tributarios de las principales categorías de impuestos como proporción del PIB, 2022 a 2024

Variación interanual, p.p.

	2022	2023	2024
IRPF	0.0	0.1	-0.1
IS	0.5	-0.1	-0.2
Impuesto sobre la renta sin imputar	0.0	-0.1	0.1
CSS	-0.2	0.0	0.0
IVA	0.1	-0.1	0.1
OIC	-0.2	0.2	0.3
Res.	0.1	0.1	0.0
Total impuestos	**0.3**	**0.1**	**0.2**

Nota: El promedio de ALC representa el promedio no ponderado de 28 países de la región incluidos en esta publicación, sin contar con Venezuela, debido a los problemas de disponibilidad de datos. Además, los promedios de IRPF e IS no incluyen a Ecuador debido a problemas de calidad de los datos.
Fuente: Cálculos propios basados en OCDE et al. (2026[5]).

Los ingresos por IVA y otros impuestos sobre bienes y servicios (esta última categoría, abreviada como «OIC», de «otros impuestos al consumo», en el cuadro y, por lo tanto, en el capítulo, incluye los impuestos especiales, los derechos de aduanas y los derechos sobre las importaciones, así como los impuestos de carácter general diferentes al IVA, tales como los impuestos sobre ventas) mostraron una tendencia al alza en 2024, al aumentar respectivamente 0.1 p.p. y 0.3 p.p. El incremento de los OIC se explica sobre todo por el aumento de la recaudación de los impuestos sobre las ventas de Cuba. Si se excluye este país, el incremento interanual de esta categoría ascendería a 0.1 p.p., sostenido por un aumento de la recaudación de impuestos especiales.

En 2024, los ingresos derivados del IS y el IRPF disminuyeron respectivamente un 0.2% y un 0.1% del PIB en promedio en la región de ALC. La recaudación del IS descendió por segundo año consecutivo, debido a los continuos descensos de los precios de las materias primas y los cambios en la regulación tributaria de algunos países, en particular de Colombia.

La recaudación tributaria como proporción del PIB en las subregiones de ALC

En este informe se examinan las tendencias de la recaudación de impuestos en las tres subregiones de ALC: América Central y México (incluida Cuba y la República Dominicana), el Caribe, y América del Sur. En 2024, el promedio de la recaudación tributaria como proporción del PIB en América Central y México y América del Sur aumentó, al alcanzar un 19.8% y un 22.9%, respectivamente (un incremento de 0.7 p.p. y 0.1 p.p. con respecto al año anterior en cada caso). Por el contrario, la recaudación tributaria como proporción del PIB del Caribe descendió 0.2 p.p., hasta el 22.3%, durante el período.

El incremento de la recaudación tributaria como proporción del PIB promedio de América Central y México se vio impulsado principalmente por Cuba y, si se excluye este país, asciende a 0.1 p.p. El descenso de la recaudación tributaria como proporción del PIB promedio del Caribe se atribuye principalmente al descenso observado en Trinidad y Tobago; si se excluye este país, la recaudación tributaria como proporción del PIB promedio del Caribe se habría incrementado 0.2 p.p. entre 2023 y 2024.

El Cuadro 1.2 refleja las variaciones anuales de la recaudación registradas en estas subregiones, por tipo de impuesto principal en 2024. La recaudación del IVA aumentó en todas las subregiones salvo en América del Sur, donde se ha mantenido estable. La recaudación de otros impuestos sobre bienes y servicios aumentó en todas las subregiones, impulsada por el incremento de los ingresos obtenidos por impuestos especiales y por el impuesto sobre las ventas en Cuba (en el caso de América Central y

México). Por el contrario, la recaudación del IS descendió en todas las subregiones; esta caída fue más pronunciada en América del Sur (0.3 p.p.). Las variaciones de los ingresos recaudados por el IRPF, otros impuestos sobre la renta y las contribuciones a la seguridad social (CSS) fueron diferentes entre las distintas subregiones.

- En el Caribe, disminuciones en la recaudación del IRPF y del IS (de 0.2 p.p. en ambos casos) y los ingresos por CSS (0.1 p.p.) superaron los incrementos de los ingresos obtenidos por el IVA (0.2 p.p.) y OIC (de 0.1 p.p.). En los países caribeños que exportan recursos naturales, como Trinidad y Tobago, los ingresos por el impuesto sobre la renta cayeron, en un contexto de bajada de los precios internacionales de la energía, mientras que, en los países exportadores de servicios, como Bahamas y Barbados, los ingresos por IVA aumentaron gracias al auge del sector turístico (ECLAC, 2025[7]; OECD/IDB, 2026[22]).

Cuadro 1.2. Variaciones en los ingresos tributarios por categoría como proporción del PIB, ALC y subregiones, 2024

Variación interanual, p.p.

	ALC	Caribe	América Central y México	América del Sur
IRPF	-0.1	-0.2	0.0	0.0
IS	-0.2	-0.2	-0.1	-0.3
Impuesto sobre la renta sin imputar	0.1	0.0	0.0	0.1
CSS	0.0	-0.1	0.1	0.0
IVA	0.1	0.2	0.1	0.0
OIC	0.3	0.1	0.5	0.1
Res.	0.0	0.0	0.0	0.0
Total impuestos	**0.2**	**-0.2**	**0.7**	**0.1**

Nota: El promedio excluye a Venezuela por los problemas de disponibilidad de datos. Asimismo, los promedios del IRPF y el IS para ALC y la subregión de América del Sur no tienen en cuenta a Ecuador por problemas relacionados con la calidad de los datos.
Fuente: Cálculos propios basados en OCDE et al. (2026[5]).

- El aumento de la recaudación tributaria como proporción del PIB promedio de América Central y México en 2024 se debió principalmente a la recaudación de OIC (que aumentó 0.5 p.p.) y se vio favorecido por el IVA y las CSS (que aumentaron 0.1 p.p. en cada caso). Estas subidas fueron contrarrestadas en parte con un descenso de 0.1 p.p. en los ingresos por el IS.
- América del Sur fue la región que registró el mayor descenso en la recaudación del IS en promedio (de 0.3 p.p.), aunque esto se vio compensado por los incrementos de la recaudación del impuesto sobre la renta sin imputar entre el IRPF y el IS, así como de la recaudación de OIC (que se incrementaron ambas 0.1 p.p.). América del Sur fue la subregión más afectada por la caída de los precios de los recursos naturales no renovables, lo que afectó a la actividad económica y la recaudación de impuestos de esta subregión en 2024.

Tendencias a largo plazo de la recaudación tributaria como proporción del PIB

Evolución de la recaudación tributaria como proporción del PIB desde 1990

La recaudación tributaria como proporción del PIB en los países de ALC aumentó a principios de los años noventa, tras una década de inestabilidad macroeconómica. Durante los años ochenta, muchos países sufrieron grandes desequilibrios presupuestarios y algunos recurrieron a formas alternativas de financiamiento del gasto (préstamos o emisión de moneda), con lo que se originó una rápida inflación en toda la región, que menoscabó el valor real de los ingresos tributarios. Las reformas emprendidas en los años noventa se centraron en la estabilidad de los precios, la liberalización del comercio y la disciplina presupuestaria. La mayoría de los gobiernos redujeron el gasto y aplicaron políticas dirigidas a aumentar los ingresos tributarios; la gestión presupuestaria y el equilibrio presupuestario mejoraron considerablemente. Los responsables políticos pusieron en marcha reformas en la política impositiva y la administración encaminadas a reforzar los regímenes tributarios frente a los episodios inflacionistas, reduciendo los desfases recaudatorios e indexando las deudas tributarias (ECLAC, 2018[23]).

La introducción del IVA ha sido la reforma tributaria más importante de la región de ALC, en las últimas tres décadas. A principios de la década de 1990, casi todos los países estaban implantando el régimen del IVA y realizando reformas dirigidas a aumentar su tipo o tasa impositiva, a fin de ampliar su base y aumentar la recaudación. Varios países han pasado a regímenes de IVA de tipo único (ECLAC, 2018[23]).

Durante las dos últimas décadas, los países de la región de ALC han realizado grandes esfuerzos para modernizar la administración tributaria. Se han implantado sistemas informáticos nuevos, los sistemas de recaudación se han hecho más eficientes y el personal ha adquirido experiencia (IDB, 2013[24]). Las reformas tributarias han incluido la introducción o el desarrollo de regímenes simplificados para pequeños contribuyentes, la tributación de la propiedad en regímenes de rentas presuntas y la ampliación de la tributación a los rendimientos del trabajo y del capital, incluidos los dividendos. Las reformas también han incluido la creación de impuestos mínimos, impuestos sobre las operaciones financieras y reducciones graduales en el nivel de ingresos reales gravados a la tasa marginal máxima (ECLAC, 2013[25]; ECLAC, 2018[23]).

El Gráfico 1.5 muestra la evolución de los promedios de la recaudación tributaria como proporción del PIB de ALC y la OCDE entre 1990 y 2024. El promedio de la recaudación tributaria como proporción del PIB de la región de ALC ha aumentado significativamente en las tres últimas décadas, pasando del 14.5% en 1990 al 21.7% en 2024. Sin embargo, esta trayectoria al alza se vio interrumpida por la crisis económica mundial de 2009, la crisis de los precios de las materias primas de 2016 y la pandemia del COVID-19 en 2020 (que provocaron descensos de 0.5 p.p., 0.1 p.p. y 0.7 p.p., respectivamente). La recaudación tributaria como proporción del PIB de la OCDE también siguió una tendencia al alza desde 1990 (aunque menos pronunciada y desde un nivel superior al promedio de ALC), pese a los importantes descensos registrados durante la crisis económica mundial (de 0.6 p.p. y 0.8 p.p. en 2008 y 2009 respectivamente). La recaudación tributaria como proporción del PIB de la OCDE alcanzó el 34.1% en 2024, 3.3 p.p. por encima de su nivel de 1990.

De este modo, la diferencia entre los promedios de este coeficiente tributario de ALC y la OCDE se ha reducido considerablemente a lo largo del tiempo y en 2024 se situó en el 12.3% del PIB. Los países de ALC convergieron en términos generales con los países de la OCDE durante la primera década de los 2000, ya que las recaudaciones tributarias como proporción del PIB de la región ALC superaron el promedio de la OCDE. Gran parte del crecimiento se concentró en países con una recaudación tributaria como proporción del PIB más baja, que por lo general registraron los máximos incrementos durante el período. Después de 2010, esta convergencia se frenó y, desde entonces, la diferencia ha oscilado entre los 12 p.p. y los 13 p.p. (OECD et al., 2025[14]).

Gráfico 1.5. Recaudación tributaria como proporción del PIB, promedios de ALC y la OCDE, 1990-2024

Porcentaje del PIB

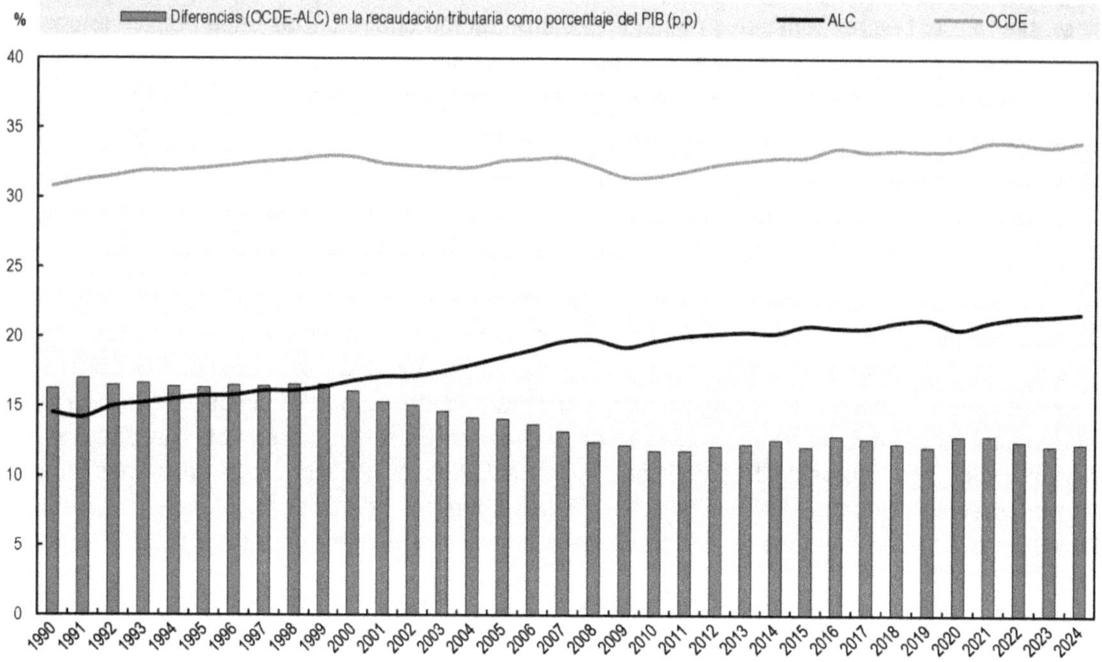

Nota: El promedio de ALC representa el promedio no ponderado de 28 países de la región incluidos en esta publicación, sin contar con Cuba (hasta 2020), Granada (hasta 2013), Surinam (hasta 2011) ni con Venezuela, debido a los problemas de disponibilidad de datos. El promedio de la OCDE representa el promedio no ponderado de los 38 países miembros de la OCDE. Chile, Colombia, Costa Rica y México también están incluidos en el promedio de la OCDE.
Fuente: Cálculos propios basados en OCDE et al. (2026[5]), Capítulo 3.

StatLink https://stat.link/0wkdyj

Recuadro 1.2. Factores que influyen en el nivel de recaudación

Existe una serie de factores económicos y estructurales que influyen en la recaudación tributaria como proporción del PIB. Las diferencias entre el promedio de recaudación tributaria como proporción del PIB de ALC y la OCDE son congruentes con la tendencia de los países con niveles de renta más elevados de presentar también mayores coeficientes tributarios (Gráfico 1.6). Argentina, Barbados, Brasil y Uruguay presentan unos coeficientes tributarios y niveles de renta similares a los de algunos países de la OCDE.

El PIB per cápita (medida del nivel de renta de un país), la apertura comercial, las dotaciones de recursos naturales y la importancia de la agricultura en la economía son factores económicos y estructurales que influyen en la recaudación tributaria como proporción del PIB. La capacidad de las administraciones tributarias, los niveles de corrupción y la moral tributaria (la predisposición de las personas a pagar impuestos) también están íntimamente relacionados con el nivel de ingresos tributarios (OECD, 2014[26]; OECD, 2019[27]).

Gráfico 1.6. PIB per cápita en PPA (USD) y recaudación tributaria como proporción del PIB en la región de ALC, la OCDE y un grupo de economías de África, Asia y el Pacífico, 2023

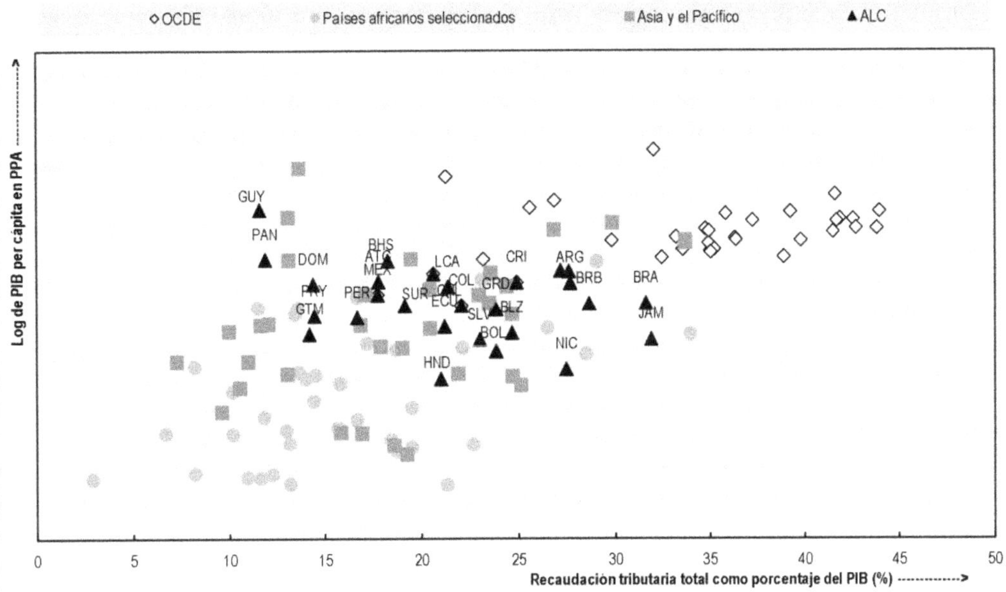

Nota: El año de comparación es 2023, dado que los datos relativos a la recaudación tributaria como proporción del PIB de 2024 de las economías seleccionadas de África, Asia y el Pacífico no están disponibles. No se incluyen ni Cuba ni Venezuela debido a los problemas de datos. La paridad de poder adquisitivo (PPA) entre dos países es el tipo de cambio entre las divisas de dos países para garantizar que una determinada suma en la moneda del primer país sirve para adquirir la misma cantidad de bienes y servicios en el segundo país. El tipo de conversión PPA implícito se expresa como moneda nacional por dólar internacional actual. El dólar internacional tiene el mismo poder adquisitivo que el dólar estadounidense en los Estados Unidos. El dólar internacional es una moneda hipotética que se utiliza como medio para convertir y comparar los costos de un país a otro utilizando un punto de referencia común, el dólar estadounidense (USD).
Fuente: (IMF, 2025[6]) para los datos del PIB per cápita. La fuente de la recaudación tributaria como proporción del PIB es la base de datos de estadísticas tributarias mundiales *Global Revenue Statistics* ().

StatLink https://stat.link/gjlm82

La recaudación tributaria como proporción del PIB también refleja las opciones políticas acerca del papel que desempeña el gobierno y su tamaño. Por ejemplo, el alcance de la participación pública en el financiamiento de la seguridad social es un factor importante que subyace a los dispares coeficientes tributarios de la región de ALC. Desde la década de 1980, muchos países de ALC, como Chile, El Salvador y México, han privatizado la salud y las pensiones, en mayor o menor medida: estos aportes a entidades privadas no se consideran contribuciones a la seguridad social. En Colombia y Perú, los sistemas públicos y privados conviven y los trabajadores pueden optar entre ellos (OECD et al., 2015[28]; OECD/IDB/The World Bank, 2014[29]). Por otro lado, Argentina, Brasil y Uruguay siguen un modelo de complementariedad entre los sistemas público y privado. En estos países, se emprendieron reformas sustanciales para ampliar la cobertura de los sistemas de seguridad social a las personas que estaban excluidas. Esto también ha sido fundamental para el aumento de los ingresos tributarios (ECLAC, 2014[30]).

La informalidad es otro factor que impacta en la recaudación de tributos en la región de ALC al reducir considerablemente la base imponible. El empleo informal representa más de la mitad de los trabajadores en América Latina y el Caribe, y ha aumentado en el último decenio (ECLAC, 2024[31]).

La región de ALC pierde cantidades importantes de ingresos tributarios como consecuencia de la evasión impositiva y la planificación fiscal abusiva. Según estimaciones de (ECLAC, 2024[31]), la evasión y la elusión tributarias en América Latina tuvieron un costo de 433 000 millones de dólares estadounidenses en 2023, equivalente al 6.7% del PIB, de los cuales el IRPF y el IS representaron un 4.6% del PIB. Las pérdidas de ingresos por IVA ascendieron a un 2.1% del PIB.

Los gastos tributarios también pueden reducir los ingresos tributarios potenciales y mermar la base imponible. Se calcula que los ingresos no recaudados por gastos tributarios se sitúan en torno al 4% del PIB en promedio en la región de ALC, siendo los que más contribuyen los gastos tributarios relacionados con los impuestos sobre bienes y servicios y con el IS, del 2.2% y el 0.9% del PIB, respectivamente (Peláez Longinotti, 2025[32]). A partir de su análisis de 10 países de ALC (Gascon et al., Forthcoming[33]) concluye que los incentivos en relación con el IS son generalizados y a menudo sumamente generosos, y que su diseño y gobernanza suscitan preocupaciones en cuanto a su rentabilidad y coherencia en materia de políticas.

Asimismo, también pueden afectar a la recaudación tributaria como proporción del PIB la ubicación geográfica y factores históricos: por ejemplo, los países sin litoral tienen menos capacidad de gravar los bienes y servicios en un puerto de entrada que los costeros. Además, los condicionantes sociodemográficos, como el nivel educativo o la participación femenina en el mercado laboral, también son importantes. Por último, factores internacionales, como las políticas tributarias de otros países, pueden tener un efecto sobre la recaudación tributaria como proporción del PIB.

El Gráfico 1.7 muestra la evolución, desde 1990, del promedio de recaudación tributaria como proporción del PIB de las tres subregiones de ALC. Aunque los niveles tributarios de las tres subregiones han mostrado una tendencia creciente durante las últimas tres décadas, sus trayectorias reflejan importantes diferencias:

- En promedio, América del Sur experimentó el crecimiento más fuerte de entre las tres subregiones entre 1990 y 2024, de 9.5 p.p. Su recaudación tributaria como proporción del PIB fue la que experimentó un crecimiento más rápido durante la década de 1990; desde 2015, ese nivel ha descendido hasta situarse en niveles similares al promedio de ALC y, desde 2019, ha mostrado un comportamiento relativamente volátil. Tras los incrementos de 0.9 p.p. en 2021 y 2022, la recaudación tributaria como proporción del PIB promedio de esta subregión descendió 0.6 p.p. en 2023 antes de aumentar hasta el 22.9% en 2024, 1.2 p.p. por encima del promedio de ALC y 0.5 p.p. más que el nivel prepandemia de 2019.
- El aumento de la recaudación tributaria como proporción del PIB promedio de América Central y México ha seguido una tendencia similar al promedio de ALC entre de 1990 y 2024, al incrementarse en 7.3 p.p. Sin embargo, el promedio de recaudación tributaria como proporción del PIB de esta subregión se mantuvo por debajo del promedio de la región de ALC; en 2024, se situó en el 19.8%, 1.9 p.p. menos que el promedio de ALC, pero 1.5 p.p. por encima de su nivel antes de la pandemia (18.3% en 2019).
- Entre 1990 y 2024, el promedio de la recaudación tributaria como proporción del PIB del Caribe aumentó 3.9 p.p. y se ha mantenido constantemente por encima del promedio de ALC. Después de 2010, los ingresos tributarios del Caribe descendieron con fuerza como porcentaje del PIB para converger hacia el promedio de ALC, un indicador que siguieron de cerca hasta 2017. Tras un marcado aumento entre 2017 y 2019, el promedio de la recaudación tributaria como proporción del PIB volvió a caer, aunque se mantuvo en niveles ligeramente superiores al promedio de ALC. El Caribe es la única subregión en la que la recaudación tributaria como proporción del PIB no ha recuperado totalmente su nivel anterior a la pandemia: el promedio de dicho indicador se situó en el 22.3% en 2024, lo cual supone 0.1 p.p. menos que en 2019.

- Guyana impulsó un descenso global de la recaudación tributaria como proporción del PIB del Caribe entre 2019 y 2024. En 2021, 2022 y 2024, Guyana experimentó fuertes caídas de su recaudación tributaria como proporción del PIB como consecuencia del notable aumento de su PIB debido a una mayor producción de petróleo. Por el contrario, los ingresos no tributarios aumentaron considerablemente en Guyana entre 2019 y 2024, lo que compensó en parte el descenso de la recaudación tributaria como proporción del PIB durante el período (véase el Capítulo 2 de este informe y (OECD et al., 2025[14]; OECD/IDB, 2026[22])).

Gráfico 1.7. Promedio de recaudación tributaria como proporción del PIB, ALC y subregiones, 1990-2024

Porcentaje del PIB

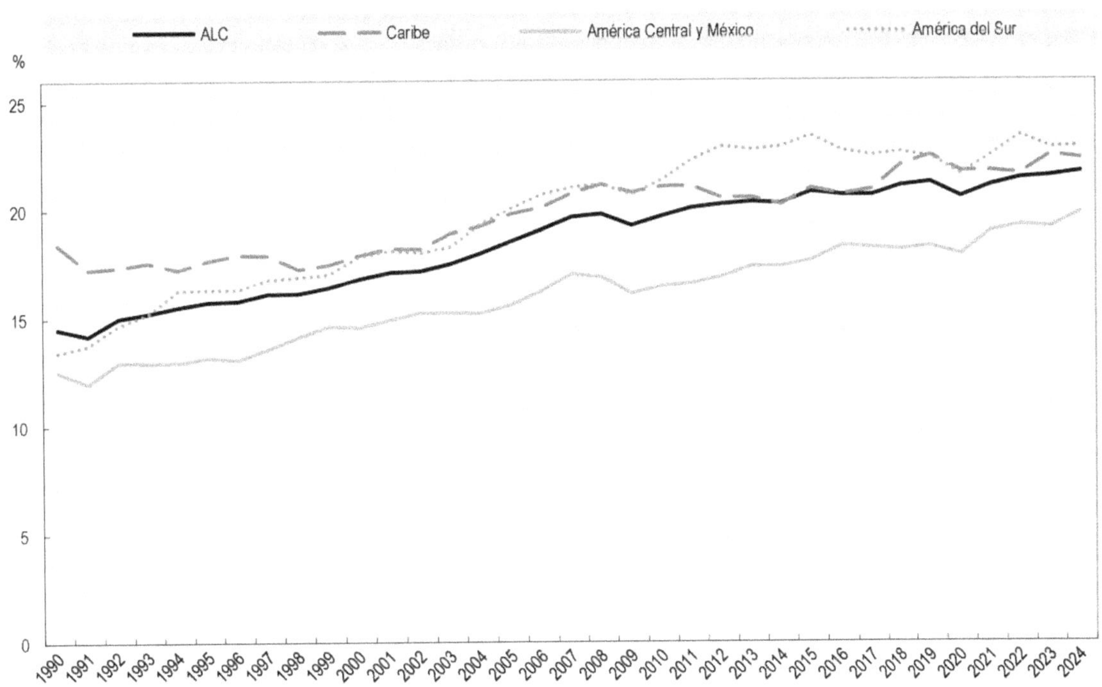

Nota: El promedio de ALC representa el promedio no ponderado de 28 países de la región incluidos en esta publicación, sin contar con Cuba (hasta 2020), Granada (hasta 2013), Surinam (hasta 2011) ni con Venezuela, debido a los problemas de disponibilidad de los datos. El Caribe incluye diez países (Antigua y Barbuda, Bahamas, Barbados, Belice, Granada, Guyana, Jamaica, Santa Lucía, Surinam y Trinidad y Tobago), América Central y México, nueve países (Costa Rica, Cuba desde 2021, El Salvador, Guatemala, Honduras, México, Nicaragua, Panamá y República Dominicana), América del Sur, nueve países (Argentina, Bolivia, Brasil, Chile, Colombia, Ecuador, Paraguay, Perú y Uruguay). La clasificación de los países en las diferentes subregiones sigue la clasificación de la CEPAL y se basa en el idioma oficial de cada uno de ellos. El «Caribe» abarca los países no hispanohablantes, incluidos Guyana y Surinam, mientras que «América Central y México» abarca países hispanohablantes e incluye a la República Dominicana y Cuba.
Fuente: Cálculos propios basados en OCDE et al. (2026[5]), Capítulo 3.

StatLink https://stat.link/crv8a7

Recuadro 1.3. Recaudación tributaria per cápita en los países de ALC

La recaudación tributaria per cápita muestra cuántos ingresos tributarios se recaudan por persona (adultos y niños) de la población, de manera que se obtiene un indicador de los ingresos disponibles por residente para financiar el gasto público. Para calcular la recaudación tributaria per cápita de este informe, se han convertido los ingresos tributarios de cada país a la paridad de poder adquisitivo (PPA) actual ajustada en dólares estadounidenses, a fin de equiparar el poder adquisitivo de las diferentes monedas. De esta manera, se obtiene un indicador comparable entre diferentes países con diferentes monedas y que tiene en cuenta las diferencias en los precios de la región de ALC durante un año determinado.

En el Gráfico 1.8 figuran la recaudación tributaria como proporción del PIB y el PIB per cápita de los países en 2024. El tamaño de la zona situada a la izquierda de la posición de un país se corresponde con los ingresos tributarios per cápita entre diferentes umbrales (identificados por las líneas curvas). Por ejemplo, en 2024, Nicaragua obtuvo una recaudación tributaria per cápita de entre 2 000 y 4 000 dólares estadounidenses; Colombia, de entre 4 000 y 6 000 dólares estadounidenses; Brasil, de entre 6 000 y 8 000 dólares estadounidenses; y Uruguay superior a 8 000 dólares estadounidenses.

Gráfico 1.8. Recaudación tributaria per cápita en PPA (USD), recaudación tributaria como proporción del PIB y PIB per cápita en PPA (USD), 2024

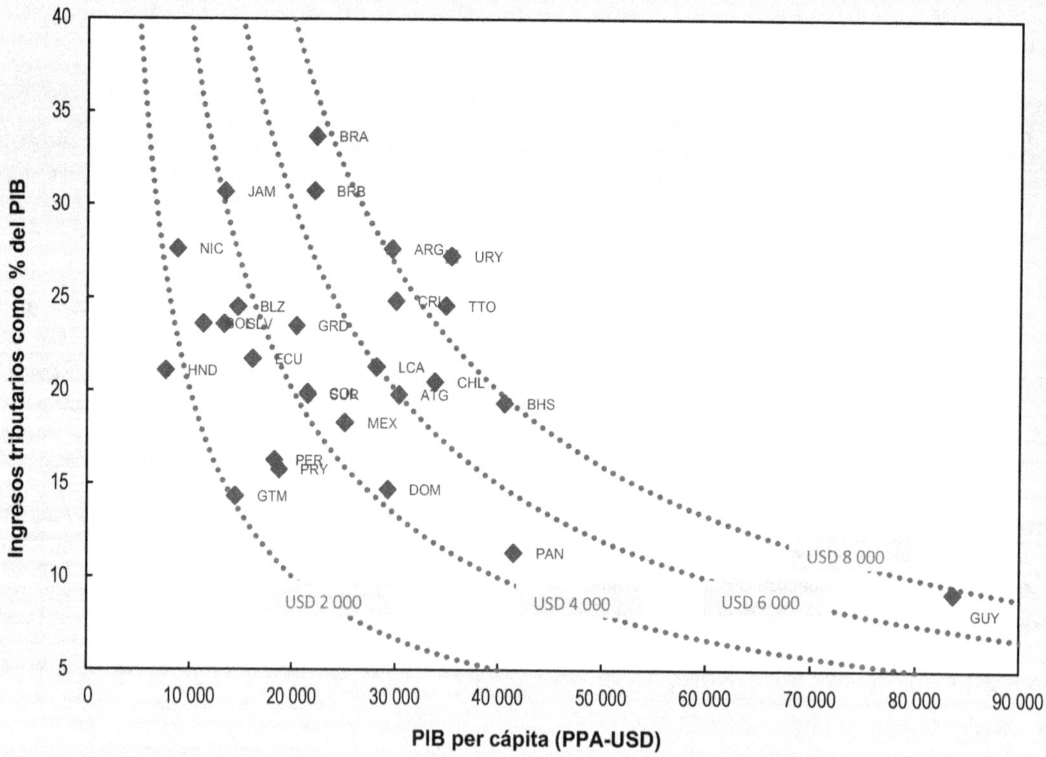

Nota: La recaudación tributaria per cápita, calculada como el producto de la recaudación tributaria como proporción del PIB y el PIB per cápita, equivale a la zona a la izquierda de las líneas curvas. Cada curva representa diferentes combinaciones de recaudación tributaria como proporción del PIB y PIB per cápita. Por ejemplo, una recaudación tributaria per cápita de 2 000 dólares estadounidenses puede ser la combinación de una recaudación tributaria como proporción del PIB del 5% y un PIB per cápita de 40 000 dólares estadounidenses o una recaudación tributaria como proporción del PIB del 10% y un PIB per cápita de 20 000 dólares estadounidenses, etc. Los países situados a lo largo de cada una de las líneas presentan el mismo nivel de recaudación tributaria per cápita. Por ejemplo, Antigua y Barbuda (ATG) y Santa Lucía (LCA) tuvieron una recaudación tributaria per cápita similar en 2024, próxima a los 6 000 dólares estadounidenses. La paridad de poder adquisitivo (PPA) entre dos países es el tipo de cambio entre las divisas de dos países para garantizar que una determinada suma en la moneda del primer país sirve para adquirir la misma cantidad de bienes y servicios en el segundo país. El tipo de conversión PPA implícito se expresa como moneda nacional por dólar internacional actual. El dólar internacional tiene el mismo poder adquisitivo que el dólar estadounidense en los Estados Unidos. El dólar internacional es una moneda hipotética que se utiliza como medio para convertir y comparar los costos de un país a otro utilizando un punto de referencia común, el dólar estadounidense (USD).
Fuente: (IMF, 2025[6]) en relación con los datos del PIB per cápita y (OECD et al., 2026[5]) para la recaudación tributaria como proporción del PIB.

StatLink https://stat.link/2fwen7

En este análisis, influyen en la recaudación tributaria per cápita tanto el nivel de recaudación tributaria como proporción del PIB como el PIB per cápita del país, ya que esta se obtiene al multiplicar el primer indicador por el segundo. Se puede obtener un mismo nivel de recaudación tributaria per cápita a partir de diferentes combinaciones de recaudación tributaria como proporción del PIB y PIB per cápita. Por ejemplo, Brasil y Guyana registraron en 2024 un nivel similar de recaudación tributaria per cápita, de 7 512 dólares estadounidenses y 7 687 dólares estadounidenses respectivamente, pero que se debió a un aumento del PIB per cápita en el caso de Guyana y a un aumento de la recaudación tributaria como proporción del PIB en el caso de Brasil. Por otra parte, dos países pueden presentar una recaudación tributaria como proporción del PIB similar, pero manifestar amplias diferencias en la recaudación tributaria per cápita. Tanto Jamaica como Barbados registraron una recaudación tributaria como proporción del PIB del 30.7% en 2024, pero la recaudación tributaria per cápita de Barbados prácticamente duplicó la de Jamaica por su superior PIB per cápita.

En el Gráfico 1.9 figura la recaudación tributaria per cápita en 2014 y 2024, y las recaudaciones tributarias como proporción del PIB de los diferentes países de ALC en 2024. La recaudación tributaria per cápita en 2024 varió enormemente entre los diferentes países de la región de ALC, desde menos de 2 000 dólares estadounidenses en Honduras a más de 9 000 dólares estadounidenses en Uruguay. Cerca de la cuarta parte de los países de ALC tuvieron una recaudación tributaria per cápita inferior a 3 300 dólares estadounidenses y otra cuarta parte superior a 7 200 dólares estadounidenses.

Los países pueden presentar una elevada recaudación tributaria como proporción del PIB para financiar su desarrollo y, sin embargo, su capacidad de gasto por residente puede ser baja. Este es el caso de Nicaragua, que registró una recaudación tributaria como proporción del PIB del 27.6% en 2024, pero su recaudación tributaria per cápita es una de las más bajas de la región de ALC (inferior a 2 500 dólares estadounidenses). Por el contrario, los países pueden tener una baja recaudación tributaria como proporción del PIB, pero una capacidad de gasto por residente relativamente alta. Por ejemplo, en 2024 Guyana presentó una recaudación tributaria per cápita que se situó prácticamente en los 8 000 dólares estadounidenses, aunque su recaudación tributaria como proporción del PIB fue la más baja de la región, del 9.2% del PIB en 2024.

Gráfico 1.9. Recaudación tributaria per cápita en los países de ALC en 2014 y 2024, y recaudaciones tributarias como proporción del PIB en 2024

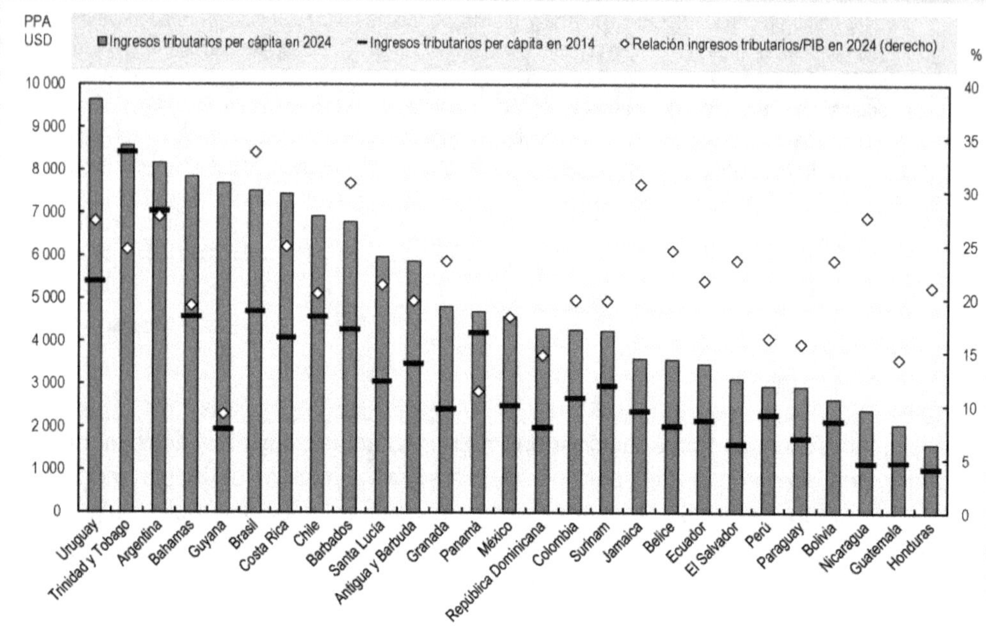

Nota: No se incluyen ni Cuba ni Venezuela debido a los problemas de datos.
Fuente: Cálculos de los autores basados en (IMF, 2025[6]) y (OECD et al., 2026[5]).

StatLink https://stat.link/je9l48

Puesto que esta medida se expresa en PPA-USD – es decir, a niveles de precios igualados y no en términos monetarios – se puede hacer una comparación sistemática entre los diferentes años. La recaudación tributaria per cápita aumentó en todos los países entre 2014 (el primer año respecto al cual hay datos sobre recaudación tributaria disponibles en relación con 28 países del presente informe) y 2024.

Este indicador se duplicó con creces en la República Dominicana y Nicaragua y Guyana, desde niveles inferiores a 2 000 dólares estadounidenses en 2014. Por el contrario, los ingresos tributarios per cápita aumentaron solo de forma menor durante el mismo período, en Panamá y Trinidad y Tobago. Granada superó el nivel de Panamá en 2024 (cerca de 4 800 dólares estadounidenses), ya que la recaudación tributaria per cápita de Granada se duplicó entre 2014 y 2024.

Aunque el PIB per cápita creció en ambos países entre 2014 y 2024 (pese a que en Panamá lo hizo a un ritmo ligeramente inferior), el aumento mucho más fuerte de la recaudación tributaria per cápita de Granada es un reflejo del incremento de la recaudación de impuestos con respecto a Panamá. Tal como se muestra en el Gráfico 1.12, a lo largo de este período, la recaudación tributaria como proporción del PIB aumentó 5.3 p.p. en Granada, mientras que, en Panamá, descendió 3.8 p.p.

Evolución de la recaudación por tipo de impuesto desde 1990

Desde 1990, el incremento del promedio de recaudación tributaria como proporción del PIB de la región de ALC se ha visto en gran medida impulsado por los aumentos de la recaudación del IVA y de los impuestos sobre la renta y las ganancias, que se alzaron 4.0 p.p. y 3.0 p.p. respectivamente, entre 1990 y 2024. En este último año, la recaudación del IVA y de los impuestos sobre la renta y las ganancias representó un 6.2% del PIB en promedio en la región de ALC (Gráfico 1.10).

Entre 1990 y 2024, la recaudación de los otros impuestos sobre bienes y servicios como porcentaje del PIB se redujo en la región de ALC. Esta reducción está asociada a la liberalización del comercio, cuyo resultado fue que los países de ALC cambiaron la forma de gravar los bienes importados y exportados, así como determinados bienes y servicios. Estos cambios incluyeron una reducción de los derechos de importación, la limitación de la base de productos y servicios sujetos a impuestos especiales y la eliminación de impuestos sobre las exportaciones. Una excepción es Argentina, país en el que se restablecieron los impuestos sobre las exportaciones en 2002, se abolieron parcialmente en 2015 y se volvieron a introducir en 2018.

Gráfico 1.10. Recaudación de algunos impuestos en la región de ALC, 1990-2024

Porcentaje del PIB

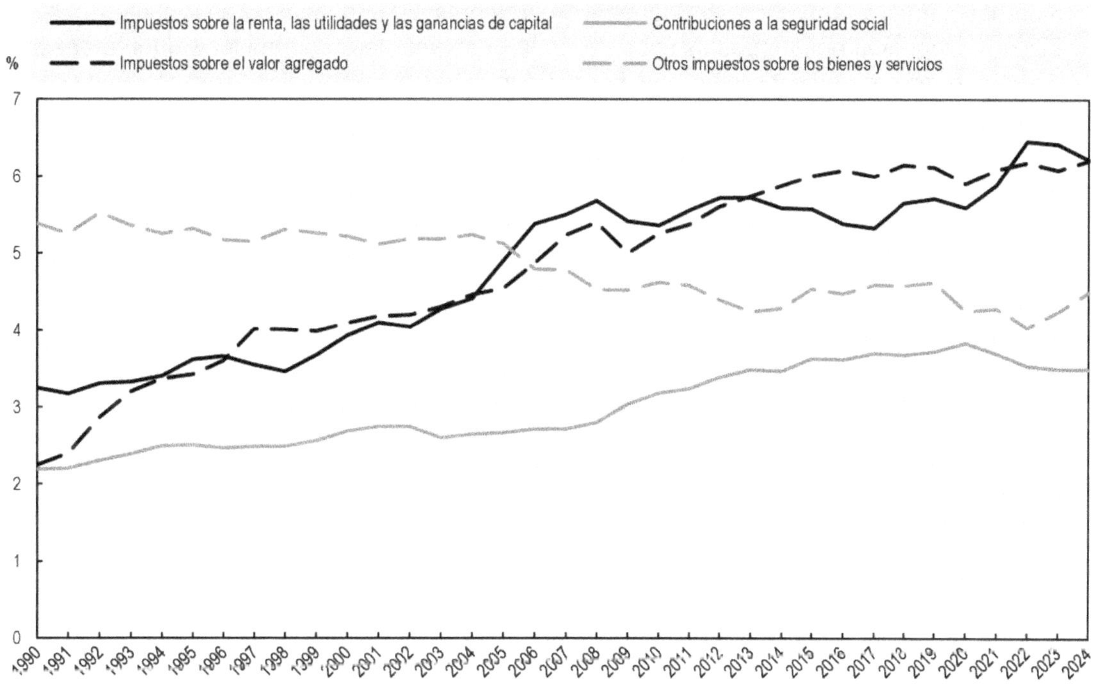

Nota: El promedio de ALC representa el promedio no ponderado de 28 países de la región incluidos en esta publicación, sin contar Cuba (hasta 2020), con Granada (hasta 2013), Surinam (hasta 2011) ni con Venezuela, debido a los problemas de disponibilidad de los datos.
Fuente: Cálculos propios basados en OCDE et al. (2026[5]), Capítulo 3.

StatLink https://stat.link/d4osak

Pueden diferenciarse cinco etapas en la evolución de los ingresos tributarios en la región de ALC:

- Entre 1990 y 2002, el IVA contribuyó más al aumento de los ingresos tributarios que los impuestos sobre la renta y las ganancias (el 1.9% del PIB frente al 0.8%). Durante este período, cinco países introdujeron el IVA (Barbados, Belice, El Salvador, Jamaica y Paraguay). Otros países aumentaron sus tasas generales de IVA y emprendieron reformas para incrementar la base imponible y mejorar la recaudación tributaria.
- Entre 2002 y 2008, los ingresos procedentes de los impuestos sobre la renta y las ganancias contribuyeron más que el IVA al aumento del promedio de la recaudación tributaria como

proporción del PIB (los incrementos representaron el 1.6% y el 1.2% del PIB, respectivamente). El incremento de los impuestos sobre la renta se explica, en parte, por la fuerte alza que experimentaron los precios de las materias primas a partir de 2003, que impulsó los ingresos por el IS del sector de los recursos naturales (ECLAC, 2014[30]; Barreix, Benítez and Pecho, 2017[34]). En varios países, este incremento también se explica por las políticas que redujeron los estímulos fiscales en las zonas de libre comercio, la introducción de impuestos mínimos para las sociedades, las reformas en la tributación internacional y los acuerdos entre países para luchar contra la evasión de impuestos.

- Los ingresos procedentes del IVA y de los impuestos sobre la renta sufrieron un descenso durante la crisis financiera mundial. En la recuperación posterior, la recaudación del IVA aumentó con mayor rapidez que la recaudación promedio del impuesto sobre la renta como porcentaje del PIB de la región y en 2014, la superó. La bajada de los precios de las materias primas contribuyó a un descenso entre 2015 y 2016. Durante este período, tres nuevos países del Caribe introdujeron el IVA (Granada en 2010, Santa Lucía en 2012 y Bahamas, en 2015).
- Entre 2017 y el principio de la crisis de COVID-19 en 2020, se recuperaron los precios de las materias primas y repuntaron los ingresos procedentes del impuesto sobre la renta. Entre 2017 y 2018, los ingresos por impuestos sobre la renta experimentaron su mayor aumento desde 2005, de 0.3 p.p. en promedio, gracias a las fuertes ganancias generadas en los sectores de la minería y de extracción de gas y petróleo.
- En 2020, todas las categorías de impuestos principales, salvo las CCS, sufrieron un descenso como porcentaje del PIB debido a la pandemia de COVID-19. A excepción del IRPF, posteriormente se recuperaron en 2021. En 2022, el IS impulsó un fuerte aumento de los ingresos por el impuesto sobre la renta en un contexto de escalada de los precios de las materias primas, mientras que los ingresos procedentes de los impuestos sobre bienes y servicios disminuyeron, en parte debido a la introducción de medidas tributarias para mitigar el impacto de los elevados precios de la energía. Entre 2022 y 2024, la recaudación del impuesto sobre la renta descendió 0.2 p.p., mientras que la de los impuestos sobre bienes y servicios aumentó 0.5 p.p.

El Gráfico 1.11 muestra la evolución de la recaudación por IRPF, IS y los impuestos sobre la renta en total desde 2005. Durante este período, el IS ha generado la proporción principal de la recaudación de impuestos sobre la renta en la región de ALC, al situarse cerca del 60% en promedio.

Aunque la recaudación del IS como porcentaje del PIB ha mostrado mayor volatilidad que los ingresos por IRPF, ha sido el principal motor de crecimiento de la recaudación total a lo largo del tiempo. Sin embargo, la recaudación promedio por IRPF ha ido aumentando de forma constante en toda la región (salvo en 2017, 2021 y 2024, años en los que se observa un ligero descenso) y resistió mejor la crisis financiera mundial y la pandemia del COVID-19 que la recaudación del IS. Tras el registro de fuertes incrementos en 2021 y 2022, la recaudación del IS descendió en 2023 y 2024 en una coyuntura de bajada de los precios de la energía. En 2024, los promedios de los ingresos por estos dos impuestos en ALC se situaron en el 3.6% y el 2.1% del PIB, respectivamente.

En las dos últimas décadas, se aprecian importantes diferencias en la evolución de las principales categorías tributarias entre las tres subregiones de ALC:

- El Caribe registró un considerable aumento de la recaudación promedio por IVA como porcentaje del PIB. Nueve de los diez países caribeños incluidos en este informe[2] introdujeron el régimen del IVA durante este período, más tarde que la mayoría de los países de América Central y México y de América del Sur. El IVA fue el factor que más impulsó el aumento global de la recaudación tributaria como proporción del PIB del Caribe durante este período.
- En América Central y México y en América del Sur, los impuestos sobre la renta y las ganancias fueron los que más contribuyeron al aumento de la recaudación tributaria total como proporción del PIB, seguidos del IVA. El aumento de los precios de los minerales y del petróleo, entre 2003 y 2010, condicionó los ingresos procedentes de los impuestos sobre la renta y las ganancias.

Gráfico 1.11. Recaudación de los impuestos sobre la renta y las ganancias, IS e IRPF en la región de ALC, 2005-2024

Porcentaje del PIB

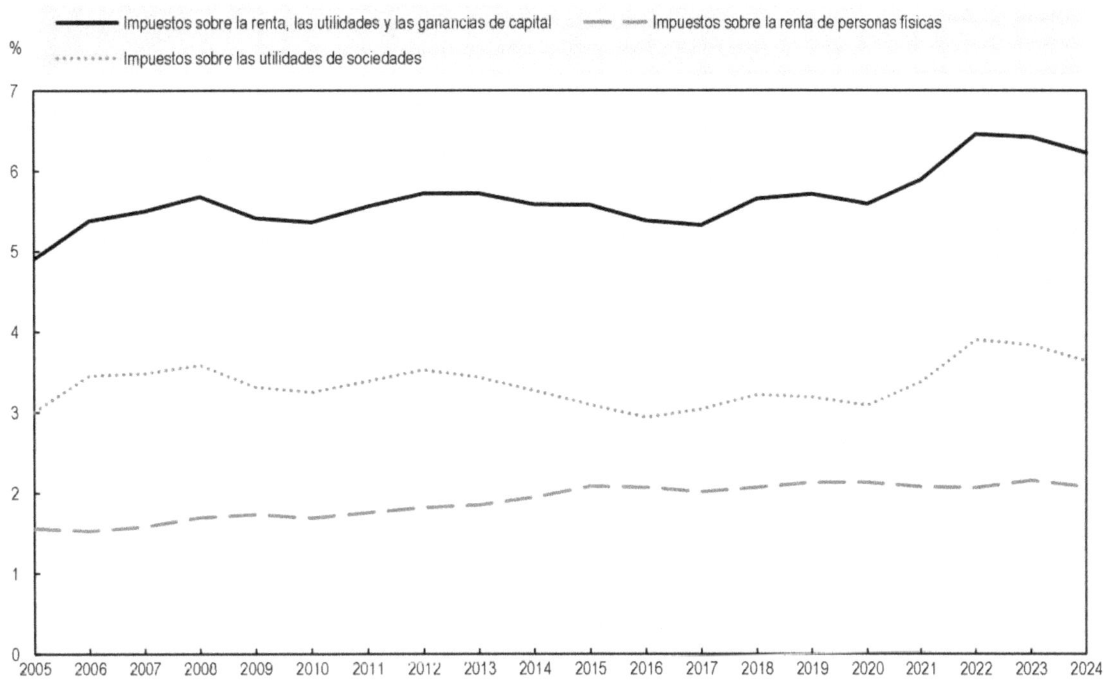

Nota: Se excluye a Cuba (hasta 2020), Granada (hasta 2013), Surinam (hasta 2011) y Venezuela del promedio de ALC por los problemas de disponibilidad de datos. Ecuador está incluido en el promedio de ALC de recaudación total del impuesto sobre la renta, pero se ha excluido de las recaudaciones del IRPF y del IS como porcentaje del PIB.
Fuente: OCDE et al. (2026[5]), "Cuadros comparativos de las Estadísticas tributarias en América Latina y el Caribe", Data Explorer de la OCDE, http://data-explorer.oecd.org/s/e1.

StatLink https://stat.link/vi5u4o

Esta sección examina de forma más pormenorizada las variaciones más notables en las recaudaciones tributarias como proporción del PIB entre 2014 (el primer año respecto al cual hay datos sobre recaudación tributaria disponibles en relación con 28 países del presente informe) y 2024. Los cambios registrados variaron entre los diferentes países de la región, al oscilar entre un descenso de 14.2 p.p. en Cuba y un incremento de 6.0 p.p. en Bahamas (Gráfico 1.12). Durante el período, veintiún países registraron un aumento de su recaudación tributaria como proporción del PIB, mientras que siete países (Argentina, Bolivia, Cuba, Guyana, Panamá, Perú, y Trinidad y Tobago) sufrieron un descenso.

Gráfico 1.12. Variaciones en la recaudación tributaria como proporción del PIB de los países de ALC, por partidas tributarias, 2014-2024

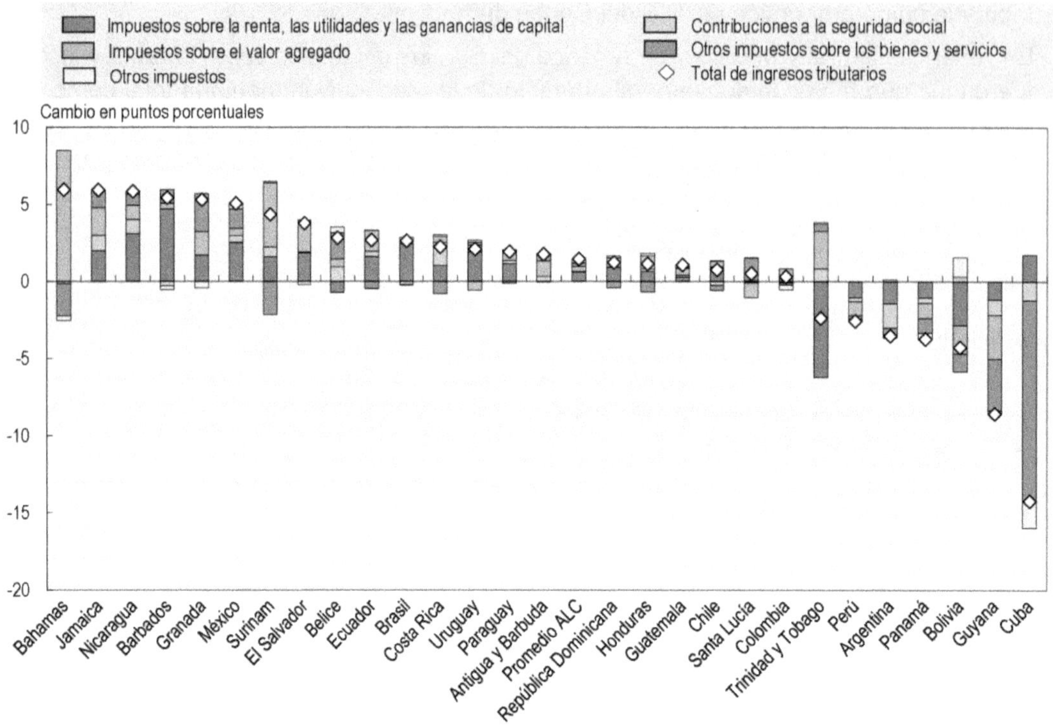

Nota: El promedio de ALC representa el promedio no ponderado de 28 países de la región incluidos en esta publicación, sin contar con Cuba (hasta 2020) ni con Venezuela, debido a los problemas de disponibilidad de datos.
Fuente: Cálculos propios basados en OCDE et al. (2026[5]), "Cuadros comparativos de las Estadísticas tributarias en América Latina y el Caribe", Data Explorer de la OCDE, http://data-explorer.oecd.org/s/e1.

StatLink https://stat.link/d847ni

- El incremento global de la recaudación tributaria como proporción del PIB de Bahamas se vio impulsado por la introducción de un IVA. Bahamas introdujo el IVA en 2015, lo que generó cerca de un 6.4% del PIB en promedio entre 2015 y 2024.
- Jamaica registró el segundo mayor aumento, de 5.9 p.p., entre 2014 y 2024. Los incrementos se produjeron entre todas las categorías de impuestos y se vieron impulsados por las reformas del sistema tributario (Mera and Ortega, 2024[35]). Jamaica amplió la base imponible, aumentó el impuesto general al consumo y también la tasa del IRPF para personas con elevados ingresos del 25% al 30%, además de mejorar su administración tributaria (Arslanalp, Eichengreen and Henry, 2024[36]). Otra reforma importante, que se produjo en 2011, fue la creación de la Administración Tributaria de Jamaica (TAJ), que ha contribuido a mejorar la recaudación de impuestos a largo plazo. En la TAJ se agrupó a tres instituciones y su creación tenía por objeto mejorar la prestación de los servicios, así como su eficiencia y su eficacia; simplificar los procesos administrativos y comerciales; mejorar la comunicación y aumentar los canales de información; mejorar el cumplimiento voluntario de la declaración de impuestos; y aumentar la recaudación tributaria (Mera and Ortega, 2024[35]).

- Por el contrario, Cuba registró el mayor descenso durante el período. La caída de la recaudación tributaria como proporción del PIB de Cuba se debió a un importante descenso de los ingresos en 2021 recaudados por el impuesto sobre ventas como proporción del PIB (registrado en otros impuestos sobre bienes y servicios). Este descenso excepcional se debió a una reforma monetaria por la que se unificó la moneda cubana, que comportó la eliminación del peso cubano convertible (CUC) y la circulación de una única moneda nacional, el peso cubano (CUP). Como parte de esta reforma, la tasa del impuesto sobre ventas se redujo al 10%, desde entre un 25% y un 42% aplicado previamente en función de la actividad de la que se tratase (OECD et al., 2023[19]).

Estructuras tributarias en la región de ALC

La estructura tributaria (definida como la participación de los principales tipos de impuestos en la recaudación tributaria total) refleja la composición de los ingresos tributarios totales de un país según los diferentes tipos de impuestos. Se trata de un importante indicador para entender los efectos económicos y sociales de un régimen tributario.

Evolución de las estructuras tributarias, 1990-2024

En 2024, los impuestos sobre bienes y servicios generaron la mayor proporción de ingresos tributarios totales en la región de ALC, pues constituyeron, en promedio, aproximadamente la mitad de la tributación total. En 2024, la participación de la recaudación del IVA en los ingresos tributarios totales alcanzó el 28.9%, lo que representa un aumento de 12.7 p.p. desde 1990. La participación en la recaudación de otros impuestos sobre bienes y servicios (como los impuestos especiales, y los derechos de aduana y de importación) se redujo 19.8 p.p., durante el mismo período.

- La participación de las contribuciones a la seguridad social en los ingresos tributarios totales ha aumentado 1.8 p.p., hasta alcanzar el 15.9%, en 2024. Dos factores (opuestos) han influido en la trayectoria de las contribuciones a la seguridad social. Aunque el aumento de la base imponible regular se tradujo en una mayor recaudación, esta se vio contrarrestada por la privatización total o parcial de la seguridad social que se produjo en muchos países, sobre todo entre mediados de los años noventa y 2010 (OECD et al., 2015[28]).
- Entre 1990 y 2024, la participación de la recaudación de los impuestos sobre la renta y las ganancias creció 8.8 p.p. (del 20.3% al 29.3% de los ingresos tributarios totales). La participación del IS en los ingresos tributarios totales aumentó 2.3 p.p. entre 2005 y 2024, hasta alcanzar un 17.4%, debido principalmente al importante aumento de recaudación del IS en 2021 y 2022. Durante ese mismo período, la participación del IRPF en los ingresos tributarios totales creció del 8.0%, en 2005, al 9.6%, en 2024, en parte, gracias al incremento de las rentas de las personas físicas en toda la región, durante los dos decenios previos a la pandemia de COVID-19. No obstante, en comparación con los países de la OCDE, la participación media de la recaudación del IRPF se mantiene en niveles bajos en los países de ALC, a pesar de que algunos países han introducido reformas para ampliar su base imponible.

Tras la crisis financiera mundial, varios países establecieron tipos impositivos fijos sobre rentas del capital que antes estaban exentas y aplicaron tipos progresivos sobre las rentas del trabajo (ECLAC, 2014[30]). En la región de ALC, hay relativamente pocos sujetos pasivos del IRPF, debido en gran parte a los elevados niveles de informalidad y a que la población se concentra en los niveles de bajos ingresos: en 2013, solo un 10% de la población de América Latina eran contribuyentes registrados (IDB, 2013[24]).

Gráfico 1.13. Estructura tributaria promedio en la región de ALC, 2005-2024

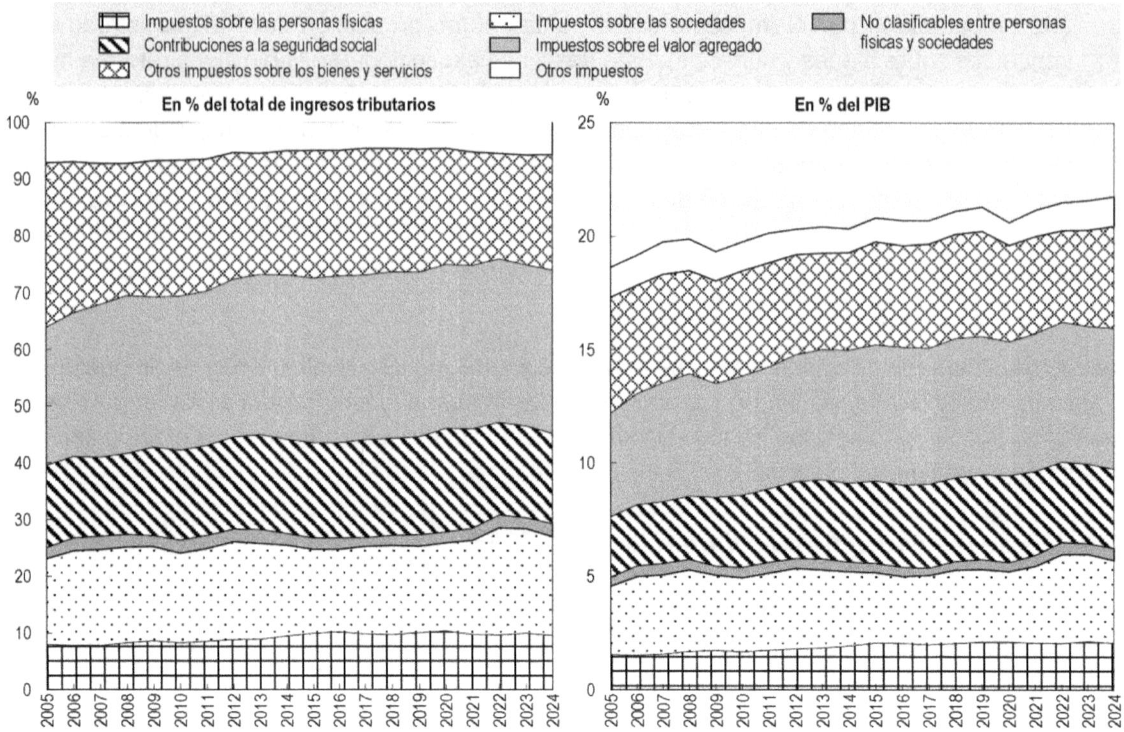

Nota: Se excluye a Cuba (hasta 2020), Granada (hasta 2013), Surinam (hasta 2011) y Venezuela del promedio de ALC por los problemas de disponibilidad de datos. Ecuador se excluye del promedio de ALC al calcular los ingresos provenientes de IRPF y el IS debido a problemas con la calidad de los datos.

Fuente: Cálculos propios basados en OCDE et al. (2026[5]), "Cuadros comparativos de las Estadísticas tributarias en América Latina y el Caribe", Data Explorer de la OCDE, http://data-explorer.oecd.org/s/e1.

StatLink https://stat.link/p5yfjk

Existe otra serie de factores que sigue restringiendo las iniciativas destinadas a aumentar los ingresos por el IRPF, tales como la existencia de una base imponible reducida integrada principalmente por salarios (puesto que los privilegios tributarios se suelen otorgar a los rendimientos del capital), las elevadas desgravaciones de impuestos (por ejemplo, deducciones personales y exenciones en el impuesto sobre la renta), las amplias reducciones impositivas, así como los elevados niveles de evasión (ECLAC, 2023[37]). (ECLAC, 2020[38]) concluye que las tasas de evasión del IRPF son altas en varios países de ALC. La evasión es más habitual entre los autónomos que entre los trabajadores por cuenta ajena. Un estudio relativo a México concluyó que las pérdidas de ingresos tributarios como porcentaje del PIB de las personas que desarrollan actividades profesionales son cinco veces más altas que las de los asalariados y, en el caso de las personas con ingresos por alquiler, son siete veces superiores. De manera similar, en Costa Rica, la tasa de evasión de los asalariados y los pensionistas fue únicamente del 3.5% en 2018, mientras que la tasa de incumplimiento en relación con actividades lucrativas se situó en el 82.7% en 2018 y, desde 2015, ha seguido una tendencia al alza (ECLAC, 2023[37]).

El efecto redistributivo del IRPF en América Latina es escaso, ya que se consigue una reducción de tan solo el 2% en la desigualdad en materia de ingresos, lo que contrasta con los países de la Unión Europea, donde los impuestos sobre la renta redujeron la desigualdad un 12% en 2014 (OECD et al., 2018[39]). La reducción del coeficiente Gini que puede atribuirse al IRPF en la región de ALC osciló en 2014 entre un 0.3% (Paraguay) y un 5.9% (México) (OECD et al., 2018[39]). Un gran número de países de ALC aplican diferimientos en el pago de impuestos, tipos reducidos y exenciones, que suelen tener un efecto redistributivo menor al de las desgravaciones tributarias específicas. Los diferimientos posponen la fecha límite para declarar y liquidar los impuestos, pero no ajustan el cálculo en función de los ingresos de los hogares. Las exenciones del IRPF, por otra parte, pueden reducir los ingresos y menoscabar el efecto redistributivo. Sin embargo, es importante considerar la heterogeneidad de la región, puesto que la eliminación de muchos de esos privilegios tributarios o la reducción de sus umbrales podría potenciar el efecto redistributivo, aunque a costa de agravar las distorsiones en la eficiencia distributiva, lo que podría influir en las decisiones y el comportamiento de los contribuyentes (ECLAC, 2023[37]; OECD et al., 2024[40]).

Mejorar el diseño del IRPF podría aumentar la progresividad de los sistemas tributarios de la región de ALC e incrementar la recaudación. Los regímenes tributarios más progresivos de la región precisan de administraciones tributarias más eficientes. Resulta esencial que el diseño del IRPF de cada país, así como las posibles reformas encaminadas a aumentar su efectividad, muestren un equilibrio entre los principios de la simplicidad administrativa, la equidad distributiva y la suficiencia de los ingresos (ECLAC, 2023[37]; OECD et al., 2024[40]).

Estructuras tributarias promedio en la región de ALC y los países de la OCDE

En relación con los países de la OCDE, la composición media de la estructura tributaria de la región de ALC se caracteriza por unos ingresos bajos procedentes del impuesto sobre la renta de las personas físicas y las contribuciones a la seguridad social, así como por una mayor dependencia de los impuestos sobre bienes y servicios (Gráfico 1.14). En promedio, en toda la región ALC, los impuestos sobre bienes y servicios representan algo menos de la mitad de los ingresos tributarios, frente a aproximadamente un tercio en los países de la OCDE. Sin embargo, como porcentaje del PIB, en 2023, la recaudación procedente de los impuestos sobre bienes y servicios de la región de ALC y la OCDE fueron similares, un 10.3% y un 10.4%, respectivamente[3].

Por el contrario, la participación combinada de los impuestos sobre la renta y las ganancias y las CSS como porcentaje de la recaudación de impuestos total fue mucho menor en la región de ALC que en la OCDE en 2023 (el 46.3% frente al 61.8%, como promedio). Estas dos categorías representaron un 9.9% del PIB en la región de ALC, menos de la mitad del promedio de la OCDE (21.0%). Esta diferencia se explica, en parte, por la tendencia a privatizar las prestaciones de la seguridad social en muchos países de ALC.

Como promedio, el IS generó el 18.4% de los ingresos tributarios totales en la región de ALC frente al 11.9% en la zona de la OCDE (ambos un 3.8% del PIB). La diferencia más llamativa entre los promedios de ambas regiones se relaciona con la recaudación del IRPF, que en 2023 representó el 23.7% de los ingresos tributarios totales de la OCDE y el 10.0% de la región de ALC. Como promedio, la recaudación del IRPF ascendió al 2.2% del PIB, en la región de ALC, frente al 8.2% en la OCDE.

En la región de ALC, los impuestos sobre los bienes inmuebles y las nóminas (que se incluyen en la categoría «otros impuestos»), en promedio, son una fuente de ingresos menos relevante que en la OCDE, aunque hay dificultades de disponibilidad de datos relativos a los impuestos sobre la propiedad en la región de ALC (véase la sección siguiente sobre Impuestos por nivel gubernamental).

Gráfico 1.14. Estructura tributaria promedio en la región de ALC y en la OCDE, 2023

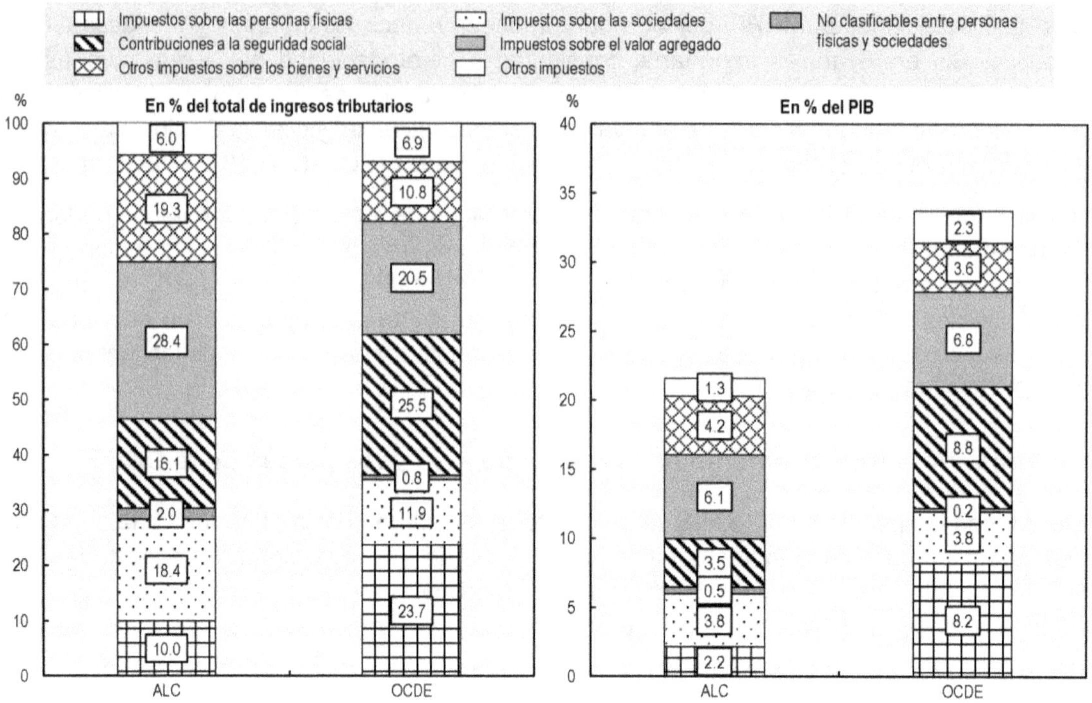

Nota: El año de comparación es 2023, puesto que los datos relativos al promedio de la OCDE del año 2024 no están disponibles. Se excluye a Venezuela del promedio de ALC por los problemas de disponibilidad de datos. Ecuador se excluye del promedio de ALC al calcular los ingresos provenientes de IRPF y el IS debido a problemas con la calidad de los datos. El promedio de la OCDE representa el promedio no ponderado de 38 países miembros de la OCDE. Chile, Colombia, Costa Rica y México están incluidos en el promedio de la OCDE.
Fuente: Cálculos propios basados en OCDE et al. (2026[5]), "Cuadros comparativos de las Estadísticas tributarias en América Latina y el Caribe", Data Explorer de la OCDE, http://data-explorer.oecd.org/s/e1.

StatLink https://stat.link/naiu1p

Estructura tributaria en los países de ALC

Los impuestos sobre bienes y servicios fueron la principal fuente de ingresos en todos los países de ALC, excepto en Costa Rica, Cuba, Guyana, México, Panamá y Trinidad y Tobago en 2024 (Gráfico 1.15). En Cuba, Guayana, México y Trinidad y Tobago, la recaudación procedente de los impuestos sobre la renta y las ganancias representó la mayor proporción, mientras que, en Costa Rica y Panamá, la principal fuente de ingresos fueron las CSS.

En la mayoría de los países en los que los impuestos sobre bienes y servicios fueron la principal fuente de ingresos, la recaudación del IVA supuso una mayor proporción que la de los OIC. Diecisiete países presentaron mayores ingresos tributarios procedentes del IVA, que variaron entre el 25.4% de la recaudación total en Uruguay y el 44.0% en las Bahamas.

En 2024, las CSS oscilaron entre el 0.7% de los ingresos tributarios totales de la República Dominicana y el 42.3%, de Panamá. El nivel de estos ingresos refleja en parte las opciones de financiamiento de la seguridad social (véase el Recuadro 1.2): en países que cuentan con sistemas de seguridad social públicos o mixtos (como Argentina, Bolivia, Brasil, Costa Rica, Panamá, Paraguay y Uruguay), las CSS representaron más del 15% de los ingresos tributarios totales.

Gráfico 1.15. Estructuras tributarias en los países de ALC, 2024

Porcentaje de los ingresos tributarios totales

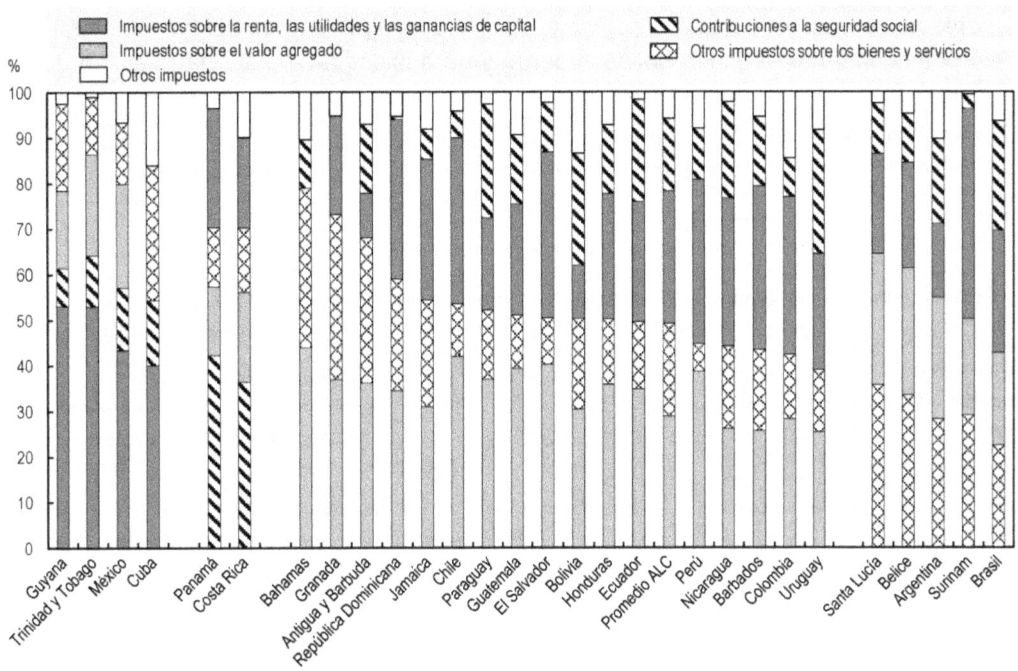

Nota: Los países están agrupados en función de la principal proporción de ingresos tributarios entre impuestos sobre la renta y las ganancias, contribuciones a la seguridad social, impuestos sobre el valor agregado y otros impuestos sobre bienes y servicios. Bahamas no grava la renta. En Cuba, no existe un régimen del IVA. El promedio de ALC representa el promedio no ponderado de los 28 países de ALC incluidos en esta publicación, sin contar con Venezuela por los problemas de disponibilidad de datos.
Fuente: Cálculos propios basados en OCDE et al. (2026[5]), Capítulo 3.

StatLink https://stat.link/6ucpei

Por el contrario, las tres cuartas partes de los países de ALC presentaban una proporción de impuestos sobre la renta inferior al 36.1% de la recaudación total de impuestos (percentil 75°). Con respecto al IS, las tres cuartas partes de los países de ALC recaudaron más de un 11% de sus ingresos tributarios totales por el IS, mientras que dos tercios de los países de la OCDE recaudaron menos.

Con respecto a los impuestos sobre bienes y servicios, la recaudación del IVA y Otros impuestos sobre bienes y servicios superó el 24.9% y el 12.5% de la recaudación total de impuestos respectivamente (percentil 25º) en las tres cuartas partes de los países de ALC.

Ratio de recaudación del IVA

Esta sección examina el ratio de recaudación del IVA de los países de ALC en 2024. El ratio de recaudación del IVA «mide la diferencia entre los ingresos recaudados por IVA y los ingresos que teóricamente se habrían recaudado si se hubiera aplicado el tipo general del IVA a la totalidad de la base imponible potencial en un régimen de IVA «puro» y se hubiera recaudado la totalidad de los ingresos» (OECD, 2024[41]). El ratio de recaudación del IVA es el cociente entre los ingresos reales recaudados por IVA y el producto del consumo final (una vez descontada la recaudación del IVA) y el tipo de IVA general. A continuación, se muestra la fórmula de cálculo.

$$\frac{\text{Ingresos por IVA}}{(\text{gasto de consumo final} - \text{ingresos por IVA}).\ \text{tasa de IVA general}}$$

Este indicador ofrece una idea de la pérdida de ingresos por IVA que se produce al aplicar exenciones y tipos reducidos o por fraude, evasión y planificación tributaria y deficiencias de las administraciones tributarias. No obstante, ha de interpretarse teniendo en cuenta las características subyacentes del régimen de IVA de cada país, ya que un ratio de recaudación del IVA más elevado podría deberse a un efecto dominó (por ejemplo, si la exención se aplica en las primeras fases de la cadena de suministro) o a que no se hayan reembolsado aún las devoluciones de IVA. También pueden influir en el aumento o descenso de este indicador otros factores, por ejemplo, el hecho de que las normas del lugar de tributación aplicables al comercio internacional se desvíen del principio de imposición en destino o si no se cobra el impuesto por suministros digitales importados. Asimismo, cabe señalar que también resulta más difícil interpretar el ratio de recaudación del IVA en el caso de los países que tienen una importante dependencia del sector turístico, ya que podrían registrar altos niveles de este indicador por motivos metodológicos: las compras efectuadas por no residentes podrían no incluirse en el gasto de consumo final (el denominador) pero sí incluirse el IVA aplicado a esas compras en los ingresos totales por IVA (el numerador) (Keen, 2013[42]).

El Cuadro 1.3 presenta el ratio de recaudación del IVA de los países de ALC y de las tres subregiones. Los niveles máximos de este indicador los registra Bahamas, y se sitúan bastante por encima del 1. Este es un ejemplo destacado del impacto de la metodología en la interpretación del ratio de recaudación del IVA, tal como se ha explicado con anterioridad en esta sección. El elevado ratio de recaudación del IVA de Bahamas se debe en parte a que los ingresos que recibe este país del sector turístico se incluyen en el numerador, pero los recibos del turismo no se contabilizan en el gasto de consumo final (el denominador). A pesar de esto, cabe señalar que Bahamas introdujo el IVA en 2015 siguiendo una buena práctica internacional, al implementar un IVA de base amplia con una tasa general baja (del 7.5%, incrementada al 12.0% en 2018, reducida al 10% en 2022), con un número limitado de exenciones y sin aplicar tasas reducidas. Esto también contribuye al elevado ratio de recaudación de IVA del país.

Por el contrario, las cifras más bajas del ratio de recaudación del IVA (por debajo del 0.4) se observaron en Guyana en el Caribe, así como en la República Dominicana y México en América Central, y Colombia en América del Sur. Existen varios factores que contribuyen al bajo nivel de este indicador en México, entre ellos el alcance de las exenciones de IVA, la aplicación de una tasa cero nacional a numerosos bienes y servicios, y el escaso cumplimiento (OECD, 2024[41]; OECD, 2018[43]). No obstante, México introdujo una reforma del IVA en enero de 2014, que incluyó la sustitución de algunas tasas reducidas y tasas cero por la tasa general y la mejora de los procesos. Este indicador se incrementó a 0.35 en 2020, como consecuencia de la ampliación de la base imponible de IVA de los servicios digitales, en consonancia con las recomendaciones de la OCDE (KPMG, 2019[44]).

Hay varios factores que pueden contribuir al bajo nivel del ratio de recaudación del IVA de la República Dominicana. El diseño del IVA de este país es uno de esos factores, ya que la República Dominicana aplica numerosas exenciones de este impuesto (Schlotterbeck, 2017[45]), entre otras a los materiales educativos, los medicamentos, los servicios de salud, los servicios financieros, los servicios públicos, el equipamiento para energías renovables y los servicios de transporte terrestre, además de estar exentos también servicios como la educación, los de carácter cultural y la electricidad (OECD, 2022[46]). La evasión del IVA es otro factor que incide en el bajo nivel de este indicador. La CEPAL (2020[38]) calcula que el nivel de evasión del IVA de la República Dominicana se encuentra entre los más elevados de la región de ALC, del 43.8% (cifra de 2017), frente a un promedio del 30% en una muestra de 12 países de ALC.

Cuadro 1.3. Ratio de recaudación del IVA y tasas de IVA en los países de ALC por subregión, 2024

	Ratio de recaudación del IVA	Tasa de IVA (%)
América Central y México	**0.51**	**13.6**
Costa Rica	0.51	13.0
República Dominicana	0.38	18.0
El Salvador	0.82	13.0
Guatemala	0.50	12.0
Honduras	0.54	15.0
México	0.34	16.0
Nicaragua	0.56	15.0
Panamá	0.41	7.0
América del Sur	**0.60**	**16.8**
Argentina	0.47	21.0
Bolivia	0.67	13.0
Chile	0.70	19.0
Colombia	0.36	19.0
Ecuador	0.89	12.0
Paraguay	0.79	10.0
Perú	0.51	18.0
Uruguay	0.43	22.0
Caribe	**0.71**	**13.6**
Antigua y Barbuda	0.71	17.0
Bahamas	1.24	10.0
Barbados	0.58	17.5
Belice	0.75	12.5
Granada	0.88	15.0
Guyana	0.18	14.0
Jamaica	0.68	15.0
Santa Lucía	0.76	12.5
Surinam	0.68	10.0
Trinidad y Tobago	0.62	12.5
Promedio ALC	**0.61**	**14.6**
Promedio OCDE (2022)	**0.58**	**19.3**

Nota: No se incluye a Brasil, Cuba ni Venezuela. En Brasil existe un régimen tributario en el que se aplican diferentes tipos del impuesto en cada nivel subnacional. En 2024, Cuba no contaba con un sistema de IVA. No hay datos disponibles sobre la recaudación de Venezuela.
Fuente: Los tipos de IVA se han obtenido de (OECD, 2024[41]) las cifras sobre gasto de consumo final del informe WEO (IMF, 2025[6]) y los ingresos por IVA de los cuadros relativos a cada país de la OCDE et al. (2026[5]) y el Capítulo 4 de (OECD, 2024[41]) en el caso de los países de la OCDE.

Impuestos relacionados con la salud en la región de ALC

Además de generar ingresos tributarios adicionales, los impuestos relacionados con la salud son un mecanismo fundamental para reducir el consumo de productos perjudiciales para la salud, con lo cual, a largo plazo, se reducen los costos de atención sanitaria y se incrementa la productividad laboral. La OMS promueve firmemente que los gobiernos implementen políticas en materia de impuestos relacionados con la salud mejor alineadas con los objetivos de salud pública o que las revisen en ese sentido (WHO, 2025[47]; OECD, 2024[48]).

Los impuestos relacionados con la salud se definen como «impuestos que gravan los productos con un impacto negativo en la salud pública» (WHO, 2025[47]). Por lo general, se aplican en forma de impuestos especiales (impuestos sobre productos específicos), ya sea de manera directa sobre el componente que tiene un efecto nocivo en la salud (por ejemplo, el volumen de alcohol o los gramos de azúcar o sal) o sobre el producto que contiene el componente perjudicial para la salud de los consumidores (por ejemplo, por litro de bebida alcohólica o por paquete de cigarrillos). Si bien los impuestos especiales interactúan con los derechos de aduana y el impuesto al valor agregado (el IVA también puede afectar el consumo de productos con un impacto negativo en la salud), esta sección se centra en los ingresos obtenidos a partir de impuestos especiales.

Los impuestos relacionados con la salud son especialmente relevantes para la región de ALC. Por ejemplo, (OECD, 2024[49]) explica que el predominio del consumo de tabaco es elevado, lo cual provoca importantes costos de salud, económicos y sociales, y que los costos médicos imputables al tabaquismo pueden llegar al 1.5% del PIB anual.

Los datos sobre recaudación son fundamentales para diseñar y evaluar los impuestos relacionados con la salud, aunque deben interpretarse con cautela (OECD, 2024[48]). El impacto en la recaudación de los impuestos a la salud depende del diseño del impuesto, de los niveles de consumo y de las compras transfronterizas, así como de la elasticidad de los precios. Según han demostrado estudios anteriores, el alcohol y el tabaco suelen presentar precios que no son elásticos (es decir, que la demanda no responde de manera importante a las variaciones en el precio). Las bebidas azucaradas, por su parte, sí son más elásticas, sobre todo entre los grupos de bajos ingresos.

Una caída en la recaudación de un impuesto relacionado con la salud específico puede apuntar a un buen resultado en cuanto a reducción del consumo de dicho producto o puede ser un reflejo de su sustitución por otras alternativas no sujetas a impuestos o que se gravan con un impuesto inferior (por ejemplo, los nuevos productos a base de nicotina). Al mismo tiempo, las diferencias en la recaudación de los impuestos relacionados con la salud entre los diferentes países pueden poner de manifiesto diferencias en patrones de consumo, más que en la eficacia de los impuestos.

Los datos de las *Estadísticas tributarias en América Latina y el Caribe* pueden utilizarse para dar seguimiento a la recaudación de impuestos relacionados con la salud entre diferentes países y también a lo largo del tiempo, y compararla. Pese a que la Guía de interpretación de la OCDE no incluye una categoría para los «impuestos relacionados con la salud», los datos que facilitan los países sobre la recaudación de impuestos específicos (según figuran en los cuadros específicos sobre países del Capítulo 4 de este informe) permiten la identificación de los impuestos con los objetivos de las políticas en materia de salud, principalmente en el caso de los impuestos especiales sobre bebidas alcohólicas, tabaco y bebidas azucaradas. Sin embargo, resulta difícil comparar la recaudación de los impuestos relacionados con la salud entre los diferentes países y a lo largo del tiempo. Además de las deficiencias que presentan los datos comunicados, las diferentes maneras de comunicar los datos limitan aún más la capacidad de hacer comparaciones. Por ejemplo, algunos países agregan los ingresos obtenidos por bebidas alcohólicas y no alcohólicas, mientras que otros las desglosan por producto; algunos países solo informan de la recaudación obtenida con los cigarrillos, y no con todos los productos de tabaco.

El Gráfico 1.16 presenta los ingresos por impuestos especiales relacionados con la salud como porcentaje del PIB y la recaudación total de impuestos en 2024 correspondiente a 17 países de ALC sobre los que existen datos detallados disponibles. En 2024, los impuestos especiales al tabaco, el alcohol y las bebidas azucaradas combinados oscilaron entre menos de un 0.10% del PIB en Brasil y un 0.69% del PIB en Nicaragua. En promedio, entre los 17 países de la muestra, la recaudación de impuestos relacionados con la salud equivalió al 0.39% del PIB y generó un 1.96% de la recaudación total de impuestos en 2024. En comparación, el promedio de la OCDE se situó en el 0.74% del PIB en 2022, lo que equivale al 2.24% de los ingresos tributarios totales (OECD, 2024[48]). En los países africanos, la recaudación de impuestos especiales relacionados con la salud ascendió al 0.44% del PIB y equivalió al 2.12% de la recaudación tributaria total en promedio de 2023.

En 2024, los impuestos especiales sobre el alcohol ascendieron al 0.23% del PIB en promedio de ingresos de los países de ALC de los que existe información disponible, seguidos de los impuestos especiales al tabaco (0.12% del PIB) y las bebidas azucaradas (0.08% del PIB). Los impuestos especiales sobre el alcohol, el tabaco y las bebidas azucaradas representaron respectivamente el 0.54%, el 1.20% y el 0.38% de los ingresos tributarios totales.

- La recaudación de los impuestos especiales sobre el tabaco osciló entre menos de un 0.01% del PIB, y como proporción de la recaudación tributaria total en Ecuador y Nicaragua, y más del 0.30% del PIB (más del 1.12% de la recaudación total de impuestos) en Argentina y Chile. Estas cifras deberían interpretarse con cautela, puesto que no es posible identificar la cantidad exacta de la recaudación de impuestos especiales al tabaco de cada país y los resultados dependen en parte de la minuciosidad de los datos sobre los impuestos especiales que estén disponibles. Por ejemplo, algunos países caribeños como Granada, Jamaica y Santa Lucía aplican un impuesto especial al tabaco que ha reportado ingresos superiores al 0.15% del PIB (cifra de 2022) (OECD, 2024[49]), aunque estos ingresos no se muestran dentro de los informes de las estadísticas tributarias generales.
- La mayoría de los países de la región aplican impuestos especiales a los productos alcohólicos, entre ellos la cerveza, el vino y los licores. Por el contrario, Cuba, Antigua y Barbuda, y Barbados no gravan las bebidas alcohólicas (Arozamena et al., 2024[50]). La recaudación de los impuestos especiales sobre el alcohol osciló entre menos del 0.03% del PIB en Brasil y más del 0.64% del PIB en la República Dominicana. Casi las tres cuartas partes de los 17 países sobre los que hay datos disponibles obtuvieron una recaudación de impuestos especiales al alcohol superior a la de los impuestos al tabaco. Los impuestos sobre el alcohol superaron el 1% de la recaudación total de impuestos de 11 países. La República Dominicana registró el nivel más alto, del 4.38% de la recaudación tributaria total.

Dieciocho países de ALC implementaron un impuesto a las bebidas azucaradas en 2023 (World Bank, 2025[51]). El consumo de bebidas azucaradas en la región de ALC es superior al de otras regiones, en particular en muchos países caribeños (Bloomberg Philanthropies, 2024[52]). No obstante, ocho países de los 10 que no gravan las bebidas azucaradas con un impuesto se sitúan en el Caribe. Doce países comunicaron una recaudación de impuestos sobre las bebidas azucaradas para la elaboración de la presente edición (aunque se han designado como «bebidas no alcohólicas» en este informe). En dichos países, los ingresos obtenidos por impuestos sobre las bebidas azucaradas oscilaron entre el 0.01% del PIB de Panamá y más del 0.15% del PIB de Surinam y Nicaragua. Colombia introdujo nuevos impuestos a las bebidas azucaradas en el mes de diciembre de 2023, que recaudaron un 0.03% del PIB en 2024 (OECD et al., 2024[40]). Un estudio sobre México mostró que un impuesto especial sobre las bebidas azucaradas que provocase un descenso del 10% en su consumo podría ahorrar al país 983 millones de dólares estadounidenses en costos de atención sanitaria, mientras que una reducción del 20% en su consumo podría suponer un ahorro de 1 900 millones de dólares estadounidenses (Sánchez-Romero et al., 2016[53]; OECD et al., 2024[40]).

Gráfico 1.16. Recaudación de impuestos relacionados con la salud en los países de ALC, 2024

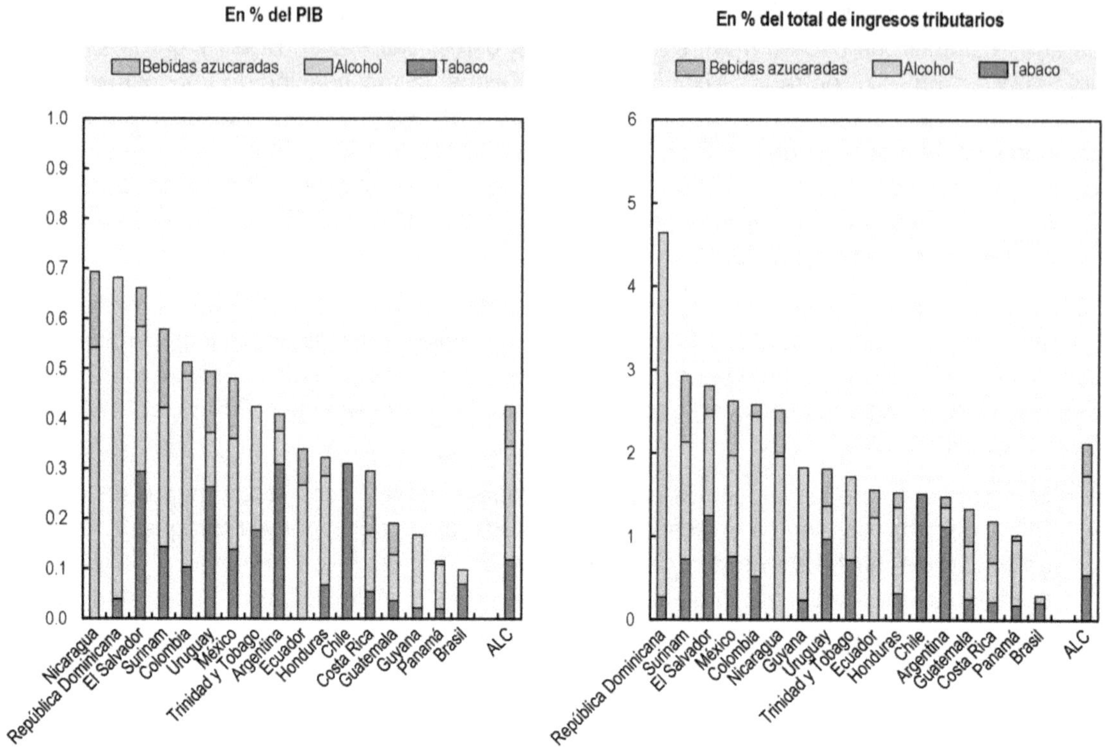

Nota: La recaudación de impuestos especiales relacionados con la salud es la suma de la recaudación comunicada de impuestos especiales sobre el tabaco, el alcohol y las bebidas azucaradas (categoría 5121) correspondiente a todos los países del informe. Los promedios de ALC correspondientes a la recaudación de impuestos especiales por producto se calculan sobre la base de 17 países en relación con el tabaco, 16 países en relación con el alcohol y 12 países en relación con las bebidas azucaradas, mientras que el promedio de ALC correspondiente a la recaudación total de impuestos especiales relacionados con la salud se calcula como el promedio de los 17 países de ALC que comunicaron uno o más impuestos de ese tipo en 2024. Puesto que faltan valores, la suma de los promedios de ALC de los ingresos obtenidos por impuestos especiales al tabaco, el alcohol y las bebidas azucaradas no coincidirá con el promedio de ALC de los ingresos totales obtenidos por impuestos especiales relacionados con la salud.
Fuente: Cálculos propios basados en OCDE et al. (2026[5]), "Cuadros comparativos de las Estadísticas tributarias en América Latina y el Caribe", Data Explorer de la OCDE, http://data-explorer.oecd.org/s/e1.

StatLink https://stat.link/trn93o

El Gráfico 1.17 muestra las tendencias de la recaudación de tres categorías de impuestos relacionados con la salud entre los diferentes países de ALC de la muestra (Argentina, Brasil, Chile, Colombia, Costa Rica, Ecuador, El Salvador, Guatemala, Guyana, Honduras, México, Nicaragua, Panamá, República Dominicana, Surinam, Trinidad y Tobago y Uruguay) desde 2012 hasta 2024 como proporción del PIB. La recaudación de los impuestos especiales relacionados con la salud como proporción del PIB descendió 0.12 p.p. durante este período en promedio en toda la región, debido principalmente al descenso de los ingresos procedentes de los impuestos especiales al tabaco. La recaudación promedio de los impuestos especiales sobre el tabaco descendió 0.09 p.p., del 0.21% en 2012 al 0.12% del PIB, al descender durante el período en todos los países excepto Colombia, El Salvador y Trinidad y Tobago. En 2016, como parte de una reforma tributaria más amplia, Colombia triplicó el impuesto específico sobre los cigarrillos y aumentó anualmente el monto del impuesto por paquete en un 4% desde 2019. Esto coincidió con una caída del 34% en el consumo de cigarrillos para el año 2018, mientras la recaudación de impuestos especiales – destinada al financiamiento de la cobertura universal del sistema de salud – prácticamente se duplicó (WHO, 2021[54]).

Gráfico 1.17. Tendencias de la recaudación de impuestos relacionados con la salud por producto, 2012-2024

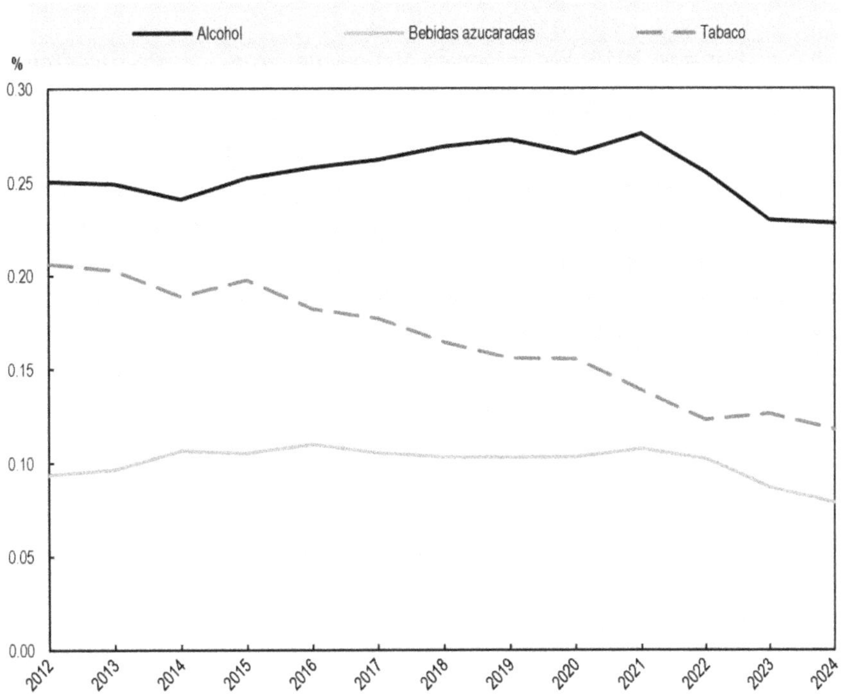

Nota: La selección de países se basa en los países respecto de los cuales existen datos disponibles sobre la recaudación de impuestos especiales relacionados con la salud entre 2012 y 2024. El promedio de ALC correspondiente a la recaudación de impuestos especiales por producto se calcula sobre la base de 17 países en el caso del tabaco, 16 países en el caso del alcohol y 12 países en el caso de las bebidas azucaradas.
Fuente: Cálculos propios basados en OCDE et al. (2026[5]).

StatLink https://stat.link/540vci

La tendencia a la baja de los impuestos especiales al tabaco es, en parte, un reflejo de un significativo descenso del consumo de tabaco a lo largo del tiempo en la región de ALC (OECD, 2024[49]). Por el contrario, la recaudación de impuestos especiales sobre el alcohol y las bebidas azucaradas descendió más ligeramente entre 2012 y 2024 (en ambos casos 0.02 p.p.). En la OCDE, la recaudación de impuestos especiales sobre el tabaco y el alcohol experimentó una tendencia a la baja incluso más marcada que en la región de ALC entre 2012 y 2022 (0.15 p.p. y 0.05 p.p.) (OECD, 2024[48]).

Las deficiencias en los datos que se identifican en la comunicación de los impuestos especiales relacionados con la salud de los diferentes países de ALC en esta sección demuestran la necesidad de obtener datos mejores y más detallados para poder calcular de manera precisa la recaudación de impuestos relacionados con la salud. Aumentar el nivel de detalle de los datos sobre la recaudación de impuestos especiales y la capacidad de hacer comparaciones entre ellos puede servir para recabar información útil para el diseño de impuestos relacionados con la salud y para mejorar la eficacia de las evaluaciones de las políticas. Unos datos detallados y comparables sobre la recaudación de impuestos relacionados con la salud permiten un seguimiento preciso de dicha recaudación y el análisis de la repercusión que tienen dichos impuestos en la consecución de los objetivos de salud pública y los patrones de consumo. Además, los datos detallados resultan fundamentales para hacer una comparativa entre diferentes países, lo que permitirá a los responsables de las políticas realizar una comparación relativa de los resultados obtenidos en distintos países con estructuras tributarias y patrones de consumo distintos.

Ingresos tributarios relacionados con el medio ambiente

A través del Acuerdo de París de 2016, los países se comprometieron a reducir las emisiones de carbono de sus economías para mediados del siglo XXI, lo que implica el abandono de los combustibles fósiles como fuente de energía. Para reducir las emisiones y promover la descarbonización, cada vez son más los países que están introduciendo impuestos relacionados con el medio ambiente e instrumentos políticos basados en los precios. Al introducir una señal de precios en las decisiones del consumidor, estos impuestos aplican el principio de «quien contamina, paga» para favorecer las actividades económicas más respetuosas con el medio ambiente sobre las que más contaminan. Un régimen de impuestos relacionados con el medio ambiente bien diseñados pueden incentivar a empresas y hogares a considerar los costos ambientales de su comportamiento.

Un impuesto relacionado con el medio ambiente es un impuesto cuya base es una unidad física (o un equivalente a una unidad física) de algo que tiene un efecto negativo específico y contrastado sobre el medio ambiente, con independencia de si el impuesto tiene por objeto cambiar las conductas o si persigue otro propósito (OECD, 2005[55]).

Los países de la región de ALC han tardado, en general, en implementar los impuestos relacionados con el medio ambiente. Aunque han introducido impuestos sobre los combustibles (más con fines recaudatorios que medioambientales), la mayoría de los países también ofrecen subvenciones a los productos energéticos (Ferrer et al., 2025[56]), a pesar de la presión que esto puede generar sobre los presupuestos nacionales para mitigar el impacto de precios de los combustibles elevados y volátiles, controlar la inflación, estimular la competitividad y proteger a los segmentos más pobres de la población.

En 2024, se estimó que los subsidios explícitos (apoyo directo a los productores) representaron en promedio el 0.62% del PIB en la región de ALC. Los productos derivados del petróleo y el gas natural combinados representaron más de dos tercios del total de los subsidios explícitos. Algunos países, como Belice, Perú y Uruguay, otorgan pocos o ningún subsidio a los combustibles fósiles. En contraste, los subsidios explícitos a los combustibles fósiles en Venezuela, Ecuador y Surinam representaron al menos el 3% del PIB (Ferrer et al., 2025[56]).

Más allá de los impuestos a los combustibles y los impuestos de matriculación y circulación de vehículos, los impuestos relacionados con el medio ambiente aún están poco desarrollados en la región de ALC. Sin embargo, un número reducido de países de ALC han introducido importantes reformas en los impuestos ecológicos en los últimos años. México fue el primer país de la región en introducir un precio al carbono mediante un impuesto sobre las emisiones provenientes de la gasolina y el diésel (OECD et al., 2024[40]). Argentina, Chile, Colombia y Uruguay han introducido posteriormente impuestos al carbono, principalmente en el sector del transporte. (Ferrer et al., 2025[56]) encontraron que la tasa del impuesto al carbono está correlacionada con reducciones en las emisiones en los países de ALC que aplican este impuesto. Sin embargo, los impuestos al carbono siguen siendo limitados en estos países y las tasas efectivas del impuesto al carbono no alcanzan un nivel que permita reducir las emisiones de manera efectiva (OECD, 2023[57]; Ferrer et al., 2025[56]).

Un análisis pormenorizado de los impuestos específicos de cada país[4] demuestra que los ingresos por impuestos relacionados con el medio ambiente de la región de ALC en 2024 oscilaron entre el 0.1% del PIB, en Belice y Trinidad y Tobago, y el 2.1%, en Costa Rica (Gráfico 1.18). En promedio, en 27 países de ALC sobre los que existen datos disponibles, los ingresos por impuestos medioambientales representaron el 0.9%[5] del PIB, en 2024, un nivel inferior al promedio de la OCDE, que se situó en el 1.8% del PIB (OECD, 2026[58]).

Gráfico 1.18. Ingresos por impuestos relacionados con el medio ambiente en los países de ALC, por base imponible principal, 2024

Porcentaje del PIB

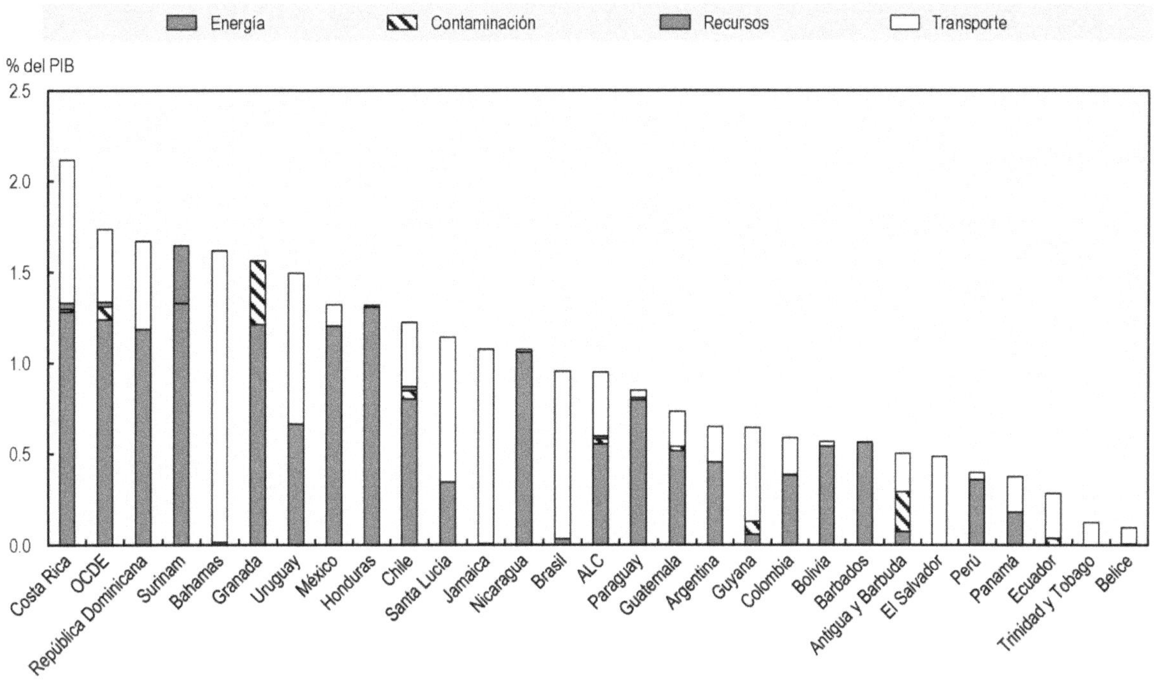

Nota: El promedio de ALC representa el promedio no ponderado de 27 países de la región incluidos en esta publicación, sin contar con Cuba ni con Venezuela, debido a los problemas de disponibilidad de datos. El gráfico no incluye los ingresos procedentes de impuestos especiales sobre el consumo de productos petrolíferos de Jamaica (que se calcula fue superior al 2.0% del PIB, en 2018, puesto que los datos no están disponibles (OECD, 2021[59]). El promedio de la OCDE representa el promedio no ponderado de los 38 países miembros de la OCDE e incluye a Chile, Colombia, Costa Rica y México.

Fuente: Base de datos *PINE* para Chile, Colombia, Costa Rica y México y cálculos propios para los demás países basados en OCDE et al. (2026[5]), Capítulo 4.

StatLink https://stat.link/jl725t

En 2024, los ingresos por impuestos sobre la energía (normalmente, impuestos especiales sobre el diésel y la gasolina) representaron la mayor proporción de los ingresos por impuestos relacionados con el medio ambiente de la región de ALC. Los ingresos procedentes de los impuestos de la energía ascendieron al 0.6% del PIB en promedio, mientras que los ingresos por impuestos sobre vehículos de motor y servicios de transporte representaron el 0.4% del PIB y constituyeron la mayor parte del resto. Los ingresos procedentes de impuestos que gravan otras bases relacionadas con el medio ambiente fueron insignificantes (a saber, inferiores al 5% de los impuestos totales relacionados con el medio ambiente). Los ingresos por impuestos relacionados con el medio ambiente fueron más elevados en la OCDE que en la región de ALC en 2024 en todas las bases imponibles, sobre todo con respecto a los impuestos relacionados con la energía, que ascendieron al 1.2% del PIB en la OCDE (OECD, 2026[58]).

En 2024, hubo importantes diferencias en la composición media de los ingresos por impuestos relacionados con el medio ambiente entre las subregiones (Gráfico 1.19). Los ingresos procedentes de impuestos relacionados con la energía representaron la mayor proporción de los ingresos por impuestos relacionados con el medio ambiente en América Central y México (0.8% del PIB de un total de 1.1%); en América del Sur, el porcentaje de impuestos relacionados con el transporte y la energía fue prácticamente el mismo, del 0.4% y el 0.3% del PIB respectivamente en 2024, y los impuestos relacionados con el transporte representaron la mayor proporción de los ingresos por impuestos relacionados con el medio ambiente en el Caribe, próximo al 0.4% del PIB. En la mayoría de los países del Caribe, los ingresos procedentes de impuestos relacionados con el transporte procedían principalmente de los impuestos de viaje o salida, una importante fuente de ingresos en países que dependen del turismo.

Gráfico 1.19. Recaudación por impuestos relacionados con el medio ambiente en la OCDE, ALC y subregiones, en promedio, por base imponible principal, 2024

Porcentaje del PIB

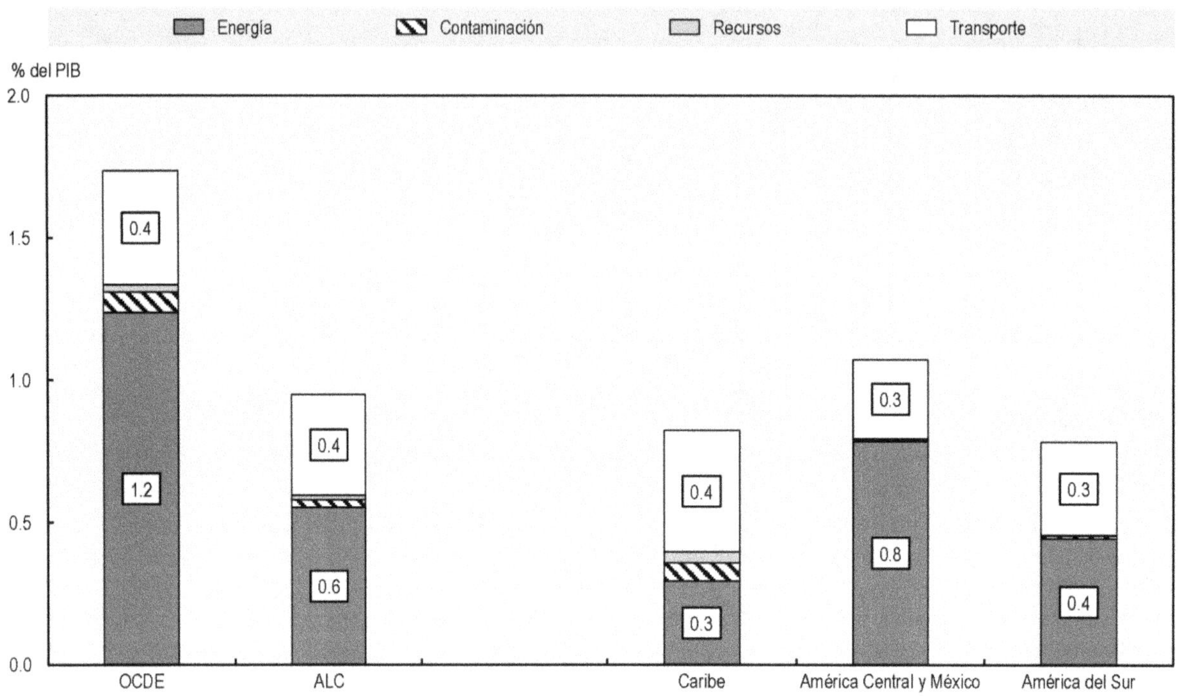

Nota: El promedio de ALC representa el promedio no ponderado de 27 países de la región incluidos en esta publicación, sin contar con Cuba ni con Venezuela, debido a los problemas de disponibilidad de datos. El promedio de la OCDE representa el promedio no ponderado de los 38 países miembros de la OCDE. Costa Rica, Chile, Colombia y México también son países miembros de la OCDE y, por lo tanto, se incorporan en ambos promedios.

Fuente: Base de datos PINE para Chile, Colombia y México y cálculos propios para los demás países basados en OCDE et al. (2026[5]), Capítulo 4.

StatLink https://stat.link/4o6jn9

Impuestos por nivel gubernamental

En los países de ALC, la recaudación de tributos está mayoritariamente en manos de la administración central o federal. El gasto público de las administraciones de ámbito inferior al nacional se financia mediante transferencias de los niveles gubernamentales superiores a los inferiores en mayor grado que en los países de la OCDE. Los países que abarca este informe presentan diferentes configuraciones estructurales: Argentina, Brasil, México y Venezuela son sistemas federales, mientras que los demás son estados unitarios.

En los casos en los que se dispone de datos a nivel subnacional de los países de ALC, estos arrojan que la recaudación de tributos por parte del gobierno central representaba más de dos tercios de la recaudación total, mientras que la cifra correspondiente de los países de la OCDE se situó cerca del 60% (cifras de 2023). Brasil constituye una notoria excepción: la recaudación tributaria del Gobierno central supuso el 42.5% de la recaudación tributaria en 2024 (Cuadro 1.4).

Existen dos problemas estadísticos que deben tenerse en cuenta cuando se comparan la asignación de ingresos de los países de ALC y la de los miembros de la OCDE. En primer lugar, los ingresos de ambos grupos han sido asignados a diferentes niveles gubernamentales de acuerdo con las directrices establecidas en el Sistema de Cuentas Nacionales (SCN) de 2008[6]. En segundo lugar, algunos países de ALC no disponen de estadísticas tributarias relativas al nivel subnacional.

En relación con 19 países de ALC incluidos en este informe sobre los que hay datos relativos al nivel subnacional disponibles, en 2024, la proporción de los ingresos tributarios procedentes de este nivel respecto del total de la recaudación se situó por debajo del 8.0%, excepto en Argentina, Brasil y Colombia. Los gobiernos estatales y locales de los sistemas federales suelen contar con recaudaciones más sustanciales que las de los estados unitarios. En Brasil, los estados y los municipios recaudan aproximadamente un tercio del total de los ingresos tributarios, lo que indica un grado significativo de descentralización de la recaudación tributaria. Una buena parte del IVA brasileño (que, en Brasil, es el ICMS –*imposto sobre operações relativas à circulação de mercadorias e prestação de serviços de transporte interestadual e intermunicipal e de comunicação*) la recaudan los estados. La reforma del IVA emprendida actualmente por Brasil tendrá importantes repercusiones en la recaudación de ingresos por IVA en el futuro (OECD et al., 2025[14]).

La recaudación de tributos a nivel subnacional en Argentina y Colombia representa más del 15% de los ingresos tributarios totales. Argentina presenta una importante recaudación a nivel estatal, debido en parte al impuesto sobre los ingresos brutos, de ámbito provincial. Como porcentaje del PIB, la recaudación de impuestos subnacionales osciló entre menos del 0.1% en Belice y Guyana, y el 9.9% de Brasil en 2024, y el valor mediano se situó en el 0.4% del PIB. La escasa recaudación tributaria subnacional en la región de ALC refleja el hecho de que los gobiernos subnacionales suelen tener las competencias sobre un número de impuestos relativamente reducido. Los impuestos que más se suelen ceder a las entidades subnacionales son los impuestos sobre la propiedad, los permisos de circulación, los impuestos sobre determinados servicios y las tasas municipales. La capacidad de generar ingresos de estos instrumentos es relativamente limitada, en comparación con las bases imponibles que están en manos de la administración central, como el IVA y los impuestos sobre la renta.

En 2024, todos los ingresos tributarios recaudados a nivel subnacional en Belice, Guatemala y Jamaica y más del 50% de los ingresos tributarios recaudados a nivel subnacional en Perú, Uruguay, Ecuador y Paraguay provenían de impuestos sobre la propiedad (Gráfico 1.20). Todos los demás países de la región dependen principalmente de los impuestos sobre bienes y servicios. México es el único país que también recaudó ingresos de diferentes bases imponibles. En 2024, casi la mitad de los ingresos tributarios obtenidos a nivel subnacional en México provenían de los impuestos sobre las nóminas. En los países de la OCDE, las entidades subnacionales suelen contar con bases imponibles en potencia mucho más amplias. Una parte importante de la recaudación de impuestos que llevan a cabo las administraciones subnacionales en los países de la OCDE la generan los impuestos sobre la renta y las ganancias (que representan más de un tercio de la recaudación total, en promedio, que se obtiene en el nivel subnacional).

Gráfico 1.20. Estructura tributaria de los ingresos tributarios a nivel subnacional en los países de ALC, 2024

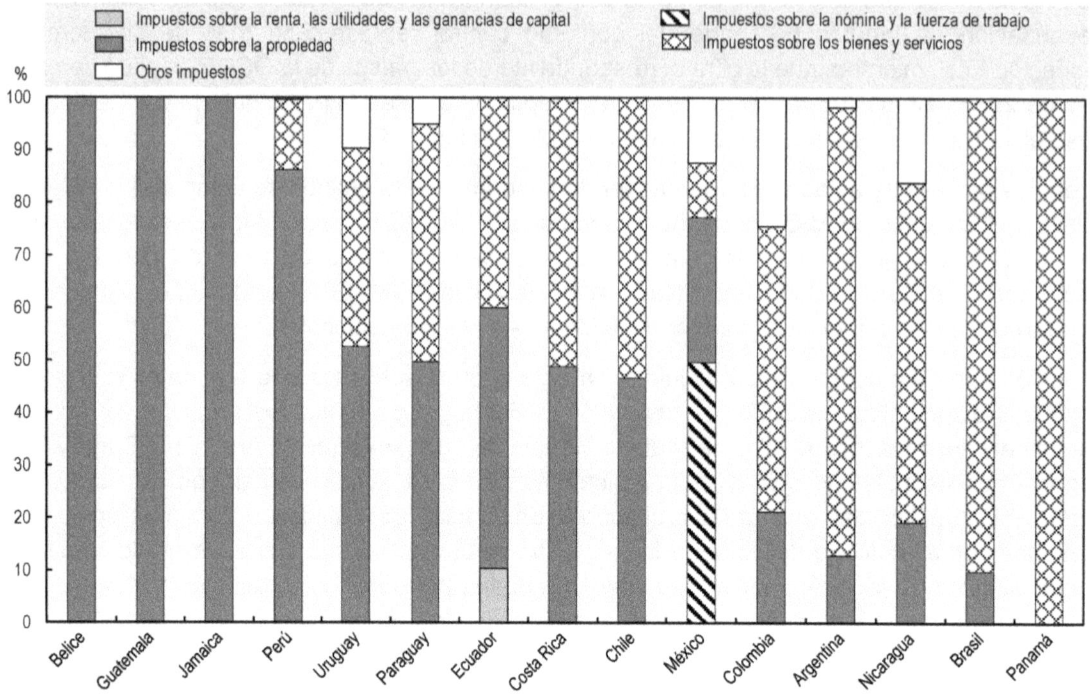

Nota: No se incluyen las cifras de Antigua y Barbuda, Bahamas, Barbados, Bolivia, Cuba, El Salvador, Guyana, Honduras, República Dominicana, Santa Lucía, Trinidad y Tobago y Venezuela por la falta de datos relativos a los ingresos tributarios a nivel subnacional o de datos sobre la composición de los ingresos tributarios a nivel subnacional por categoría impositiva principal. Las cifras no incluyen la recaudación local de Argentina, pero sí la de ámbito provincial. Los datos de Nicaragua, Panamá y Uruguay se estiman para 2024.
Fuente: Cálculos propios basados en OCDE et al. (2026[5]), Capítulo 5.

StatLink https://stat.link/b2oafj

La crisis del COVID-19 resaltó la necesidad de llevar a cabo reformas estructurales encaminadas a mejorar la recaudación y las fuentes de ingresos en el ámbito subnacional. Entre las opciones para conseguirlo se incluye introducir mejoras en la información y las estadísticas relativas a los ingresos procedentes de estos impuestos, la capacidad recaudatoria de la administración local, la coordinación eficaz con las autoridades nacionales y la promoción de fuentes de ingresos impositivos sostenibles a este nivel (Nieto-Parra and Orozco, 2020[60]).

La escasa recaudación tributaria del nivel subnacional en los países de ALC puede deberse a una falta de capacidad administrativa y técnica. Los impuestos sobre la propiedad requieren una información y sistemas sofisticados, y recaudarlos es costoso. Muchos países no tienen registros de la propiedad adecuados y cuando existen no suelen estar actualizados (Canavire-Bacarreza, Martínez-Vázquez and Sepúlveda, 2012[61]); (OECD et al., 2023[19]). Por consiguiente, las autoridades tributarias no tienen acceso a valoraciones precisas de los terrenos y los edificios; y los registros de la propiedad suelen mostrarse reacios a comunicar esta información. Además, los impuestos sobre la propiedad también sufren los altos niveles de informalidad: se construyen edificios sin licencia, no se registran las propiedades y los precios que se comunican relativos a algunas de las operaciones con bienes raíces son falsos. Habida cuenta de que el impuesto sobre la propiedad es uno de los impuestos más polémicos entre la ciudadanía, al que se asocia un gran coste político, los políticos suelen ser reacios a invertir recursos suficientes para obtener ingresos a través de este instrumento.

Cuadro 1.4. Asignación de ingresos tributarios a los subsectores de la Administración general en los países de ALC

Porcentaje de los ingresos tributarios totales

	Gobierno central			Gobierno estatal o regional			Administraciones locales[1]			Fondos de seguridad social		
	1995	2015	2024	1995	2015	2024	1995	2015	2024	1995	2015	2024
Países federales												
Argentina	62.0	61.9	64.8	17.4	17.9	18.5	..	..	..	20.6	20.2	16.7
Brasil	42.5	43.0	44.7	30.8	27.1	26.6	3.4	5.3	6.3	23.3	24.6	22.4
México	74.8	81.2	81.1	2.1	3.2	3.2	1.4	1.4	1.4	21.7	14.2	14.3
Venezuela[3]	94.6		..	..	..	..	..	..	..	5.4		..
Países regionales												
Colombia[4]	63.0	75.2	74.7	6.7	4.8	4.8	8.5	12.0	12.5	21.9	8.0	8.0
Países unitarios												
Antigua y Barbuda[2]	100.0	86.7	86.9				..	..	..	..	13.3	13.1
Bahamas[2]	92.5	89.9	93.1				..	..	..	7.5	10.1	6.9
Barbados	89.5	84.5	89.1				..	..	..	10.5	15.5	10.9
Belice	94.9	93.8	92.1				0.5	0.5	0.4	4.6	5.7	7.4
Bolivia	96.4	78.3	74.3				3.6	2.6	3.2	..	19.1	22.5
Chile[3]	90.8	87.3	87.5				5.9	7.3	7.9	3.3	5.4	4.6
Costa Rica[3]	74.7	68.3	68.7				1.4	3.3	3.0	23.9	28.3	28.3
Cuba[5]	..	100.0	100.0				..	..	..	10.7	13.0	16.2
República Dominicana	99.4	99.8	99.4				..	..	..	0.6	0.2	0.6
Ecuador[2]	77.6	80.3	81.0				3.9	2.5	2.8	18.5	17.2	16.2
El Salvador	82.3	86.5	89.3				..	1.6	0.9	17.7	11.9	9.8
Guatemala	85.7	84.4	84.9				0.6	1.0	1.3	13.7	14.5	13.8
Guyana	94.8	92.9	94.1				..	0.0	0.0	5.2	7.1	5.9
Granada	..	100.0	100.0				..	..	..	..	..	..
Honduras	88.7	85.4	84.0				2.9	1.8	2.3	8.4	12.8	13.6
Jamaica	100.0	95.8	94.4				..	1.6	1.0	0.0	2.6	4.6
Nicaragua[2]	84.7	72.3	74.7				1.1	6.6	5.8	14.2	21.1	19.5
Panamá[2]	74.9	70.8	64.5				..	1.8	1.8	25.1	27.5	33.7
Paraguay	92.9	72.6	75.6				..	3.4	2.2	7.1	24.0	22.2
Perú	89.5	86.7	87.6				..	2.1	1.9	10.5	11.2	10.5
Santa Lucía[2]	100.0	90.7	90.4				..	..	..	..	9.3	9.6
Surinam	..	100.0	98.5				..	..	..	..	..	1.5
Trinidad y Tobago	97.8	93.3	92.0				..	..	..	2.2	6.7	8.0
Uruguay[2]	66.2	70.4	69.8				7.4	4.5	5.1	26.4	25.1	25.1

.. No disponible

1. Los datos no incluyen los ingresos de la administración local de Antigua y Barbuda, Argentina (aunque incluyen los ingresos provinciales), Bahamas, Barbados, Cuba, Granada, la República Dominicana, Santa Lucía, Surinam, Trinidad y Tobago y Venezuela porque no se dispone de dicha información. Los datos sobre la recaudación de la administración local están disponibles desde 1991, en el caso de Nicaragua; desde 1994, en el caso de Bolivia; desde 1995, en el caso de Guatemala; desde 1998, en el caso de Jamaica; desde 1999, en el caso de Panamá; desde 2000, en el caso de Perú; desde 2002, en el caso de El Salvador y Guyana; desde 2006, en el caso de Paraguay; y desde 1990, en el caso del resto de países.

2. Los datos incluyen las siguientes estimaciones: Antigua y Barbuda (contribuciones a la seguridad social de 2019-2024), Bahamas (contribuciones a la seguridad social de 2022 y 2024), Belice (contribuciones a la seguridad social de 2024), Nicaragua (recaudación local de 2021 y 2024), Panamá (recaudación de impuestos locales de 2023 y 2024) y Santa Lucia (contribuciones a la seguridad social de 2021 a 2024). Para obtener más información, consulte los cuadros relativos a cada país.

3. No están disponibles el desglose de ingresos por el impuesto sobre la renta, las contribuciones a la seguridad social y la recaudación de impuestos al petróleo entre 2014 y 2017 ni ninguno de los datos relativos a 2018. No está disponible el desglose por subsectores de la Administración general correspondiente a estos años.

4. Colombia es constitucionalmente un estado unitario cuyas entidades territoriales gozan de una amplia autonomía.
5. Solo se dispone de datos correspondientes a los subsectores de la Administración general de Cuba relativos al período comprendido entre 2002 y 2012.
Fuente: OCDE et al. (2026[5]), Cuadro 3.11.

Referencias

Arozamena et al. (2024), *Taxing for Health in Latin America*, https://aaep.org.ar/works/works2024/4708.pdf. [50]

Arslanalp, S., B. Eichengreen and P. Henry (2024), “Sustained debt reduction: the jamaica exception”, No. 32465, https://www.nber.org/system/files/working_papers/w32465/w32465.pdf. [36]

Barreix, A., J. Benítez and M. Pecho (2017), “Revisiting personal income tax in Latin America: Evolution and impact”, *OECD Development Centre Working Papers*, No. 338, OECD Publishing, Paris, https://doi.org/10.1787/16d42b4a-en. [34]

Bloomberg Philanthropies (2024), *2024 Task Force Report: Health Taxes: A Compelling Policy for the Crises of Today*, https://www.bloomberg.org/public-health/building-public-health-coalitions/task-force-on-fiscal-policy-for-health/. [52]

Canavire-Bacarreza, G., J. Martínez-Vázquez and C. Sepúlveda (2012), “Sub-national Revenue Mobilization in Peru”, *IDB Working Paper Series*, No. 299, Inter-American Development Bank, https://publications.iadb.org/en/sub-national-revenue-mobilization-peru (accessed on 14 May 2025). [61]

Coface (2025), *News economy and insights*, https://www.coface.com/news-economy-and-insights/business-risk-dashboard/country-risk-files/cuba. [20]

CubaDebate (2025), “Informe sobre la liquidación del presupuesto del Estado 2024 destaca ajustes fiscales y mejora estructural”, http://www.cubadebate.cu/noticias/2025/07/16/informe-sobre-la-liquidacion-del-presupuesto-del-estado-2024-destaca-ajustes-fiscales-y-mejora-estructural/. [9]

ECLAC (2025), *Fiscal Panorama of Latin America and the Caribbean: Boosting investment for growth and sutiable development*, Economic Commission for Latin America and the Caribbean. [7]

ECLAC (2025), *Latin America and the Caribbean: real GDP growth in 2024 and forecasts for 2025 and 2026 (percentages)*, https://www.cepal.org/sites/default/files/pr/files/table_new_projectionsgdp_oct-2025.pdf. [8]

ECLAC (2025), *Social Panorama of Latin America and the Caribbean, 2025: How to escape the trap of high inequality, low social mobility and weak social cohesion. Executive summary*, ECLAC, https://repositorio.cepal.org/entities/publication/ab1c070d-4f87-4fc1-bbb6-6960aac815b5. [2]

ECLAC (2024), *Economic Survey of Latin America and the Caribbean 2024: Low-growth trap, climate change and employment trends*, ECLAC, https://www.cepal.org/en/presentations/economic-survey-latin-america-and-caribbean-2024 (accessed on 14 May 2025). [31]

ECLAC (2023), *Fiscal Panorama of Latin America and the Caribbean 2023: fiscal policy for growth, redistribution and productive transformation*, Economic Commission for Latin America and the Caribbean, https://www.cepal.org/en/publications/48900-fiscal-panorama-latin-america-and-caribbean-2023-fiscal-policy-growth (accessed on 14 May 2025). [37]

ECLAC (2020), *Fiscal Panorama of Latin America and the Caribbean 2020: Fiscal policy amid the crisis arising from the coronavirus disease (COVID-19) pandemic*, Economic Commission for Latin America and the Caribbean, https://repositorio.cepal.org/items/a4a90b62-2e90-4eca-87ca-ce61fb15693f (accessed on 14 May 2025). [38]

ECLAC (2018), *The Fiscal Panorama of Latin America and the Caribbean*, United Nations, https://www.cepal.org/en/publications/43406-fiscal-panorama-latin-america-and-caribbean-2018-public-policy-challenges (accessed on 14 May 2025). [23]

ECLAC (2014), *Tax policy in Latin America: Assessment and guidelines for a second generation of reforms*, United Nations, https://repositorio.cepal.org/handle/11362/36806 (accessed on 14 May 2025). [30]

ECLAC (2013), *Fiscal Panorama of Latin America and the Caribbean: Tax reform and renewal of the fiscal covenant*, United Nations, https://www.cepal.org/en/publications/3101-fiscal-panorama-latin-america-and-caribbean-2013-tax-reform-and-renewal-fiscal (accessed on 14 May 2025). [25]

Ferrer, J. et al. (2025), *Overview of carbon pricing policies in Latin America and the Caribbean, 2025: an analysis of their effectiveness and guidelines for implementation*, CEPAL. [56]

Gascon et al. (Forthcoming), *Investment Tax Incentives in Latin America and the Caribbean: An analysis using effective tax rates*. [33]

IDB (2013), *More than revenues, Taxation as a development tool*, Inter-American Development Bank, https://publications.iadb.org/en/publication/more-revenue-taxation-development-tool-executive-summary (accessed on 14 May 2025). [24]

IMF (2025), *Antigua and Barbuda: 2025 Article IV Consultation-Press Release; and Staff Report", IMF Staff Country Reports 2025, 096*, https://doi.org/10.5089/9798229008129.002. [16]

IMF (2025), *Barbados, IMF Country Report No. 25/153, Fifth Reviews Under the Extended Arrangement Under the Extended Fund Facility and the Arrangement Under the Resilience and Sustainability Facility*, https://www.imf.org/-/media/files/publications/cr/2025/english/1brbea2025001-print-pdf.pdf. [11]

IMF (2025), *Guyana Article IV consultation, IMF Country Report No. 25/103*, http://www.imf.org/-/media/files/publications/cr/2025/english/1guyea2025001-print-pdf.pdf. [18]

IMF (2025), *World Economic Outlook Database, October 2025*, https://www.imf.org/en/Publications/WEO/weo-database/2025/October (accessed on 14 May 2025). [6]

IMF (2024), *2024 Article IV consultation*, https://www.imf.org/-/media/files/publications/cr/2024/english/1braea2024001-print-pdf.pdf. [13]

Keen, M. (2013), *The anatomy of VAT, WP/13/111*, IMF, https://www.imf.org/en/Publications/WP/Issues/2016/12/31/The-Anatomy-of-the-VAT-40543 (accessed on 14 May 2025). [42]

KPMG (2019), *Mexico: Tax reform 2020, VAT on services provided from digital platforms*, https://home.kpmg/us/en/home/insights/2019/11/tnf-mexico-tax-reform-2020-vat-services-digital-platforms.html (accessed on 14 May 2025). [44]

Mera, M. and F. Ortega (2024), *Tax reform for fiscal sustainability and social development in Jamaica*, https://www.undp.org/latin-america/publications/tax-reform-fiscal-sustainability-and-social-development-jamaica. [35]

Ministry of Economic Affairs and Investment (2025), "Barbados economic and Social report 2024", https://www.barbadosparliament.com/uploads/sittings/attachments/8e443864f47e417960269fff329457c5.pdf. [10]

MOF, Trinidad and Tobago (2024), *Review of the Economy 2024*, https://www.finance.gov.tt/2024/09/30/review-of-the-economy-2024/. [17]

Nieto-Parra, S. and R. Orozco (2020), "Potencializar los impuestos subnacionales en América Latina y el Caribe en tiempos del Covid-19", in *Los desafíos de las finanzas intergubernamentales ante el Covid-19*, AIFIL - Asociación Iberoamericana de Financiación, https://www.aifil-jifl.org/wp-content/uploads/2020/11/AIFIL-2.11.pdf (accessed on 14 May 2025). [60]

OECD (2026), *PINE database*, OECD Publishing, Paris, http://www.oecd.org/environment/tools-evaluation/environmentaltaxation.htm (accessed on 14 May 2025). [58]

OECD (2025), *OECD Economic Surveys: Argentina*, OECD Publishing, Paris, https://doi.org/10.1787/27dd6e27-en. [21]

OECD (2024), *Consumption Tax Trends 2024: VAT/GST and Excise, Core Design Features and Trends*, OECD Publishing, Paris, https://doi.org/10.1787/dcd4dd36-en. [41]

OECD (2024), *Revenue Statistics 2024: Health Taxes in OECD Countries*, OECD Publishing, Paris, https://doi.org/10.1787/c87a3da5-en. [48]

OECD (2024), *Tobacco Taxation in Latin America and the Caribbean: A Call for Tobacco Tax Reform*, OECD Publishing, Paris, https://doi.org/10.1787/080cd662-en. [49]

OECD (2023), *Environment at a Glance in Latin America and the Caribbean: Spotlight on Climate Change*, OECD Publishing, Paris, https://doi.org/10.1787/2431bd6c-en. [57]

OECD (2022), *Estudio multidimensional de la República Dominicana: Hacia un mayor bienestar*, Caminos de Desarrollo, OECD Publishing, Paris, https://doi.org/10.1787/8044a9c9-es. [46]

OECD (2021), *Environmental policy: Environmentally related tax revenue accounts, OECD Environment Statistics (database)*, https://stats.oecd.org/Index.aspx?DataSetCode=ERTR_ACC (accessed on 14 May 2025). [62]

OECD (2021), *Taxing Energy Use for Sustainable Development*, OECD Publishing, Paris, https://www.oecd.org/tax/tax-policy/taxing-energy-use-for-sustainable-development.htm (accessed on 14 May 2025). [59]

OECD (2019), *Tax Morale: What Drives People and Businesses to Pay Tax?*, OECD Publishing, Paris, https://doi.org/10.1787/f3d8ea10-en. [27]

OECD (2018), *Consumption Tax Trends 2018: VAT/GST and Excise Rates, Trends and Policy Issues*, OECD Publishing, Paris, https://doi.org/10.1787/ctt-2018-en. [43]

OECD (2014), *Development Co-operation Report 2014: Mobilising Resources for Sustainable Development*, OECD Publishing, Paris, https://doi.org/10.1787/dcr-2014-en. [26]

OECD (2005), *Glossary of statistical terms*, https://stats.oecd.org/glossary/detail.asp?ID=6437 (accessed on 14 May 2025). [55]

OECD et al. (2026), *Estadísticas tributarias en América Latina y el Caribe 2026*, OECD Publishing, Paris, https://doi.org/10.1787/38649e87-es. [5]

OECD et al. (2025), *Estadísticas tributarias en América Latina y el Caribe 2025*, OECD Publishing, Paris, https://doi.org/10.1787/f0bee3b4-es. [14]

OECD et al. (2025), *Perspectivas económicas de América Latina 2025: Impulsando y financiando la transformación productiva*, OECD Publishing, Paris, https://doi.org/10.1787/e4f25c0d-es. [1]

OECD et al. (2024), *Perspectivas económicas de América Latina 2024: Financiando el desarrollo sostenible*, OECD Publishing, Paris, https://doi.org/10.1787/25aed2f5-es. [40]

OECD et al. (2023), *Estadísticas tributarias en América Latina y el Caribe 2023*, OECD Publishing, Paris, https://doi.org/10.1787/5a7667d6-es. [19]

OECD et al. (2022), *Perspectivas económicas de América Latina 2022: Hacia una transición verde y justa*, OECD Publishing, Paris, https://doi.org/10.1787/f2f0c189-es. [3]

OECD et al. (2021), *Perspectivas económicas de América Latina 2021: Avanzando juntos hacia una mejor recuperación*, OECD Publishing, Paris, https://doi.org/10.1787/2958a75d-es. [4]

OECD et al. (2018), *Estadísticas tributarias en América Latina y el Caribe 2018*, OECD Publishing, Paris, https://doi.org/10.1787/rev_lat_car-2018-en-fr. [39]

OECD et al. (2015), *Estadísticas tributarias en América Latina y el Caribe 2015*, OECD Publishing, Paris, https://doi.org/10.1787/rev_lat-2015-en-fr. [28]

OECD/IDB (2026), *Caribbean Development Dynamics 2026: Investing in Sustainable and Resilient Development*, OECD Publishing, Paris/IDB, Washington, DC, https://doi.org/10.1787/5c92507d-en. [22]

OECD/IDB/The World Bank (2014), *Pensions at a Glance: Latin America and the Caribbean*, OECD Publishing, Paris, https://doi.org/10.1787/pension_glance-2014-en. [29]

Peláez Longinotti, F. (2025), "Panorama de los gastos tributarios", *Working Paper*, Centro Interamericano de Administraciones Tributaria, https://www.ciat.org/Biblioteca/DocumentosdeTrabajo/2025/DT_04_Pelaez.pdf. [32]

Sánchez-Romero et al. (2016), "Projected Impact of Mexico's Sugar-Sweetened Beverage", *PLoS Medicine*, https://doi.org/10.1371/journal.pmed.1002158. [53]

Schlotterbeck, S. (2017), "Tax Administration Reforms in the Caribbean: Challenges, Achievements, and Next Steps", *IMF Working Paper*, No. 2017/088, International Monetary Fund, https://www.imf.org/en/Publications/WP/Issues/2017/04/04/Tax-Administration-Reforms-in-the-Caribbean-Challenges-Achievements-and-Next-Steps-44800 (accessed on 14 May 2025). [45]

Secretaria do Tesouro Nacional (2025), *Resultado do Tesouro national*, https://thot-arquivos.tesouro.gov.br/publicacao/51291. [12]

UWI Five Islands Campus (2024), *Highlights of the Antigua & Barbuda 2024 budget statement*, https://fiveislands.uwi.edu/news/highlights-antigua-barbuda-2024-budget-statement. [15]

WHO (2025), *Health tax*, https://www.who.int/data/gho/data/themes/health-taxes#:~:text=Health%20taxes%20are%20excise%20taxes,%2Dsweetened%20beverages%20(SSBs). [47]

WHO (2021), "Countries share examples of how tobacco tax policies create win-wins for development, health and revenues", https://www.who.int/news-room/feature-stories/detail/countries-share-examples-of-how-tobacco-tax-policies-create-win-wins-for-development-health-and-revenues. [54]

World Bank (2025), *Global SSB Tax Database*, https://ssbtax.worldbank.org/. [51]

Notas

[1] La cifra de la OCDE correspondiente a 2024 es provisional y se basa en datos preliminares relativos a (OECD, 2024[48]).

[2] El IVA se introdujo en Jamaica en 1991; en Barbados, en 1997; en Belice (el Impuesto General sobre las Ventas), en 2006; en Guyana y Antigua y Barbuda, en 2007; en Granada en 2010; en Santa Lucía, en 2012; en Bahamas, en 2015; y en Surinam, en 2023.

[3] El año de comparación es 2023 al no disponer de la información relativa a la estructura tributaria, en promedio, correspondiente a 2024 para los países de la OCDE en el momento de redacción de este documento.

[4] Pese a que en la clasificación normalizada de ingresos tributarios de la OCDE no se pueden identificar los ingresos tributarios relacionados con el medio ambiente, estos sí aparecen identificados en la pormenorizada lista de impuestos específicos incluidos, en relación con la mayoría de los países, en esta clasificación general. En consecuencia, se incluyen en la base de datos de la OCDE de Instrumentos de Política Ambiental (PINE, por sus siglas en inglés) (OECD, 2026[58]). En 2020, la OCDE empezó la recopilación de las cuentas de los Ingresos Tributarios Medioambientales de conformidad con el Sistema de Contabilidad Ambiental y Económica Integrada y desglosa las cuentas de ingresos por impuestos medioambientales por sectores y hogares (OECD, 2021[62]).

[5] Tanto los datos de ALC como los de la OCDE aluden en este caso a promedios no ponderados de 27 países, en el caso de la región de ALC, y 38 países, en el caso de la OCDE.

[6] Esto significa que los ingresos se suelen asignar al nivel gubernamental que ostenta las potestades para imponer el impuesto o que tiene la facultad de decisión última para modificar la tasa impositiva. Esto tiene implicaciones en aquellos casos en los que un nivel gubernamental recauda tributos y los transfiere, total o parcialmente, a otros niveles. Los ejemplos regionales de este tipo de mecanismo los encontramos en la Ley de Coparticipación de Argentina, las participaciones federales de México (establecidas en la Ley de Coordinación Fiscal) y los fondos de participación de Brasil (definidos en el Artículo 159 de la Constitución).

2 Ingresos fiscales provenientes de recursos naturales no renovables en América Latina y el Caribe

Principales hallazgos

La volatilidad de los mercados contribuyó a una marcada disminución de los ingresos fiscales provenientes del petróleo y el gas natural durante 2024. Los ingresos totales cayeron un 22%, de 90 700 millones de dólares en 2023 a 71 100 millones de dólares. Si bien varios países se vieron afectados, el resultado anual estuvo fuertemente influido por Colombia, debido a la reversión de ciertas disposiciones tributarias, y por Trinidad y Tobago, donde los precios de los futuros de gas natural utilizados para determinar el valor de las ventas se desplomaron. En términos relativos, los ingresos totales cayeron de un promedio del 4.1% del PIB en 2023 al 3.1% del PIB en 2024.

Los ingresos mineros también registraron una tendencia a la baja en 2024, a medida que el crecimiento económico mundial se desaceleró y la oferta internacional superó a la demanda. En el año, los ingresos mineros totales disminuyeron un 19%, de 22 700 millones de dólares en 2023 a 18 400 millones de dólares en 2024. Al igual que en el caso de los ingresos por petróleo y gas, esto se debió en gran medida a una fuerte contracción de los ingresos tributarios en Colombia. En términos relativos, los ingresos disminuyeron del 0.55% del PIB en 2023 al 0.47% del PIB en 2024.

Las tendencias de los ingresos fiscales provenientes del petróleo y el gas respecto de la minería divergieron en 2025. Los mercados petroleros se caracterizaron por un significativo exceso de oferta en 2025, lo que resultó en una fuerte caída de los precios de referencia del Brent y el West Texas Intermediate. Como resultado, se proyecta que los ingresos por petróleo y gas disminuyan moderadamente, alcanzando un promedio del 3.0% del PIB. En contraste, se estima que los ingresos mineros aumentaron considerablemente, alcanzando el 0.63% del PIB, respaldados por el excepcional incremento de los precios del oro, la plata y, en menor medida, del cobre.

Los ingresos por hidrocarburos cayeron significativamente en América Latina y el Caribe en 2024

Los mercados mundiales de energía experimentaron una volatilidad significativa en 2024, reflejo de la creciente preocupación por las condiciones macroeconómicas y las perturbaciones causadas por los conflictos geopolíticos. Los precios del Brent y el West Texas Intermediate, los principales precios de referencia del petróleo crudo se estabilizaron en los primeros meses del año, respaldados por los recortes de producción implementados por la OPEP y sus países aliados (OPEP+). En noviembre de 2023, el grupo había retirado voluntariamente 2.2 millones de barriles diarios del mercado, recortes que fueron posteriormente prorrogados durante el resto del año. Los precios también se vieron respaldados por las perturbaciones del comercio mundial de petróleo, ya que los ataques en el mar Rojo y el golfo de Adén por parte de los hutíes de Yemen obligaron a los buques cisterna de petróleo a desviarse por el cabo de Buena Esperanza.

Tras alcanzar un máximo en abril, los precios del petróleo tendieron a la baja durante el resto del año. Esto reflejó en parte el debilitamiento de los fundamentos macroeconómicos en algunas economías clave, lo que pesó sobre la demanda de petróleo (World Bank, 2024[1]). No obstante, los niveles récord de producción en los Estados Unidos y una mayor producción en América Latina y el Caribe (ALC) contribuyeron a mantener el equilibrio general del mercado, pese a las medidas adoptadas por los países de la OPEP+ (Cuadro 2.1). A pesar de esta volatilidad, los precios del Brent y el West Texas Intermediate cayeron apenas un 2% en promedio anual, enmascarando fuertes oscilaciones interanuales impulsadas por cambios en las expectativas de demanda y perturbaciones geopolíticas.

Cuadro 2.1. América Latina y el Caribe y agrupaciones de países seleccionadas: producción y exportaciones de petróleo crudo y gas natural, 2023-2024

Millones de barriles diarios y miles de millones de metros cúbicos estándar

Agrupaciones de países y países seleccionados	Petróleo crudo (millones de barriles diarios)						Gas natural seco (miles de millones de metros cúbicos estándar)					
	Producción			Exportaciones			Producción			Exportaciones		
	2023	2024	2024-2023	2023	2024	2024-2023	2023	2024	2024-2023	2023	2024	2024-2023
América Latina y el Caribe	**8.6**	**8.8**	**0.2**	**4.7**	**4.8**	**0.1**	**190.3**	**188.1**	**-2.1**	**25.3**	**23.7**	**-1.6**
Argentina	0.6	0.7	0.1	...	...	...	43.4	46.8	3.4	2.3	2.5	0.1
Bolivia (Est. Plur. de)	0.02	0.02	0	...	...	...	12.3	11.2	-1.1	7.8	6.2	-1.6
Brasil	3.4	3.4	0	1.7	1.7	0	22.7	22.1	-0.6	0.1	0	-0.1
Colombia	0.8	0.8	0	0.5	0.5	0	11	10.1	-0.9	...	...	...
Ecuador	0.5	0.5	0	0.3	0.4	0	0.2	0.3	0	...	...	...
Guatemala	0.01	0.01	0	...	...	...	0.1	0.1	...	...	...	...
Guyana	0.4	0.6	0.2	0.4	0.6	0.2			...	...	...	...
México	1.9	1.8	-0.1	1.1	0.8	-0.2	34.5	31.3	-3.2	0	0.2	0.2
Perú	0.04	0.04	0	...	...	...	13.8	13.6	-0.2	4.2	4.3	0.1
Trinidad y Tobago	0.1	0.1	0	0.1	0.1	0	26	25.3	-0.7	10.7	10.3	-0.4
Venezuela (Bol. Rep. de)	0.8	0.9	0.1	0.6	0.7	0.1	24	25.4	1.4	...	...	...
Otros ALC	0.05	0.05	0	0.1	0.1	0	2.3	2.1	-0.3	0	0.1	0.1
Total Mundo	**82.1**	**82**	**-0.1**	**44**	**43.2**	**-0.7**	**4 155**	**4 218**	**62.9**	**1 231**	**1 241**	**9.4**
OPEP	29.2	29.1	0	19.7	19	-0.7	669	676	7.3	98	97	-0.6
Arabia Saudita	9.7	9.2	-0.5	6.7	6	-0.6	121	123	2.2	...	...	...
No-OPEP	52.9	52.9	-0.1	24.3	24.2	0	3 486	3 542	55.5	1 133	1 143	10
Federación de Rusia	10.3	9.9	-0.4	4.6	4.5	-0.1	598	642	44.5	130	148	18.6
Estados Unidos	12.9	13.2	0.3	4.1	4.1	0	1 070	1 069	-1	215	218	2.8

Fuente: Comisión Económica para América Latina y el Caribe (CEPAL), sobre la base de datos de la Administración de Información Energética de los Estados Unidos (EIA) y Annual Statistical Bulletin 2025, Organización de Países Exportadores de Petróleo (OPEP).

Los mercados mundiales de gas natural registraron descensos significativos en los precios de referencia promedio anuales, con una caída del 16% en los precios europeos y del 11% en los precios del gas natural licuado en el Japón, ambos en continuación de la tendencia descendente que siguió al choque de precios de 2022. Aunque los precios promedio anuales fueron inferiores a los del año anterior, los precios tendieron al alza a lo largo de 2024, ya que el consumo mundial superó a la producción (World Bank, 2025[2]). La región de ALC contribuyó a la contracción general de la producción de gas natural. En Bolivia (Estado Plurinacional de), donde la producción de gas natural continúa disminuyendo a medida que los yacimientos maduran, las exportaciones fueron atenuadas en gran medida por una caída de los volúmenes enviados a la Argentina y el Brasil (Ministerio de Economía y Finanzas Públicas del Estado Plurinacional de Bolivia, 2025[3]). En Trinidad y Tobago, la producción de gas natural se redujo por el cierre de algunos pozos operados por Shell y DeNovo, aunque esto fue parcialmente compensado por la expansión de la producción en otros yacimientos (Ministry of Finance of Trinidad and Tobago, 2024[4]).

En este contexto global, los ingresos fiscales provenientes de la exploración y producción de petróleo y gas cayeron significativamente en la región de ALC en 2024. Los ingresos totales, derivados de instrumentos tributarios y no tributarios, disminuyeron un 22% en términos nominales, pasando de 90 700 millones de dólares en 2023 a 71 100 millones de dólares en 2024 (Cuadro 2.2). El descenso fue generalizado, impulsado en términos absolutos por las pérdidas en Brasil, Colombia y México. Guyana fue una excepción notable, con un fuerte aumento de los ingresos propiciado por mayores volúmenes de producción y exportación. En términos relativos, los ingresos totales promedio cayeron del 4.1% del PIB en 2023 al 3.1% del PIB en 2024, con reducciones equivalentes tanto en los ingresos tributarios como en los no tributarios. El promedio se vio fuertemente influenciado por Trinidad y Tobago, dada la importancia del sector de los hidrocarburos en su economía; excluyendo a dicho país, los ingresos promedio disminuyeron de forma más modesta, del 3% al 2.8% del PIB.

Cuadro 2.2. América Latina y el Caribe (10 países): ingresos fiscales del gobierno general provenientes de la exploración y producción de petróleo y gas, por tipo de ingreso, 2023-2024

Porcentaje del PIB, puntos porcentuales del PIB y porcentajes

País	Miles de millones de dólares			Porcentajes del PIB								
	Ingresos totales			Ingresos totales			Ingresos tributarios			Ingresos no tributarios		
	2023	2024	2024/2023 (%)	2023	2024	2024/2023 (p.p. del PIB)	2023	2024	2024/2023 (p.p. del PIB)	2023	2024	2024/2023 (p.p. del PIB)
Argentina	3	3	0	0.5	0.5	0.01	0.1	0	-0.01	0.4	0.4	0
Bolivia (Est. Plur. de)	1.3	1.1	-18	3	2.4	-0.6	0.1	0.1	0	2.8	2.2	-0.6
Brasil	38.2	32.9	-14	1.7	1.5	-0.2	0.6	0.4	-0.2	1.1	1.1	-0.1
Colombia	12.4	7.4	-40	3.4	1.8	-1.6	1.2	0.4	-0.8	2.1	1.3	-0.8
Ecuador	9.1	9.4	3	7.5	7.5	0	...	...	...	7.5	7.5	0
Guatemala	0.03	0.03	-3	0.03	0.02	0	0.02	0.01	-0.002	0.01	0.01	0
Guyana	1.6	2.6	60	9.5	10.4	0.9	...	...	...	9.5	10.4	0.9
México	19.7	11.5	-42	1.1	0.6	-0.5	0.02	0.02	0	1.1	0.6	-0.5
Perú	2.1	1.7	-18	0.8	0.6	-0.2	0.3	0.2	-0.1	0.5	0.4	0
Trinidad y Tobago	3.3	1.6	-53	13.3	6.1	-7.2	7.6	4.2	-3.4	5.7	1.9	-3.8
ALC	**90.7**	**71.1**	**-22**	**4.1**	**3.1**	**-1**	**1**	**0.5**	**-0.5**	**3.1**	**2.6**	**-0.5**

Nota: Las razones ingreso-PIB para la región de ALC corresponden a un promedio simple de los países incluidos en la muestra. Las cifras pueden no sumar debido al redondeo. Los datos de México corresponden a los ingresos petroleros del gobierno federal; excluyen los ingresos propios de Pemex, la empresa estatal productora de petróleo y gas. Los datos del Ecuador corresponden a los ingresos petroleros del sector público no financiero derivados de las exportaciones de petróleo crudo. Los datos de Guyana se refieren a los ingresos depositados en el Fondo de Recursos Naturales.
Fuente: Comisión Económica para América Latina y el Caribe (CEPAL), sobre la base de datos de la base de datos de Ingresos Fiscales provenientes de Recursos Naturales No Renovables en América Latina y el Caribe de la CEPAL.

La disminución regional de los ingresos fiscales por hidrocarburos fue impulsada en gran medida por Trinidad y Tobago, y en menor medida por Colombia (Cuadro 2.2). En Trinidad y Tobago, los pagos del impuesto de sociedades (IS) se contrajeron drásticamente, lo que refleja menores precios y volúmenes de producción, junto con el uso de beneficios fiscales relacionados con gastos de capital para compensar las obligaciones del ejercicio actual (Ministry of Finance of Trinidad and Tobago, 2024[4]). En Colombia, la disminución se debió a un fallo de la Corte Constitucional en noviembre de 2023 que estableció que los pagos de regalías por petróleo y gas natural eran deducibles del IS, revirtiendo una disposición de no deducibilidad introducida en la reforma tributaria de 2022. Los ingresos tributarios habían aumentado considerablemente durante 2023 mientras la disposición estaba vigente, pero el fallo convirtió los pagos anteriores en grandes anticipos que redujeron significativamente las obligaciones de fin de año o, en algunos casos, dieron lugar a devoluciones (Minhacienda de Colombia, 2025[5]).

Los pagos de regalías, que dominan los ingresos no tributarios por hidrocarburos, se mantuvieron relativamente estables en la mayoría de los países (Gráfico 2.1). Las disminuciones más significativas se asociaron a una producción más débil y a la caída de los precios. En Trinidad y Tobago, la caída de las regalías siguió en líneas generales la evolución de los precios de los futuros utilizados para liquidar las exportaciones de gas natural licuado: el precio de los futuros del National Balancing Point cayó un 29.4% y el precio de los futuros del Japan-Korea Marker se redujo un 47.1% durante el año fiscal 2024 (Ministry of Finance of Trinidad and Tobago, 2024[4]). En México, las medidas de apoyo federal a Pemex, incluidas las exenciones de ciertos pagos del Derecho de Utilidad Compartida y del Derecho de Extracción de Hidrocarburos, también pesaron sobre los ingresos registrados (SHCP, 2025[6]). Guyana se destacó, con una expansión sustancial de los ingresos por hidrocarburos a medida que la producción cobraba impulso. En Colombia, los pagos de dividendos de Ecopetrol reflejaron las menores utilidades de la empresa en 2023.

Gráfico 2.1. América Latina y el Caribe (10 países): variación interanual de los ingresos no tributarios del gobierno general provenientes de la exploración y producción de petróleo y gas, 2023-2024

Puntos porcentuales del PIB y porcentajes

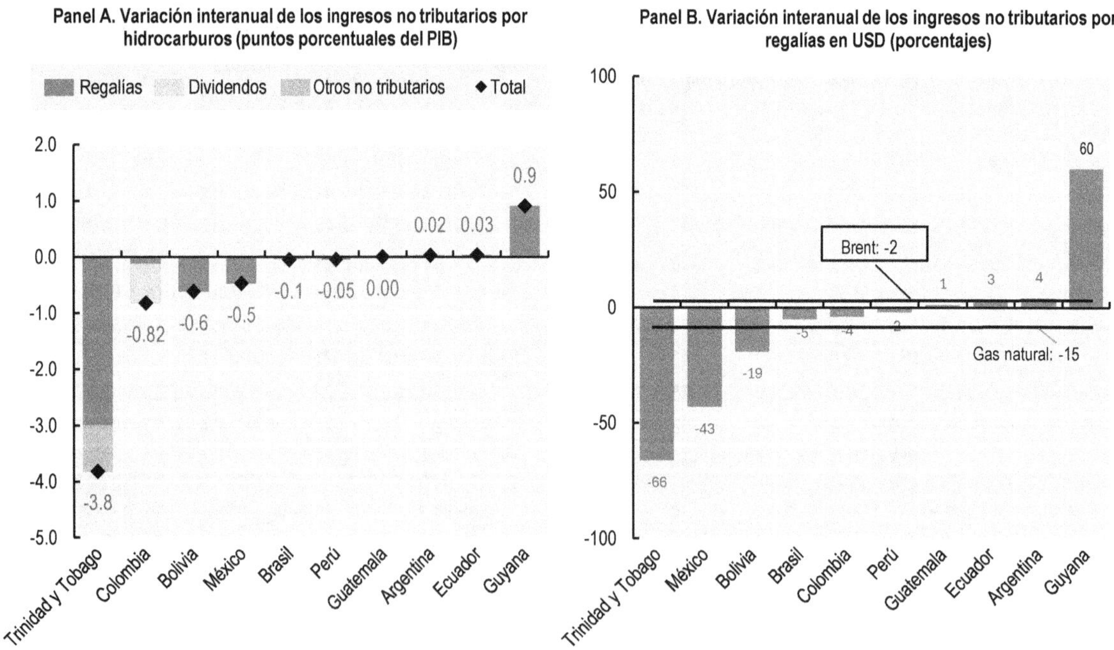

Nota: Los datos de México corresponden a los ingresos petroleros del gobierno federal; excluyen los ingresos propios de Pemex, la empresa estatal productora de petróleo y gas. Los datos del Ecuador corresponden a los ingresos petroleros del sector público no financiero derivados de las exportaciones de petróleo crudo. Los datos de Guyana se refieren a los ingresos depositados en el Fondo de Recursos Naturales.
Fuente: Comisión Económica para América Latina y el Caribe (CEPAL), sobre la base de datos de la base de datos de Ingresos Fiscales.

StatLink https://stat.link/mnzepb

Las tendencias de los ingresos fiscales provenientes de la minería variaron significativamente en 2024

La dinámica de los mercados mundiales de metales y minerales en 2024 reflejó la interacción de las condiciones macroeconómicas prevalecientes y los cambios estructurales en curso tanto en la producción como en la demanda. La demanda de metales y minerales estuvo condicionada por la desaceleración del crecimiento mundial y la actividad industrial, especialmente en Asia emergente y en desarrollo, pero también en los Estados Unidos (World Bank, 2024[1]). La persistencia de una política monetaria relativamente restrictiva continuó pesando sobre la actividad de la construcción. En China, la prolongada caída del sector inmobiliario contribuyó a esta tendencia; la producción de acero se contrajo un 1.7% en el año, deprimiendo la demanda de mineral de hierro, cuyos precios cayeron en el segundo semestre del año (Gráfico 2.2) (World Steel Association, 2025[7]). No obstante, la demanda general de metales y minerales críticos como el cobre y el litio continuó creciendo, impulsada por la adopción de tecnologías de bajo carbono como los vehículos eléctricos, los paneles solares fotovoltaicos y las soluciones de almacenamiento en baterías (IEA, 2025[8]). El carbón térmico, en contraste, continuó su tendencia descendente en 2024, aunque con signos de recuperación, a medida que los mercados de gas natural en Europa se estabilizaron.

Gráfico 2.2. Variación interanual de los precios internacionales al contado de metales y minerales seleccionados, 2023-2024

Porcentajes sobre la base del promedio móvil de 12 meses

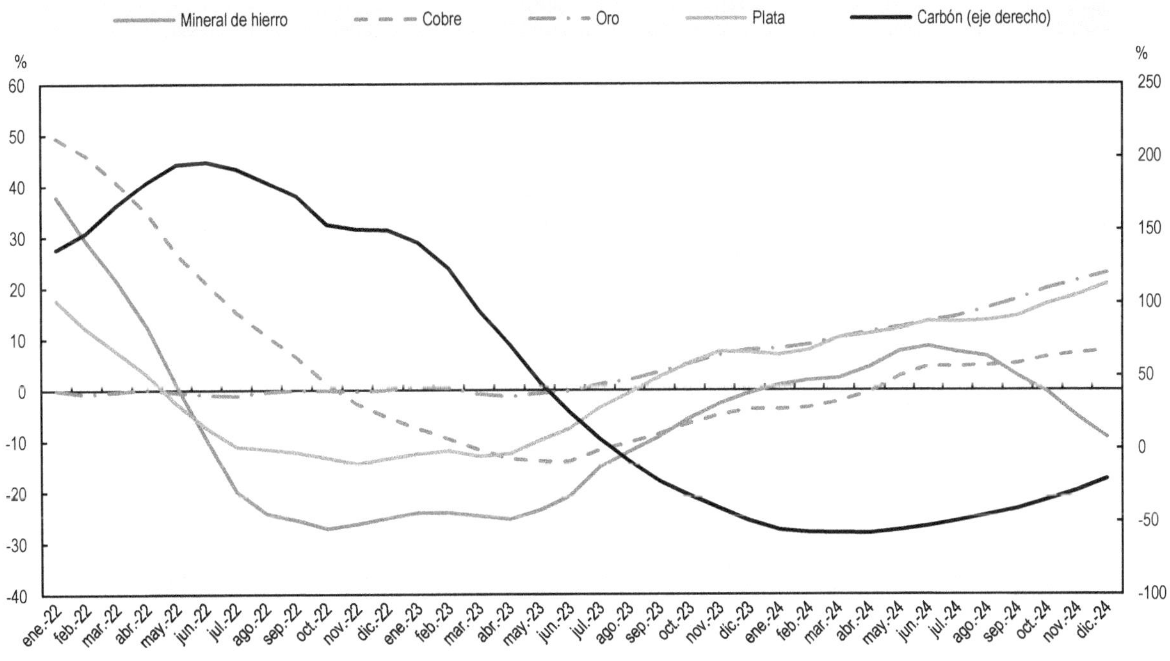

Fuente: Comisión Económica para América Latina y el Caribe (CEPAL), sobre la base de World Bank Commodity Price Data (The Pink Sheet), Banco Mundial.

StatLink https://stat.link/ey2zh8

La dinámica de precios también estuvo determinada por los conflictos geopolíticos y las fluctuaciones del sentimiento del mercado. Los precios del oro aumentaron de forma sostenida a lo largo del año, reflejando su papel tradicional como activo de refugio en tiempos de turbulencia económica y geopolítica. Los mercados también se vieron marcados por una pronunciada volatilidad durante el año. En mayo, el precio del cobre en la LME alcanzó un máximo histórico de USD 10 899 por tonelada, ya que las preocupaciones por la oferta, incluyendo el cierre de la mina Cobre Panamá a finales de 2023 y la decisión de las fundiciones chinas de reducir la producción refinada, junto con las previsiones de una mayor demanda proveniente de tecnologías bajas en carbono, provocaron una entrada especulativa. Los precios posteriormente cayeron, pero el cobre aun así cerró el año con un aumento interanual del 8%. El anuncio de China de un sustancial paquete de estímulo económico en septiembre de 2024 proporcionó un impulso temporal a los precios de los metales y minerales, pero estas ganancias también se disiparon en gran medida hacia finales de año (World Bank, 2024[1]).

La producción minera en la región creció para muchos metales y minerales durante 2024, con diferencias significativas entre países (Cuadro 2.3). El cobre aumentó, liderado por la puesta en marcha de Quebrada Blanca en Chile, aunque la producción del Perú se vio limitada por la disminución de las leyes en las minas en proceso de maduración. El zinc retrocedió en el Perú a medida que la mina polimetálica Antamina se desplazó a zonas de mineral con menor contenido de zinc. El oro subió abruptamente en el Perú gracias a la nueva tecnología de lixiviación en Yanacocha, y en la República Dominicana a medida que la expansión de Pueblo Viejo cobró ritmo.

En Chile, la plena puesta en marcha de la mina de oro Salares Norte se vio interrumpida por condiciones climáticas severas (Gold Fields, 2024[9]). La plata se disparó en el Perú a medida que las minas Yumpag y Uchucchacua entraron en plena producción, y se recuperó en México cuando Peñasquito reanudó las operaciones tras una huelga en 2023. El mineral de hierro del Brasil continuó su recuperación posterior al desastre de Brumadinho, respaldado por una mayor producción de Vale. El carbón térmico colombiano cayó a medida que los menores precios y el desplazamiento de la demanda hacia mercados asiáticos distantes redujeron los márgenes. El litio se expandió en toda la región, liderado por la puesta en marcha de la planta de Cauchari-Olaroz en la Argentina y la mina Grota do Cirilo en el Brasil.

Cuadro 2.3. América Latina y el Caribe (11 países): producción minera, por país y producto, 2023-2024

Miles de toneladas métricas y porcentajes

Metales y minerales	Año y cambio porcentual	Producción en miles de toneladas métricas a menos que se especifique lo contrario										
		ALC-11	Bolivia (Est. Plur. de)	Brasil	Chile	Colombia	República Dominicana	Ecuador	Jamaica	México	Nicaragua	Perú
Cobre	2023	9 056	4	376	5 250	7	10	127		509		2 755
	2024	9 255	5	379	5 506	8	11	107		489		2 736
	% cambio	2.2	27.4	0.8	4.9	14.5	14.5	-15.4		-4		-0.7
Zinc	2023	2 496	492	194	22	25	11			283		1 469
	2024	2 460	518	185	32	30	12			413		1 271
	% cambio	-1.4	5.4	-4.4	44.9	17.8	7			45.8		-13.5
Plomo	2023	511	103							134		273
	2024	576	113							172		291
	% cambio	12.8	9.6							28.1		6.6
Estaño	2023	63	19	19								26
	2024	70	21	17								32
	% cambio	10.3	13.4	-10.8								23.2
Níquel	2023	179		72		88	18					
	2024	156		67		89	0					
	% cambio	-12.6		-6.8		0.3	-100					
Mineral de hierro	2023	473 506		436 881						23 639		12 986

	2024	478 049		450 062						14 677		13 309
	% cambio	1		3						-37.9		2.5
Carbón	2023	58 444				58 444						
	2024	53 524				53 524						
	% cambio	-8.4				-8.4						
Bauxita / alúmina	2023	37 619		32 032					5 587			
	2024	37 417		31 848					5 569			
	% cambio	-0.5		-0.6					-0.3			
Litio	2023	69		15	45							
	2024	91		26	51							
	% cambio	31.4		71	12							
Oro (toneladas métricas)	2023	456	47	55	37	61	18	15		70	13	101
	2024	458	53	51	36	57	19	16		68	12	108
	% cambio	0.5	13.9	-8.4	-4.1	-7.5	5.2	4.3		-2.9	-6.2	7.1
Plata (toneladas métricas)	2023	10 277	1 345		1 378	52	52			3 593	37	3 041
	2024	11 163	1 486		1 224	57	56			4 078	39	3 511
	% cambio	8.6	10.5		-11.2	10.2	7.7			13.5	6.7	15.4

Fuente: Comisión Económica para América Latina y el Caribe (CEPAL), sobre la base de la Cámara Argentina de Empresas Mineras; Instituto Nacional de Estadísticas del Estado Plurinacional de Bolivia; Agência Nacional de Mineração do Brasil; Comisión Chilena de Cobre (Cochilco); Agencia Nacional de Minería de Colombia; Oficina Nacional de Estadística de la República Dominicana; Banco Central del Ecuador; Instituto Nacional de Estadística y Geografía de México; Banco Central de Nicaragua, Ministerio de Energía y Minas del Perú; Energy Institute; Lundin Gold; y Tongling Nonferrous Metals.

A pesar del repunte en los precios de algunos metales y minerales y el aumento de los niveles de producción, los ingresos fiscales provenientes de la minería se contrajeron en la región durante 2024. Los ingresos totales, tanto de fuentes tributarias como no tributarias, cayeron un 19% en términos nominales, de 22 700 millones de dólares en 2023 a 18 400 millones de dólares en 2024 (Cuadro 2.4). Sin embargo, este resultado se debió principalmente a la caída de los ingresos mineros en Colombia, que reflejó la confluencia de precios bajos y la reversión de ciertas disposiciones tributarias. Excluyendo a Colombia, los ingresos totales en dólares fueron esencialmente estables, respaldados por el crecimiento en el Perú. En términos relativos, los ingresos totales retrocedieron de un promedio del 0.55% del PIB en 2023 al 0.47% del PIB. Esta disminución se repartió equitativamente entre los ingresos tributarios y no tributarios, reflejando nuevamente el fuerte impacto de Colombia en los resultados regionales. Chile también se destaca, ya que un fuerte aumento de los ingresos tributarios compensó una mayor disminución de los ingresos no tributarios causada principalmente por menores ingresos por litio.

Cuadro 2.4. América Latina y el Caribe (12 países): ingresos del gobierno general provenientes de la minería, 2023-2024

Porcentaje del PIB, puntos porcentuales del PIB y porcentajes

País	Miles de millones de dólares			Porcentajes del PIB								
	Ingresos totales			Ingresos totales			Ingresos tributarios			Ingresos no tributarios		
	2023	2024	2024/2023 (%)	2023	2024	2024/2023 (p.p. del PIB)	2023	2024	2024/2023 (p.p. del PIB)	2023	2024	2024/2023 (p.p. del PIB)
Argentina	0.2	0.3	31	0.03	0.04	0.01	0.02	0.02	0.01	0.01	0.02	0
Bolivia (Est. Plur. de)	0.4	0.5	10	0.97	1.03	0.06	0.44	0.47	0.03	0.54	0.56	0.03
Brasil	4.4	4.2	-4	0.2	0.19	-0.01	0.11	0.11	0	0.09	0.08	-0.01
Chile	6.2	6	-3	1.84	1.81	-0.03	0.9	1.18	0.28	0.94	0.63	-0.3
Colombia	5	0.8	-84	1.37	0.19	-1.18	0.91	-0.03	-0.95	0.46	0.23	-0.23
República Dominicana	0.1	0.2	175	0.07	0.18	0.11	0.06	0.16	0.09	0	0.02	0.02

Ecuador	0.5	0.5	2	0.39	0.38	0	0.24	0.22	-0.02	0.15	0.16	0.02
Guatemala	0.01	0.01	-21	0.01	0.01	0	0.01	0.01	0	0	0	0
Jamaica	0.01	0.01	-52	0.07	0.03	-0.04	0	0.01	0.01	0.07	0.02	-0.05
México	3.5	3.1	-10	0.19	0.17	-0.02	0.19	0.17	-0.02	...	...	...
Nicaragua	0.1	0.1	18	0.61	0.65	0.04	0.43	0.47	0.04	0.18	0.18	0
Perú	2.4	2.8	17	0.87	0.94	0.07	0.64	0.72	0.08	0.22	0.21	-0.01
ALC	**22.7**	**18.4**	**-19**	**0.55**	**0.47**	**-0.08**	**0.33**	**0.29**	**-0.04**	**0.22**	**0.18**	**-0.04**

Nota: Las razones ingreso-PIB para América Latina y el Caribe corresponden a un promedio simple de los países incluidos en la muestra. Las cifras pueden no sumar debido al redondeo. En el caso de Chile, los ingresos tributarios corresponden a los pagos del IS y del impuesto específico a la minería por parte del grupo de las 10 principales empresas mineras (GMP-10); los ingresos no tributarios se refieren a los dividendos pagados por Codelco al fisco y a las rentas de propiedad recibidas por el gobierno central de la participación del Estado en las ventas de litio según lo establecido en los contratos con SQM Salar S.A. y Albemarle Ltda.
Fuente: Comisión Económica para América Latina y el Caribe (CEPAL), sobre la base de datos de la base de datos de Ingresos Fiscales provenientes de Recursos Naturales No Renovables en América Latina y el Caribe de la CEPAL.

La tendencia regional de los ingresos tributarios mineros fue explicada en gran medida por Chile, Colombia y el Perú. En Chile, el aumento de los pagos del grupo de las 10 principales empresas mineras se debió en gran medida a la implementación de la Regalía Minera (Ley N.º 21 591), que entró en vigor a principios de 2024 (Dipres, 2025[10]). La ley estableció una estructura de dos componentes con un impuesto ad valorem del 1% sobre las ventas anuales para las empresas que producen más de 50 000 toneladas métricas de cobre fino, complementado con un impuesto progresivo sobre los márgenes operacionales con tasas del 8% al 26% para las grandes empresas según su volumen de ventas y rentabilidad. En el Perú, los ingresos del ISR provenientes de la minería aumentaron en 2024 a pesar de los débiles pagos de regularización realizados por las declaraciones del año fiscal 2023, un año marcado por una fuerte caída de los precios; el fortalecimiento de los precios del cobre en el segundo semestre del año impulsó los pagos estimados de impuestos (MEF de Perú, 2025[11]).

Estas ganancias fueron compensadas por la fuerte reducción de los ingresos tributarios en Colombia. Como se destacó anteriormente, los ingresos tributarios aumentaron considerablemente en 2023 cuando los pagos de regalías pasaron a ser no deducibles para el cálculo del ISR. La posterior determinación de la Corte Constitucional de que los pagos de regalías eran deducibles significó que los pagos estimados de impuestos en 2023, basados en la cláusula de no deducibilidad, estuvieron por encima de las obligaciones definitivas del año fiscal, lo que dio lugar a una devolución neta de ingresos tributarios.

La trayectoria de los ingresos no tributarios mineros estuvo determinada en gran medida por las disminuciones registradas en Chile y Colombia (Gráfico 2.3). En Chile, los ingresos por litio cayeron precipitadamente a medida que el precio de las exportaciones de carbonato de litio de América del Sur se contrajo un 79%, de un promedio de 42 549 dólares por tonelada en 2023 a apenas 12 156 dólares por tonelada (Cochilco, 2024[12]). Un aumento de los ingresos provenientes de la participación del Estado en el valor de las exportaciones de cobre de Codelco no logró compensar esta disminución. En Colombia, los pagos de regalías del carbón cayeron significativamente en línea con la baja de los precios (-48,6% para el carbón térmico colombiano) y la disminución de la producción en la mina Cerrejón (Minhacienda de Colombia, 2025[5]). En Jamaica, los ingresos provenientes del gravamen a la bauxita se vieron afectados por el huracán Beryl, que causó daños significativos a la infraestructura de exportación, y por las exenciones de pago otorgadas por el gobierno (Ministerio de Finanzas y Servicio Público de Jamaica, 2025[13]). En contraste, los pagos de regalías en la República Dominicana aumentaron considerablemente en términos absolutos, reflejando la reanudación de los pagos completos del retorno neto de fundición por parte de Pueblo Viejo después de que la empresa terminara de compensar los pagos anticipados que había adelantado al gobierno durante la pandemia de COVID-19 (DGII, 2025[14]).

Gráfico 2.3. América Latina y el Caribe (11 países): variación interanual de los ingresos no tributarios del gobierno general provenientes de la minería, 2023-2024

Puntos porcentuales del PIB y porcentajes

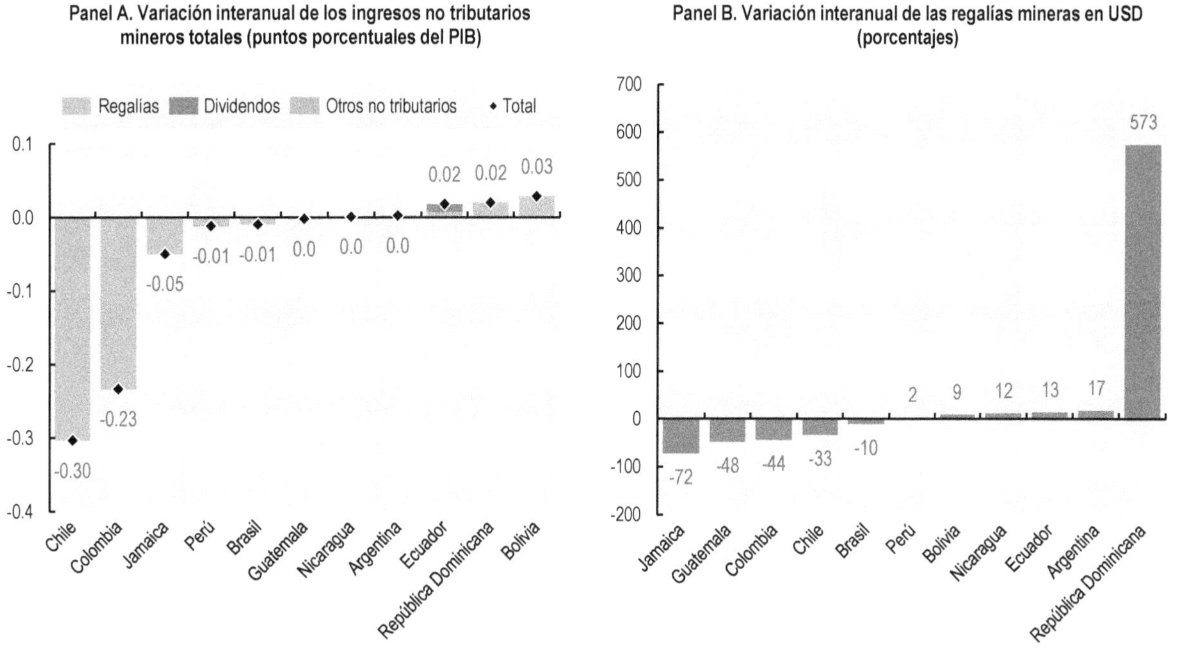

Fuente: Comisión Económica para América Latina y el Caribe (CEPAL), sobre la base de datos de la base de datos de Ingresos Fiscales provenientes de Recursos Naturales No Renovables en América Latina y el Caribe de la CEPAL.

StatLink https://stat.link/p2yfzw

Las tendencias de los ingresos fiscales provenientes de los hidrocarburos y la minería divergieron en 2025

Las condiciones económicas mundiales en 2025 estuvieron marcadas por una fuerte escalada de las tensiones comerciales. La imposición de aranceles generalizados por parte de los Estados Unidos en abril, seguida de aumentos posteriores y reversiones parciales, resultó en un nivel elevado de volatilidad de los mercados. El prolongado conflicto en Ucrania y la inestabilidad en el Oriente Medio también contribuyeron a una mayor incertidumbre. No obstante, la actividad económica mundial se mantuvo resiliente y las presiones inflacionarias se mantuvieron contenidas (IMF, 2025[15]). El comercio internacional se incrementó considerablemente, impulsado por la anticipación de compras en respuesta a los cambios de política y las crecientes importaciones de componentes electrónicos utilizados en la construcción de centros de datos para servicios de inteligencia artificial.

No obstante, estas dinámicas, las tendencias de los precios de las materias primas fueron mixtas en 2025 (Gráfico 2.4). Los precios del petróleo continuaron retrocediendo a medida que los volúmenes de producción superaron con creces la demanda (EIA, 2026[16]). Los precios del oro, en contraste, se dispararon respaldados por una fuerte demanda de los bancos centrales y los inversionistas. El cobre también registró un fuerte aumento, impulsado por perturbaciones de la oferta y una demanda robusta vinculada a la infraestructura de inteligencia artificial y el despliegue de energía solar fotovoltaica (World Bank, 2025[2]).

Gráfico 2.4. Variación interanual de los precios internacionales al contado de materias primas seleccionadas, 2025

Porcentajes

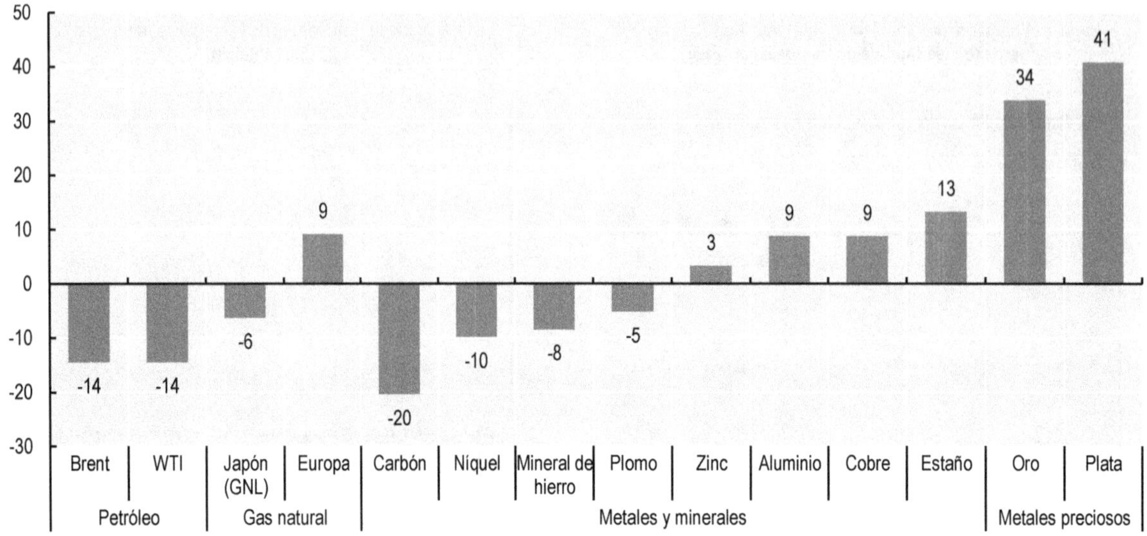

Fuente: Comisión Económica para América Latina y el Caribe (CEPAL), sobre la base de World Bank Commodity Price Data [en línea] https://www.worldbank.org/en/research/commodity-markets.

StatLink https://stat.link/s8afvk

Los ingresos por petróleo y gas y los ingresos mineros se movieron en direcciones opuestas en 2025. Se estima que los ingresos por hidrocarburos disminuyeron moderadamente hasta un promedio de 3.0% del PIB, debido a caídas en varios de los principales países productores de la región (Gráfico 2.5). En Ecuador, los ingresos petroleros cayeron a medida que desastres naturales provocaron múltiples rupturas de oleoductos a lo largo del año (MEF de Ecuador, 2026[17]). En marzo, un deslizamiento de tierra rompió el Sistema de Oleoducto Transecuatoriano (SOTE), provocando un derrame de petróleo a gran escala, y en junio una inundación volvió a desplazar el oleoducto. A inicios de julio, fuertes lluvias llevaron a las autoridades a suspender las operaciones tanto del SOTE como del Oleoducto de Crudos Pesados (OCP), dejando al país sin capacidad de transporte por oleoducto durante varias semanas, hasta que ambas líneas reanudaron sus operaciones a finales de mes. El efecto combinado de estas interrupciones provocó que la producción petrolera de Ecuador cayera a su nivel más bajo en 22 años. En contraste, en Brasil, la combinación de una producción sólida y la depreciación del real amortiguó en gran medida el choque de precios. En Trinidad y Tobago, los ingresos aumentaron abruptamente, respaldados por una recuperación de la producción y de la producción de gas natural licuado (Ministry of Finance of Trinidad and Tobago, 2025[18]).

Gráfico 2.5. América Latina y el Caribe: ingresos del gobierno general provenientes de la exploración y producción de petróleo y gas y la minería, 2010-2024 y 2025 estimado

Porcentaje del PIB

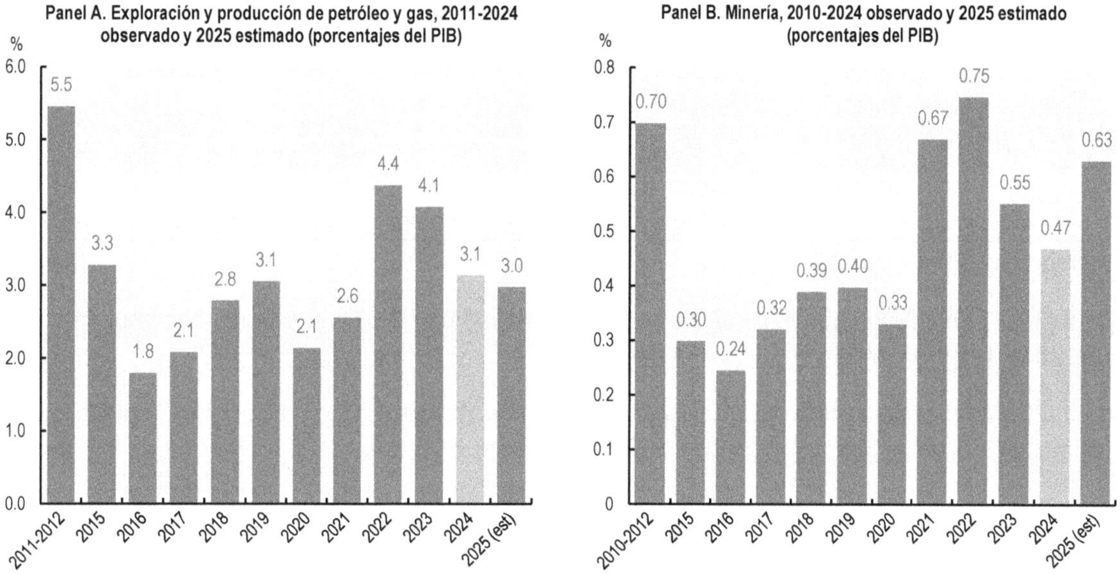

Nota: Los datos de México corresponden a los ingresos petroleros del gobierno federal; excluyen los ingresos propios de Pemex, la empresa estatal productora de petróleo y gas. En el Ecuador, a los ingresos petroleros del sector público no financiero derivados de las exportaciones de petróleo crudo. En Guyana, a los ingresos depositados en el Fondo de Recursos Naturales. En el caso de Chile, los ingresos tributarios corresponden a los pagos del IS y del impuesto específico a la minería por parte del grupo de las 10 principales empresas mineras (GMP-10); los ingresos no tributarios se refieren a los dividendos pagados por Codelco al fisco y a las rentas de propiedad recibidas por el gobierno central de la participación del Estado en las ventas de litio según lo establecido en los contratos con SQM Salar S.A. y Albemarle Ltda. Las cifras para 2025 se basan en fuentes oficiales, pronósticos y estimaciones basadas en la variación anual de 2025 en productos representativos aplicada a los ingresos en 2024. En el Panel A los países incluyen Argentina, Bolivia (Estado Plurinacional de), Brasil, Colombia, Ecuador, Guatemala, Guyana, México, Perú y Trinidad y Tobago. En el Panel B los países incluyen Argentina, Bolivia (Estado Plurinacional de), Brasil, Chile, Colombia, República Dominicana, Ecuador, Guatemala, Jamaica, México, Nicaragua y Perú.
Fuente: Comisión Económica para América Latina y el Caribe (CEPAL), sobre la base de datos de la base de datos de Ingresos Fiscales provenientes de Recursos Naturales No Renovables en América Latina y el Caribe de la CEPAL.

StatLink https://stat.link/yaofdn

En contraste, se estima que los ingresos mineros aumentaron considerablemente, alcanzando un promedio del 0.63% del PIB. Este aumento fue impulsado principalmente por los pujantes ingresos del ISR. Hubo un fuerte aumento de los pagos asociados a las declaraciones anuales de impuestos correspondientes al año fiscal 2024, que se vieron impulsados por los mayores precios realizados del cobre y el oro (MEF de Perú, 2026[19]). Asimismo, los pagos estimados de impuestos para el año fiscal en curso aumentaron con fuerza, en línea con la favorable dinámica de precios. En Chile, esta tendencia se vio reforzada por la nueva Regalía Minera (Ley N.º 21 591), que entró en vigor en 2024 (Dipres, 2026[20]). Los fuertes precios del oro impulsaron abruptamente los ingresos tributarios mineros en la República Dominicana, con ingresos del ISR del sector un 77.9% superiores en términos interanuales; los ingresos no tributarios también se vieron fortalecidos por pagos extraordinarios de la regalía sobre el retorno neto de fundición (DGII, 2026[21]).

Referencias

Cochilco (2024), *Evolución Precio del Litio. Diciembre de 2024*, https://www.cochilco.cl/web/litio/. [12]

DGII (2026), *Análisis de recaudación: Enero-Febrero 2026*, Dirección General de Impuestos Internos, https://dgii.gov.do/estadisticas/informeRecaudacionMensual/Documents/2026/Informe%20Preliminar%20febrero%202026.pdf. [21]

DGII (2025), *Análisis de recaudación: Enero-diciembre 2025*, Dirección General de Impuestos Internos, https://dgii.gov.do/estadisticas/informeRecaudacionMensual/Documents/2025/Informe%20Preliminar%20diciembre%202025.pdf. [14]

Dipres (2026), *Informe de finanzas públicas: Cuarto trimestre 2025*, Dirección de Presupuestos de Chile, https://www.dipres.gob.cl/598/articles-404483_Informe_PDF.pdf. [20]

Dipres (2025), *Informe de finanzas públicas: Cuarto trimestre 2024*, Budget Directorate of Chile, https://www.dipres.gob.cl/598/articles-360447_Informe_PDF.pdf. [10]

EIA (2026), *"Crude oil prices fell in 2025 amid oversupply"*, https://www.eia.gov/todayinenergy/detail.php?id=66944. [16]

Gold Fields (2024), *Salares Norte*, https://www.goldfields.com/reports/annual-report-2024/salares-norte.php. [9]

IEA (2025), *Global Critical Minerals Outlook 2025*, International Energy Agency, https://www.eia.gov/todayinenergy/detail.php?id=66944. [8]

IMF (2025), *World Economic Outlook, October 2025: Global economy in flux, prospects remain dim*, International Monetary Fund, https://www.imf.org/en/publications/weo/issues/2025/10/14/world-economic-outlook-october-2025. [15]

MEF de Ecuador (2026), *Informe de ejecución presupuestaria periodo enero–diciembre y octubre–diciembre 2025*, Ministerio de Economía y Finanzas de Ecuador, https://www.finanzas.gob.ec/informes-de-ejecucion-presupuestaria-2025/. [17]

MEF de Perú (2026), *Reporte fiscal trimestral: seguimiento de las reglas macrofiscales: cuarto trimestre 2025*, Ministerio de Economía y Finanzas de Perú, https://www.gob.pe/institucion/mef/informes-publicaciones/7679958-informe-trimestral-de-reglas-fiscales-de-gastos-iv-trimestere-2025. [19]

MEF de Perú (2025), *Reporte fiscal trimestral: seguimiento de las reglas macrofiscales: cuarto trimestre 2024*, Ministerio de Economía y Finanzas de Perú, https://www.gob.pe/institucion/mef/informes-publicaciones/6416424-informe-trimestral-de-reglas-fiscales-de-gasto-iv-trimestre-2024. [11]

Minhacienda de Colombia (2025), *Cierre fiscal, sector público no financiero: Cuarto trimestre 2024*, Ministerio de Hacienda y Crédito Público de Colombia, https://www.minhacienda.gov.co/documents/d/portal/gobierno-general-resultados-4t_2024?download=true. [5]

Ministerio de Economía y Finanzas Públicas del Estado Plurinacional de Bolivia (2025), *Memoria de la Economía Boliviana 2024*, https://www.economiayfinanzas.gob.bo/node/16960. [3]

Ministerio de Finanzas y Servicio Público de Jamaica (2025), *Fiscal Policy Paper FY 2025/26*, https://www.mof.gov.jm/wp-content/uploads/Fiscal-Policy-Paper-Interim-Report-FY-2025-26.pdf. [13]

Ministry of Finance of Trinidad and Tobago (2025), *Review of the Economy 2025*, https://www.finance.gov.tt/wp-content/uploads/2025/08/WEB-%E2%80%A2-REVIEW-OF-THE-ECONOMY-2025.pdf. [18]

Ministry of Finance of Trinidad and Tobago (2024), *Review of the Economy 2024*, https://www.finance.gov.tt/wp-content/uploads/2024/09/WEB-%E2%80%A2-ROE-2024.pdf. [4]

SHCP (2025), *Informes sobre la situación económica, las finanzas públicas y la deuda pública: cuarto trimestre 2024*, Secretaría de Hacienda y Crédito Público de México, https://www.gob.mx/cms/uploads/attachment/file/972113/Comunicado_No._4_Informes_sobre_la_Situaci_n_Econ_mica_las_Finanzas_P_blicas_y_la_Deuda_P_blica_al_cuarto_trimestre_de_2024.pdf. [6]

World Bank (2025), *Commodity Market Outlook: April 2025*, https://thedocs.worldbank.org/en/doc/1b388949805c9a0ae3736bdacb32ea94-0050012025/original/CMO-April-2025.pdf. [2]

World Bank (2024), *Commodity Market Outlook: October 2024*, https://doi.org/10.1596/42219. [1]

World Steel Association (2025), "December 2024 crude steel production and 2024 global crude steel production totals", Brussels, https://worldsteel.org/media/press-releases/2025/december-2024-crude-steel-production-and-2024-global-totals/. [7]

3 Niveles impositivos y estructuras tributarias, 1990-2024

En todos los cuadros siguientes, (..) indica dato indisponible. Las principales series de datos de esta sección cubren el periodo que va de 1990 a 2024.

Las cifras relativas a 1991-99, 2001-09, 2011-14, 2016-18 en Cuadros 3.1 hasta 3.2 y Cuadros 3.15 hasta 3.17 y las cifras relativas a 1991-99, 2001-09 y 2011-22 en Cuadros 3.5 hasta 3.10 y las cifras relativas a 1990-94, 1996-04 y 2006-23 en Cuadros 3.11 se han omitido por falta de espacio. Sin embargo, las series completas están disponibles en línea en https://oe.cd/globalrevstats y en la base de datos OCDE (2026), "Revenue Statistics in Latin America and the Caribbean: Comparative tables", *OECD Tax Statistics*, http://data-explorer.oecd.org/s/e1.

Cuadro 3.1. Total de ingresos tributarios en % del PIB, 1990-2024

	1990	2000	2010	2015	2019	2020	2021	2022	2023	2024
Antigua y Barbuda[1]	..	11.0	18.8	18.9	17.6	19.2	18.6	18.1	17.9	19.8
Argentina	13.3	19.2	29.1	31.5	28.5	29.7	29.1	29.5	27.7	27.6
Bahamas[1]	9.7	11.9	12.6	14.9	18.7	20.0	15.5	17.5	18.3	19.3
Barbados	24.6	28.6	26.6	27.4	29.7	28.9	30.7	29.8	28.7	30.7
Belice[1]	16.3	14.0	21.2	21.6	24.2	22.8	23.2	23.4	24.7	24.5
Bolivia	6.5	17.6	22.9	29.5	24.7	22.2	22.6	23.7	23.9	23.6
Brasil	27.8	29.4	31.7	31.3	31.9	30.5	32.1	32.5	31.7	33.7
Chile	16.8	18.7	19.7	20.5	21.0	19.3	22.3	23.9	20.6	20.5
Colombia	11.3	15.7	18.1	19.9	19.7	18.8	19.2	19.6	22.1	19.9
Costa Rica	22.4	21.1	22.1	22.9	23.4	22.6	24.8	25.2	24.9	24.8
Cuba[2]	31.9	37.2	37.2	38.1	42.1	37.5	17.7	18.3	17.9	22.9
República Dominicana	8.3	12.1	12.3	12.9	13.4	12.5	14.4	14.0	14.4	14.7
Ecuador[1]	7.2	12.1	17.2	22.3	20.0	19.0	19.4	21.3	21.2	21.7
El Salvador	11.3	14.2	18.7	19.9	21.0	21.7	23.1	23.3	23.0	23.6
Granada	..	..	..	19.0	21.9	22.1	20.6	21.6	23.9	23.5
Guatemala	7.9	11.7	12.5	12.8	13.1	12.5	14.2	14.4	14.2	14.3
Guyana	15.2	15.7	16.0	18.1	23.2	21.3	16.8	10.6	11.6	9.2
Honduras	10.5	17.2	18.2	20.6	21.6	19.6	21.5	21.6	21.0	21.1
Jamaica	22.5	22.2	24.9	25.8	29.3	25.7	31.6	33.1	31.9	30.7
México	11.5	10.9	12.3	15.4	15.9	17.2	16.7	16.8	17.7	18.3
Nicaragua[1]	..	14.3	19.3	22.3	25.5	25.3	26.9	27.8	27.5	27.6
Panamá[1]	16.0	15.0	16.3	14.4	12.6	12.0	11.7	11.9	11.9	11.3
Paraguay	8.5	11.6	12.1	13.7	13.9	13.5	13.9	14.6	14.5	15.8
Perú	11.3	15.1	17.5	17.0	16.3	15.0	17.7	18.8	16.7	16.3
Santa Lucía[1]	..	19.1	20.7	21.4	20.9	22.6	20.7	20.2	21.4	21.3
Surinam	..	..	..	15.5	15.1	12.8	18.6	16.9	19.1	19.8
Trinidad y Tobago	22.5	21.0	27.7	27.2	24.2	22.2	21.2	25.1	27.6	24.6
Uruguay	18.3	21.3	24.2	25.1	26.2	26.7	25.9	26.8	27.2	27.3
Venezuela[3]	21.2	13.5	11.8	..	..	..	..	..	..	..
Promedio no ponderado										
ALC[4]	**14.5**	**16.8**	**19.7**	**20.8**	**21.2**	**20.6**	**21.1**	**21.4**	**21.5**	**21.7**
OCDE[5]	**30.8**	**32.9**	**31.5**	**32.9**	**33.3**	**33.5**	**34.0**	**34.0**	**33.7**	**34.1**

.. No disponible

Nota: Las cifras excluyen los ingresos subnacionales para Antigua y Barbuda, Argentina (pero se incluyen los ingresos de las provincias), Las Bahamas, Barbados, Cuba (excepto 2002-12), República Dominicana, Santa Lucía, Surinam, Trinidad y Tobago, y Venezuela, dado que los datos no están disponibles. En Granada no hay instituciones de gobierno local autónomas. Los datos de ingresos subnacionales están disponibles desde 1991 para Nicaragua, desde 1994 para Bolivia, desde 1995 para Guatemala, desde 1998 para Jamaica, desde 1999 para Panamá, desde 2000 para Perú, desde 2002 para El Salvador y Guyana, desde 2006 para Paraguay y desde 1990 para todos los demás países.

1. Los datos incluyen las siguientes estimaciones: Antigua y Barbuda (cotizaciones a la seguridad social para 2019-24), Bahamas (cotizaciones a la seguridad social para 2022-24), Belice (cotizaciones a la seguridad social para 2023 and 2024), Nicaragua (ingresos tributarios locales para 2022-24), Panamá (ingresos tributarios locales para 2023 and 2024) y Santa Lucía (cotizaciones a la seguridad social para 2021-24). Consulte los cuadros de países correspondientes para obtener más información.
2. Las cifras de 2021 y posteriores no son comparables con los datos de años anteriores debido a grandes cambios como consecuencia de la reforma monetaria de Cuba.
3. Algunos datos de ingresos tributarios no están disponibles entre 2014 y 2017 y, por lo tanto, no se han incluido las cifras totales. Los datos de 2018 y años posteriores no están disponibles.
4. Representa al grupo de 28 países de América Latina y el Caribe incluidos en esta publicación y excluye a Granada (hasta 2013), Cuba (hasta 2020), Surinam (hasta 2011) y Venezuela debido a problemas de los datos. Chile, Colombia, Costa Rica y México también forman parte del grupo OCDE (38).
5. Calculado mediante la aplicación del cambio porcentual promedio no ponderado para 2024 en los 38 países que proporcionan datos para ese año al promedio de la recaudación tributaria sobre PIB en 2023.

Cuadro 3.2. Total de ingresos tributarios en millones de US dólares a tipos de cambio de mercado, 1990-2024

	1990	2000	2010	2015	2019	2020	2021	2022	2023	2024
Antigua y Barbuda[1]	..	99	244	272	304	271	298	338	368	428
Argentina	20 952	61 084	123 456	202 079	127 342	114 586	141 578	186 901	179 733	176 049
Bahamas[1]	505	965	1 277	1 761	2 486	2 076	1 869	2 436	2 788	3 063
Barbados	513	946	1 368	1 447	1 721	1 491	1 621	1 866	1 927	2 204
Belice[1]	89	159	370	473	577	467	564	667	753	785
Bolivia	317	1 478	4 527	9 805	10 173	8 176	9 213	10 498	10 849	11 087
Brasil	129 442	192 661	700 050	562 756	596 829	449 504	536 242	635 124	693 660	733 972
Chile	5 829	14 645	42 754	49 736	58 367	48 974	70 443	72 026	69 225	67 637
Colombia	5 136	14 655	51 846	58 414	63 613	50 751	61 136	67 864	80 861	83 147
Costa Rica	1 285	3 174	8 334	12 952	15 079	14 080	16 140	17 440	21 565	23 685
Cuba[2]	6 870	11 367	23 949	33 182	43 504	40 263	4 022	2 378	1 650	2 772
República Dominicana	664	2 951	6 600	9 200	11 935	9 854	13 683	15 878	17 403	18 304
Ecuador[1]	1 078	2 125	11 693	21 661	21 501	18 543	20 701	24 098	24 486	27 047
El Salvador	543	1 669	3 447	4 659	5 640	5 404	6 716	7 438	7 799	8 344
Granada	..	..	..	190	266	231	232	265	314	330
Guatemala	593	2 129	5 153	7 944	10 087	9 721	12 247	13 766	14 822	16 208
Guyana	104	234	550	774	1 200	1 168	1 354	1 556	1 961	2 267
Honduras	515	1 219	2 886	4 315	5 386	4 574	6 041	6 784	7 222	7 818
Jamaica	1 027	1 998	3 286	3 647	4 514	3 842	4 093	4 982	5 671	5 910
México	36 267	81 139	135 822	186 360	207 420	193 092	219 627	245 851	318 050	338 770
Nicaragua[1]	..	733	1 693	2 846	3 244	3 223	3 824	4 352	4 897	5 438
Panamá[1]	948	1 942	4 793	7 811	8 782	6 866	7 862	9 141	9 958	9 789
Paraguay	494	1 029	3 286	4 967	5 289	4 791	5 535	6 109	6 238	7 005
Perú	3 198	7 604	26 116	33 054	38 490	31 412	40 728	46 608	45 295	47 928
Santa Lucía[1]	..	178	307	387	437	342	387	472	513	548
Surinam	..	..	..	794	605	372	578	643	663	878
Trinidad y Tobago	1 158	1 746	6 261	7 339	5 686	4 630	5 142	7 098	6 919	6 304
Uruguay	2 051	5 303	10 618	14 599	16 279	14 303	15 748	18 954	21 216	22 063
Venezuela[3]	..	..	..	..	..	..	..	..	..	..

.. No disponible

Nota: Las cifras excluyen los ingresos subnacionales para Antigua y Barbuda, Argentina (pero se incluyen los ingresos de las provincias), Las Bahamas, Barbados, Cuba (excepto 2002-12), República Dominicana, Santa Lucía, Surinam, Trinidad y Tobago, y Venezuela, dado que los datos no están disponibles. En Granada no hay instituciones de gobierno local autónomas. Los datos de ingresos subnacionales están disponibles desde 1991 para Nicaragua, desde 1994 para Bolivia, desde 1995 para Guatemala, desde 1998 para Jamaica, desde 1999 para Panamá, desde 2000 para Perú, desde 2002 para El Salvador y Guyana, desde 2006 para Paraguay y desde 1990 para todos los demás países.

1. Los datos incluyen las siguientes estimaciones: Antigua y Barbuda (cotizaciones a la seguridad social para 2019-24), Bahamas (cotizaciones a la seguridad social para 2022-24), Belice (cotizaciones a la seguridad social para 2023 and 2024), Nicaragua (ingresos tributarios locales para 2021-24), Panamá (Ingresos tributarios locales para 2023 and 2024) y Santa Lucía (cotizaciones a la seguridad social para 2021-24). Consulte los cuadros de países correspondientes para obtener más información.
2. Las cifras de 2021 y posteriores no son comparables con los datos de años anteriores debido a grandes cambios como consecuencia de la reforma monetaria de Cuba.
3. Algunos datos de ingresos tributarios no están disponibles entre 2014 y 2017 y, por lo tanto, no se han incluido las cifras totales. Los datos de 2018 y años posteriores no están disponibles.

Cuadro 3.3. Ingresos tributarios en las principales partidas en % del PIB, 2024

	1000 Ingresos y utilidades	2000 Seguridad social	3000 Nómina	4000 Propiedad	5000 Bienes y servicios	6000 Otros
Antigua y Barbuda[1]	1.9	3.0	0.0	1.4	13.5	0.0
Argentina	4.5	5.1	0.0	2.6	15.2	0.2
Bahamas[1]	0.0	2.1	0.0	2.0	15.3	0.0
Barbados	11.0	4.7	0.0	1.7	13.3	0.0
Belice[1]	5.7	2.6	0.0	1.2	15.0	0.0
Bolivia	2.8	5.8	0.0	0.1	11.9	3.1
Brasil	9.1	8.1	0.6	1.6	14.4	0.0
Chile	7.5	1.2	0.0	1.3	11.0	-0.4
Colombia	6.9	1.7	0.3	1.6	8.4	0.9
Costa Rica	4.9	9.0	1.5	0.5	8.4	0.5
Cuba	9.2	3.3	0.8	0.0	6.8	2.9
República Dominicana	5.1	0.1	0.1	0.7	8.7	0.0
Ecuador[1]	5.7	4.9	0.0	0.4	10.7	0.0
El Salvador	8.6	2.6	0.1	0.2	11.9	0.2
Granada	5.1	..	0.0	1.0	17.2	0.2
Guatemala	3.5	2.2	0.2	0.3	7.3	0.9
Guyana	4.9	0.8	0.0	0.2	3.3	0.1
Honduras	5.8	3.2	0.2	0.6	10.6	0.7
Jamaica	9.5	2.0	1.7	0.7	16.7	0.1
México	7.9	2.5	0.6	0.3	6.6	0.3
Nicaragua[1]	8.9	5.8	0.0	0.3	12.2	0.3
Panamá[1]	3.0	4.8	0.2	0.2	3.2	0.0
Paraguay	3.2	3.9	0.0	0.2	8.2	0.2
Perú	5.9	1.8	0.0	0.9	7.3	0.4
Santa Lucía[1]	4.7	2.4	0.0	0.5	13.7	0.0
Surinam	9.1	0.6	0.0	0.0	9.9	0.1
Trinidad y Tobago	13.0	2.7	0.0	0.3	8.5	0.0
Uruguay	6.9	7.4	0.0	2.1	10.6	0.2
Venezuela[2]	..	..	..	..	..	..
Promedio no ponderado						
ALC[3]	**6.2**	**3.5**	**0.2**	**0.8**	**10.7**	**0.4**
OCDE[4]	**12.2**	**8.8**	**0.5**	**1.7**	**10.4**	**0.2**

.. No disponible

Nota: Las cifras excluyen los ingresos subnacionales para Antigua y Barbuda, Argentina (pero se incluyen los ingresos de las provincias), Las Bahamas, Barbados, Cuba (excepto 2002-12), República Dominicana, Santa Lucía, Surinam, Trinidad y Tobago, y Venezuela, dado que los datos no están disponibles. En Granada no hay instituciones de gobierno local autónomas. Los datos de ingresos subnacionales están disponibles desde 1991 para Nicaragua, desde 1994 para Bolivia, desde 1995 para Guatemala, desde 1998 para Jamaica, desde 1999 para Panamá, desde 2000 para Perú, desde 2002 para El Salvador y Guyana, desde 2006 para Paraguay y desde 1990 para todos los demás países.

1. Los datos incluyen las siguientes estimaciones: Antigua y Barbuda (cotizaciones a la seguridad social para 2019-24), Bahamas (cotizaciones a la seguridad social para 2022-24), Belice (cotizaciones a la seguridad social para 2023 and 2024), Nicaragua (ingresos tributarios locales para 2021-24), Panamá (ingresos tributarios locales para 2023 and 2024) y Santa Lucía (cotizaciones a la seguridad social para 2021-24). Consulte los cuadros de países correspondientes para obtener más información.
2. Los datos de 2018 y años posteriores no están disponibles.
3. Representa al grupo de 28 países de América Latina y el Caribe incluidos en esta publicación y excluye a Granada (hasta 2013), Cuba (hasta 2020), Surinam (hasta 2011) y Venezuela debido a problemas de los datos. Chile, Colombia, Costa Rica y México también forman parte del grupo OCDE (38).
4. Representa el promedio no ponderado de los países miembros de la OCDE. Se utilizan los datos de 2023 porque los datos de 2024 no estaban disponibles en el momento de la publicación.

Cuadro 3.4. Ingresos tributarios en las principales partidas en % del total de ingresos tributarios, 2024

	1000 Ingresos y utilidades	2000 Seguridad social	3000 Nómina	4000 Propiedad	5000 Bienes y servicios	6000 Otros
Antigua y Barbuda[1]	9.8	15.2	0.0	7.0	68.0	0.0
Argentina	16.2	18.6	0.0	9.6	54.9	0.7
Bahamas[1]	0.0	10.7	0.0	10.4	78.9	0.0
Barbados	35.9	15.2	0.0	5.5	43.4	0.0
Belice[1]	23.1	10.7	0.0	4.8	61.4	0.0
Bolivia	11.7	24.6	0.0	0.5	50.2	13.0
Brasil	26.9	24.0	1.7	4.7	42.7	0.0
Chile	36.4	5.8	0.0	6.2	53.6	-2.0
Colombia	34.6	8.5	1.6	8.3	42.3	4.6
Costa Rica	19.8	36.4	6.0	1.9	33.9	1.9
Cuba	40.0	14.3	3.4	0.0	29.6	12.7
República Dominicana	35.0	0.7	0.5	4.8	59.0	0.0
Ecuador[1]	26.4	22.4	0.0	1.7	49.5	0.0
El Salvador	36.5	10.8	0.5	0.7	50.4	1.0
Granada	21.6	..	0.0	4.3	73.2	0.9
Guatemala	24.3	15.3	1.1	2.0	51.0	6.3
Guyana	53.1	8.3	0.0	1.9	36.1	0.6
Honduras	27.5	15.1	0.8	3.0	50.2	3.4
Jamaica	30.9	6.6	5.5	2.3	54.4	0.3
México	43.4	13.7	3.0	1.7	36.2	1.9
Nicaragua[1]	32.4	21.1	0.0	1.2	44.3	1.0
Panamá[1]	26.2	42.3	1.4	1.8	28.0	0.3
Paraguay	20.2	25.0	0.0	1.2	52.2	1.5
Perú	36.0	11.2	0.1	5.3	44.7	2.6
Santa Lucía[1]	21.9	11.1	0.0	2.5	64.5	0.0
Surinam	46.1	3.2	0.0	0.0	50.1	0.5
Trinidad y Tobago	53.0	11.2	0.0	1.0	34.8	0.0
Uruguay	25.5	27.1	0.0	7.7	39.0	0.7
Venezuela[2]	..	..	..	..	..	..
Promedio no ponderado						
ALC[3]	**29.1**	**15.9**	**0.9**	**3.7**	**49.2**	**1.9**
OCDE[4]	**36.4**	**25.5**	**1.3**	**5.1**	**31.2**	**0.5**

.. No disponible

Nota: Las cifras excluyen los ingresos subnacionales para Antigua y Barbuda, Argentina (pero se incluyen los ingresos de las provincias), Las Bahamas, Barbados, Cuba (excepto 2002-12), República Dominicana, Santa Lucía, Surinam, Trinidad y Tobago, y Venezuela, dado que los datos no están disponibles. En Granada no hay instituciones de gobierno local autónomas. Los datos de ingresos subnacionales están disponibles desde 1991 para Nicaragua, desde 1994 para Bolivia, desde 1995 para Guatemala, desde 1998 para Jamaica, desde 1999 para Panamá, desde 2000 para Perú, desde 2002 para El Salvador y Guyana, desde 2006 para Paraguay y desde 1990 para todos los demás países.

1. Los datos incluyen las siguientes estimaciones: Antigua y Barbuda (cotizaciones a la seguridad social para 2019-24), Bahamas (cotizaciones a la seguridad social para 2022-24), Belice (cotizaciones a la seguridad social para 2023 and 2024), Nicaragua (ingresos tributarios locales para 2022-24), Panamá (ingresos tributarios locales para 2023 and 2024) y Santa Lucía (cotizaciones a la seguridad social para 2021-24). Consulte los cuadros de países correspondientes para obtener más información.
2. Los datos de 2018 y años posteriores no están disponibles.
3. Representa al grupo de 28 países de América Latina y el Caribe incluidos en esta publicación y excluye a Granada (hasta 2013), Cuba (hasta 2020), Surinam (hasta 2011) y Venezuela debido a problemas de los datos. Chile, Colombia, Costa Rica y México también forman parte del grupo OCDE (38).
4. Representa el promedio no ponderado de los países miembros de la OCDE. Se utilizan los datos de 2023 porque los datos de 2024 no estaban disponibles en el momento de la publicación.

Cuadro 3.5. Impuestos sobre la renta y las utilidades (1000) en % del PIB y del total de ingresos tributarios

	% del PIB					% del total de ingresos tributarios				
	1990	2000	2010	2023	2024	1990	2000	2010	2023	2024
Antigua y Barbuda	..	1.5	2.6	1.8	1.9	..	14.0	14.0	10.2	9.8
Argentina	0.7	3.6	4.7	4.6	4.5	5.3	18.5	16.2	16.5	16.2
Bahamas	0.0	0.0	0.0	0.0	0.0	0.0	0.0	0.0	0.0	0.0
Barbados	6.0	9.0	7.5	8.2	11.0	24.3	31.7	28.0	28.7	35.9
Belice	3.4	3.3	7.1	5.7	5.7	20.9	23.9	33.6	23.2	23.1
Bolivia	0.4	2.3	4.6	2.9	2.8	6.7	13.2	20.0	12.1	11.7
Brasil	5.1	5.7	6.7	8.6	9.1	18.3	19.5	21.0	27.2	26.9
Chile	3.9	4.4	7.5	7.2	7.5	23.2	23.3	38.2	35.1	36.4
Colombia	3.4	3.6	4.8	8.8	6.9	29.9	23.2	26.6	40.1	34.6
Costa Rica	2.3	2.8	3.8	5.3	4.9	10.0	13.2	17.1	21.2	19.8
Cuba[1]	0.1	6.0	5.6	8.4	9.2	0.2	16.1	15.0	47.2	40.0
República Dominicana	2.1	2.7	2.7	5.0	5.1	25.7	22.0	21.7	34.9	35.0
Ecuador	0.9	1.5	4.3	4.9	5.7	12.9	12.6	25.0	23.3	26.4
El Salvador	2.0	3.6	5.4	8.3	8.6	17.6	25.7	28.9	36.0	36.5
Granada	..	..	..	4.6	5.1	..	..	..	19.5	21.6
Guatemala	1.5	2.3	2.3	3.5	3.5	19.2	19.9	18.6	24.5	24.3
Guyana	5.1	5.9	5.7	6.1	4.9	33.5	37.8	35.4	52.3	53.1
Honduras	2.1	2.7	4.4	5.7	5.8	20.3	15.9	24.3	27.2	27.5
Jamaica	10.6	9.0	9.2	10.1	9.5	47.0	40.4	36.9	31.7	30.9
México	3.9	3.9	4.9	7.9	7.9	34.0	36.0	39.8	44.5	43.4
Nicaragua	..	1.8	4.5	9.0	8.9	..	12.3	23.1	32.9	32.4
Panamá	3.7	3.7	4.5	4.0	3.0	22.9	25.0	27.5	33.7	26.2
Paraguay	1.0	1.5	1.6	2.6	3.2	12.1	13.1	13.4	18.0	20.2
Perú	0.7	2.9	6.1	6.1	5.9	6.2	19.1	34.6	36.4	36.0
Santa Lucía	..	5.5	5.6	5.0	4.7	..	28.6	27.1	23.5	21.9
Surinam	..	..	..	10.4	9.1	..	..	..	54.5	46.1
Trinidad y Tobago	11.8	11.9	19.0	17.6	13.0	52.7	56.8	68.5	63.5	53.0
Uruguay	0.9	2.9	4.8	7.2	6.9	4.7	13.6	20.0	26.4	25.5
Venezuela[2]	17.7	5.8	3.6	..	..	83.7	43.2	30.7	..	..
Promedio no ponderado										
ALC[3]	**3.3**	**3.9**	**5.4**	**6.4**	**6.2**	**20.3**	**22.4**	**26.4**	**30.2**	**29.1**
OCDE[4]	**11.5**	**11.4**	**10.2**	**12.2**	**..**	**36.2**	**33.9**	**32.2**	**36.4**	**..**

.. No disponible

Nota: Las cifras excluyen los ingresos subnacionales para Antigua y Barbuda, Argentina (pero se incluyen los ingresos de las provincias), Las Bahamas, Barbados, Cuba (excepto 2002-12), República Dominicana, Santa Lucía, Surinam, Trinidad y Tobago, y Venezuela, dado que los datos no están disponibles. En Granada no hay instituciones de gobierno local autónomas. Los datos de ingresos subnacionales están disponibles desde 1991 para Nicaragua, desde 1994 para Bolivia, desde 1995 para Guatemala, desde 1998 para Jamaica, desde 1999 para Panamá, desde 2000 para Perú, desde 2002 para El Salvador y Guyana, desde 2006 para Paraguay y desde 1990 para todos los demás países.

1. Las cifras de 2021 y posteriores no son comparables con los datos de años anteriores debido a grandes cambios como consecuencia de la reforma monetaria de Cuba.
2. Algunos datos de ingresos tributarios entre 2014 y 2017 no están disponibles. Para esos años, no se pueden calcular los ingresos como porcentaje de los ingresos tributarios totales. Los datos de 2018 y años posteriores no están disponibles.
3. Representa al grupo de 28 países de América Latina y el Caribe incluidos en esta publicación y excluye a Granada (hasta 2013), Cuba (hasta 2020), Surinam (hasta 2011) y Venezuela debido a problemas de los datos. Chile, Colombia, Costa Rica y México también forman parte del grupo OCDE (38).
4. Representa el promedio no ponderado para los países miembros de la OCDE.

Cuadro 3.6. Contribuciones a la seguridad social (2000) en % del PIB y del total de ingresos tributarios

	% del PIB					% del total de ingresos tributarios				
	1990	2000	2010	2023	2024	1990	2000	2010	2023	2024
Antigua y Barbuda[1]	..	..	2.4	3.2	3.0	..	..	12.6	17.6	15.2
Argentina	3.4	3.0	6.2	5.1	5.1	25.3	15.8	21.2	18.2	18.6
Bahamas[1]	1.3	1.4	1.7	2.1	2.1	13.2	11.9	13.1	11.3	10.7
Barbados	3.2	4.5	5.5	4.8	4.7	13.1	15.6	20.6	16.8	15.2
Belice[1]	0.9	0.8	1.7	2.7	2.6	5.7	5.8	8.2	11.0	10.7
Bolivia	0.0	1.3	3.8	5.7	5.8	0.0	7.3	16.7	24.1	24.6
Brasil	6.8	7.0	8.1	8.0	8.1	24.3	23.7	25.5	25.3	24.0
Chile	1.5	1.4	1.3	1.2	1.2	9.0	7.3	6.8	5.6	5.8
Colombia	0.9	2.6	2.1	1.6	1.7	7.9	16.3	11.7	7.3	8.5
Costa Rica	6.5	6.4	7.3	8.9	9.0	28.9	30.4	33.1	35.7	36.4
Cuba[2]	3.5	3.9	4.6	3.5	3.3	11.0	10.4	12.4	19.8	14.3
República Dominicana	0.1	0.1	0.1	0.1	0.1	0.8	1.0	0.8	0.4	0.7
Ecuador	1.6	1.3	3.7	5.2	4.9	22.5	10.7	21.7	24.7	22.4
El Salvador	2.2	2.8	2.5	2.6	2.6	19.2	19.5	13.6	11.3	10.8
Granada	..	..	..	..	..	..	..	..	..	..
Guatemala	1.3	1.8	1.9	2.2	2.2	16.5	15.5	15.2	15.2	15.3
Guyana	0.6	1.8	1.4	1.0	0.8	3.6	11.4	9.0	8.8	8.3
Honduras	0.9	1.6	2.9	3.1	3.2	8.5	9.4	15.9	14.6	15.1
Jamaica	..	..	0.7	2.0	2.0	..	..	2.9	6.2	6.6
México	1.9	2.0	2.0	2.4	2.5	16.8	18.0	16.2	13.5	13.7
Nicaragua	..	2.6	4.3	5.9	5.8	..	18.0	22.4	21.5	21.1
Panamá	5.5	5.7	5.5	4.2	4.8	34.2	38.2	33.7	35.0	42.3
Paraguay	0.4	3.0	2.8	4.1	3.9	4.8	25.6	22.7	28.4	25.0
Perú	0.9	1.8	1.9	1.9	1.8	8.3	12.0	10.7	11.1	11.2
Santa Lucía[1]	..	1.9	2.3	2.4	2.4	..	10.0	11.1	11.4	11.1
Surinam	..	..	..	0.6	0.6	..	..	..	3.0	3.2
Trinidad y Tobago	0.8	1.3	1.8	2.8	2.7	3.7	6.4	6.7	10.3	11.2
Uruguay[3]	5.5	5.9	5.6	7.2	7.4	29.9	27.5	23.4	26.5	27.1
Venezuela[4]	1.0	0.7	1.0	..	..	4.9	5.4	8.1	..	..
Promedio no ponderado										
ALC[5]	**2.2**	**2.7**	**3.2**	**3.5**	**3.5**	**14.1**	**15.5**	**15.8**	**16.1**	**15.9**
OCDE[6]	**7.1**	**8.4**	**8.6**	**8.8**	**..**	**21.8**	**24.9**	**26.5**	**25.5**	**..**

.. No disponible

Nota: Las cifras excluyen los ingresos subnacionales para Antigua y Barbuda, Argentina (pero se incluyen los ingresos de las provincias), Las Bahamas, Barbados, Cuba (excepto 2002-12), República Dominicana, Santa Lucía, Surinam, Trinidad y Tobago, y Venezuela, dado que los datos no están disponibles. En Granada no hay instituciones de gobierno local autónomas. Los datos de ingresos subnacionales están disponibles desde 1991 para Nicaragua, desde 1994 para Bolivia, desde 1995 para Guatemala, desde 1998 para Jamaica, desde 1999 para Panamá, desde 2000 para Perú, desde 2002 para El Salvador y Guyana, desde 2006 para Paraguay y desde 1990 para todos los demás países.

1. Los ingresos por las cotizaciones a la seguridad social se estiman en los siguientes países: Antigua y Barbuda (2019-24), Bahamas (2022-24), Belice (2023 and 2024) y Santa Lucía (2021-24).
2. Las cifras de 2021 y posteriores no son comparables con los datos de años anteriores debido a grandes cambios como consecuencia de la reforma monetaria de Cuba.
3. Las cifras de 1990-98 son estimaciones de la Dirección General de Impuestos dado que el empleo de la metodología actual utilizada para calcular las contribuciones a la seguridad social tuvo lugar en 1999.
4. Algunos datos de ingresos tributarios entre 2014 y 2017 no están disponibles. Para esos años, no se pueden calcular los ingresos como porcentaje de los ingresos tributarios totales. Los datos de 2018 y años posteriores no están disponibles.
5. Representa al grupo de 28 países de América Latina y el Caribe incluidos en esta publicación y excluye a Granada (hasta 2013), Cuba (hasta 2020), Surinam (hasta 2011) y Venezuela debido a problemas de los datos. Chile, Colombia, Costa Rica y México también forman parte del grupo OCDE (38).
6. Representa el promedio no ponderado para los países miembros de la OCDE.

Cuadro 3.7. Impuestos sobre la nómina (3000) en % del PIB y del total de ingresos tributarios

	% del PIB					% del total de ingresos tributarios				
	1990	2000	2010	2023	2024	1990	2000	2010	2023	2024
Antigua y Barbuda	..	0.0	0.0	0.0	0.0	..	0.0	0.0	0.0	0.0
Argentina	0.0	0.0	0.0	0.0	0.0	0.0	0.0	0.0	0.0	0.0
Bahamas	0.0	0.0	0.0	0.0	0.0	0.0	0.0	0.0	0.0	0.0
Barbados	0.0	0.0	0.0	0.0	0.0	0.0	0.0	0.0	0.0	0.0
Belice	0.0	0.0	0.0	0.0	0.0	0.0	0.0	0.0	0.0	0.0
Bolivia	0.0	0.0	0.0	0.0	0.0	0.0	0.0	0.0	0.0	0.0
Brasil	0.4	0.5	0.5	0.6	0.6	1.6	1.5	1.7	1.8	1.7
Chile	0.0	0.0	0.0	0.0	0.0	0.0	0.0	0.0	0.0	0.0
Colombia	0.0	0.7	0.7	0.3	0.3	0.0	4.2	4.1	1.4	1.6
Costa Rica	1.4	1.3	1.3	1.5	1.5	6.4	6.3	5.9	5.9	6.0
Cuba[1]	0.0	3.2	6.9	0.8	0.8	0.0	8.5	18.4	4.5	3.4
República Dominicana	0.0	0.0	0.1	0.1	0.1	0.0	0.0	0.6	0.5	0.5
Ecuador	0.0	0.0	0.0	0.0	0.0	0.0	0.0	0.0	0.0	0.0
El Salvador	0.0	0.0	0.1	0.1	0.1	0.0	0.0	0.6	0.6	0.5
Granada	..	..	..	0.0	0.0	..	..	..	0.0	0.0
Guatemala	0.0	0.0	0.1	0.2	0.2	0.0	0.0	1.1	1.1	1.1
Guyana	0.0	0.0	0.0	0.0	0.0	0.0	0.0	0.0	0.0	0.0
Honduras	0.0	0.0	0.2	0.2	0.2	0.0	0.0	0.9	0.8	0.8
Jamaica	0.9	1.0	1.1	1.7	1.7	3.9	4.4	4.5	5.4	5.5
México	0.2	0.2	0.3	0.5	0.6	1.8	1.5	2.2	3.0	3.0
Nicaragua	..	0.0	0.0	0.0	0.0	..	0.0	0.0	0.0	0.0
Panamá	0.0	0.3	0.2	0.2	0.2	0.0	1.9	1.2	2.0	1.4
Paraguay	0.0	0.0	0.0	0.0	0.0	0.0	0.0	0.0	0.0	0.0
Perú	0.0	0.7	0.0	0.0	0.0	0.0	4.3	0.1	0.1	0.1
Santa Lucía	..	0.0	0.0	0.0	0.0	..	0.0	0.0	0.0	0.0
Surinam	..	..	..	0.0	0.0	..	..	..	0.0	0.0
Trinidad y Tobago	0.0	0.0	0.0	0.0	0.0	0.0	0.0	0.0	0.0	0.0
Uruguay	0.0	0.0	0.0	0.0	0.0	0.0	0.0	0.0	0.0	0.0
Venezuela[2]	0.0	0.0	0.0	..	..	0.0	0.0	0.0	..	..
Promedio no ponderado										
ALC[3]	0.1	0.2	0.2	0.2	0.2	0.6	1.0	0.9	1.0	0.9
OCDE[4]	0.4	0.4	0.4	0.5	..	1.2	1.2	1.2	1.3	..

.. No disponible

Nota: Las cifras excluyen los ingresos subnacionales para Antigua y Barbuda, Argentina (pero se incluyen los ingresos de las provincias), Las Bahamas, Barbados, Cuba (excepto 2002-12), República Dominicana, Santa Lucía, Surinam, Trinidad y Tobago, y Venezuela, dado que los datos no están disponibles. En Granada no hay instituciones de gobierno local autónomas. Los datos de ingresos subnacionales están disponibles desde 1991 para Nicaragua, desde 1994 para Bolivia, desde 1995 para Guatemala, desde 1998 para Jamaica, desde 1999 para Panamá, desde 2000 para Perú, desde 2002 para El Salvador y Guyana, desde 2006 para Paraguay y desde 1990 para todos los demás países.

1. Las cifras de 2021 y posteriores no son comparables con los datos de años anteriores debido a grandes cambios como consecuencia de la reforma monetaria de Cuba.
2. Algunos datos de ingresos tributarios entre 2014 y 2017 no están disponibles. Para esos años, no se pueden calcular los ingresos como porcentaje de los ingresos tributarios totales. Los datos de 2018 y años posteriores no están disponibles.
3. Representa al grupo de 28 países de América Latina y el Caribe incluidos en esta publicación y excluye a Granada (hasta 2013), Cuba (hasta 2020), Surinam (hasta 2011) y Venezuela debido a problemas de los datos. Chile, Colombia, Costa Rica y México también forman parte del grupo OCDE (38).
4. Representa el promedio no ponderado para los países miembros de la OCDE.

Cuadro 3.8. Impuestos sobre la propiedad (4000) en % del PIB y del total de ingresos tributarios

	% del PIB					% del total de ingresos tributarios				
	1990	2000	2010	2023	2024	1990	2000	2010	2023	2024
Antigua y Barbuda	..	0.5	1.4	1.5	1.4	..	4.9	7.5	8.2	7.0
Argentina	1.5	1.2	2.6	2.8	2.6	11.4	6.3	9.0	10.0	9.6
Bahamas	1.1	2.6	2.7	1.8	2.0	11.2	21.6	21.1	9.9	10.4
Barbados	3.5	1.6	1.3	1.8	1.7	14.4	5.7	4.8	6.1	5.5
Belice	3.1	0.6	0.6	1.2	1.2	19.2	4.2	3.1	4.8	4.8
Bolivia	0.0	0.0	0.3	0.2	0.1	0.1	0.0	1.2	0.8	0.5
Brasil	1.6	2.0	1.4	1.5	1.6	5.9	6.7	4.3	4.9	4.7
Chile	1.0	1.3	0.8	1.3	1.3	6.2	7.0	4.0	6.5	6.2
Colombia	0.2	1.0	1.6	1.6	1.6	2.2	6.6	8.7	7.4	8.3
Costa Rica	0.3	0.2	0.3	0.5	0.5	1.3	0.9	1.5	1.9	1.9
Cuba	0.0	0.0	0.0	0.0	0.0	0.0	0.0	0.0	0.0	0.0
República Dominicana	0.1	0.2	0.6	0.7	0.7	1.2	1.3	5.1	5.1	4.8
Ecuador	0.1	0.1	0.2	0.6	0.4	1.5	0.8	1.4	3.0	1.7
El Salvador	0.5	0.1	0.1	0.2	0.2	4.8	0.7	0.6	0.8	0.7
Granada	..	..	..	1.2	1.0	..	..	..	4.9	4.3
Guatemala	0.4	0.2	0.4	0.3	0.3	5.6	2.1	2.9	1.9	2.0
Guyana	0.2	0.3	0.3	0.2	0.2	1.0	1.6	1.8	1.9	1.9
Honduras	0.1	0.2	0.3	0.7	0.6	0.7	1.5	1.8	3.1	3.0
Jamaica	2.8	1.1	0.9	0.7	0.7	12.5	4.9	3.5	2.3	2.3
México	0.2	0.2	0.3	0.4	0.3	1.9	1.8	2.3	2.0	1.7
Nicaragua	..	0.0	0.2	0.3	0.3	..	0.1	1.2	1.2	1.2
Panamá	0.5	0.3	0.5	0.3	0.2	3.4	2.2	2.9	2.5	1.8
Paraguay	0.2	0.2	0.2	0.2	0.2	2.8	2.0	1.8	1.3	1.2
Perú	1.9	0.2	0.9	0.9	0.9	16.4	1.2	5.2	5.4	5.3
Santa Lucía	..	0.4	0.5	0.6	0.5	..	2.2	2.3	2.7	2.5
Surinam	..	..	..	0.0	0.0	..	..	..	0.0	0.0
Trinidad y Tobago	0.4	0.3	0.1	0.2	0.3	1.8	1.6	0.5	0.6	1.0
Uruguay	1.6	1.8	2.2	2.2	2.1	8.9	8.6	8.9	7.9	7.7
Venezuela[1]	0.1	0.5	0.0	..	..	0.3	3.7	0.2	..	..
Promedio no ponderado										
ALC[2]	**1.0**	**0.7**	**0.8**	**0.8**	**0.8**	**6.1**	**3.9**	**4.3**	**3.8**	**3.7**
OCDE[3]	**1.7**	**1.7**	**1.6**	**1.7**	**..**	**5.5**	**5.3**	**5.4**	**5.1**	**..**

.. No disponible

Nota: Las cifras excluyen los ingresos subnacionales para Antigua y Barbuda, Argentina (pero se incluyen los ingresos de las provincias), Las Bahamas, Barbados, Cuba (excepto 2002-12), República Dominicana, Santa Lucía, Surinam, Trinidad y Tobago, y Venezuela, dado que los datos no están disponibles. En Granada no hay instituciones de gobierno local autónomas. Los datos de ingresos subnacionales están disponibles desde 1991 para Nicaragua, desde 1994 para Bolivia, desde 1995 para Guatemala, desde 1998 para Jamaica, desde 1999 para Panamá, desde 2000 para Perú, desde 2002 para El Salvador y Guyana, desde 2006 para Paraguay y desde 1990 para todos los demás países.

1. Algunos datos de ingresos tributarios entre 2014 y 2017 no están disponibles. Para esos años, no se pueden calcular los ingresos como porcentaje de los ingresos tributarios totales. Los datos de 2018 y años posteriores no están disponibles.
2. Representa al grupo de 28 países de América Latina y el Caribe incluidos en esta publicación y excluye a Granada (hasta 2013), Cuba (hasta 2020), Surinam (hasta 2011) y Venezuela debido a problemas de los datos. Chile, Colombia, Costa Rica y México también forman parte del grupo OCDE (38).
3. Representa el promedio no ponderado para los países miembros de la OCDE.

Cuadro 3.9. Impuestos sobre bienes y servicios (5000) en % del PIB y del total de ingresos tributarios

	% del PIB					% del total de ingresos tributarios				
	1990	2000	2010	2023	2024	1990	2000	2010	2023	2024
Antigua y Barbuda	..	8.9	12.4	11.5	13.5	..	81.1	65.9	64.0	68.0
Argentina	7.3	10.9	15.2	15.2	15.2	55.2	56.5	52.4	54.8	54.9
Bahamas	7.4	7.7	7.7	14.4	15.3	76.4	64.3	61.1	78.8	78.9
Barbados	11.9	13.4	12.4	13.8	13.3	48.2	47.0	46.6	48.3	43.4
Belice	8.8	9.3	11.7	15.0	15.0	54.1	66.1	55.2	61.0	61.4
Bolivia	5.9	12.8	12.9	12.3	11.9	90.2	72.7	56.4	51.6	50.2
Brasil	13.5	14.1	15.0	13.0	14.4	48.7	48.0	47.4	40.9	42.7
Chile	10.6	11.9	10.1	11.2	11.0	62.9	63.8	51.3	54.2	53.6
Colombia	6.1	7.3	8.2	8.7	8.4	53.8	46.3	45.1	39.5	42.3
Costa Rica	10.2	9.9	8.9	8.3	8.4	45.5	46.7	40.3	33.4	33.9
Cuba[1]	27.7	22.0	19.1	2.6	6.8	86.9	59.2	51.3	14.7	29.6
República Dominicana	5.8	9.1	8.8	8.5	8.7	69.8	74.7	71.9	59.2	59.0
Ecuador	4.5	9.2	8.9	10.4	10.7	63.0	75.7	51.9	48.9	49.5
El Salvador	5.4	7.7	10.2	11.5	11.9	47.7	54.1	54.5	49.9	50.4
Granada	..	..	..	17.8	17.2	..	..	..	74.7	73.2
Guatemala	4.6	7.3	7.0	7.3	7.3	58.7	62.4	56.0	51.1	51.0
Guyana	6.4	7.6	8.5	4.2	3.3	42.0	48.6	53.0	36.5	36.1
Honduras	6.9	11.7	9.7	10.7	10.6	66.2	68.0	53.1	51.0	50.2
Jamaica	8.2	11.1	13.0	17.3	16.7	36.4	50.1	52.1	54.1	54.4
México	5.1	4.6	4.7	6.2	6.6	44.0	41.7	38.0	35.1	36.2
Nicaragua	..	8.6	10.1	12.0	12.2	..	60.0	52.4	43.5	44.3
Panamá	5.9	4.7	5.5	3.2	3.2	36.8	31.3	33.9	26.5	28.0
Paraguay	6.1	6.7	7.3	7.5	8.2	72.1	58.0	60.5	51.7	52.2
Perú	7.6	9.1	8.4	7.5	7.3	67.7	60.5	47.9	45.0	44.7
Santa Lucía	..	11.3	12.3	13.4	13.7	..	59.1	59.5	62.4	64.5
Surinam	..	..	..	8.1	9.9	..	..	..	42.2	50.1
Trinidad y Tobago	9.4	7.4	6.7	7.1	8.5	41.7	35.2	24.3	25.6	34.8
Uruguay	10.4	10.7	11.4	10.5	10.6	56.6	50.1	47.1	38.4	39.0
Venezuela[2]	2.4	6.4	7.2	..	..	11.1	47.7	61.1	..	..
Promedio no ponderado										
ALC[3]	**7.6**	**9.3**	**9.9**	**10.3**	**10.7**	**56.3**	**56.9**	**51.1**	**47.8**	**49.2**
OCDE[4]	**9.9**	**10.8**	**10.6**	**10.4**	**..**	**33.7**	**33.9**	**34.1**	**31.2**	**..**

.. No disponible

Nota: Las cifras excluyen los ingresos subnacionales para Antigua y Barbuda, Argentina (pero se incluyen los ingresos de las provincias), Las Bahamas, Barbados, Cuba (excepto 2002-12), República Dominicana, Santa Lucía, Surinam, Trinidad y Tobago, y Venezuela, dado que los datos no están disponibles. En Granada no hay instituciones de gobierno local autónomas. Los datos de ingresos subnacionales están disponibles desde 1991 para Nicaragua, desde 1994 para Bolivia, desde 1995 para Guatemala, desde 1998 para Jamaica, desde 1999 para Panamá, desde 2000 para Perú, desde 2002 para El Salvador y Guyana, desde 2006 para Paraguay y desde 1990 para todos los demás países.

1. Las cifras de 2021 y posteriores no son comparables con los datos de años anteriores debido a grandes cambios como consecuencia de la reforma monetaria de Cuba.
2. Algunos datos de ingresos tributarios entre 2014 y 2017 no están disponibles. Para esos años, no se pueden calcular los ingresos como porcentaje de los ingresos tributarios totales. Los datos de 2018 y años posteriores no están disponibles.
3. Representa al grupo de 28 países de América Latina y el Caribe incluidos en esta publicación y excluye a Granada (hasta 2013), Cuba (hasta 2020), Surinam (hasta 2011) y Venezuela debido a problemas de los datos. Chile, Colombia, Costa Rica y México también forman parte del grupo OCDE (38).
4. Representa el promedio no ponderado para los países miembros de la OCDE.

Cuadro 3.10. Impuesto al valor agregado (5111) en % del PIB y del total de ingresos tributarios

	% del PIB					% del total de ingresos tributarios				
	1990	2000	2010	2023	2024	1990	2000	2010	2023	2024
Antigua y Barbuda	..	..	5.1	5.9	7.2	..	..	27.2	33.2	36.2
Argentina	2.1	6.0	7.0	7.7	7.4	15.6	31.1	24.1	27.8	26.7
Bahamas	0.0	0.0	0.0	8.2	8.5	0.0	0.0	0.0	44.9	44.0
Barbados	0.0	7.4	7.5	8.2	7.9	0.0	26.0	28.1	28.4	25.7
Belice	0.0	0.0	5.7	6.9	6.8	0.0	0.0	26.9	28.0	27.9
Bolivia	2.8	5.7	7.4	7.4	7.2	43.0	32.2	32.5	31.1	30.4
Brasil	8.0	6.9	6.9	6.4	6.8	28.7	23.3	21.8	20.1	20.3
Chile	6.3	7.8	7.6	8.6	8.6	37.4	41.8	38.5	41.6	42.0
Colombia	2.6	4.3	5.3	6.0	5.6	22.6	27.6	29.3	27.3	28.2
Costa Rica	4.1	4.8	4.6	4.9	4.9	18.1	22.8	21.0	19.5	19.8
Cuba	0.0	0.0	0.0	0.0	0.0	0.0	0.0	0.0	0.0	0.0
República Dominicana	1.3	2.5	4.1	5.0	5.1	15.1	20.8	33.5	34.5	34.5
Ecuador	2.0	5.3	5.5	7.0	7.5	28.0	43.5	32.1	33.1	34.8
El Salvador	0.0	6.1	7.8	9.1	9.5	0.0	42.8	41.6	39.4	40.2
Granada	..	..	..	9.1	8.7	..	..	..	38.2	37.0
Guatemala	2.3	4.4	5.1	5.6	5.6	28.8	37.9	40.9	39.4	39.3
Guyana	0.0	0.0	3.9	2.0	1.6	0.0	0.0	24.2	17.6	17.0
Honduras	1.7	4.8	5.4	7.6	7.6	16.2	28.1	29.4	36.3	35.8
Jamaica	0.8	5.7	7.1	9.6	9.5	3.8	25.5	28.7	30.2	31.0
México	3.0	2.7	3.6	4.3	4.2	26.1	24.7	29.4	24.2	22.7
Nicaragua	..	4.5	5.5	7.0	7.2	..	31.5	28.6	25.5	26.2
Panamá	1.4	0.5	2.6	1.7	1.7	8.5	3.6	16.0	14.4	15.1
Paraguay	0.0	3.7	4.6	5.4	5.8	0.0	32.1	38.3	37.5	37.0
Perú	2.1	5.5	6.9	6.4	6.3	18.2	36.4	39.4	38.4	38.7
Santa Lucía	..	0.0	0.0	6.2	6.1	..	0.0	0.0	28.8	28.8
Surinam	..	..	..	3.4	4.2	..	..	..	18.0	21.1
Trinidad y Tobago	4.2	3.6	4.2	3.9	5.5	18.8	17.3	15.2	14.2	22.2
Uruguay	5.0	6.0	7.9	6.8	6.9	27.5	28.0	32.8	25.0	25.4
Venezuela[1]	0.0	4.1	5.5	..	..	0.0	30.2	46.7	..	..
Promedio no ponderado										
ALC[2]	**2.3**	**4.1**	**5.3**	**6.1**	**6.2**	**16.2**	**24.0**	**27.2**	**28.4**	**28.9**
OCDE[3]	**5.1**	**6.3**	**6.3**	**6.8**	**..**	**17.0**	**19.6**	**20.5**	**20.5**	**..**

.. No disponible

Nota: Las cifras excluyen los ingresos subnacionales para Antigua y Barbuda, Argentina (pero se incluyen los ingresos de las provincias), Las Bahamas, Barbados, Cuba (excepto 2002-12), República Dominicana, Santa Lucía, Surinam, Trinidad y Tobago, y Venezuela, dado que los datos no están disponibles. En Granada no hay instituciones de gobierno local autónomas. Los datos de ingresos subnacionales están disponibles desde 1991 para Nicaragua, desde 1994 para Bolivia, desde 1995 para Guatemala, desde 1998 para Jamaica, desde 1999 para Panamá, desde 2000 para Perú, desde 2002 para El Salvador y Guyana, desde 2006 para Paraguay y desde 1990 para todos los demás países.

1. Algunos datos de ingresos tributarios entre 2014 y 2017 no están disponibles. Para esos años, no se pueden calcular los ingresos como porcentaje de los ingresos tributarios totales. Los datos de 2018 y años posteriores no están disponibles.
2. Representa al grupo de 28 países de América Latina y el Caribe incluidos en esta publicación y excluye a Granada (hasta 2013), Cuba (hasta 2020), Surinam (hasta 2011) y Venezuela debido a problemas de los datos. Chile, Colombia, Costa Rica y México también forman parte del grupo OCDE (38).
3. Representa el promedio no ponderado para los países miembros de la OCDE.

Cuadro 3.11. Ingresos tributarios por subsector del gobierno general, en % del total de ingresos tributarios

	Gobierno central			Gobierno estatal o regional			Gobierno local			Fondos de seguridad social		
	1995	2010	2024	1995	2010	2024	1995	2010	2024	1995	2010	2024
Países federales												
Argentina	59.0	64.6	64.0	17.5	14.2	17.4	..	..	..	23.4	21.2	18.6
Brasil	44.8	45.9	46.7	26.5	23.8	23.0	3.7	4.8	6.4	25.0	25.5	24.0
México	73.9	78.7	80.1	2.8	3.4	4.5	1.5	1.7	1.6	21.8	16.2	13.7
Venezuela[1]	94.6	91.9	..	..	..	..	..	..	..	5.4	8.1	..
País régional												
Colombia	63.2	72.4	74.2	5.5	4.9	4.6	8.6	11.1	12.7	22.7	11.7	8.5
Países unitarios												
Antigua y Barbuda	100.0	87.4	84.8	..	..	..	..	..	..	..	12.6	15.2
Bahamas	89.1	86.9	89.3	..	..	..	..	..	..	10.9	13.1	10.7
Barbados	85.6	79.4	84.8	..	..	..	..	..	..	14.4	20.6	15.2
Belice	93.2	91.0	88.8	..	..	..	0.5	0.9	0.5	6.3	8.2	10.7
Bolivia	94.3	78.9	70.8	..	..	..	5.7	4.4	4.6	..	16.7	24.6
Chile	89.9	88.1	86.9	..	..	..	6.5	6.8	8.4	3.6	5.1	4.7
Costa Rica	65.5	59.7	59.6	..	..	..	1.6	2.6	2.8	33.0	37.7	37.6
Cuba[2]	..	35.4	..	..	..	..	..	52.2	..	11.3	12.4	14.3
República Dominicana	99.3	99.2	99.3	..	..	..	..	..	..	0.7	0.8	0.7
Ecuador[3]	70.5	76.3	74.7	..	..	..	4.0	2.0	2.8	25.5	21.7	22.4
El Salvador	80.9	84.2	87.9	..	..	..	..	2.1	1.3	19.1	13.6	10.8
Granada	..	..	100.0	..	..	..	..	..	..	..	..	..
Guatemala	83.6	83.3	83.3	..	..	..	0.6	1.5	1.4	15.8	15.2	15.3
Guyana	92.6	90.9	91.7	..	..	..	..	0.1	0.0	7.4	9.0	8.3
Honduras	86.1	80.0	81.5	..	..	..	4.4	4.1	3.4	9.5	15.9	15.1
Jamaica	100.0	96.2	92.3	..	..	..	..	0.9	1.1	..	2.9	6.6
Nicaragua[3]	80.4	70.2	72.8	..	..	..	4.6	7.4	6.1	15.0	22.4	21.1
Panamá[3]	67.2	64.7	56.1	..	..	..	..	1.6	1.6	32.8	33.7	42.3
Paraguay	92.0	73.1	72.7	..	..	..	..	4.2	2.3	8.0	22.7	25.0
Perú	88.0	87.1	86.3	..	..	..	..	2.2	2.5	12.0	10.7	11.2
Santa Lucía	100.0	88.9	88.9	..	..	..	..	..	..	..	11.1	11.1
Surinam	..	..	96.8	..	..	..	..	..	..	..	..	3.2
Trinidad y Tobago	96.8	93.3	88.8	..	..	..	..	..	..	3.2	6.7	11.2
Uruguay	61.7	71.1	67.0	..	..	..	8.8	5.6	5.9	29.5	23.4	27.1

.. No disponible

Nota: Las cifras excluyen los ingresos subnacionales para Antigua y Barbuda, Argentina (pero se incluyen los ingresos de las provincias), Las Bahamas, Barbados, Cuba (excepto 2002-12), República Dominicana, Santa Lucía, Surinam, Trinidad y Tobago, y Venezuela, dado que los datos no están disponibles. En Granada no hay instituciones de gobierno local autónomas. Los datos de ingresos subnacionales están disponibles desde 1991 para Nicaragua, desde 1994 para Bolivia, desde 1995 para Guatemala, desde 1998 para Jamaica, desde 1999 para Panamá, desde 2000 para Perú, desde 2002 para El Salvador y Guyana, desde 2006 para Paraguay y desde 1990 para todos los demás países.

1. Algunos datos de ingresos tributarios entre 2014 y 2017 y tos datos de 2018 y años posteriores no están disponibles. El desglose por subsectores del gobierno general no está disponible para esos años.
2. Las cifras de 2021 y posteriores no son comparables con los datos de años anteriores debido a grandes cambios como consecuencia de la reforma monetaria de Cuba.
3. Los ingresos de las administraciones locales se estiman en los siguientes países: Nicaragua (ingresos tributarios locales para 2022-24) y Panamá (ingresos tributarios locales para 2023 and 2024). Consulte los cuadros de países correspondientes para obtener más información.

Cuadro 3.12. Impuestos principales del gobierno central en % del total de ingresos tributarios del gobierno central, 2024

	1000 Ingresos y utilidades	2000 Seguridad social	3000 Nómina	4000 Propiedad	5000 Bienes y servicios	6000 Otros
Países federales						
Argentina	25.3	0.0	0.0	11.4	62.6	0.6
Brasil	57.7	0.0	3.6	3.8	34.9	0.0
México	54.2	0.0	0.0	0.0	44.4	1.4
Venezuela	..	..	..	..	..	..
País régional						
Colombia	46.7	0.0	2.2	6.2	44.4	0.5
Países unitarios						
Antigua y Barbuda	11.5	0.0	0.0	8.3	80.2	0.0
Bahamas	0.0	0.0	0.0	11.7	88.3	0.0
Barbados	42.3	0.0	0.0	6.4	51.2	0.0
Belice	26.0	0.0	0.0	4.9	69.1	0.0
Bolivia	16.5	0.0	0.0	0.7	71.0	11.8
Chile	41.9	1.2	0.0	2.7	56.5	-2.3
Costa Rica	33.2	8.1	0.0	1.0	54.5	3.2
Cuba	..	..	..	..	..	..
República Dominicana	35.2	0.0	0.5	4.9	59.4	0.0
Ecuador	34.9	0.0	0.0	0.4	64.7	0.0
El Salvador	41.5	0.0	0.6	0.8	57.1	0.0
Granada	29.2	0.0	1.3	0.7	61.2	7.6
Guatemala	21.6	0.0	0.0	4.3	73.2	0.9
Guyana	57.9	0.0	0.0	2.1	39.4	0.6
Honduras	33.7	0.0	0.9	3.7	61.6	0.0
Jamaica	33.4	0.0	6.0	1.4	58.9	0.3
Nicaragua	44.5	0.0	0.0	0.1	55.4	0.0
Panamá	46.7	0.0	2.6	3.2	47.0	0.5
Paraguay	27.8	0.0	0.0	0.0	70.3	1.9
Perú	41.7	0.0	0.1	3.7	51.5	3.0
Santa Lucía	24.7	0.0	0.0	2.8	72.5	0.0
Surinam	59.7	0.0	0.0	1.2	39.1	0.0
Trinidad y Tobago	47.7	0.0	0.0	0.0	51.8	0.5
Uruguay	38.0	0.0	0.0	6.8	54.9	0.2

.. No disponible
Nota: Se excluyen las contribuciones a la seguridad social recaudadas por los fondos de la seguridad social.

Cuadro 3.13. Impuestos principales del gobierno estatal en % del total de ingresos tributarios del gobierno estatal, 2024

	1000 Ingresos y utilidades	2000 Seguridad social	3000 Nómina	4000 Propiedad	5000 Bienes y servicios	6000 Otros
Países federales						
Argentina	0.0	0.0	0.0	12.9	85.3	1.8
Brasil	0.0	0.0	0.0	2.1	97.9	0.0
México	0.0	0.0	67.2	13.2	13.5	6.1
Venezuela						
País régional						
Colombia	0.0	0.0	0.0	0.0	71.0	29.0
Países unitarios						
Antigua y Barbuda	..	..	..	..	..	..
Bahamas	..	..	..	..	..	..
Barbados	..	..	..	..	..	..
Belice	..	..	..	..	..	..
Bolivia	..	..	..	..	..	..
Chile	..	..	..	..	..	..
Costa Rica	..	..	..	..	..	..
Cuba	..	..	..	..	..	..
República Dominicana	..	..	..	..	..	..
Ecuador	..	..	..	..	..	..
El Salvador	..	..	..	..	..	..
Granada	..	..	..	..	..	..
Guatemala	..	..	..	..	..	..
Guyana	..	..	..	..	..	..
Honduras	..	..	..	..	..	..
Jamaica	..	..	..	..	..	..
Nicaragua	..	..	..	..	..	..
Panamá	..	..	..	..	..	..
Paraguay	..	..	..	..	..	..
Perú	..	..	..	..	..	..
Santa Lucía	..	..	..	..	..	..
Surinam	..	..	..	..	..	..
Trinidad y Tobago	..	..	..	..	..	..
Uruguay	..	..	..	..	..	..

.. No disponible

Cuadro 3.14. Impuestos principales del gobierno local en % del total de ingresos tributarios del gobierno local, 2024

	1000 Ingresos y utilidades	2000 Seguridad social	3000 Nómina	4000 Propiedad	5000 Bienes y servicios	6000 Otros
Países federales						
Argentina	..	..	..	..	..	..
Brasil	0.0	0.0	0.0	38.1	61.9	0.0
México	0.0	0.0	0.0	68.1	1.9	30.0
Venezuela	..	..	..	..	..	..
País régional						
Colombia	0.0	0.0	0.0	29.0	48.2	22.8
Países unitarios						
Antigua y Barbuda	..	..	..	..	..	..
Bahamas	..	..	..	..	..	..
Barbados	..	..	..	..	..	..
Belice	0.0	0.0	0.0	100.0	0.0	0.0
Bolivia	0.0	0.0	0.0	0.0	0.0	100.0
Chile	0.0	0.0	0.0	46.6	53.4	0.0
Costa Rica	0.0	0.0	0.0	48.8	51.1	0.1
Cuba	..	..	..	..	..	..
República Dominicana	..	..	..	..	..	..
Ecuador	10.4	0.0	0.0	49.6	39.9	0.0
El Salvador	0.0	0.0	0.0	3.2	14.1	82.6
Granada[1]	0.0	0.0	0.0	100.0	0.0	0.0
Guatemala	..	..	..	..	..	..
Guyana	0.0	0.0	0.0	0.0	0.0	100.0
Honduras	0.0	0.0	0.0	0.0	0.0	100.0
Jamaica	0.0	0.0	0.0	100.0	0.0	0.0
Nicaragua	0.0	0.0	0.0	19.3	64.6	16.1
Panamá	0.0	0.0	0.0	0.0	100.0	0.0
Paraguay	0.0	0.0	0.0	49.7	45.2	5.0
Perú	0.0	0.0	0.0	86.3	13.4	0.3
Surinam	..	..	..	..	..	..
Santa Lucía	..	..	..	..	..	..
Trinidad y Tobago	..	..	..	..	..	..
Uruguay	0.0	0.0	0.0	52.6	37.8	9.7

.. No disponible
1. En Granada no hay instituciones de gobierno local autónomas.

Cuadro 3.15. Producto interno bruto para los años fiscales a precios de mercado, en millones de moneda local

		1990	2000	2010	2015	2019	2020	2021	2022	2023	2024
Antigua y Barbuda	XCD	..	2 433	3 506	3 881	4 661	3 811	4 326	5 040	5 546	5 838
Argentina	ARS	77 060	317 759	1 661 721	5 954 511	21 558 444	27 209 814	46 219 084	82 810 045	192 408 248	583 909 615
Bahamas	BSD	5 218	8 076	10 096	11 838	13 277	10 363	12 037	13 897	15 271	15 833
Barbados	BBD	4 167	6 623	10 275	10 576	11 577	10 337	10 550	12 515	13 441	14 337
Belice	BZD	1 094	2 276	3 498	4 386	4 762	4 095	4 857	5 693	6 105	6 407
Bolivia	BOB	15 443	51 928	137 876	228 031	282 587	253 112	279 206	304 097	311 886	322 193
Brasil	BRL	12	1 199 092	3 885 847	5 995 787	7 389 131	7 609 597	9 012 142	10 079 677	10 943 345	11 744 710
Chile	CLP	10 594 797	42 215 030	110 777 867	158 622 903	195 531 722	201 257 745	239 418 124	263 065 443	281 857 486	311 630 878
Colombia	COP	22 731 433	195 108 574	544 060 000	804 692 000	1 060 068 000	998 471 000	1 192 634 000	1 471 079 000	1 584 562 000	1 705 322 400
Costa Rica	CRC	525 310	4 627 051	19 802 011	30 171 919	37 832 150	36 495 246	40 326 626	44 810 031	47 059 272	49 115 935
Cuba	CUP	19 645	30 565	64 328	87 133	103 428	107 352	545 218	633 093	829 215	1 084 738
República Dominicana	DOP	77 344	393 303	1 981 024	3 196 734	4 572 738	4 439 814	5 427 464	6 257 295	6 764 533	7 402 888
Ecuador	USD	14 949	17 531	68 151	97 210	107 657	97 704	106 909	113 183	115 434	124 676
El Salvador	USD	4 818	11 785	18 448	23 438	26 881	24 921	29 043	31 870	33 854	35 365
Granada	XCD	..	..	..	2 692	3 276	2 817	3 032	3 306	3 555	3 790
Guatemala	GTQ	33 613	140 702	333 093	476 023	593 972	600 123	668 681	741 053	817 413	878 263
Guyana	GYD	34 523	273 054	699 064	883 787	1 078 729	1 140 757	1 676 624	3 068 784	3 527 508	5 142 175
Honduras	HNL	20 243	106 654	299 286	460 405	609 827	574 042	675 933	769 494	845 209	919 894
Jamaica	JMD	34 448	395 009	1 152 780	1 659 677	2 053 279	2 121 087	1 948 842	2 322 193	2 753 530	3 027 128
México	MXN	885 513	7 016 604	13 968 150	19 228 615	25 121 823	24 086 758	26 690 033	29 516 052	31 855 566	33 913 829
Nicaragua	NIO	..	64 812	187 053	347 707	420 614	437 052	499 746	560 881	648 866	721 278
Panamá	PAB	5 933	12 962	29 440	54 092	69 722	57 087	67 407	76 523	83 812	86 524
Paraguay	PYG	7 147 738	30 874 088	129 092 883	188 477 327	236 681 497	239 914 729	270 633 896	292 946 789	314 281 973	336 114 382
Perú	PEN	5 322	175 862	421 734	619 267	788 901	734 006	891 797	951 695	1 017 418	1 106 259
Santa Lucía	XCD	..	2 516	4 004	4 881	5 657	4 081	5 047	6 301	6 471	6 951
Surinam	SRD	..	..	..	17 515	31 732	38 719	61 226	93 687	127 711	146 551
Trinidad y Tobago	TTD	21 910	52 255	143 589	171 178	158 576	141 019	163 712	191 420	169 006	173 030
Uruguay	UYU	13 103	301 275	881 592	1 588 292	2 193 671	2 250 205	2 645 464	2 906 435	3 027 941	3 255 687
Venezuela	VEF	0	1	10	..	..	..	..	..	..	..

.. No disponible

Fuente: Datos de las Cuentas Nacionales de la OCDE para Chile, Colombia, Costa Rica y México, *Perspectivas de la Economía Mundial* (FMI) para Barbados, Belice, Santa Lucía, Trinidad y Tobago, y Uruguay, y datos oficiales de las Cuentas Nacionales para Bolivia, Brasil, Paraguay, Perú y Venezuela. Para Antigua y Barbuda, Argentina, Bahamas, Ecuador, El Salvador, Guatemala, Guyana, Honduras, Jamaica, Nicaragua, Panamá y la República Dominicana, se utilizan fuentes nacionales oficiales donde los datos están disponibles, junto con datos del FMI. Para Cuba, las cifras desde 1996 provienen de la Oficina Nacional de Estadística e Información (ONEI), mientras que los datos anteriores a 1996 proceden de la CEPAL. Para Bahamas, Barbados, Belice, Santa Lucía, y Trinidad y Tobago, las cifras del PIB se informan sobre la base del año fiscal. Para Jamaica, el PIB reportado para 1990-2003 se presenta sobre la base del año fiscal, mientras que en los demás años se presenta sobre la base del año civil.

Cuadro 3.16. Producto interno bruto para los años fiscales a precios de mercado, en millones de US dólares

	1990	2000	2010	2015	2019	2020	2021	2022	2023	2024
Antigua y Barbuda	..	901	1 298	1 437	1 726	1 412	1 602	1 867	2 054	2 162
Argentina	158 024	317 759	424 729	642 464	446 762	385 218	486 040	633 520	648 895	637 234
Bahamas	5 218	8 076	10 096	11 838	13 277	10 363	12 037	13 897	15 271	15 833
Barbados	2 084	3 312	5 138	5 288	5 788	5 168	5 275	6 257	6 721	7 169
Belice	547	1 138	1 749	2 193	2 381	2 047	2 429	2 847	3 052	3 204
Bolivia	4 868	8 385	19 786	33 241	41 193	36 897	40 701	44 329	45 464	46 967
Brasil	464 995	655 453	2 208 704	1 800 046	1 873 286	1 476 092	1 670 650	1 951 850	2 191 138	2 179 413
Chile	34 748	78 236	217 105	242 497	278 180	253 880	315 457	301 227	335 518	330 268
Colombia	45 258	93 446	286 499	293 492	323 032	270 348	318 525	345 632	366 292	418 543
Costa Rica	5 736	15 014	37 659	56 442	64 418	62 396	64 961	69 244	86 498	95 350
Cuba	21 541	30 565	64 328	87 133	103 428	107 352	22 717	12 973	9 239	12 100
República Dominicana	7 995	24 306	53 862	71 056	89 237	78 625	95 067	113 813	120 794	124 613
Ecuador	14 949	17 531	68 151	97 210	107 657	97 704	106 909	113 183	115 434	124 676
El Salvador	4 818	11 785	18 448	23 438	26 881	24 921	29 043	31 870	33 854	35 365
Granada	..	..	..	997	1 213	1 043	1 123	1 225	1 317	1 404
Guatemala	7 535	18 124	41 326	62 180	77 156	77 718	86 443	95 642	104 354	113 190
Guyana	685	1 497	3 433	4 280	5 174	5 471	8 041	14 718	16 919	24 663
Honduras	4 923	7 104	15 837	20 978	24 883	23 350	28 146	31 425	34 356	37 100
Jamaica	4 568	8 997	13 193	14 154	15 380	14 973	12 939	15 052	17 762	19 250
México	314 838	742 061	1 105 424	1 213 294	1 304 106	1 121 065	1 316 569	1 466 465	1 793 799	1 853 215
Nicaragua	..	5 109	8 759	12 757	12 713	12 730	14 208	15 634	17 813	19 694
Panamá	5 933	12 962	29 440	54 092	69 722	57 087	67 407	76 523	83 812	86 524
Paraguay	5 812	8 856	27 129	36 211	37 925	35 432	39 951	41 953	43 118	44 458
Perú	28 326	50 414	149 284	194 425	236 413	209 984	229 832	248 203	271 780	294 675
Santa Lucía	..	932	1 483	1 808	2 095	1 511	1 869	2 334	2 397	2 574
Surinam	..	..	..	5 126	4 016	2 912	3 109	3 802	3 462	4 434
Trinidad y Tobago	5 155	8 330	22 634	26 981	23 471	20 889	24 229	28 332	25 038	25 636
Uruguay	11 204	24 892	43 967	58 218	62 229	53 557	60 742	70 600	77 997	80 961
Venezuela	..	..	..	..	..	..	..	..	..	..

.. No disponible

Fuente: Las cifras se obtienen de la división de los datos del PIB en el Cuadro 3.15 por el tipo de cambio en el Cuadro 3.17.

Cuadro 3.17. Tasas de cambio utilizadas, moneda local por US dólares a precios de mercado

		1990	2000	2010	2015	2019	2020	2021	2022	2023	2024
Antigua y Barbuda	XCD	..	2.700	2.700	2.700	2.700	2.700	2.700	2.700	2.700	2.700
Argentina	ARS	0.488	1.000	3.912	9.268	48.255	70.635	95.093	130.714	296.517	916.318
Bahamas	BSD	1.000	1.000	1.000	1.000	1.000	1.000	1.000	1.000	1.000	1.000
Barbados	BBD	2.000	2.000	2.000	2.000	2.000	2.000	2.000	2.000	2.000	2.000
Belice	BZD	2.000	2.000	2.000	2.000	2.000	2.000	2.000	2.000	2.000	2.000
Bolivia	BOB	3.173	6.193	6.968	6.860	6.860	6.860	6.860	6.860	6.860	6.860
Brasil	BRL	0.000	1.829	1.759	3.331	3.944	5.155	5.394	5.164	4.994	5.389
Chile	CLP	304.903	539.588	510.249	654.124	702.897	792.727	758.955	873.314	840.067	943.570
Colombia	COP	502.260	2087.918	1898.998	2741.782	3281.622	3693.276	3744.244	4256.194	4325.955	4074.430
Costa Rica	CRC	91.579	308.187	525.829	534.566	587.295	584.901	620.785	647.136	544.051	515.110
Cuba	CUP	0.912	1.000	1.000	1.000	1.000	1.000	24.000	48.801	89.752	89.648
República Dominicana	DOP	9.674	16.181	36.779	44.989	51.243	56.469	57.091	54.979	56.001	59.407
Ecuador	USD	1.000	1.000	1.000	1.000	1.000	1.000	1.000	1.000	1.000	1.000
El Salvador	USD	1.000	1.000	1.000	1.000	1.000	1.000	1.000	1.000	1.000	1.000
Granada	XCD	..	..	..	2.700	2.700	2.700	2.700	2.700	2.700	2.700
Guatemala	GTQ	4.461	7.764	8.060	7.656	7.698	7.722	7.735	7.748	7.833	7.759
Guyana	GYD	50.420	182.430	203.636	206.500	208.500	208.500	208.500	208.500	208.500	208.500
Honduras	HNL	4.112	15.014	18.898	21.948	24.508	24.584	24.015	24.487	24.602	24.795
Jamaica	JMD	7.541	43.907	87.378	117.255	133.505	141.661	150.622	154.279	155.027	157.254
México	MXN	2.813	9.456	12.636	15.848	19.264	21.486	20.272	20.127	17.759	18.300
Nicaragua	NIO	..	12.685	21.356	27.257	33.084	34.331	35.173	35.876	36.427	36.624
Panamá	PAB	1.000	1.000	1.000	1.000	1.000	1.000	1.000	1.000	1.000	1.000
Paraguay	PYG	1229.808	3486.353	4758.430	5204.921	6240.722	6771.097	6774.163	6982.752	7288.872	7560.248
Perú	PEN	0.188	3.488	2.825	3.185	3.337	3.496	3.880	3.834	3.744	3.754
Santa Lucía	XCD	..	2.700	2.700	2.700	2.700	2.700	2.700	2.700	2.700	2.700
Surinam	SRD	..	..	..	3.417	7.901	13.297	19.695	24.642	36.887	33.050
Trinidad y Tobago	TTD	4.250	6.273	6.344	6.344	6.756	6.751	6.757	6.756	6.750	6.750
Uruguay	UYU	1.169	12.103	20.051	27.282	35.251	42.016	43.552	41.168	38.821	40.213
Venezuela	VEF	..	..	..	..	..	..	..	..	..	..

.. No disponible
Nota: Se utilizan tasas de cambio de promedio anual de mercados.
Fuente: *Perspectivas de la economía mundial* (FMI), octubre de 2025.

4 Cuadros país, 1990-2024 – Ingresos tributarios

En todos los cuadros siguientes un ("..") indica no disponible. Las principales series de este volumen abarcan los años 1990 a 2024.

Las cifras referidas a 1991-99, 2001-09, 2011-14 y 2016-18 de los cuadros 4.1 a 4.29 se han omitido por falta de espacio. Se puede acceder a las series cronológicas completas en línea en http://data-explorer.oecd.org/s/e1.

Considere por favor que en esta edición se han mantenido algunos elementos en inglés en los cuadros.

Cuadro 4.1. Antigua y Barbuda, ingresos tributarios detallados

Millones XCD

	1990	2000	2010	2015	2019	2020	2021	2022	2023	2024
Total de ingresos tributarios	..	**268**	**660**	**735**	**820**	**731**	**804**	**912**	**994**	**1 156**
1000 Imp. renta, utilidades y ganancias de capital	..	**38**	**92**	**89**	**72**	**82**	**77**	**64**	**102**	**113**
1100 De personas físicas	..	0	33	37	1	0	0	0	0	0
1110 Renta y utilidades	..	0	33	37	1	0	0	0	0	0
1120 Ganancias de capital	..	..	..	..	..	..	..	..	..	..
1200 De sociedades	..	37	59	52	72	82	77	64	101	113
1210 Renta y utilidades	..	37	59	52	72	82	77	64	101	113
1220 Ganancias de capital de sociedades	..	..	..	..	..	..	..	..	..	..
1300 No clasificables entre 1100 y 1200	..	0	0	0	0	0	0	0	0	0
2000 Contribuciones a la seguridad social	..	..	**83**	**113**	**148**	**121**	**137**	**160**	**175**	**175**
2100 Empleados	..	..	..	..	..	..	..	..	..	..
2110 Sobre la base de la nómina	..	..	..	..	..	..	..	..	..	..
2120 Sobre la base del impuesto sobre la renta	..	..	..	..	..	..	..	..	..	..
2200 Empleadores	..	..	..	..	..	..	..	..	..	..
2210 Sobre la base de la nómina	..	..	..	..	..	..	..	..	..	..
2220 Sobre la base del impuesto sobre la renta	..	..	..	..	..	..	..	..	..	..
2300 Trabajadores por cuenta propia o no empleados	..	..	..	..	..	..	..	..	..	..
2310 Sobre la base de la nómina	..	..	..	..	..	..	..	..	..	..
2320 Sobre la base del impuesto sobre la renta	..	..	..	..	..	..	..	..	..	..
2400 No clasificables entre 2100, 2200 y 2300	..	..	83	113	148	121	137	160	175	175
2410 Sobre la base de la nómina	..	..	83	113	148	121	137	160	175	175
2420 Sobre la base del impuesto sobre la renta	..	..	0	0	0	0	0	0	0	0
3000 Impuestos sobre la nómina y la fuerza de trabajo	..	**0**	**0**	**0**	**0**	**0**	**0**	**0**	**0**	**0**
4000 Impuestos sobre la propiedad	..	**13**	**49**	**52**	**72**	**56**	**93**	**96**	**81**	**81**
4100 Impuestos recurrentes sobre la propiedad inmueble	..	0	18	18	29	18	24	32	22	27
4110 Hogares	..	..	18	18	29	18	24	32	22	27
Property tax	..	..	18	18	24	18	23	30	21	25
Land tax	..	..	0	0	2	0	0	2	1	1
Non-Citizens Undeveloped Land Tax	..	..	0	0	3	0	0	1	1	0
4120 Otros	..	..	0	0	0	0	0	0	0	0
4200 Impuestos recurrentes sobre la riqueza neta	..	0	0	0	0	0	0	0	0	0
4210 Personas físicas	..	..	..	..	..	..	..	..	..	..
4220 Sociedades	..	..	..	..	..	..	..	..	..	..
4300 Impuestos sobre sucesiones y donaciones	..	0	0	0	0	0	0	0	0	0
4310 Impuestos sobre sucesiones y herencias	..	..	..	..	..	..	..	..	..	..
4320 Impuestos sobre donaciones	..	..	..	..	..	..	..	..	..	..
4400 Imp. sobre transacciones financieras y de capital	..	13	32	34	43	38	69	64	59	54
Stamp duties	..	13	31	34	43	38	69	64	59	54
Other taxes on transactions	..	0	0	0	0	0	0	0	0	0
4500 Otros impuestos no recurrentes sobre la propiedad	..	0	0	0	0	0	0	0	0	0
4510 Otros impuestos sobre la riqueza neta	..	..	..	..	..	..	..	..	..	..
4520 Otros impuestos no recurrentes	..	..	..	..	..	..	..	..	..	..
4600 Otros impuestos recurrentes sobre la propiedad	..	0	0	0	0	0	0	0	0	0
5000 Impuestos sobre los bienes y servicios	..	**217**	**435**	**481**	**528**	**472**	**497**	**592**	**636**	**786**
5100 Imp. sobre la producción, venta, etc.	..	217	429	478	524	469	493	588	632	782
5110 Impuestos generales	..	0	179	307	339	278	322	403	435	535
5111 Impuestos sobre el valor agregado	..	..	179	232	253	207	242	305	330	418
5112 Impuestos sobre las ventas	..	..	0	75	80	66	74	91	99	109
5113 Otros impuestos generales	..	..	0	0	7	5	6	7	7	8
5120 Impuestos sobre bienes y servicios específicos	..	217	250	171	185	191	171	186	197	247
5121 Impuestos selectivos	..	72	34	69	67	83	52	39	44	73
Consumption duties	..	72	31	64	64	79	48	35	34	60
Environmental tax	..	0	3	5	3	4	5	4	10	13
5122 Utilidades de los monopolios fiscales	..	0	0	0	0	0	0	0	0	0
5123 Derechos de aduanas y de importación	..	83	96	88	102	86	97	113	116	128
Import duties	..	57	79	82	98	82	93	110	113	124
Throughput Levy on Fuel Products	..	0	12	5	4	4	4	4	4	4
Other customs charges	..	26	5	0	0	0	0	0	0	0
5124 Impuestos sobre las exportaciones	..	0	0	0	0	0	0	0	0	0
5125 Impuestos sobre los bienes de inversión	..	0	0	0	0	0	0	0	0	0
5126 Impuestos sobre servicios específicos	..	53	54	14	15	22	22	33	36	46
Travel tax	..	4	4	6	7	3	3	7	9	10
Insurance levy	..	0	4	4	5	7	8	6	7	9
Money transfer levy	..	0	1	2	1	1	1	1	1	4
Other taxes on hospitality, transport and telecommunication services	..	49	44	2	2	11	9	20	19	23

	1990	2000	2010	2015	2019	2020	2021	2022	2023	2024
5127 Otros imp. sobre el comercio y transacciones intern.	..	9	66	0	0	0	0	0	0	0
5128 Otros impuestos sobre bienes y servicios específicos	..	0	0	0	0	0	0	0	0	0
5130 No clasificables entre 5110 y 5120	..	0	0	0	0	0	0	0	0	0
5200 Sobre el uso de bienes y permiso para actividades	..	0	6	3	4	3	3	4	4	4
5210 Impuestos recurrentes	..	..	6	3	4	3	3	4	4	4
5211 Por los hogares sobre vehículos automotores	..	..	0	0	0	0	0	0	0	0
5212 Por otros sobre vehículos automotores	..	..	3	2	2	2	2	2	2	3
5213 Otros impuestos recurrentes	..	..	2	1	2	1	1	2	2	1
5220 Impuestos no recurrentes	..	..	0	0	0	0	0	0	0	0
5300 No clasificables entre 5100 y 5200	..	0	0	0	0	0	1	0	0	0
6000 Otros impuestos	**..**	**0**	**0**	**0**	**0**	**0**	**0**	**0**	**0**	**0**
6100 Pagados únicamente por empresas	..	..	..	..	..	..	..	..	..	..
6200 Pagados por otros o no identificables	..	..	..	..	..	..	..	..	..	..

.. No disponible

Nota: Ejercicio cerrado a 31 de diciembre.

Los datos siguen el criterio de caja.

Las cifras no incluyen los ingresos tributarios locales porque no hay datos disponibles.

Partida 2000: Las contribuciones a la seguridad social del período se han estimado desde 2019.

Partida 5112: El gravamen de recuperación fiscal impuesto a todos los bienes que se importan a Antigua y Barbuda o se fabrican en este país se incluye dentro de esta partida de acuerdo con la clasificación de la OCDE descrita en la Guía de interpretación.

Partida 5121: El impuesto ambiental que se aplica a bienes específicos importados a Antigua y Barbuda o fabricados en este país se incluye dentro de esta partida de acuerdo con la clasificación de la OCDE descrita en la Guía de interpretación.

Partida 5126: En esta partida se incluye la tasa a los alojamientos turísticos introducida en 2021.

Fuente: Ministerio de Finanzas; Junta de Gobierno Corporativo y Seguridad Social.

Cuadro 4.2. Argentina, ingresos tributarios detallados

Millones ARS

	1990	2000	2010	2015	2019	2020	2021	2022	2023	2024
Total de ingresos tributarios	**10 217**	**61 084**	**483 014**	**1 872 915**	**6 144 864**	**8 093 732**	**13 463 078**	**24 430 536**	**53 293 965**	**161 316 918**
1000 Imp. renta, utilidades y ganancias de capital	**542**	**11 303**	**78 427**	**384 536**	**1 102 982**	**1 470 348**	**2 351 998**	**4 727 878**	**8 815 183**	**26 169 234**
1100 De personas físicas	141	3 937	23 980	188 218	433 621	639 749	1 020 223	2 091 474	4 143 024	8 558 082
1110 Renta y utilidades	130	3 854	23 858	187 663	429 882	637 599	1 014 929	2 079 588	4 111 605	8 464 105
1120 Ganancias de capital	11	82	122	555	3 739	2 150	5 295	11 886	31 420	93 977
1200 De sociedades	357	6 575	50 664	185 725	589 993	751 117	1 136 121	2 390 528	4 205 785	15 916 842
1210 Renta y utilidades	357	6 575	50 664	185 725	589 993	751 117	1 136 121	2 390 528	4 205 785	15 916 842
Corporate income taxes	198	5 956	49 012	183 207	587 272	750 222	1 136 067	2 389 953	4 204 681	15 910 153
Tax on assets	160	19	4	4	5	2	3	9	25	3
Tax on assumed minimum income	0	600	1 648	2 513	2 716	893	51	565	1 079	6 685
1220 Ganancias de capital de sociedades	..	..	..	..	..	..	..	..	..	..
1300 No clasificables entre 1100 y 1200	43	792	3 783	10 593	79 367	79 483	195 654	245 876	466 374	1 694 310
Non resident taxpayers	11	792	3 783	10 593	79 367	79 483	195 654	245 876	466 374	1 694 310
Other	33	- 0	- 0	- 0	0	0	0	0	0	0
2000 Contribuciones a la seguridad social	**2 583**	**9 670**	**102 460**	**415 410**	**1 225 664**	**1 548 052**	**2 398 126**	**4 331 972**	**9 723 087**	**30 010 575**
2100 Empleados	..	2 486	37 990	163 861	481 007	626 316	967 217	1 719 052	3 786 892	10 825 964
2110 Sobre la base de la nómina	..	2 486	37 990	163 861	481 007	626 316	967 217	1 719 052	3 786 892	10 825 964
2120 Sobre la base del impuesto sobre la renta	..	0	0	0	0	0	0	0	0	0
2200 Empleadores	..	6 069	54 713	235 334	699 601	864 073	1 356 161	2 492 899	5 718 848	18 548 998
2210 Sobre la base de la nómina	..	6 069	54 713	235 334	699 601	864 073	1 356 161	2 492 899	5 718 848	18 548 998
2220 Sobre la base del impuesto sobre la renta	..	0	0	0	0	0	0	0	0	0
2300 Trabajadores por cuenta propia o no empleados	98	1 115	9 757	16 215	45 056	57 663	74 748	120 021	217 347	635 612
2310 Sobre la base de la nómina	98	1 115	9 757	16 215	45 056	57 663	74 748	120 021	217 347	635 612
2320 Sobre la base del impuesto sobre la renta	0	0	0	0	0	0	0	0	0	0
2400 No clasificables entre 2100, 2200 y 2300	2 485	0	0	0	0	0	0	0	0	0
2410 Sobre la base de la nómina	2 485	..	..	..	..	..	..	..	..	..
2420 Sobre la base del impuesto sobre la renta	0	..	..	..	..	..	..	..	..	..
3000 Impuestos sobre la nómina y la fuerza de trabajo	**0**	**0**	**0**	**0**	**0**	**0**	**0**	**0**	**0**	**0**
4000 Impuestos sobre la propiedad	**1 164**	**3 867**	**43 538**	**166 182**	**562 785**	**883 844**	**1 418 779**	**2 401 021**	**5 306 333**	**15 444 671**
4100 Impuestos recurrentes sobre la propiedad inmueble	419	1 809	5 035	21 738	87 589	113 268	171 394	262 053	434 855	1 481 559
4110 Hogares	0	0	0	0	0	0	0	0	0	0
4120 Otros	419	1 809	5 035	21 738	87 589	113 268	171 394	262 053	434 855	1 481 559
4200 Impuestos recurrentes sobre la riqueza neta	246	1 084	5 248	18 538	32 383	209 929	283 469	428 916	1 002 323	2 356 081
4210 Personas físicas	3	1 024	5 147	18 210	31 184	207 382	278 770	421 969	987 942	2 288 113
Personal assets	0	1 024	5 147	18 210	31 184	207 382	278 770	421 969	987 942	2 288 113
Recurrent taxes on net wealth	3	0	0	0	0	0	0	0	0	0
4220 Sociedades	242	60	101	327	1 199	2 547	4 699	6 947	14 381	67 967
4300 Impuestos sobre sucesiones y donaciones	0	0	0	0	0	0	0	0	0	0
4310 Impuestos sobre sucesiones y herencias	..	..	..	..	..	..	..	..	..	..
4320 Impuestos sobre donaciones	..	..	..	..	..	..	..	..	..	..
4400 Imp. sobre transacciones financieras y de capital	459	904	33 252	125 906	442 812	560 648	963 915	1 710 052	3 869 155	11 607 031
Immovable property transfers	0	54	539	1 256	5 575	4 958	9 796	14 368	31 718	45 243
Movable property transfers	44	0	0	0	0	0	0	0	0	0
Bank accounts' credits and debits	205	0	26 885	97 480	349 559	452 459	750 414	1 343 374	3 146 166	9 417 135
Stamp taxes	211	850	5 829	27 170	87 678	103 231	203 706	352 310	691 271	2 144 653
4500 Otros impuestos no recurrentes sobre la propiedad	40	70	3	0	0	0	0	0	0	0
4510 Otros impuestos sobre la riqueza neta	0	0	0	..	..	..	..	..	..	..
4520 Otros impuestos no recurrentes	40	70	3	..	..	..	..	..	..	..
4600 Otros impuestos recurrentes sobre la propiedad	0	0	0	0	0	0	0	0	0	0
5000 Impuestos sobre los bienes y servicios	**5 636**	**34 539**	**253 092**	**889 323**	**3 209 278**	**4 132 017**	**7 213 563**	**12 839 427**	**29 183 606**	**88 530 989**
5100 Imp. sobre la producción, venta, etc.	5 462	34 288	252 550	881 120	3 181 178	4 088 862	7 157 143	12 759 421	29 099 053	88 113 495
5110 Impuestos generales	2 384	25 123	167 534	671 297	2 317 817	2 957 036	5 024 240	9 143 893	22 885 267	65 953 247
5111 Impuestos sobre el valor agregado	1 594	19 009	116 386	433 076	1 532 597	1 905 385	3 243 608	5 831 330	14 791 510	43 027 692
5112 Impuestos sobre las ventas	0	0	0	0	0	0	0	0	0	0
5113 Otros impuestos generales	791	6 114	51 148	238 221	785 220	1 051 651	1 780 632	3 312 564	8 093 757	22 925 554
5120 Impuestos sobre bienes y servicios específicos	3 077	9 166	85 016	209 822	863 362	1 131 826	2 132 902	3 615 528	6 213 786	22 160 248

	1990	2000	2010	2015	2019	2020	2021	2022	2023	2024
5121 Impuestos selectivos	1 866	5 850	26 208	92 349	282 001	394 311	665 896	931 669	1 707 484	5 695 305
Alcoholic beverages	25	36	238	986	4 571	5 779	10 862	22 140	53 719	150 307
Non alcoholic beverages	25	90	501	2 170	6 415	8 520	15 274	28 044	63 319	196 907
Beers	0	50	212	1 385	1 695	15 523	27 401	43 535	102 664	236 642
Tobacco products	425	1 875	6 884	26 152	90 857	132 703	188 239	275 753	571 142	1 804 186
Liquid fuels and gas	1 073	3 478	15 269	56 478	161 666	195 659	356 273	431 487	526 432	2 520 915
Electricity	72	205	591	590	7 818	7 139	13 507	19 294	59 905	107 823
Motor vehicles	59	20	27	88	242	3 616	10 156	39 383	128 002	168 894
Other	189	96	2 485	4 499	8 736	25 372	44 185	72 033	202 300	509 632
5122 Utilidades de los monopolios fiscales	0	0	0	0	0	0	0	0	0	0
5123 Derechos de aduanas y de importación	219	1 976	11 428	35 512	163 076	199 737	371 011	639 130	1 343 737	3 821 341
Import duties	166	1 938	11 183	34 822	132 405	164 888	305 698	531 892	1 131 876	3 213 426
Import fees	53	38	246	691	30 671	34 848	65 312	107 238	211 861	607 915
5124 Impuestos sobre las exportaciones	724	32	45 547	75 939	398 312	387 643	963 117	1 649 418	1 544 729	6 030 185
5125 Impuestos sobre los bienes de inversión	0	0	0	0	0	0	0	0	0	0
5126 Impuestos sobre servicios específicos	163	1 233	1 429	4 420	10 692	11 683	16 556	23 919	45 484	125 496
Insurance services	42	194	21	88	289	376	590	930	2 056	6 912
Financial services	32	855	0	0	0	0	0	0	0	0
Telephone services	82	33	936	2 301	4 312	4 497	5 910	7 498	13 409	41 618
Other specific services	7	151	472	2 031	6 090	6 809	10 055	15 491	30 019	76 965
5127 Otros imp. sobre el comercio y transacciones intern.	98	74	404	1 601	9 281	138 453	116 322	371 392	1 572 353	6 487 922
5128 Otros impuestos sobre bienes y servicios específicos	8	0	0	0	0	0	0	0	0	0
5130 No clasificables entre 5110 y 5120	0	0	0	0	0	0	0	0	0	0
5200 Sobre el uso de bienes y permiso para actividades	177	833	3 598	17 035	57 370	75 337	122 371	189 977	318 503	998 494
5210 Impuestos recurrentes	177	833	3 598	17 035	57 370	75 337	122 371	189 977	318 503	998 494
5211 Por los hogares sobre vehículos automotores	177	833	3 598	17 035	57 370	75 337	122 371	189 977	318 503	998 494
5212 Por otros sobre vehículos automotores	0	0	0	0	0	0	0	0	0	0
5213 Otros impuestos recurrentes	0	0	0	0	0	0	0	0	0	0
5220 Impuestos no recurrentes	0	0	0	0	0	0	0	0	0	0
5300 No clasificables entre 5100 y 5200	- 3	- 583	- 3 056	- 8 831	- 29 270	- 32 182	- 65 950	- 109 970	- 233 950	- 581 000
6000 Otros impuestos	**292**	**1 704**	**5 497**	**17 463**	**44 156**	**59 470**	**80 613**	**130 238**	**265 755**	**1 161 449**
6100 Pagados únicamente por empresas	0	354	2 093	5 624	20 635	29 169	31 500	39 721	68 791	224 975
Simplified system for small taxpayers	..	354	2 093	5 624	20 635	29 169	31 500	39 721	68 791	224 975
6200 Pagados por otros o no identificables	292	1 351	3 404	11 839	23 521	30 301	49 113	90 517	196 964	936 474
Tax debt payments	135	24	293	1 306	- 1 070	6 215	5 262	18 284	46 176	438 256
Special payments	79	6	0	0	0	0	0	0	0	0
Other national level	0	12	0	0	0	0	0	0	6	1
Other provincial level	78	1 309	3 110	10 533	24 591	24 086	43 851	72 233	150 782	498 217

.. No disponible

Nota: Ejercicio cerrado a 31 de diciembre.

Los datos siguen el criterio de caja.

Las cifras no incluyen los ingresos tributarios de las administraciones locales, porque no hay datos disponibles (pero sí incluyen los ingresos provinciales).

Partida 2000: Es posible que se hayan infraestimado las cifras, porque excluyen determinados tipos de contribuciones a la seguridad social a cuyos datos no es fácil acceder.

Partida 5212: En los datos de la CEPAL, el impuesto a la propiedad de vehículos automotores se clasifica en la categoría 4000.

Partida 5300: Las cifras son negativas porque representan reembolsos generales de impuestos a las exportaciones e impuestos específicos sobre bienes y servicios.

Partida 6200: Los pagos de deudas tributarias de 2016 incluyen la recaudación tras la aplicación de un nuevo régimen de declaración de información voluntario en julio de 2016 (Ley 27260).

Fuente: Subsecretaría de Ingresos Públicos, Dirección Nacional de Investigaciones y Análisis Fiscal, Ministerio de Hacienda.

Cuadro 4.3. Bahamas, ingresos tributarios detallados

Millones BSD

	1990	2000	2005	2010	2019	2020	2021	2022	2023	2024
Total de ingresos tributarios	**505**	**965**	**1 060**	**1 277**	**2 486**	**2 076**	**1 869**	**2 436**	**2 788**	**3 063**
1000 Imp. renta, utilidades y ganancias de capital	**0**	**0**	**0**	**0**	**0**	**0**	**0**	**0**	**0**	**0**
1100 De personas físicas	0	0	0	0	0	0	0	0	0	0
1110 Renta y utilidades	..	..	..	..	..	..	..	..	..	..
1120 Ganancias de capital	..	..	..	..	..	..	..	..	..	..
1200 De sociedades	0	0	0	0	0	0	0	0	0	0
1210 Renta y utilidades	..	..	..	..	..	..	..	..	..	..
1220 Ganancias de capital de sociedades	..	..	..	..	..	..	..	..	..	..
1300 No clasificables entre 1100 y 1200	0	0	0	0	0	0	0	0	0	0
2000 Contribuciones a la seguridad social	**66**	**115**	**136**	**167**	**287**	**226**	**258**	**278**	**314**	**327**
2100 Empleados	..	..	..	60	115	89	101	..	..	..
2110 Sobre la base de la nómina	..	..	..	..	..	..	..	..	..	..
2120 Sobre la base del impuesto sobre la renta	..	..	..	..	..	..	..	..	..	..
2200 Empleadores	..	..	..	104	166	132	151	..	..	..
2210 Sobre la base de la nómina	..	..	..	..	..	..	..	..	..	..
2220 Sobre la base del impuesto sobre la renta	..	..	..	..	..	..	..	..	..	..
2300 Trabajadores por cuenta propia o no empleados	..	..	..	3	7	5	6	..	..	..
2310 Sobre la base de la nómina	..	..	..	..	..	..	..	..	..	..
2320 Sobre la base del impuesto sobre la renta	..	..	..	..	..	..	..	..	..	..
2400 No clasificables entre 2100, 2200 y 2300	66	115	136	- 0	- 1	- 0	- 0	278	314	327
2410 Sobre la base de la nómina	..	..	..	..	..	..	..	..	..	..
2420 Sobre la base del impuesto sobre la renta	..	..	..	..	..	..	..	..	..	..
3000 Impuestos sobre la nómina y la fuerza de trabajo	**0**	**0**	**0**	**0**	**0**	**0**	**0**	**0**	**0**	**0**
4000 Impuestos sobre la propiedad	**56**	**208**	**302**	**269**	**345**	**174**	**203**	**241**	**276**	**319**
4100 Impuestos recurrentes sobre la propiedad inmueble	19	32	54	92	109	100	143	147	162	203
4110 Hogares	0	0	0	0	0	0	0	0	0	0
4120 Otros	19	32	54	92	109	100	143	147	162	203
4200 Impuestos recurrentes sobre la riqueza neta	0	0	0	0	0	0	0	0	0	0
4210 Personas físicas	..	..	..	..	..	..	..	..	..	..
4220 Sociedades	..	..	..	..	..	..	..	..	..	..
4300 Impuestos sobre sucesiones y donaciones	0	0	0	0	0	0	0	0	0	0
4310 Impuestos sobre sucesiones y herencias	..	..	..	..	..	..	..	..	..	..
4320 Impuestos sobre donaciones	..	..	..	..	..	..	..	..	..	..
4400 Imp. sobre transacciones financieras y de capital	37	176	248	177	235	74	60	94	115	116
Stamp Tax from Imports	0	102	112	15	0	0	0	0	0	0
Stamp Tax from Exports	0	0	0	0	0	0	0	0	0	0
All Other Stamp Tax	37	74	135	162	235	74	60	94	115	116
4500 Otros impuestos no recurrentes sobre la propiedad	0	0	0	0	0	0	0	0	0	0
4510 Otros impuestos sobre la riqueza neta	..	..	..	..	..	..	..	..	..	..
4520 Otros impuestos no recurrentes	..	..	..	..	..	..	..	..	..	..
4600 Otros impuestos recurrentes sobre la propiedad	0	0	0	0	0	0	0	0	0	0
5000 Impuestos sobre los bienes y servicios	**386**	**620**	**623**	**780**	**1 854**	**1 676**	**1 408**	**1 917**	**2 197**	**2 417**
5100 Imp. sobre la producción, venta, etc.	354	552	545	657	1 623	1 524	1 253	1 745	1 994	2 136
5110 Impuestos generales	0	0	0	0	897	876	740	1 136	1 252	1 346
5111 Impuestos sobre el valor agregado	0	0	0	0	897	876	740	1 136	1 252	1 346
5112 Impuestos sobre las ventas	..	..	..	..	0	0	0	0	0	0
5113 Otros impuestos generales	..	..	..	..	0	0	0	0	0	0
5120 Impuestos sobre bienes y servicios específicos	354	552	545	657	727	649	513	609	742	789
5121 Impuestos selectivos	0	0	0	188	242	206	176	47	3	19
Fuel surcharges	..	..	..	..	1	1	1	1	1	2
Other excises	..	..	..	..	241	205	175	45	1	16
5122 Utilidades de los monopolios fiscales	0	0	0	0	0	0	0	0	0	0
5123 Derechos de aduanas y de importación	289	435	413	348	284	224	192	249	249	258
5124 Impuestos sobre las exportaciones	6	13	13	14	13	53	96	177	253	247
5125 Impuestos sobre los bienes de inversión	0	0	0	0	0	0	0	0	0	0
5126 Impuestos sobre servicios específicos	59	104	119	106	187	165	49	137	237	266
Departure tax	27	64	69	70	147	125	11	85	172	219
Gaming tax	27	20	25	10	40	40	38	51	64	45
Hotel occupancy tax	5	20	25	25	0	0	0	1	1	1
5127 Otros imp. sobre el comercio y transacciones intern.	0	0	0	0	0	0	0	0	0	0
5128 Otros impuestos sobre bienes y servicios específicos	0	0	0	0	0	0	0	0	0	0
5130 No clasificables entre 5110 y 5120	0	0	0	0	0	0	0	0	0	0
5200 Sobre el uso de bienes y permiso para actividades	32	69	78	123	231	152	155	172	203	281

	1990	2000	2005	2010	2019	2020	2021	2022	2023	2024
5210 Impuestos recurrentes	32	69	78	123	231	152	155	172	203	281
Motor vehicle tax	10	14	18	21	35	31	32	34	35	35
5211 Por los hogares sobre vehículos automotores	..	..	..	..	..	..	..	..	..	..
5212 Por otros sobre vehículos automotores	..	..	..	..	..	..	..	..	..	..
5213 Otros impuestos recurrentes	22	55	61	102	195	122	123	138	169	247
Company fees and registration	0	5	5	5	0	0	0	0	0	0
International business companies	0	17	15	19	0	0	0	0	0	0
Others	22	33	40	78	195	122	123	138	169	247
5220 Impuestos no recurrentes	0	0	0	0	0	0	0	0	0	0
5300 No clasificables entre 5100 y 5200	0	0	0	0	0	0	0	0	0	0
6000 Otros impuestos	**- 4**	**21**	**- 1**	**60**	**0**	**0**	**0**	**0**	**0**	**0**
6100 Pagados únicamente por empresas	0	0	0	0	..	..	..	..	..	..
6200 Pagados por otros o no identificables	- 4	21	- 1	60	..	..	..	..	..	..
Incentive acts and other refunds	- 8	14	- 15	11	..	..	..	..	..	..
Other taxes	4	7	15	49	..	..	..	..	..	..

.. No disponible

Nota: Ejercicio fiscal cerrado a 30 de junio. Por ejemplo, los datos de 2024 corresponden a los datos de julio de 2023 a junio de 2024.

Los datos siguen el criterio de caja.

Las cifras no incluyen los ingresos tributarios de las administraciones locales, porque no hay datos disponibles.

Partida 2000: Los datos de 2022-24 son una estimación.

Partida 2400: En esta partida se incluyen reembolsos de las contribuciones a la seguridad social declarados por el Consejo de Seguro Nacional (National Insurance Board) antes de 2022.

Partida 4400: En esta partida se incluyen todos los impuestos de timbre.

Partida 5111: El 1 de enero de 2015 entró en vigor un impuesto sobre el valor agregado.

Fuente: Banco Central de Bahamas; Ministerio de Finanzas de Bahamas; Consejo del Seguro Nacional de Bahamas (Central Bank of The Bahamas; Ministry of Finance of The Bahamas; National Insurance Board of The Bahamas); Centro Interamericano de Administraciones Tributarias.

Cuadro 4.4. Barbados, ingresos tributarios detallados

Millones BBD

	1990	2000	2010	2015	2019	2020	2021	2022	2023	2024
Total de ingresos tributarios	**1 026**	**1 892**	**2 736**	**2 893**	**3 442**	**2 982**	**3 241**	**3 732**	**3 855**	**4 407**
1000 Imp. renta, utilidades y ganancias de capital	**250**	**599**	**766**	**714**	**823**	**976**	**897**	**1 111**	**1 108**	**1 582**
1100 De personas físicas	140	293	395	433	455	308	385	407	447	466
1110 Renta y utilidades	140	293	395	433	455	308	385	407	447	466
Personal income tax	140	293	395	397	455	308	385	407	447	466
Consolidation tax	0	0	0	36	0	0	0	0	0	0
1120 Ganancias de capital	..	..	..	..	..	..	..	..	..	..
1200 De sociedades	95	269	294	215	309	613	451	624	563	1 027
1210 Renta y utilidades	95	269	294	215	309	613	451	624	563	1 027
1220 Ganancias de capital de sociedades	..	..	..	..	..	..	..	..	..	..
1300 No clasificables entre 1100 y 1200	15	37	76	66	59	55	61	81	97	89
2000 Contribuciones a la seguridad social	**134**	**295**	**565**	**627**	**671**	**595**	**595**	**621**	**649**	**672**
2100 Empleados	..	..	..	..	..	..	..	..	..	..
2110 Sobre la base de la nómina	..	..	..	..	..	..	..	..	..	..
2120 Sobre la base del impuesto sobre la renta	..	..	..	..	..	..	..	..	..	..
2200 Empleadores	..	..	..	..	..	..	..	..	..	..
2210 Sobre la base de la nómina	..	..	..	..	..	..	..	..	..	..
2220 Sobre la base del impuesto sobre la renta	..	..	..	..	..	..	..	..	..	..
2300 Trabajadores por cuenta propia o no empleados	..	..	..	..	..	..	..	..	..	..
2310 Sobre la base de la nómina	..	..	..	..	..	..	..	..	..	..
2320 Sobre la base del impuesto sobre la renta	..	..	..	..	..	..	..	..	..	..
2400 No clasificables entre 2100, 2200 y 2300	134	295	565	627	671	595	595	621	649	672
2410 Sobre la base de la nómina	..	..	..	..	..	..	..	..	..	..
2420 Sobre la base del impuesto sobre la renta	..	..	..	..	..	..	..	..	..	..
3000 Impuestos sobre la nómina y la fuerza de trabajo	**0**	**0**	**0**	**0**	**0**	**0**	**0**	**0**	**0**	**0**
4000 Impuestos sobre la propiedad	**147**	**108**	**130**	**143**	**226**	**189**	**219**	**239**	**237**	**240**
4100 Impuestos recurrentes sobre la propiedad inmueble	46	95	118	133	215	182	205	217	219	223
Property tax	46	95	118	133	215	182	205	217	219	223
Municipal solid waste tax	0	0	0	0	0	0	0	0	0	0
4110 Hogares	..	..	..	..	..	..	..	..	..	..
4120 Otros	..	..	..	..	..	..	..	..	..	..
4200 Impuestos recurrentes sobre la riqueza neta	0	0	0	0	0	0	0	0	0	0
4210 Personas físicas	..	..	..	..	..	..	..	..	..	..
4220 Sociedades	..	..	..	..	..	..	..	..	..	..
4300 Impuestos sobre sucesiones y donaciones	0	0	0	0	0	0	0	0	0	0
4310 Impuestos sobre sucesiones y herencias	..	..	..	..	..	..	..	..	..	..
4320 Impuestos sobre donaciones	..	..	..	..	..	..	..	..	..	..
4400 Imp. sobre transacciones financieras y de capital	101	13	12	10	11	8	13	22	18	17
Stamp duties	101	13	12	10	11	8	13	22	18	17
4500 Otros impuestos no recurrentes sobre la propiedad	0	0	0	0	0	0	0	0	0	0
4510 Otros impuestos sobre la riqueza neta	..	..	..	..	..	..	..	..	..	..
4520 Otros impuestos no recurrentes	..	..	..	..	..	..	..	..	..	..
4600 Otros impuestos recurrentes sobre la propiedad	0	0	0	0	0	0	0	0	0	0
5000 Impuestos sobre los bienes y servicios	**495**	**889**	**1 276**	**1 410**	**1 723**	**1 223**	**1 531**	**1 761**	**1 861**	**1 913**
5100 Imp. sobre la producción, venta, etc.	424	788	1 105	1 291	1 607	1 171	1 459	1 686	1 754	1 834
5110 Impuestos generales	197	492	768	861	967	706	885	1 023	1 096	1 132
5111 Impuestos sobre el valor agregado	0	492	768	861	967	706	885	1 023	1 096	1 132
5112 Impuestos sobre las ventas	197	- 0	0	0	0	0	0	0	0	0
Social responsibility levy	0	0	..	..	0	..	..	..	..	..
Consumption tax	197	- 0	..	..	0	..	..	..	..	..
5113 Otros impuestos generales	0	0	0	0	0	0	0	0	0	0
5120 Impuestos sobre bienes y servicios específicos	227	296	337	430	640	465	575	663	659	702
5121 Impuestos selectivos	91	175	146	169	251	154	212	247	229	241
Excises	0	160	146	169	251	154	212	247	229	241
Levies	91	15	0	0	0	0	0	0	0	0
5122 Utilidades de los monopolios fiscales	0	0	0	0	0	0	0	0	0	0
5123 Derechos de aduanas y de importación	118	121	191	232	314	256	291	323	334	361
Import duties	118	121	191	232	232	192	221	242	257	280
Fuel tax	0	0	0	0	82	64	70	81	77	81
5124 Impuestos sobre las exportaciones	0	0	0	0	0	0	0	0	0	0
5125 Impuestos sobre los bienes de inversión	0	0	0	0	0	0	0	0	0	0
5126 Impuestos sobre servicios específicos	17	1	0	29	76	55	71	93	96	100
Hotel and restaurant tax	17	1	..	0	0	0	0	0	0	0
Banks and other asset tax	0	0	..	29	47	46	46	53	54	57
Room rate levy	0	0	..	0	28	10	25	40	42	43

	1990	2000	2010	2015	2019	2020	2021	2022	2023	2024
5127 Otros imp. sobre el comercio y transacciones intern.	0	0	0	0	0	0	0	0	0	0
5128 Otros impuestos sobre bienes y servicios específicos	0	0	0	0	0	0	0	0	0	0
5130 No clasificables entre 5110 y 5120	0	0	0	0	0	0	0	0	0	0
5200 Sobre el uso de bienes y permiso para actividades	71	101	171	119	115	52	72	75	107	79
5210 Impuestos recurrentes	71	101	171	119	115	52	72	75	107	79
5211 Por los hogares sobre vehículos automotores	0	0	0	0	0	0	0	0	0	0
5212 Por otros sobre vehículos automotores	0	0	0	0	0	0	0	0	0	0
5213 Otros impuestos recurrentes	71	101	171	119	115	52	72	75	107	79
5220 Impuestos no recurrentes	0	0	0	0	0	0	0	0	0	0
5300 No clasificables entre 5100 y 5200	0	0	0	0	0	0	0	0	0	0
6000 Otros impuestos	**0**	**0**	**0**	**0**	**0**	**0**	**0**	**0**	**0**	**0**
6100 Pagados únicamente por empresas	..	..	..	..	..	..	..	..	..	..
6200 Pagados por otros o no identificables	..	..	..	..	..	..	..	..	..	..

.. No disponible

Nota: Ejercicio cerrado a 31 de marzo, a excepción de las contribuciones a la seguridad social, para las que se utiliza el año natural. Por ejemplo, los datos de 2024 corresponden al período comprendido entre abril de 2024 y marzo de 2025.

Los datos siguen el criterio de caja, salvo las contribuciones a la seguridad social que siguen el criterio de devengo.

Las cifras no incluyen los ingresos tributarios de las administraciones locales, porque no hay datos disponibles.

Partida 1300: En esta partida se incluyen los impuestos de retención aplicados a personas físicas y jurídicas.

Partida 2000: Las contribuciones a la seguridad social se refieren a los ingresos por contribuciones del Régimen de Seguro Nacional. Los valores de 2021-24 son proyecciones de la administración en el marco de un escenario con las mejores estimaciones del 17ª Evaluación Actuarial del Fondo de Seguro Nacional.

Partida 5213: Esta partida incluye varios impuestos indirectos que se gravan de manera recurrente, por ejemplo, ingresos procedentes de varias licencias.

Fuente: Banco Central de Barbados; Consejo de Seguro Nacional de Barbados (The Central Bank of Barbados; National Insurance Board of Barbados).

Cuadro 4.5. Belice, ingresos tributarios detallados

Millones BZD

	1990	2000	2010	2015	2019	2020	2021	2022	2023	2024
Total de ingresos tributarios	**178**	**318**	**740**	**947**	**1 153**	**935**	**1 128**	**1 334**	**1 506**	**1 570**
1000 Imp. renta, utilidades y ganancias de capital	**37**	**76**	**248**	**254**	**291**	**237**	**224**	**308**	**349**	**363**
1100 De personas físicas	21	19	52	82	105	92	78	111	126	131
1110 Renta y utilidades	21	19	52	82	105	92	78	111	126	131
Income tax (PAYE)	20	19	52	82	105	92	78	111	126	131
Income tax on individuals	1	0	0	0	0	0	0	0	0	0
1120 Ganancias de capital	..	..	..	..	..	..	..	..	..	..
1200 De sociedades	12	51	189	159	174	134	126	178	209	218
Income tax (companies)	12	1	51	1	3	1	0	7	0	0
Income tax (business tax)	0	51	138	158	171	133	126	171	209	218
Income tax (supplemental petroleum tax)	0	0	0	0	0	0	0	0	0	0
1210 Renta y utilidades	..	..	..	..	..	..	..	..	..	..
1220 Ganancias de capital de sociedades	..	..	..	..	..	..	..	..	..	..
1300 No clasificables entre 1100 y 1200	4	6	7	13	12	11	20	18	13	14
Income tax (arrears)	4	3	1	2	2	2	2	2	1	1
Income tax (withholding)	0	3	6	11	10	9	18	16	12	13
2000 Contribuciones a la seguridad social	**10**	**18**	**60**	**77**	**100**	**110**	**117**	**144**	**166**	**168**
2100 Empleados	..	..	..	..	..	..	..	..	..	..
2110 Sobre la base de la nómina	..	..	..	..	..	..	..	..	..	..
2120 Sobre la base del impuesto sobre la renta	..	..	..	..	..	..	..	..	..	..
2200 Empleadores	..	..	..	..	..	..	..	..	..	..
2210 Sobre la base de la nómina	..	..	..	..	..	..	..	..	..	..
2220 Sobre la base del impuesto sobre la renta	..	..	..	..	..	..	..	..	..	..
2300 Trabajadores por cuenta propia o no empleados	..	..	..	..	..	..	..	..	..	..
2310 Sobre la base de la nómina	..	..	..	..	..	..	..	..	..	..
2320 Sobre la base del impuesto sobre la renta	..	..	..	..	..	..	..	..	..	..
2400 No clasificables entre 2100, 2200 y 2300	10	18	60	77	100	110	117	144	166	168
2410 Sobre la base de la nómina	..	..	..	..	..	..	..	..	..	..
2420 Sobre la base del impuesto sobre la renta	..	..	..	..	..	..	..	..	..	..
3000 Impuestos sobre la nómina y la fuerza de trabajo	**0**	**0**	**0**	**0**	**0**	**0**	**0**	**0**	**0**	**0**
4000 Impuestos sobre la propiedad	**34**	**13**	**23**	**35**	**39**	**34**	**63**	**57**	**73**	**76**
4100 Impuestos recurrentes sobre la propiedad inmueble	1	2	7	5	7	7	9	8	7	7
4110 Hogares	1	2	7	5	7	7	9	8	7	7
4120 Otros	0	0	0	0	0	0	0	0	0	0
4200 Impuestos recurrentes sobre la riqueza neta	0	0	0	0	0	0	0	0	0	0
4210 Personas físicas	..	..	..	..	..	..	..	..	..	..
4220 Sociedades	..	..	..	..	..	..	..	..	..	..
4300 Impuestos sobre sucesiones y donaciones	0	0	0	0	0	0	0	0	0	0
4310 Impuestos sobre sucesiones y herencias	..	0	0	0	0	0	0	0	0	0
4320 Impuestos sobre donaciones	..	0	0	0	0	0	0	0	0	0
4400 Imp. sobre transacciones financieras y de capital	33	11	16	29	32	27	54	50	66	68
Stamp duties on customs	28	0	0	0	0	0	0	0	0	0
Stamp duties (other departments)	5	11	16	29	14	3	8	3	2	2
Stamp duties (land transactions)	0	0	0	0	18	24	46	47	64	67
4500 Otros impuestos no recurrentes sobre la propiedad	0	0	0	0	0	0	0	0	0	0
4510 Otros impuestos sobre la riqueza neta	..	..	..	..	..	..	..	..	..	..
4520 Otros impuestos no recurrentes	..	..	..	..	..	..	..	..	..	..
4600 Otros impuestos recurrentes sobre la propiedad	0	0	0	0	0	0	0	0	0	0
5000 Impuestos sobre los bienes y servicios	**97**	**211**	**409**	**580**	**723**	**553**	**724**	**825**	**918**	**964**
5100 Imp. sobre la producción, venta, etc..	94	207	400	571	712	546	715	815	910	946
5110 Impuestos generales	0	82	199	275	323	244	306	381	421	438
5111 Impuestos sobre el valor agregado	0	0	199	275	323	244	306	381	421	438
5112 Impuestos sobre las ventas	..	82	0	0	0	0	0	0	0	0
5113 Otros impuestos generales	..	0	0	0	0	0	0	0	0	0
5120 Impuestos sobre bienes y servicios específicos	94	125	200	296	389	302	409	433	488	508
5121 Impuestos selectivos	35	47	31	39	194	155	192	169	229	238
Revenue replacement duty	18	39	7	15	1	1	1	1	1	1
Excise duties	17	8	22	23	192	151	191	168	227	236
Excise on locally refined petroleum products	0	0	0	1	0	3	0	0	0	0
Excise on locally extracted crude oil	0	0	1	0	1	0	0	0	0	0
5122 Utilidades de los monopolios fiscales	0	0	0	0	0	0	0	0	0	0
5123 Derechos de aduanas y de importación	50	64	144	221	137	105	159	192	187	194
Import duties	50	64	123	190	95	71	109	132	128	133
Environmental tax	0	0	21	31	42	34	49	60	58	61
Imports into EPZs	0	0	0	0	0	0	0	0	0	0
5124 Impuestos sobre las exportaciones	0	0	0	0	0	2	0	0	1	1

	1990	2000	2010	2015	2019	2020	2021	2022	2023	2024
5125 Impuestos sobre los bienes de inversión	0	0	0	0	0	0	0	0	0	0
5126 Impuestos sobre servicios específicos	0	0	0	0	0	0	1	0	0	0
5127 Otros imp. sobre el comercio y transacciones intern.	8	14	25	35	59	40	57	72	72	75
Goods in transit - administration charge	3	1	1	1	1	1	1	2	3	3
Goods in transit - social fee	0	5	8	11	22	17	23	29	24	25
Taxes on foreign currency transactions	6	8	16	23	35	21	33	41	46	47
5128 Otros impuestos sobre bienes y servicios específicos	0	0	0	0	0	0	0	0	0	0
5130 No clasificables entre 5110 y 5120	0	0	0	0	0	0	0	0	0	0
5200 Sobre el uso de bienes y permiso para actividades	3	4	9	9	11	7	9	11	9	18
5210 Impuestos recurrentes	3	4	9	9	11	7	9	11	9	18
5211 Por los hogares sobre vehículos automotores	2	3	3	4	5	5	6	6	6	6
5212 Por otros sobre vehículos automotores	0	0	0	0	0	0	0	0	0	0
5213 Otros impuestos recurrentes	1	1	6	5	5	2	3	4	3	11
5220 Impuestos no recurrentes	0	0	0	0	0	0	0	0	0	0
5300 No clasificables entre 5100 y 5200	0	0	0	0	0	0	0	0	0	0
6000 Otros impuestos	**0**	**0**	**0**	**0**	**0**	**0**	**0**	**0**	**0**	**0**
6100 Pagados únicamente por empresas	..	..	..	..	..	..	..	..	..	..
6200 Pagados por otros o no identificables	..	..	..	..	..	..	..	..	..	..

.. No disponible

Nota: Ejercicio cerrado a 31 de marzo. Por ejemplo, los datos de 2024 corresponden al período comprendido entre abril de 2024 y marzo de 2025.

Los datos siguen el criterio de caja.

Los datos de ingresos tributarios de 2024 corresponden a estimaciones presupuestarias de la administración para el ejercicio fiscal 2024/25, declaradas en las Estimaciones Aprobadas de Ingresos y Gastos del Ejercicio Fiscal 2025/26.

Partida 2000: Las contribuciones a la seguridad social corresponden al Fondo de la Seguridad Social, sin incluir las contribuciones de la administración al fondo del Seguro Nacional de Salud. Las contribuciones de la administración son ayudas públicas al sistema de la seguridad social, por lo que no se consideran ingresos tributarios de acuerdo con la clasificación de la OCDE descrita en la Guía de interpretación. Las cifras para 2023 y 2024 son estimaciones.

Partida 4400: Esta partida incluye todos los impuestos de timbre.

Fuente: Ministerio de Finanzas de Belice; Consejo de Seguridad Social de Belice (Ministry of Finance of Belize; Social Security Board Belize).

Cuadro 4.6. Bolivia, ingresos tributarios detallados

Millones BOB

	1990	2000	2010	2015	2019	2020	2021	2022	2023	2024
Total de ingresos tributarios	**1 005**	**9 151**	**31 549**	**67 264**	**69 785**	**56 087**	**63 203**	**72 013**	**74 422**	**76 054**
1000 Imp. renta, utilidades y ganancias de capital	**68**	**1 209**	**6 294**	**12 809**	**11 356**	**7 402**	**7 644**	**10 397**	**9 008**	**8 904**
1100 De personas físicas	68	214	263	508	518	470	457	502	883	971
1110 Renta y utilidades	68	214	263	508	518	470	457	502	883	971
Value added supplementary scheme	62	161	237	461	464	426	423	476	844	926
Fiscal notes on value added supplementary scheme	6	52	26	47	53	44	33	25	40	44
1120 Ganancias de capital	..	..	..	..	..	..	..	..	..	..
1200 De sociedades	0	995	6 031	12 302	10 838	6 931	7 187	9 896	8 124	7 933
1210 Renta y utilidades	..	995	6 031	12 302	10 838	6 931	7 187	9 896	8 124	7 933
Corporate tax	..	804	5 089	10 260	9 724	6 465	6 986	9 209	7 778	7 414
Fiscal notes on corporate tax	..	191	942	2 041	1 115	467	201	686	346	519
1220 Ganancias de capital de sociedades	..	..	..	..	..	..	..	..	..	..
1300 No clasificables entre 1100 y 1200	0	0	0	0	0	0	0	0	0	0
2000 Contribuciones a la seguridad social	**0**	**666**	**5 265**	**14 235**	**17 500**	**16 494**	**16 814**	**17 351**	**17 908**	**18 710**
2100 Empleados	..	..	..	..	..	..	..	..	..	..
2110 Sobre la base de la nómina	..	..	..	..	..	..	..	..	..	..
2120 Sobre la base del impuesto sobre la renta	..	..	..	..	..	..	..	..	..	..
2200 Empleadores	..	..	..	..	..	..	..	..	..	..
2210 Sobre la base de la nómina	..	..	..	..	..	..	..	..	..	..
2220 Sobre la base del impuesto sobre la renta	..	..	..	..	..	..	..	..	..	..
2300 Trabajadores por cuenta propia o no empleados	..	..	..	..	..	..	..	..	..	..
2310 Sobre la base de la nómina	..	..	..	..	..	..	..	..	..	..
2320 Sobre la base del impuesto sobre la renta	..	..	..	..	..	..	..	..	..	..
2400 No clasificables entre 2100, 2200 y 2300	..	666	5 265	14 235	17 500	16 494	16 814	17 351	17 908	18 710
2410 Sobre la base de la nómina	..	666	5 265	14 235	17 500	16 494	16 814	17 351	17 908	18 710
2420 Sobre la base del impuesto sobre la renta	..	0	0	0	0	0	0	0	0	0
3000 Impuestos sobre la nómina y la fuerza de trabajo	**0**	**0**	**0**	**0**	**0**	**0**	**0**	**0**	**0**	**0**
4000 Impuestos sobre la propiedad	**1**	**3**	**367**	**424**	**522**	**421**	**743**	**767**	**570**	**376**
4100 Impuestos recurrentes sobre la propiedad inmueble	0	0	0	0	0	0	0	0	0	0
4110 Hogares	..	..	..	..	..	..	..	..	..	..
4120 Otros	..	..	..	..	..	..	..	..	..	..
4200 Impuestos recurrentes sobre la riqueza neta	0	0	0	0	0	0	241	205	180	169
4210 Personas físicas	..	..	..	..	..	..	241	205	180	169
4220 Sociedades	..	..	..	..	..	..	0	0	0	0
4300 Impuestos sobre sucesiones y donaciones	1	3	20	36	0	0	0	0	0	0
4310 Impuestos sobre sucesiones y herencias	1	3	20	36	0	..	..	..	..	..
4320 Impuestos sobre donaciones	0	0	0	0	0	..	..	..	..	..
4400 Imp. sobre transacciones financieras y de capital	0	0	347	388	522	421	502	561	389	207
4500 Otros impuestos no recurrentes sobre la propiedad	0	0	0	0	0	0	0	0	0	0
4510 Otros impuestos sobre la riqueza neta	..	..	..	..	..	..	..	..	..	..
4520 Otros impuestos no recurrentes	..	..	..	..	..	..	..	..	..	..
4600 Otros impuestos recurrentes sobre la propiedad	0	0	0	0	0	0	0	0	0	0
5000 Impuestos sobre los bienes y servicios	**907**	**6 656**	**17 791**	**34 759**	**34 187**	**25 866**	**32 190**	**36 806**	**38 386**	**38 204**
5100 Imp. sobre la producción, venta, etc..	907	6 656	17 791	34 759	34 187	25 866	32 190	36 806	38 386	38 204
5110 Impuestos generales	584	3 953	12 541	25 247	25 405	19 124	24 307	27 953	29 137	29 168
5111 Impuestos sobre el valor agregado	432	2 949	10 259	20 756	20 391	15 146	19 237	22 027	23 155	23 119
VAT (internal market)	178	1 204	4 100	9 914	10 000	7 692	9 452	9 608	9 389	10 658
VAT (imports)	178	1 445	5 193	9 738	8 594	6 522	7 950	8 983	8 752	7 303
VAT fiscal notes (internal market)	56	223	581	666	271	336	417	659	643	551
VAT fiscal notes (imports)	20	76	385	438	1 526	596	1 418	2 776	4 372	4 607
5112 Impuestos sobre las ventas	0	0	0	0	0	0	0	0	0	0
5113 Otros impuestos generales	151	1 005	2 282	4 491	5 014	3 978	5 070	5 926	5 982	6 049
Transactions tax	136	943	2 174	4 463	4 652	3 446	4 309	4 804	4 804	4 909
Fiscal note on transactions tax	15	62	107	28	362	531	761	1 122	1 178	1 140
5120 Impuestos sobre bienes y servicios específicos	324	2 702	5 250	9 511	8 782	6 742	7 883	8 853	9 249	9 037
5121 Impuestos selectivos	118	2 047	3 658	5 853	5 187	4 563	4 820	4 807	4 808	4 785
Excises (internal market)	61	244	933	1 486	1 456	1 225	1 359	1 234	1 470	1 816
Excises (Imports)	22	298	379	1 109	785	561	699	803	917	800
Special tax on hydrocarbons and derivatives	0	1 348	1 070	2 581	1 911	1 697	1 977	800	288	804
Fiscal notes on excises	35	118	155	262	442	315	328	571	435	312
Fiscal notes on special tax on hydrocarb. and deriv.	0	40	1 121	415	594	765	456	1 400	1 699	1 053
5122 Utilidades de los monopolios fiscales	0	0	0	0	0	0	0	0	0	0
5123 Derechos de aduanas y de importación	204	640	1 545	3 254	3 376	2 091	3 004	3 934	4 314	4 120
Customs and import duties	163	616	1 504	3 057	2 976	1 998	2 567	2 936	3 195	2 620
Fiscal notes on customs and import duties	41	24	41	197	399	93	437	999	1 119	1 500
5124 Impuestos sobre las exportaciones	0	0	0	0	0	0	0	0	0	0

	1990	2000	2010	2015	2019	2020	2021	2022	2023	2024
5125 Impuestos sobre los bienes de inversión	0	0	0	0	0	0	0	0	0	0
5126 Impuestos sobre servicios específicos	2	15	47	127	218	89	60	112	126	131
Air departure tax	2	15	47	102	130	42	30	69	84	93
Tax on gambling	0	0	0	25	88	47	30	42	42	39
5127 Otros imp. sobre el comercio y transacciones intern.	0	0	0	277	0	0	0	0	0	0
5128 Otros impuestos sobre bienes y servicios específicos	0	0	0	0	0	0	0	0	0	0
5130 No clasificables entre 5110 y 5120	0	0	0	0	0	0	0	0	0	0
5200 Sobre el uso de bienes y permiso para actividades	0	0	0	0	0	0	0	0	0	0
5210 Impuestos recurrentes	..	..	..	..	..	..	..	..	..	..
5211 Por los hogares sobre vehículos automotores	..	..	..	..	..	..	..	..	..	..
5212 Por otros sobre vehículos automotores	..	..	..	..	..	..	..	..	..	..
5213 Otros impuestos recurrentes	..	..	..	..	..	..	..	..	..	..
5220 Impuestos no recurrentes	..	..	..	..	..	..	..	..	..	..
5300 No clasificables entre 5100 y 5200	0	0	0	0	0	0	0	0	0	0
6000 Otros impuestos	**30**	**617**	**1 831**	**5 037**	**6 220**	**5 905**	**5 812**	**6 692**	**8 551**	**9 860**
6100 Pagados únicamente por empresas	4	6	12	25	36	25	29	30	40	38
Simplified tax regime	3	6	12	25	36	25	29	30	40	38
Integrated tax system	1	0	0	0	0	0	0	0	0	0
6200 Pagados por otros o no identificables	26	611	1 819	5 012	6 184	5 880	5 783	6 662	8 511	9 822
Municipal taxes	0	575	1 381	2 585	3 203	2 715	2 815	3 166	3 381	3 504
Other taxes	20	35	422	2 378	2 866	3 107	2 923	3 442	4 948	6 207
Fiscal notes on other taxes	3	0	3	23	88	32	11	21	146	76
Unified agricultural regime	2	1	14	26	28	27	34	33	36	36

.. No disponible

Nota: Ejercicio cerrado a 31 de diciembre.

Los datos siguen el criterio de caja.

Las cifras no incluyen los ingresos tributarios de las administraciones locales en relación con el período comprendido entre 1990 y 1993, porque no hay datos disponibles. Los datos de ingresos tributarios al período 2022-24 son preliminares.

Partida 1210: El impuesto de sociedades de la partida 1210 incluye la recaudación del IUE (impuesto de sociedades), el IUE-RE (remesas del impuesto de sociedades) y el IUM (beneficios de actividades mineras). Las notas fiscales sobre el impuesto de sociedades incluyen las notas tributarias sobre el IUE y el IUM.

Partida 2000: Las cifras incluyen las contribuciones a la seguridad social destinadas al sistema de pensiones y los fondos relacionados con la sanidad de Bolivia. Se han excluido las contribuciones al sistema de pensiones entre 1997 y 2009 porque, durante este período, el sistema de pensiones de Bolivia era privado.

Partida 4210: Esta partida incluye el impuesto a las grandes fortunas (IGF). Este impuesto se aplica al patrimonio neto de las personas físicas y se introdujo en 2020.

Partida 5113: Esta partida incluye el IT (impuesto a las transacciones), sus notas fiscales y también el Sistema Integrado Especial de Transición para Emprendedores (SIETE-RG).

Partida 5127: En esta partida se incluye el IVME (impuesto a la venta de moneda extranjera).

Partida 6200: Otros impuestos incluye los ingresos por conceptos varios, el programa transitorio y otros ingresos en efectivo. Las notas fiscales sobre otros impuestos incluyen las notas fiscales sobre conceptos varios.

Fuente: Ministerio de Economía y Finanzas Públicas de Bolivia; Servicio de Impuestos Nacionales; Aduana Nacional de Bolivia; Caja Nacional de Salud.

Cuadro 4.7. Brasil, ingresos tributarios detallados

Millones BRL

	1990	2000	2010	2015	2019	2020	2021	2022	2023	2024
Total de ingresos tributarios	**3**	**352 456**	**1 231 621**	**1 874 490**	**2 354 178**	**2 317 298**	**2 892 699**	**3 279 885**	**3 464 391**	**3 955 326**
1000 Imp. renta, utilidades y ganancias de capital	**1**	**68 667**	**258 738**	**400 993**	**537 894**	**525 627**	**698 098**	**908 977**	**941 049**	**1 064 306**
1100 De personas físicas	0	3 406	87 828	148 739	221 730	225 912	262 008	303 926	334 640	381 846
1110 Renta y utilidades	0	3 406	87 828	148 739	221 730	225 912	262 008	303 926	334 640	381 846
Withholding income tax (IRRF)	0	0	71 579	121 540	184 030	186 211	208 219	248 866	279 262	315 098
Other personal income taxes	0	3 406	16 248	27 199	37 700	39 701	53 788	55 059	55 378	66 748
1120 Ganancias de capital	..	..	..	..	..	..	..	..	..	..
1200 De sociedades	0	25 430	128 255	164 057	207 505	200 032	322 527	437 358	399 090	435 646
1210 Renta y utilidades	0	25 430	128 255	164 057	207 505	200 032	322 527	437 358	399 090	435 646
Corporate income tax	0	16 680	82 474	104 910	127 130	122 679	210 058	281 264	254 087	272 549
Social contribution on net profits (CSLL)	0	8 750	45 780	59 147	80 374	77 352	112 469	156 093	145 003	163 097
1220 Ganancias de capital de sociedades	..	..	..	..	..	..	..	..	..	..
1300 No clasificables entre 1100 y 1200	0	39 831	42 656	88 196	108 659	99 684	113 564	167 693	207 319	246 813
Withholding tax on non-resident income (remittances abroad)	..	..	11 537	24 669	39 293	39 602	44 400	55 493	66 709	79 831
Withholding tax on capital income	..	..	24 887	53 692	57 184	48 346	55 576	97 047	123 816	147 042
Withholding tax on other income	..	..	6 232	9 836	12 182	11 736	13 588	15 154	16 794	19 940
2000 Contribuciones a la seguridad social	**1**	**83 469**	**314 057**	**498 428**	**611 664**	**610 276**	**694 845**	**797 991**	**875 262**	**949 798**
2100 Empleados	..	..	75 509	114 653	147 749	151 462	172 434	196 952	213 912	258 265
2110 Sobre la base de la nómina	..	..	75 509	114 653	147 749	151 462	172 434	196 952	213 912	258 265
2120 Sobre la base del impuesto sobre la renta	..	..	0	0	0	0	0	0	0	0
2200 Empleadores	0	18 709	237 807	364 301	452 166	447 755	508 906	585 739	644 538	674 395
2210 Sobre la base de la nómina	0	18 709	237 807	364 301	452 166	447 755	508 906	585 739	644 538	674 395
2220 Sobre la base del impuesto sobre la renta	0	0	0	0	0	0	0	0	0	0
2300 Trabajadores por cuenta propia o no empleados	..	..	..	..	..	..	..	..	..	..
2310 Sobre la base de la nómina	..	..	..	..	..	..	..	..	..	..
2320 Sobre la base del impuesto sobre la renta	..	..	..	..	..	..	..	..	..	..
2400 No clasificables entre 2100, 2200 y 2300	1	64 760	741	19 474	11 749	11 059	13 505	15 300	16 813	17 138
2410 Sobre la base de la nómina	1	64 760	741	19 474	11 749	11 059	13 505	15 300	16 813	17 138
2420 Sobre la base del impuesto sobre la renta	0	0	0	0	0	0	0	0	0	0
3000 Impuestos sobre la nómina y la fuerza de trabajo	**0**	**5 437**	**21 348**	**37 891**	**42 907**	**40 397**	**47 320**	**54 762**	**61 793**	**66 376**
Payroll-based contribution to education	0	2 791	11 049	19 039	21 978	21 086	23 833	27 024	30 441	32 684
"S" System contributions	0	2 646	9 925	18 153	20 549	18 970	23 103	27 273	30 826	33 545
Other payroll taxes	0	0	374	699	381	340	384	465	526	148
4000 Impuestos sobre la propiedad	**0**	**23 524**	**53 495**	**84 675**	**112 641**	**92 120**	**141 844**	**155 806**	**168 302**	**185 775**
4100 Impuestos recurrentes sobre la propiedad inmueble	0	4 753	18 367	33 313	50 386	47 830	59 286	64 501	70 636	75 855
Tax on rural land property (ITR)	0	234	485	1 105	1 630	1 761	2 167	2 594	3 041	3 250
Tax on urban land property (IPTU)	0	4 519	17 882	32 208	48 756	46 069	57 119	61 907	67 596	72 605
4110 Hogares	..	..	..	..	..	..	..	..	..	..
4120 Otros	..	..	..	..	..	..	..	..	..	..
4200 Impuestos recurrentes sobre la riqueza neta	0	0	0	0	0	0	0	0	0	0
4210 Personas físicas	..	..	..	..	..	..	..	..	..	..
4220 Sociedades	..	..	..	..	..	..	..	..	..	..
4300 Impuestos sobre sucesiones y donaciones	0	329	2 518	6 461	8 582	8 521	12 330	12 874	14 714	17 524
4310 Impuestos sobre sucesiones y herencias	..	..	..	..	..	..	..	..	..	..
4320 Impuestos sobre donaciones	..	..	..	..	..	..	..	..	..	..
4400 Imp. sobre transacciones financieras y de capital	0	18 442	32 610	44 902	53 673	35 769	70 228	78 432	82 951	92 396
Tax on financial operations (IOF)	0	3 096	26 571	34 681	40 945	21 949	49 024	58 989	61 716	67 456
Tax on real estate property transfers (ITBI)	0	950	6 050	10 215	12 762	13 820	21 227	19 442	21 229	24 982
Other	0	14 396	- 12	5	- 34	- 1	- 23	0	6	- 42
4500 Otros impuestos no recurrentes sobre la propiedad	0	0	0	0	0	0	0	0	0	0
4510 Otros impuestos sobre la riqueza neta	..	..	..	..	..	..	..	..	..	..
4520 Otros impuestos no recurrentes	..	..	..	..	..	..	..	..	..	..
4600 Otros impuestos recurrentes sobre la propiedad	0	0	0	0	0	0	0	0	0	0
5000 Impuestos sobre los bienes y servicios	**2**	**169 181**	**583 504**	**852 394**	**1 049 071**	**1 048 885**	**1 310 448**	**1 362 256**	**1 418 218**	**1 689 071**
5100 Imp. sobre la producción, venta, etc.	2	163 887	556 739	807 398	997 208	994 090	1 244 306	1 288 939	1 333 890	1 598 835
5110 Impuestos generales	1	136 743	484 000	705 879	881 936	872 412	1 088 855	1 146 720	1 190 501	1 400 884
5111 Impuestos sobre el valor agregado	1	82 279	268 117	396 428	507 053	522 690	652 284	688 854	696 663	801 252
Tax on the circulation of goods and services (ICMS)	1	82 279	268 117	396 428	507 053	522 690	652 284	688 854	696 663	801 252
5112 Impuestos sobre las ventas	0	0	0	0	0	0	0	0	0	0
5113 Otros impuestos generales	0	54 464	215 883	309 450	374 883	349 722	436 572	457 867	493 838	599 633
Contribution to COFINS	0	38 707	140 939	199 876	237 372	218 602	269 705	271 315	286 257	353 793
Contribution to PIS	0	8 339	30 714	42 632	51 390	46 626	57 614	58 683	61 923	77 924
Contribution to PASEP	0	1 312	9 880	9 958	12 626	14 686	16 871	19 610	20 719	22 991
Tax on general services (ISS)	0	6 106	33 696	56 094	72 428	68 688	90 900	106 849	123 329	143 536
Others	0	0	656	890	1 067	1 119	1 483	1 410	1 610	1 389

	1990	2000	2010	2015	2019	2020	2021	2022	2023	2024
5120 Impuestos sobre bienes y servicios específicos	0	27 144	72 739	101 519	115 272	121 678	155 451	142 218	143 389	197 951
5121 Impuestos selectivos	0	18 699	48 254	57 677	65 626	68 467	84 242	73 607	73 460	102 350
Vehicles	..	..	5 787	4 367	5 639	3 446	3 447	4 048	6 918	8 623
Beverages	..	..	2 431	2 599	3 641	2 985	2 687	2 513	2 954	3 341
Tobacco	..	..	3 704	5 692	5 559	5 975	5 577	6 732	3 824	8 161
Fuels	..	..	7 759	3 271	2 776	1 986	1 924	1 660	1 195	3 396
Other excises	..	..	28 573	41 748	48 011	54 075	70 607	58 653	58 569	78 829
5122 Utilidades de los monopolios fiscales	0	0	0	0	0	0	0	0	0	0
5123 Derechos de aduanas y de importación	0	8 445	21 072	38 870	42 842	45 671	61 876	58 981	54 074	77 494
5124 Impuestos sobre las exportaciones	0	0	47	99	91	51	160	53	4 440	6
5125 Impuestos sobre los bienes de inversión	0	0	868	26	26	24	20	20	21	18
5126 Impuestos sobre servicios específicos	0	0	1 286	1 863	1 561	1 565	1 568	1 632	1 529	1 497
Contribution on revenues of telecom companies	..	..	1 186	1 657	1 392	1 357	1 340	1 333	1 393	1 366
Contribution on billing of IT companies	..	..	100	206	168	208	228	298	136	131
Other taxes on specific services	..	..	1	1	1	0	1	0	0	0
5127 Otros imp. sobre el comercio y transacciones intern.	0	0	1 212	2 983	5 127	5 900	7 585	7 925	9 865	16 586
CIDE on remittances abroad	..	..	1 212	2 983	5 127	5 900	7 585	7 925	9 865	16 586
5128 Otros impuestos sobre bienes y servicios específicos	0	0	0	0	0	0	0	0	0	0
5130 No clasificables entre 5110 y 5120	0	0	0	0	0	0	0	0	0	0
5200 Sobre el uso de bienes y permiso para actividades	0	5 294	26 765	44 997	51 862	54 795	66 142	73 318	84 328	90 236
5210 Impuestos recurrentes	0	5 294	24 417	41 992	48 632	49 587	53 070	65 422	81 338	85 844
5211 Por los hogares sobre vehículos automotores	0	5 294	24 197	40 460	47 169	48 351	51 775	63 928	79 747	84 322
Motor vehicle property tax (IPVA)	0	5 294	21 367	36 219	46 141	48 178	51 762	63 925	79 746	84 321
Contributions to DPVAT	0	0	2 830	4 242	1 027	173	13	3	1	0
5212 Por otros sobre vehículos automotores	0	0	0	0	0	0	0	0	0	0
5213 Otros impuestos recurrentes	0	0	220	1 531	1 463	1 235	1 296	1 494	1 591	1 522
CONDECINE	..	..	49	1 062	1 061	885	974	1 145	1 169	1 210
Others	..	..	170	469	402	350	321	349	422	312
5220 Impuestos no recurrentes	0	0	2 349	3 005	3 231	5 208	13 072	7 896	2 990	4 392
AFRMM	..	..	2 349	3 005	3 231	5 208	13 072	7 896	2 990	4 392
5300 No clasificables entre 5100 y 5200	0	0	0	0	0	0	0	0	0	0
6000 Otros impuestos	**0**	**2 178**	**480**	**109**	**1**	**- 7**	**144**	**92**	**- 233**	**0**
6100 Pagados únicamente por empresas	0	0	0	0	0	0	0	0	0	0
6200 Pagados por otros o no identificables	0	2 178	480	109	1	- 7	144	92	- 233	0

.. No disponible

Nota: Ejercicio cerrado a 31 de diciembre.

Los datos siguen el criterio de caja.

Partida 2000: Las contribuciones a la seguridad social incluyen las contribuciones al Régimen General de Protección Social (RGPS), las contribuciones a Regímenes Propios de Protección Social (RPPS), las contribuciones al Fondo de Garantía del Tiempo de Servicio (FGTS) y las contribuciones al fondo sanitario para el departamento de policía y bomberos militares.

Partida 4400: Esta partida incluye el impuesto a las transacciones de bienes inmuebles intervivos (ITBI) que aplican el Gobierno central y las administraciones estatales.

Partida 5113: Las contribuciones al PASEP se incluyen en las contribuciones al PIS con anterioridad al año 2000, ya que no se pueden distinguir.

Partida 5123: Esta partida incluye el impuesto a las exportaciones antes de 2002.

Fuente: Secretaría de la Administración Tributaria de Brasil; Secretaría del Tesoro Nacional, Ministerio de Economía (Secretaria da Receita Federal do Brasil, Ministério da Economia; Secretaria do Tesouro Nacional, Ministério da Economia).

Cuadro 4.8. Chile, ingresos tributarios detallados

Millones CLP

	1990	2000	2010	2015	2019	2020	2021	2022	2023	2024
Total de ingresos tributarios	**1 777 218**	**7 901 998**	**21 815 391**	**32 533 542**	**41 025 712**	**38 823 397**	**53 463 334**	**62 901 438**	**58 154 015**	**63 820 279**
1000 Imp. renta, utilidades y ganancias de capital	**412 974**	**1841 630**	**8329 058**	**11840 521**	**14283 184**	**12540 342**	**20456 920**	**27491 879**	**20433 071**	**23238 232**
1100 De personas físicas	99 154	604 100	1492 837	3199 876	2937 532	3976 009	5780 432	6626 617	5424 215	7030 490
Second category tax	65 552	490 980	1449 099	2350 120	3015 794	3051 177	3442 651	3914 343	4312 742	4804 189
Global complementary tax	33 603	113 120	43 738	-36 757	-78 261	132 551	620 904	1087 034	1111 474	1208 953
Others	0	0	0	886 513	0	792 281	1716 877	1625 240	0	1017 348
1110 Renta y utilidades	..	..	..	..	..	..	..	..	..	..
1120 Ganancias de capital	..	..	..	..	..	..	..	..	..	..
1200 De sociedades	219 586	882 896	4448 745	6839 133	9597 472	9429 787	9145 873	14900 568	14707 116	13253 852
First category tax	200 891	815 747	3913 870	6183 830	8880 080	8745 612	8360 928	13034 540	12723 900	11791 832
Surtax on state owned enterprises	16 074	47 634	194 203	132 352	122 054	203 416	249 073	475 034	405 009	632 714
Mining tax	0	0	298 558	323 507	277 861	267 544	393 548	1223 807	1364 685	673 780
Other	2 621	19 516	42 114	199 444	317 477	213 216	142 323	167 188	213 521	155 526
1210 Renta y utilidades	..	..	..	..	..	..	..	..	..	..
1220 Ganancias de capital de sociedades	..	..	..	..	..	..	..	..	..	..
1300 No clasificables entre 1100 y 1200	94 233	354 634	2387 477	1801 512	1748 180	-865 454	5530 616	5964 694	301 739	2953 890
Additional tax	59 082	350 301	1414 057	1429 758	1902 585	2063 149	2534 906	2731 170	2828 942	2664 745
Other	35 151	4 332	973 420	371 755	-154 405	-2928 603	2995 710	3233 524	-2527 203	289 145
2000 Contribuciones a la seguridad social	**159 559**	**576 758**	**1493 987**	**2252 489**	**2994 906**	**3104 866**	**2815 090**	**2585 421**	**3281 979**	**3686 961**
2100 Empleados	154 021	553 937	1433 159	2188 575	2894 725	2994 036	2686 021	2435 398	3124 716	3496 588
2110 Sobre la base de la nómina	154 021	553 937	1433 159	2188 575	2894 725	2994 036	2686 021	2435 398	3124 716	3496 588
2120 Sobre la base del impuesto sobre la renta	0	0	0	0	0	0	0	0	0	0
2200 Empleadores	5 538	22 821	60 828	63 914	100 181	110 830	129 068	150 023	157 262	190 373
2210 Sobre la base de la nómina	5 538	22 821	60 828	63 914	100 181	110 830	129 068	150 023	157 262	190 373
2220 Sobre la base del impuesto sobre la renta	0	0	0	0	0	0	0	0	0	0
2300 Trabajadores por cuenta propia o no empleados	0	0	0	0	0	0	0	0	0	0
2310 Sobre la base de la nómina	..	..	..	..	..	..	..	..	..	..
2320 Sobre la base del impuesto sobre la renta	..	..	..	..	..	..	..	..	..	..
2400 No clasificables entre 2100, 2200 y 2300	0	0	0	0	0	0	0	0	0	0
2410 Sobre la base de la nómina	..	..	..	..	..	..	..	..	..	..
2420 Sobre la base del impuesto sobre la renta	..	..	..	..	..	..	..	..	..	..
3000 Impuestos sobre la nómina y la fuerza de trabajo	**0**	**0**	**0**	**0**	**0**	**0**	**0**	**0**	**0**	**0**
4000 Impuestos sobre la propiedad	**109 319**	**554 037**	**867 908**	**1419 338**	**2239 771**	**2262 822**	**2885 059**	**3466 181**	**3794 112**	**3969 266**
4100 Impuestos recurrentes sobre la propiedad inmueble	59 968	302 244	631 669	1054 984	1504 392	1753 218	2002 413	2284 253	2807 381	2992 935
4110 Hogares	..	..	..	..	..	..	..	..	..	..
4120 Otros	..	..	..	..	..	..	..	..	..	..
4200 Impuestos recurrentes sobre la riqueza neta	0	0	0	0	0	0	0	0	0	0
4210 Personas físicas	..	..	..	..	..	..	..	..	..	..
4220 Sociedades	..	..	..	..	..	..	..	..	..	..
4300 Impuestos sobre sucesiones y donaciones	3 444	10 906	39 338	92 236	62 824	155 433	291 830	416 219	240 541	200 901
4310 Impuestos sobre sucesiones y herencias	..	..	..	..	..	..	..	..	..	..
4320 Impuestos sobre donaciones	..	..	..	..	..	..	..	..	..	..
4400 Imp. sobre transacciones financieras y de capital	45 907	240 886	196 901	272 118	672 555	354 171	590 816	765 709	746 189	775 431
4500 Otros impuestos no recurrentes sobre la propiedad	0	0	0	0	0	0	0	0	0	0
4510 Otros impuestos sobre la riqueza neta	..	..	..	..	..	..	..	..	..	..
4520 Otros impuestos no recurrentes	..	..	..	..	..	..	..	..	..	..
4600 Otros impuestos recurrentes sobre la propiedad	0	0	0	0	0	0	0	0	0	0
5000 Impuestos sobre los bienes y servicios	**1118 722**	**5041 769**	**11185 157**	**17598 086**	**21752 890**	**21275 452**	**28368 617**	**30080 511**	**31499 381**	**34195 500**
5100 Imp. sobre la producción, venta, etc.	1074 009	4789 827	10532 905	16516 194	20164 514	19613 567	26628 027	28078 680	29246 983	31724 691
5110 Impuestos generales	664 421	3306 350	8399 927	13273 958	16348 944	15963 032	22785 935	24515 246	24179 491	26779 147
5111 Impuestos sobre el valor agregado	664 421	3306 350	8399 927	13273 958	16348 944	15963 032	22785 935	24515 246	24179 491	26779 147
5112 Impuestos sobre las ventas	0	0	0	0	0	0	0	0	0	0
5113 Otros impuestos generales	0	0	0	0	0	0	0	0	0	0
5120 Impuestos sobre bienes y servicios específicos	409 588	1483 477	2132 978	3242 236	3815 570	3650 535	3842 092	3563 434	5067 492	4945 543
5121 Impuestos selectivos	166 050	816 160	1561 205	2413 482	2859 814	2899 252	2799 017	2331 072	3826 127	3616 049
Cigarettes and tobacco	60 604	283 275	647 637	982 609	973 335	1021 917	1201 968	1171 382	1092 381	966 742
Gasoline and diesel	105 445	532 885	913 568	1388 218	1811 132	1799 846	1507 872	1028 982	2604 565	2498 108
Oil stabilisation fund	0	0	0	0	0	0	0	1 547	0	6 104
Fisheries Law Extraction Rights	0	0	0	8 558	17 662	33 104	8 967	21 566	20 995	70 387
Additional tax on new motor vehicles	0	0	0	34 097	57 684	44 385	80 210	107 596	108 186	74 708
5122 Utilidades de los monopolios fiscales	0	0	0	0	0	0	0	0	0	0
5123 Derechos de aduanas y de importación	222 486	548 571	267 331	343 491	331 846	294 204	468 128	555 863	481 396	538 210

	1990	2000	2010	2015	2019	2020	2021	2022	2023	2024
5124 Impuestos sobre las exportaciones	0	0	0	0	0	0	0	0	0	0
5125 Impuestos sobre los bienes de inversión	0	0	0	0	0	0	0	0	0	0
5126 Impuestos sobre servicios específicos	21 052	118 746	304 442	485 263	623 910	457 079	574 947	676 499	759 969	791 284
5127 Otros imp. sobre el comercio y transacciones intern.	0	0	0	0	0	0	0	0	0	0
5128 Otros impuestos sobre bienes y servicios específicos	0	0	0	0	0	0	0	0	0	0
5130 No clasificables entre 5110 y 5120	0	0	0	0	0	0	0	0	0	0
5200 Sobre el uso de bienes y permiso para actividades	44 714	251 942	652 252	1081 893	1588 376	1661 885	1740 590	2001 831	2252 398	2470 810
5210 Impuestos recurrentes	44 714	251 942	652 252	1081 893	1461 693	1504 291	1617 710	1855 378	2130 818	2326 776
Motor vehicles	24 469	93 880	218 219	397 608	592 332	585 651	671 258	821 559	939 426	1025 819
5211 Por los hogares sobre vehículos automotores	0	0	0	0	0	0	0	0	0	0
5212 Por otros sobre vehículos automotores	0	0	0	0	0	0	0	0	0	0
5213 Otros impuestos recurrentes	20 245	158 062	434 033	684 285	869 360	918 640	946 452	1033 819	1191 392	1300 957
Municipal permits	18 401	136 138	396 944	630 943	813 161	862 685	885 324	967 043	1117 858	1182 536
Mining patents	3 374	34 730	36 213	51 767	54 696	54 932	59 801	65 122	71 215	116 212
Other	-1 530	-12 806	876	1 575	1 504	1 023	1 327	1 653	2 319	2 209
5220 Impuestos no recurrentes	0	0	0	0	126 683	157 594	122 880	146 453	121 580	144 033
Tax on polluting fixed sources	..	..	..	..	126 683	157 594	122 880	146 453	121 580	144 033
5300 No clasificables entre 5100 y 5200	0	0	0	0	0	0	0	0	0	0
6000 Otros impuestos	**-23 356**	**-112 195**	**-60 720**	**-576 893**	**-245 038**	**-360 084**	**-1062 352**	**-722 555**	**-854 527**	**-1269 680**
6100 Pagados únicamente por empresas	0	0	0	0	0	0	0	0	0	0
6200 Pagados por otros o no identificables	-23 356	-112 195	-60 720	-576 893	-245 038	-360 084	-1062 352	-722 555	-854 527	-1269 680

.. No disponible

Nota: Ejercicio cerrado a 31 de diciembre.

Los datos siguen el criterio de caja.

Partida 5121: En los datos de la CEPAL, las cifras del Fondo de Estabilización de Precios del Petróleo (FEPP) se consideran ingresos no tributarios.

Fuente: Servicio de Impuestos Internos de Chile.

Cuadro 4.9. Colombia, ingresos tributarios detallados

Millones COP

	1990	2000	2010	2015	2019	2020	2021	2022	2023	2024
Total de ingresos tributarios	**2 579 426**	**30 598 630**	**98 455 335**	**160 157 693**	**208 752 525**	**187 438 661**	**228 906 840**	**288 842 327**	**349 799 577**	**338 777 365**
1000 Imp. renta, utilidades y ganancias de capital	**771 694**	**7 103 525**	**26 218 852**	**52 656 876**	**67 519 599**	**61 812 525**	**73 222 876**	**95 911 106**	**140 176 582**	**117 231 708**
1100 De personas físicas	47 210	1 499 345	5 192 384	9 218 735	14 232 191	14 340 067	15 825 275	20 356 452	24 426 515	25 550 636
1110 Renta y utilidades	47 210	1 499 345	5 192 384	9 218 735	14 232 191	14 340 067	15 825 275	20 356 452	24 426 515	25 550 636
Income tax	47 210	1 499 345	5 192 384	9 218 735	14 225 643	14 304 469	15 754 931	20 224 214	24 240 661	25 180 347
Simple tax regime	0	0	0	0	6 549	35 598	70 344	132 238	185 854	370 289
1120 Ganancias de capital	..	..	..	..	..	..	..	..	..	..
1200 De sociedades	359 758	5 119 828	20 405 209	41 406 848	50 283 837	43 257 502	54 442 473	73 300 918	113 303 510	91 681 071
1210 Renta y utilidades	359 758	5 119 828	20 405 209	41 406 848	50 283 837	43 257 502	54 442 473	73 300 918	113 303 510	91 681 071
Income tax	359 758	5 119 828	20 405 209	27 480 679	50 167 971	43 131 163	54 248 966	72 907 780	112 820 469	91 116 797
Pro Equity Income Tax - CREE	0	0	0	13 926 169	99 798	39 871	28 428	56 854	105 458	10 245
Simple tax regime	0	0	0	0	16 068	86 469	165 079	336 285	377 583	554 029
1220 Ganancias de capital de sociedades	..	..	..	..	..	..	..	..	..	..
1300 No clasificables entre 1100 y 1200	364 726	484 352	621 258	2 031 293	3 003 570	4 214 956	2 955 127	2 253 735	2 446 557	..
Income tax	364 726	484 352	621 258	2 031 293	3 003 570	4 214 956	2 955 127	2 253 735	2 446 557	..
Pro Equity Income Tax - CREE	0	0	0	0	0	0	0	0	0	..
2000 Contribuciones a la seguridad social	**203 596**	**4 989 000**	**11 478 085**	**13 585 138**	**19 556 608**	**18 389 481**	**21 673 981**	**23 908 538**	**25 378 236**	**28 943 903**
2100 Empleados	..	..	..	..	..	..	..	..	..	..
2110 Sobre la base de la nómina	..	..	..	..	..	..	..	..	..	..
2120 Sobre la base del impuesto sobre la renta	..	..	..	..	..	..	..	..	..	..
2200 Empleadores	..	..	..	..	..	..	..	..	..	..
2210 Sobre la base de la nómina	..	..	..	..	..	..	..	..	..	..
2220 Sobre la base del impuesto sobre la renta	..	..	..	..	..	..	..	..	..	..
2300 Trabajadores por cuenta propia o no empleados	..	..	..	..	..	..	..	..	..	..
2310 Sobre la base de la nómina	..	..	..	..	..	..	..	..	..	..
2320 Sobre la base del impuesto sobre la renta	..	..	..	..	..	..	..	..	..	..
2400 No clasificables entre 2100, 2200 y 2300	203 596	4 989 000	11 478 085	13 585 138	19 556 608	18 389 481	21 673 981	23 908 538	25 378 236	28 943 903
2410 Sobre la base de la nómina	203 596	4 989 000	11 478 085	13 585 138	19 556 608	18 389 481	21 673 981	23 908 538	25 378 236	28 943 903
2420 Sobre la base del impuesto sobre la renta	0	0	0	0	0	0	0	0	0	0
3000 Impuestos sobre la nómina y la fuerza de trabajo	**0**	**1 286 803**	**4 022 503**	**2 797 308**	**3 604 071**	**3 670 490**	**3 927 070**	**4 421 997**	**5 025 164**	**5 570 850**
4000 Impuestos sobre la propiedad	**56 160**	**2 027 654**	**8 535 238**	**18 156 105**	**18 984 414**	**18 167 358**	**20 652 565**	**22 525 146**	**25 902 169**	**28 010 669**
4100 Impuestos recurrentes sobre la propiedad inmueble	56 160	991 070	3 338 935	6 061 965	8 743 115	9 109 598	9 643 729	9 937 041	11 007 128	12 470 284
4110 Hogares	0	0	0	0	0	0	0	0	0	0
4120 Otros	56 160	991 070	3 338 935	6 061 965	8 743 115	9 109 598	9 643 729	9 937 041	11 007 128	12 470 284
4200 Impuestos recurrentes sobre la riqueza neta	0	0	1 970 530	5 352 940	923 255	957 137	1 032 058	73 113	1 221 366	1 471 849
4210 Personas físicas	..	..	..	..	..	..	..	..	..	..
4220 Sociedades	..	..	..	..	..	..	..	..	..	..
4300 Impuestos sobre sucesiones y donaciones	0	0	0	0	0	0	0	0	0	0
4310 Impuestos sobre sucesiones y herencias	..	..	..	..	..	..	..	..	..	..
4320 Impuestos sobre donaciones	..	..	..	..	..	..	..	..	..	..
4400 Imp. sobre transacciones financieras y de capital	0	1 036 584	3 225 773	6 741 200	8 190 516	7 476 295	9 831 204	12 281 751	13 668 690	14 067 666
4500 Otros impuestos no recurrentes sobre la propiedad	0	0	0	0	1 127 528	624 327	145 573	233 241	4 986	870
4510 Otros impuestos sobre la riqueza neta	..	..	..	..	0	0	0	0	0	0
4520 Otros impuestos no recurrentes	..	..	..	..	1 127 528	624 327	145 573	233 241	4 986	870
4600 Otros impuestos recurrentes sobre la propiedad	0	0	0	0	0	0	0	0	0	0
5000 Impuestos sobre los bienes y servicios	**1 388 653**	**14 180 450**	**44 411 642**	**65 716 566**	**89 797 927**	**77 752 543**	**99 258 009**	**129 331 933**	**138 176 864**	**143 342 905**
5100 Imp. sobre la producción, venta, etc.	1 388 653	14 048 655	44 038 074	64 688 081	88 064 087	75 960 351	97 214 920	127 046 376	135 352 010	139 917 001
5110 Impuestos generales	672 368	9 585 866	33 333 802	48 684 900	71 235 138	62 866 653	80 093 904	105 084 119	111 920 967	112 840 176
5111 Impuestos sobre el valor agregado	583 078	8 445 776	28 811 682	41 659 696	61 936 282	53 912 648	69 883 378	91 723 278	95 426 768	95 617 647
5112 Impuestos sobre las ventas	89 290	1 140 090	4 522 121	7 025 204	9 298 856	8 954 004	10 210 526	13 360 841	16 494 199	17 222 530
Industry and commerce tax (State)	89 290	1 140 090	4 522 121	7 025 204	9 298 856	8 954 004	10 210 526	13 360 841	16 494 199	17 222 530
5113 Otros impuestos generales	0	0	0	0	0	0	0	0	0	0

	1990	2000	2010	2015	2019	2020	2021	2022	2023	2024
5120 Impuestos sobre bienes y servicios específicos	716 285	4 462 789	10 704 271	16 003 181	16 828 948	13 093 698	17 121 016	21 962 257	23 431 043	27 076 825
5121 Impuestos selectivos	404 699	2 718 692	6 052 273	11 412 250	12 995 955	10 159 930	12 906 426	15 703 712	18 002 110	21 054 244
Oil	141 270	833 004	1 418 766	3 297 392	1 585 141	1 205 806	1 732 540	1 650 801	2 172 914	2 195 003
Tobacco (State)	52 898	213 412	390 472	524 357	1 278 561	1 239 269	1 451 431	1 638 694	1 788 807	1 755 350
Beer (State)	85 722	471 135	1 432 453	2 305 895	2 611 466	2 243 811	2 723 800	3 049 682	3 259 342	3 323 714
Liquors (State)	124 808	520 394	929 328	1 253 466	2 146 818	1 675 472	2 503 248	3 075 170	3 231 445	3 182 765
Restaurant, vehicles sale and mobile telephony	0	0	0	1 684 179	2 208 669	1 226 863	1 279 312	2 531 110	3 253 362	3 441 490
Carbon	0	0	0	0	436 914	281 911	330 567	361 899	555 037	528 723
Plastic bags	0	0	0	0	37 331	43 777	48 079	49 697	53 188	41 702
Medicinal cannabis	0	0	0	0	145	972	993	921	383	426
Diesel surcharge	0	85 716	500 405	598 993	599 600	505 000	570 600	655 000	754 000	877 200
Petrol surcharge	0	595 031	1 380 848	1 747 969	2 091 310	1 737 050	2 265 855	2 690 737	2 896 198	2 911 990
Sugar-sweetened ultra-processed beverages	0	0	0	0	0	0	0	0	10 234	471 473
Ultra-processed foods and/or with high content of added sugars, sodium or saturated fats	0	0	0	0	0	0	0	0	27 202	2 260 711
Single-use plastics	0	0	0	0	0	0	0	0	0	63 697
5122 Utilidades de los monopolios fiscales	0	0	0	0	0	0	0	0	0	0
5123 Derechos de aduanas y de importación	311 586	1 744 097	4 651 999	4 590 931	3 832 994	2 933 768	4 214 590	6 258 546	5 428 933	6 022 581
Custom duties	180 989	1 744 097	4 651 999	4 590 931	3 832 994	2 933 768	4 214 590	6 258 546	5 428 933	6 022 581
Imports surcharge	130 597	0	0	0	0	0	0	0	0	0
5124 Impuestos sobre las exportaciones	0	0	0	0	0	0	0	0	0	0
5125 Impuestos sobre los bienes de inversión	0	0	0	0	0	0	0	0	0	0
5126 Impuestos sobre servicios específicos	0	0	0	0	0	0	0	0	0	0
5127 Otros imp. sobre el comercio y transacciones intern.	0	0	0	0	0	0	0	0	0	0
5128 Otros impuestos sobre bienes y servicios específicos	0	0	0	0	0	0	0	0	0	0
5130 No clasificables entre 5110 y 5120	0	0	0	0	0	0	0	0	0	0
5200 Sobre el uso de bienes y permiso para actividades	0	131 795	373 568	1 028 485	1 733 840	1 792 192	2 043 090	2 285 557	2 824 854	3 425 904
5210 Impuestos recurrentes	..	131 795	373 568	1 028 485	1 733 840	1 792 192	2 043 090	2 285 557	2 824 854	3 425 904
5211 Por los hogares sobre vehículos automotores	..	131 795	373 568	1 028 485	1 733 840	1 792 192	2 043 090	2 285 557	2 824 854	3 425 904
Tax on motor vehicle ownership	..	131 795	373 568	1 028 485	1 733 840	1 792 192	2 043 090	2 285 557	2 824 854	3 425 904
5212 Por otros sobre vehículos automotores	..	..	..	..	..	..	..	..	..	..
5213 Otros impuestos recurrentes	..	..	..	..	..	..	..	..	..	..
5220 Impuestos no recurrentes	..	..	..	..	..	..	..	..	..	..
5300 No clasificables entre 5100 y 5200	0	0	0	0	0	0	0	0	0	0
6000 Otros impuestos	**159 323**	**1 011 197**	**3 789 014**	**7 245 701**	**9 289 906**	**7 646 264**	**10 172 339**	**12 743 607**	**15 140 562**	**15 677 332**
6100 Pagados únicamente por empresas	0	0	0	0	0	0	0	0	0	0
6200 Pagados por otros o no identificables	159 323	1 011 197	3 789 014	7 245 701	9 289 906	7 646 264	10 172 339	12 743 607	15 140 562	15 677 332
Stamp tax	0	401 497	357 160	101 668	85 799	41 373	83 115	134 457	215 515	248 965
Othor	78 306	79 287	126 602	318 271	533 852	245 541	423 822	788 653	974 781	1 114 152
Other (sub-national)	81 017	530 413	3 305 252	6 825 762	8 670 255	7 359 350	9 665 402	11 820 497	13 950 266	14 314 215

.. No disponible

Nota: Ejercicio cerrado a 31 de diciembre.

Los datos siguen el criterio de caja.

Incluye los ingresos consolidados declarados de las entidades territoriales (departamentos y municipios).

Partida 1000: Las cifras del impuesto sobre la renta de 2022 de las partidas 1100, 1200 y 1300 son estimaciones.

Partida 2000: Antes de 2013, las contribuciones a la seguridad social no incluían todas las contribuciones al FOSYGA (Fondo de Solidaridad y Garantía). Solo se incluía la parte de las contribuciones utilizada para financiar el régimen subvencionado (hasta 1.5 pp del 12.5%) del salario mensual que pagan empleadores y empleados como contribución obligatoria al sistema de salud). La parte de las contribuciones que se ingresan en el FOSYGA para financiar el régimen contributivo se ha clasificado en el sector de la seguridad social como “otros ingresos”. A partir del año 2013, todas las contribuciones al sistema de salud que se ingresan en el FOSYGA se clasifican como contribuciones a la seguridad social. El porcentaje de las contribuciones que no se ingresan en el FOSYGA y que recaudan y gastan los seguros de salud – EPS – no forma parte de las cuentas tributarias.

Fuente: Dirección de Impuestos y Aduanas Nacionales de Colombia, Ministerio de Hacienda y Crédito Público y Banco Central de Colombia.

Cuadro 4.10. Costa Rica, ingresos tributarios detallados

Millones CRC

	1990	2000	2010	2015	2019	2020	2021	2022	2023	2024
Total de ingresos tributarios	**117 711**	**978 114**	**4 382 367**	**6 923 575**	**8 855 885**	**8 235 528**	**10 019 264**	**11 285 967**	**11 732 286**	**12 200 437**
1000 Imp. renta, utilidades y ganancias de capital	**11 820**	**128 805**	**748 093**	**1247 308**	**1854 866**	**1651 249**	**2063 810**	**2430 200**	**2486 519**	**2418 043**
1100 De personas físicas	..	..	202 849	386 241	540 954	556 084	622 772	691 305	670 835	717 535
1110 Renta y utilidades	..	..	202 849	386 241	535 412	554 486	618 550	682 875	666 509	713 077
1120 Ganancias de capital	..	..	0	0	5 542	1 598	4 222	8 430	4 326	4 458
1200 De sociedades	..	..	450 312	659 951	1058 086	692 551	970 546	1188 835	1244 931	1120 617
1210 Renta y utilidades	..	..	450 312	659 951	955 908	685 470	952 951	1162 697	1229 138	1101 271
1220 Ganancias de capital de sociedades	..	..	0	0	102 177	7 081	17 595	26 138	15 793	19 346
1300 No clasificables entre 1100 y 1200	11 820	128 805	94 932	201 116	255 827	402 613	470 492	550 059	570 753	579 891
2000 Contribuciones a la seguridad social	**33 990**	**297 069**	**1450 531**	**2305 133**	**3026 691**	**2971 589**	**3605 731**	**3925 692**	**4192 080**	**4437 641**
2100 Empleados	..	..	..	..	..	..	..	..	..	..
2110 Sobre la base de la nómina	..	..	..	..	..	..	..	..	..	..
2120 Sobre la base del impuesto sobre la renta	..	..	..	..	..	..	..	..	..	..
2200 Empleadores	3 447	37 313	207 206	318 652	381 940	387 840	389 183	412 852	430 510	415 089
Government contributions	3 447	37 313	207 206	318 652	381 940	387 840	389 183	412 852	430 510	415 089
2210 Sobre la base de la nómina	..	..	..	..	..	..	..	..	..	..
2220 Sobre la base del impuesto sobre la renta	..	..	..	..	..	..	..	..	..	..
2300 Trabajadores por cuenta propia o no empleados	..	..	..	..	..	..	..	..	..	..
2310 Sobre la base de la nómina	..	..	..	..	..	..	..	..	..	..
2320 Sobre la base del impuesto sobre la renta	..	..	..	..	..	..	..	..	..	..
2400 No clasificables entre 2100, 2200 y 2300	30 543	259 756	1243 325	1986 481	2644 751	2583 749	3216 548	3512 840	3761 571	4022 552
Contributions by employees and non-government employers	30 543	249 182	1139 265	1785 522	2274 644	2212 249	2447 640	2697 026	2882 725	3100 201
Contributions for the special regimes	0	10 574	104 060	200 959	292 634	292 072	299 713	300 083	324 603	333 435
2410 Sobre la base de la nómina	..	..	..	..	..	..	..	..	..	..
2420 Sobre la base del impuesto sobre la renta	..	..	..	..	..	..	..	..	..	..
3000 Impuestos sobre la nómina y la fuerza de trabajo	**7 575**	**61 796**	**260 664**	**423 616**	**522 529**	**537 654**	**569 339**	**639 737**	**693 618**	**737 607**
Contributions by non-government employers	7 484	59 129	248 259	406 296	501 734	515 624	546 262	616 504	670 501	713 656
Contributions by government employers	91	2 666	12 405	17 321	20 795	22 030	23 077	23 233	23 117	23 951
4000 Impuestos sobre la propiedad	**1 566**	**8 396**	**63 706**	**123 261**	**167 952**	**162 950**	**208 531**	**220 741**	**220 798**	**236 362**
4100 Impuestos recurrentes sobre la propiedad inmueble	1 200	5 390	48 963	90 003	125 398	127 625	150 279	154 930	160 818	172 138
Land tax	0	0	0	0	0	0	0	0	0	0
Additional land tax	0	0	0	0	0	0	0	0	0	0
Tax on sumptuary constructions	0	0	0	0	0	0	0	0	0	0
Immovable property tax	0	0	3 527	4 076	4 699	4 655	5 108	5 206	5 424	5 491
Municipal immovable property tax	1 200	5 390	45 436	85 927	120 698	122 970	145 171	149 724	155 395	166 647
4110 Hogares	..	..	..	..	..	..	..	..	..	..
4120 Otros	..	..	..	..	..	..	..	..	..	..
4200 Impuestos recurrentes sobre la riqueza neta	0	0	0	0	0	0	0	0	0	0
4210 Personas físicas	..	..	..	..	..	..	..	..	..	..
4220 Sociedades	..	..	..	..	..	..	..	..	..	..
4300 Impuestos sobre sucesiones y donaciones	0	0	0	0	0	0	0	0	0	0
4310 Impuestos sobre sucesiones y herencias	..	..	..	..	..	..	..	..	..	..
4320 Impuestos sobre donaciones	..	..	..	..	..	..	..	..	..	..
4400 Imp. sobre transacciones financieras y de capital	366	3 007	14 743	33 258	42 554	35 300	58 206	65 802	59 970	64 224
4500 Otros impuestos no recurrentes sobre la propiedad	0	0	0	0	0	24	46	8	10	0
4510 Otros impuestos sobre la riqueza neta	..	..	..	..	..	0	0	0	0	..
4520 Otros impuestos no recurrentes	..	..	..	..	..	24	46	8	10	..
4600 Otros impuestos recurrentes sobre la propiedad	0	0	0	0	0	0	0	0	0	0
5000 Impuestos sobre los bienes y servicios	**53 509**	**456 851**	**1766 914**	**2661 902**	**3081 941**	**2745 118**	**3488 535**	**3674 723**	**3916 652**	**4135 967**
5100 Imp. sobre la producción, venta, etc.	49 867	425 713	1600 302	2388 900	2756 759	2500 510	3150 398	3330 772	3545 078	3791 468
5110 Impuestos generales	21 326	222 775	920 298	1368 601	1662 503	1649 531	2065 623	2217 743	2312 188	2445 156
5111 Impuestos sobre el valor agregado	21 326	222 775	920 298	1336 075	1634 986	1623 695	2039 997	2193 160	2285 858	2419 493
5112 Impuestos sobre las ventas	0	0	0	0	0	0	0	0	0	0
5113 Otros impuestos generales	0	0	0	32 526	27 517	25 836	25 626	24 583	26 330	25 663
5120 Impuestos sobre bienes y servicios específicos	28 541	202 939	680 004	1020 299	1094 256	850 979	1084 775	1113 029	1232 890	1346 312

	1990	2000	2010	2015	2019	2020	2021	2022	2023	2024
5121 Impuestos selectivos	11 096	157 204	523 617	798 412	864 985	688 784	863 133	883 105	1001 152	1094 084
Fuels and energy	0	0	320 638	457 827	552 017	436 384	522 063	530 195	576 175	619 878
Alcoholic beverages	0	8 229	28 035	43 095	43 849	44 373	53 118	55 539	56 478	57 691
Non alcoholic beverages	0	0	26 566	36 353	41 247	38 510	43 234	49 556	57 399	60 715
Soaps	0	0	1 317	2 562	3 020	3 052	3 200	2 810	3 260	2 693
Cement	0	0	227	304	216	123	0	5 358	5 488	5 324
Tobacco	0	0	0	33 681	27 185	23 896	27 019	22 336	27 959	26 576
Abolished specific taxes on production and consumption	0	0	0	0	0	0	0	0	0	0
Other specific taxes on consumption	11 096	148 975	146 834	224 590	197 452	142 447	214 499	217 311	274 395	321 206
5122 Utilidades de los monopolios fiscales	0	0	0	0	0	0	0	0	0	0
5123 Derechos de aduanas y de importación	15 052	40 485	126 134	174 568	164 224	133 733	177 948	164 137	165 189	183 729
Import duties	13 977	32 336	103 851	148 666	140 919	114 777	152 133	137 668	138 487	154 076
Custom duties	1 075	8 149	22 284	25 902	23 305	18 956	25 815	26 469	26 701	29 653
Import duties on animals	0	0	0	0	0	0	0	0	0	0
5124 Impuestos sobre las exportaciones	2 113	2 238	3 973	4 468	5 412	5 471	6 274	4 842	5 398	5 084
Export duties	2 113	2 088	3 816	2 701	3 502	3 777	4 064	3 100	3 492	3 235
Export duties Law 133	0	0	0	0	0	0	0	0	0	0
Export duties Law 5519	0	0	0	0	0	0	0	0	0	0
Tax on banana exports	0	150	157	156	184	199	203	150	198	192
Export duties on ground transportation	0	0	0	1 611	1 726	1 494	2 007	1 593	1 707	1 657
5125 Impuestos sobre los bienes de inversión	0	0	0	0	0	0	0	0	0	0
5126 Impuestos sobre servicios específicos	280	2 929	24 767	38 687	54 556	18 463	31 742	55 167	55 991	59 000
Casinos and gambling	0	225	445	1 455	1 241	378	431	455	553	647
Port cargo movements	0	6	0	0	0	0	0	0	0	0
Overseas departure tax	0	0	24 322	37 232	53 315	18 085	31 311	54 711	55 438	58 353
10% on public shows	0	0	0	0	0	0	0	0	0	0
Pro-national airport's stamp tax	0	0	0	0	0	0	0	0	0	0
Stamp tax on the use of borders and ports	280	2 697	0	0	0	0	0	0	0	0
5127 Otros imp. sobre el comercio y transacciones intern.	0	83	1 513	3 093	3 841	3 304	3 916	3 919	3 877	3 613
5128 Otros impuestos sobre bienes y servicios específicos	0	0	0	1 071	1 238	1 225	1 761	1 860	1 282	802
5130 No clasificables entre 5110 y 5120	0	0	0	0	0	0	0	0	0	0
5200 Sobre el uso de bienes y permiso para actividades	3 642	31 138	166 612	273 003	325 182	244 608	338 138	343 951	371 574	344 499
5210 Impuestos recurrentes	3 642	31 138	166 612	273 003	325 182	244 608	338 138	343 951	371 574	344 499
5211 Por los hogares sobre vehículos automotores	0	0	0	0	0	0	0	0	0	0
5212 Por otros sobre vehículos automotores	1 425	15 374	94 102	145 894	181 198	108 198	183 368	186 226	196 614	165 143
Property tax on vehicles, aircraft and boats	1 425	15 374	94 102	145 894	181 198	108 198	183 368	186 226	196 614	165 143
5213 Otros impuestos recurrentes	2 217	15 763	72 510	127 109	143 984	136 410	154 769	157 725	174 960	179 357
Local taxes	1 262	11 898	68 808	122 248	137 979	130 332	147 349	151 320	166 070	170 788
Hunting and fishing licences	0	0	0	0	0	0	0	0	0	0
Spirits licence	0	0	0	0	0	0	0	0	0	0
Revenue stamps	955	3 866	3 702	4 861	6 004	6 078	7 421	6 405	8 890	8 569
Sport stamp tax	0	0	0	0	0	0	0	0	0	0
5220 Impuestos no recurrentes	0	0	0	0	0	0	0	0	0	0
5300 No clasificables entre 5100 y 5200	0	0	0	0	0	0	0	0	0	0
6000 Otros impuestos	**9 251**	**25 198**	**92 460**	**162 355**	**201 906**	**166 969**	**83 319**	**394 874**	**222 619**	**234 817**
6100 Pagados únicamente por empresas	0	0	0	0	0	0	0	0	0	0
6200 Pagados por otros o no identificables	9 251	25 198	92 460	162 355	201 906	166 969	83 319	394 874	222 619	234 817
Transfers of vehicles, aircraft and boats	497	2 530	12 311	20 999	23 223	22 593	28 064	27 597	29 487	30 783
Tax revenue from decentralised units	2 764	15 048	29 969	49 334	67 968	60 054	0	0	0	0
Other taxes	5 990	7 620	50 180	92 022	110 654	84 266	55 122	367 079	193 054	203 827

.. No disponible

Nota: Ejercicio cerrado a 31 de diciembre.

Los datos siguen el criterio de caja.

Partida 2000: Los datos incluyen las contribuciones a la seguridad social que paga la administración por sus empleados, así como las contribuciones destinadas a regímenes especiales (profesorado y magistratura). En los datos de la CEPAL, las contribuciones a la seguridad social también incluyen el INA (Instituto Nacional de Aprendizaje), el IMAS (Instituto Mixto de Ayuda Social) y el FODESAF (Fondo de Desarrollo Social y Asignaciones Familiares).

Partida 3000: En Costa Rica y también para la CEPAL, las contribuciones a la seguridad social procedentes de instituciones descentralizadas se clasifican en la partida 2000.

Partida 5212: En los datos de la CEPAL, los impuestos a la propiedad de vehículos, aeronaves y embarcaciones se clasifican en la categoría 4000.

Partida 6200: Las cifras incluyen la recaudación de impuestos de órganos descentralizados (distinta de las contribuciones a la seguridad social). Los ingresos tributarios de órganos descentralizados se clasifican dentro del Gobierno central. En Costa Rica, estos ingresos se clasifican dentro de una unidad aparte (descentralizada) que se considera separada del Gobierno central.

En los datos de la CEPAL, el impuesto a la transferencia de vehículos usados, Ley n.º 7088 de 30/11/87, se clasifica como un impuesto a la propiedad.

Fuente: Secretaría Técnica de la Autoridad Presupuestaria, Ministerio de Finanzas y Contraloría General de la República.

Cuadro 4.11. Cuba, ingresos tributarios detallados

Millones CUP

	1990	2000	2010	2015	2019	2020	2021	2022	2023	2024
Total de ingresos tributarios	**6 265**	**11 367**	**23 949**	**33 182**	**43 504**	**40 263**	**96 521**	**116 046**	**148 072**	**248 478**
1000 Imp. renta, utilidades y ganancias de capital	**14**	**1 826**	**3 603**	**6 676**	**12 257**	**11 383**	**44 545**	**54 354**	**69 852**	**99 501**
1100 De personas físicas	14	291	554	1 848	4 762	4 586	7 383	7 501	10 516	18 060
1110 Renta y utilidades	..	..	..	..	..	..	..	..	..	..
1120 Ganancias de capital	..	..	..	..	..	..	..	..	..	..
1200 De sociedades	0	1 535	3 049	4 828	7 495	6 796	37 162	46 853	59 336	81 442
1210 Renta y utilidades	..	..	..	..	..	..	..	..	..	..
1220 Ganancias de capital de sociedades	..	..	..	..	..	..	..	..	..	..
1300 No clasificables entre 1100 y 1200	0	0	0	0	0	0	0	0	0	0
2000 Contribuciones a la seguridad social	**691**	**1 181**	**2 974**	**4 322**	**5 727**	**6 433**	**24 155**	**16 727**	**29 368**	**35 626**
2100 Empleados	..	..	..	..	..	..	..	..	..	..
2110 Sobre la base de la nómina	..	..	..	..	..	..	..	..	..	..
2120 Sobre la base del impuesto sobre la renta	..	..	..	..	..	..	..	..	..	..
2200 Empleadores	..	..	..	..	..	..	..	..	..	..
2210 Sobre la base de la nómina	..	..	..	..	..	..	..	..	..	..
2220 Sobre la base del impuesto sobre la renta	..	..	..	..	..	..	..	..	..	..
2300 Trabajadores por cuenta propia o no empleados	..	..	..	..	..	..	..	..	..	..
2310 Sobre la base de la nómina	..	..	..	..	..	..	..	..	..	..
2320 Sobre la base del impuesto sobre la renta	..	..	..	..	..	..	..	..	..	..
2400 No clasificables entre 2100, 2200 y 2300	691	1 181	2 974	4 322	5 727	6 433	24 155	16 727	29 368	35 626
2410 Sobre la base de la nómina	691	1 181	2 974	4 322	5 727	6 433	24 155	16 727	29 368	35 626
2420 Sobre la base del impuesto sobre la renta	0	0	0	0	0	0	0	0	0	0
3000 Impuestos sobre la nómina y la fuerza de trabajo	**0**	**970**	**4 414**	**2 753**	**1 415**	**1 605**	**5 947**	**6 239**	**6 714**	**8 324**
4000 Impuestos sobre la propiedad	**0**	**0**	**0**	**0**	**0**	**0**	**0**	**0**	**0**	**0**
4100 Impuestos recurrentes sobre la propiedad inmueble	..	..	..	..	..	..	..	..	..	..
4110 Hogares	..	..	..	..	..	..	..	..	..	..
4120 Otros	..	..	..	..	..	..	..	..	..	..
4200 Impuestos recurrentes sobre la riqueza neta	..	..	..	..	..	..	..	..	..	..
4210 Personas físicas	..	..	..	..	..	..	..	..	..	..
4220 Sociedades	..	..	..	..	..	..	..	..	..	..
4300 Impuestos sobre sucesiones y donaciones	..	..	..	..	..	..	..	..	..	..
4310 Impuestos sobre sucesiones y herencias	..	..	..	..	..	..	..	..	..	..
4320 Impuestos sobre donaciones	..	..	..	..	..	..	..	..	..	..
4400 Imp. sobre transacciones financieras y de capital	..	..	..	..	..	..	..	..	..	..
4500 Otros impuestos no recurrentes sobre la propiedad	..	..	..	..	..	..	..	..	..	..
4510 Otros impuestos sobre la riqueza neta	..	..	..	..	..	..	..	..	..	..
4520 Otros impuestos no recurrentes	..	..	..	..	..	..	..	..	..	..
4600 Otros impuestos recurrentes sobre la propiedad	..	..	..	..	..	..	..	..	..	..
5000 Impuestos sobre los bienes y servicios	**5 443**	**6 732**	**12 283**	**17 742**	**20 995**	**18 673**	**10 582**	**12 657**	**21 779**	**73 475**
5100 Imp. sobre la producción, venta, etc.	5 443	6 732	12 283	17 742	20 995	18 673	10 582	12 657	21 779	73 475
5110 Impuestos generales	5 017	6 131	10 525	15 611	16 619	14 498	6 489	8 029	15 931	66 791
5111 Impuestos sobre el valor agregado	0	0	0	0	0	0	0	0	0	0
5112 Impuestos sobre las ventas	5 017	6 131	10 525	15 611	16 619	14 498	6 489	8 029	15 931	66 791
5113 Otros impuestos generales	0	0	0	0	0	0	0	0	0	0
5120 Impuestos sobre bienes y servicios específicos	426	602	1 758	2 131	4 376	4 175	4 093	4 628	5 847	6 684
5121 Impuestos selectivos	..	..	..	..	..	..	..	..	..	..
5122 Utilidades de los monopolios fiscales	..	..	..	..	..	..	..	..	..	..
5123 Derechos de aduanas y de importación	..	..	..	..	..	..	..	..	..	..
5124 Impuestos sobre las exportaciones	..	..	..	..	..	..	..	..	..	..
5125 Impuestos sobre los bienes de inversión	..	..	..	..	..	..	..	..	..	..
5126 Impuestos sobre servicios específicos	..	..	..	..	..	..	..	..	..	..
5127 Otros imp. sobre el comercio y transacciones intern.	..	..	..	..	..	..	..	..	..	..
5128 Otros impuestos sobre bienes y servicios específicos	..	..	..	..	..	..	..	..	..	..
5130 No clasificables entre 5110 y 5120	0	0	0	0	0	0	0	0	0	0
5200 Sobre el uso de bienes y permiso para actividades	0	0	0	0	0	0	0	0	0	0
5210 Impuestos recurrentes	..	..	..	..	..	..	..	..	..	..
5211 Por los hogares sobre vehículos automotores	..	..	..	..	..	..	..	..	..	..
5212 Por otros sobre vehículos automotores	..	..	..	..	..	..	..	..	..	..
5213 Otros impuestos recurrentes	..	..	..	..	..	..	..	..	..	..
5220 Impuestos no recurrentes	..	..	..	..	..	..	..	..	..	..
5300 No clasificables entre 5100 y 5200	0	0	0	0	0	0	0	0	0	0
6000 Otros impuestos	**117**	**657**	**675**	**1 690**	**3 110**	**2 169**	**11 293**	**26 069**	**20 359**	**31 552**
6100 Pagados únicamente por empresas	..	..	..	..	..	..	..	..	..	..

	1990	2000	2010	2015	2019	2020	2021	2022	2023	2024
6200 Pagados por otros o no identificables	..	..	..	..	..	..	..	..	..	..

.. No disponible

Nota: Ejercicio cerrado a 31 de diciembre.

Los datos siguen el criterio de caja.

Las cifras correspondientes a las subcategorías de la partida 5120 no se encuentran disponibles.

Los ingresos tributarios del Gobierno central y las administraciones locales solo están disponibles entre 2002 y 2012.

Las cifras posteriores a 2021 no son comparables con los datos de años anteriores por los enormes ajustes derivados de la reforma de Cuba en materia de divisas.

Fuente: Ministerio de Finanzas y Precios de la República de Cuba; Oficina Nacional de Estadísticas de Cuba; Comisión Económica para América Latina y el Caribe.

Cuadro 4.12. República Dominicana, ingresos tributarios detallados

Millones DOP

	1990	2000	2010	2015	2019	2020	2021	2022	2023	2024
Total de ingresos tributarios	**6 420**	**47 753**	**242 756**	**413 895**	**611 573**	**556 425**	**781 183**	**872 960**	**974 564**	**1 087 377**
1000 Imp. renta, utilidades y ganancias de capital	**1 650**	**10 517**	**52 653**	**118 529**	**191 771**	**187 108**	**263 082**	**276 183**	**339 645**	**380 145**
1100 De personas físicas	..	4 088	17 088	35 548	59 448	58 747	69 026	87 200	103 150	117 252
1110 Renta y utilidades	..	4 070	16 901	35 187	58 842	58 355	68 593	86 504	102 566	116 518
1120 Ganancias de capital	..	18	187	361	606	392	433	696	584	734
1200 De sociedades	..	4 605	21 325	61 455	95 928	90 340	150 695	140 603	179 748	193 084
1210 Renta y utilidades	..	4 605	21 325	61 455	95 928	90 340	150 695	140 603	179 748	193 084
1220 Ganancias de capital de sociedades	..	..	..	..	..	..	..	..	..	..
1300 No clasificables entre 1100 y 1200	1 650	1 824	14 241	21 526	36 395	38 021	43 361	48 380	56 748	69 810
2000 Contribuciones a la seguridad social	**53**	**490**	**1 845**	**1 483**	**2 553**	**2 661**	**3 420**	**4 923**	**4 221**	**7 372**
2100 Empleados	..	..	1 720	1 321	..	..	..	..	..	..
2110 Sobre la base de la nómina	..	..	..	..	..	..	..	..	..	..
2120 Sobre la base del impuesto sobre la renta	..	..	..	..	..	..	..	..	..	..
2200 Empleadores	..	..	125	163	..	..	..	..	..	..
2210 Sobre la base de la nómina	..	..	..	..	..	..	..	..	..	..
2220 Sobre la base del impuesto sobre la renta	..	..	..	..	..	..	..	..	..	..
2300 Trabajadores por cuenta propia o no empleados	..	..	0	0	..	..	..	..	..	..
2310 Sobre la base de la nómina	..	..	..	..	..	..	..	..	..	..
2320 Sobre la base del impuesto sobre la renta	..	..	..	..	..	..	..	..	..	..
2400 No clasificables entre 2100, 2200 y 2300	53	490	0	0	2 553	2 661	3 420	4 923	4 221	7 372
2410 Sobre la base de la nómina	53	490	..	..	2 553	2 661	3 420	4 923	4 221	7 372
2420 Sobre la base del impuesto sobre la renta	0	0	..	..	0	0	0	0	0	0
3000 Impuestos sobre la nómina y la fuerza de trabajo	**0**	**0**	**1 385**	**2 366**	**3 502**	**3 141**	**3 810**	**4 347**	**4 991**	**5 586**
4000 Impuestos sobre la propiedad	**74**	**644**	**12 416**	**18 336**	**27 374**	**24 367**	**45 798**	**45 061**	**49 224**	**52 619**
4100 Impuestos recurrentes sobre la propiedad inmueble	9	115	555	1 755	2 904	2 857	4 171	4 438	5 105	5 349
4110 Hogares	9	115	555	1 755	2 904	2 857	4 171	4 438	5 105	5 349
4120 Otros	0	0	0	0	0	0	0	0	0	0
4200 Impuestos recurrentes sobre la riqueza neta	0	0	2 449	3 445	5 155	4 522	8 396	8 615	9 401	9 990
Tax on assets	..	..	2 449	3 445	5 155	4 522	8 396	8 615	9 401	9 990
4210 Personas físicas	..	..	..	..	..	..	..	..	..	..
4220 Sociedades	..	..	..	..	..	..	..	..	..	..
4300 Impuestos sobre sucesiones y donaciones	11	96	231	418	715	522	1 308	1 389	1 158	1 251
4310 Impuestos sobre sucesiones y herencias	..	..	..	..	..	..	..	..	..	..
4320 Impuestos sobre donaciones	..	..	..	..	..	..	..	..	..	..
4400 Imp. sobre transacciones financieras y de capital	40	377	8 658	12 067	17 594	15 635	30 206	28 611	30 737	34 459
Tax on checks	0	0	4 262	5 951	8 646	8 644	11 231	13 547	15 506	17 958
Real estate operations	22	217	3 864	5 169	7 526	5 910	17 068	13 015	13 132	14 107
Tax on the transfer of immovable property	18	160	533	947	1 422	1 080	1 907	2 048	2 099	2 394
4500 Otros impuestos no recurrentes sobre la propiedad	3	32	488	591	931	779	1 642	1 929	2 746	1 491
4510 Otros impuestos sobre la riqueza neta	3	32	488	591	931	779	1 642	1 929	2 746	1 491
4520 Otros impuestos no recurrentes	0	0	0	0	0	0	0	0	0	0
4600 Otros impuestos recurrentes sobre la propiedad	11	25	35	61	75	52	76	81	77	79
5000 Impuestos sobre los bienes y servicios	**4 484**	**35 672**	**174 457**	**273 179**	**386 372**	**339 147**	**465 072**	**542 443**	**576 480**	**641 651**
5100 Imp. sobre la producción, venta, etc.	4 418	34 962	167 983	262 737	369 238	327 400	444 248	519 450	551 102	612 784
5110 Impuestos generales	970	9 912	81 226	147 039	214 324	194 408	261 207	310 788	336 694	375 088
5111 Impuestos sobre el valor agregado	970	9 912	81 226	147 039	214 324	194 408	261 207	310 788	336 694	375 088
5112 Impuestos sobre las ventas	0	0	0	0	0	0	0	0	0	0
5113 Otros impuestos generales	0	0	0	0	0	0	0	0	0	0
5120 Impuestos sobre bienes y servicios específicos	3 449	25 051	86 757	115 699	154 914	132 993	183 041	208 662	214 408	237 696
5121 Impuestos selectivos	495	6 320	55 224	73 683	100 396	85 534	117 330	130 628	132 688	143 215
Alcoholic beverages	251	2 455	15 054	22 371	30 610	29 336	39 822	42 492	43 905	47 591
Tobacco products	102	469	4 529	4 532	3 923	3 507	3 747	3 310	3 088	2 908
Petroleum products	89	3 143	34 598	43 315	60 828	47 854	67 823	78 575	79 414	86 156
Other excises	52	252	1 043	3 465	5 035	4 836	5 938	6 252	6 281	6 560
5122 Utilidades de los monopolios fiscales	0	0	0	0	0	0	0	0	0	0
5123 Derechos de aduanas y de importación	1 548	13 459	19 455	25 211	32 478	29 630	42 638	50 635	50 795	60 110
Import duties	615	13 456	19 455	24 378	32 478	29 630	42 638	50 635	50 795	60 110
Others	933	3	0	834	0	0	0	0	0	0
5124 Impuestos sobre las exportaciones	6	4	146	8	0	0	0	0	0	0
5125 Impuestos sobre los bienes de inversión	0	0	0	0	0	0	0	0	0	0

	1990	2000	2010	2015	2019	2020	2021	2022	2023	2024
5126 Impuestos sobre servicios específicos	364	1 662	11 553	16 450	21 529	17 618	22 727	26 993	30 539	34 177
Telecommunications	85	5	4 886	6 375	7 313	7 494	8 117	8 716	9 036	9 495
Insurance premiums	33	584	3 088	4 301	6 782	7 128	8 560	9 567	11 491	13 715
Departure tax	204	809	3 428	5 535	7 180	2 894	5 870	8 428	9 685	10 620
Hotels	22	191	0	0	0	0	0	0	0	0
Casinos	16	59	151	184	225	77	131	208	246	246
Racetracks	4	15	0	0	0	0	0	0	0	0
Phone gaming	0	0	0	56	28	25	49	74	82	101
Others	0	0	0	0	0	0	0	0	0	0
5127 Otros imp. sobre el comercio y transacciones intern.	1 037	3 606	379	346	511	211	346	407	386	194
Exchange commission	857	3 412	0	0	0	0	0	0	0	0
Consular fees	77	32	132	137	156	72	65	133	178	174
Others	103	162	247	209	355	139	282	274	208	20
5128 Otros impuestos sobre bienes y servicios específicos	0	0	0	0	0	0	0	0	0	0
5130 No clasificables entre 5110 y 5120	0	0	0	0	0	0	0	0	0	0
5200 Sobre el uso de bienes y permiso para actividades	65	710	6 475	10 442	17 134	11 747	20 824	22 993	25 379	28 867
5210 Impuestos recurrentes	65	710	2 241	2 937	4 857	2 235	4 534	4 725	4 648	5 334
5211 Por los hogares sobre vehículos automotores	45	268	1 277	1 558	3 407	1 189	2 991	3 023	2 766	3 314
5212 Por otros sobre vehículos automotores	0	0	0	0	0	0	0	0	0	0
5213 Otros impuestos recurrentes	21	442	964	1 379	1 450	1 046	1 543	1 703	1 883	2 020
Licences to carry firearms	17	237	296	171	182	162	169	276	274	384
Licences to operate gambling houses	0	114	211	1 208	1 268	885	1 374	1 427	1 609	1 636
Licences to operate slot machines	4	60	458	0	0	0	0	0	0	0
Others	0	30	0	0	0	0	0	0	0	0
5220 Impuestos no recurrentes	0	0	4 234	7 505	12 277	9 511	16 290	18 268	20 731	23 533
Vehicle property registration	..	..	4 234	6 990	11 442	8 882	15 188	17 059	19 329	21 917
Ecological taxes	..	..	0	515	835	629	1 102	1 209	1 401	1 617
5300 No clasificables entre 5100 y 5200	0	0	0	0	0	0	0	0	0	0
6000 Otros impuestos	**159**	**429**	**0**	**1**	**2**	**1**	**2**	**3**	**3**	**3**
6100 Pagados únicamente por empresas	0	0	..	0	0	0	0	0	0	0
6200 Pagados por otros o no identificables	159	429	..	1	2	1	2	3	3	3

.. No disponible

Nota: Ejercicio cerrado a 31 de diciembre.

Los datos siguen el criterio de caja.

Las cifras no incluyen los ingresos tributarios de las administraciones locales, porque no hay datos disponibles.

Las multas se han identificado y excluido de los impuestos sobre la renta y los impuestos a la propiedad desde el año 1995 y de los impuestos sobre bienes y servicios, desde 1990.

Partida 2000: Los datos excluyen contribuciones a la seguridad social destinadas a la administración central gestionadas por el sector privado. Entre 2006 y 2017, está disponible un desglose adicional para distinguir entre las contribuciones a la seguridad social que pagan los empleados y las que pagan los empleadores.

Partida 3000: Esta partida incluye las contribuciones obligatorias no destinadas a las pensiones al Instituto de Formación Técnico Profesional (INFOTEP). Los ingresos tributarios se clasifican dentro del Gobierno central. En la República Dominicana esos ingresos se clasifican en una unidad aparte (descentralizada) que se considera diferente del Gobierno central.

Partida 5211: En los datos de la CEPAL, el impuesto a la transferencia de vehículos se clasifica como un impuesto a la propiedad (4000).

Fuente: Ministerio de Hacienda; Instituto Nacional de Formación Técnico Profesional.

Cuadro 4.13. Ecuador, ingresos tributarios detallados

Millones USD

	1990	2000	2005	2010	2019	2020	2021	2022	2023	2024
Total de ingresos tributarios	**1 078**	**2 125**	**5 724**	**11 693**	**21 501**	**18 543**	**20 701**	**24 098**	**24 486**	**27 047**
1000 Imp. renta, utilidades y ganancias de capital	**139**	**268**	**1 248**	**2 924**	**4 669**	**4 503**	**4 460**	**5 326**	**5 709**	**7 139**
1100 De personas físicas	..	10	27	80	197	155	143	181	293	303
1110 Renta y utilidades	..	10	27	80	197	155	143	181	293	303
Personal income tax	..	10	27	80	197	155	143	181	293	303
Solidarity contribution on remuneration	..	0	0	0	0	0	0	0	0	0
1120 Ganancias de capital	..	..	..	0	0	0	0	0	..	..
1200 De sociedades	..	53	362	1 046	1 308	1 333	899	1 350	1 317	3 526
1210 Renta y utilidades	..	53	362	1 046	1 308	1 333	899	1 350	1 317	3 526
Corporate income tax	..	53	342	474	1 232	1 276	832	1 284	1 259	1 711
Income tax on oil companies and others	..	0	20	572	75	57	67	65	58	70
Solidarity contribution on profits	..	0	0	0	0	0	0	0	0	0
1220 Ganancias de capital de sociedades	..	..	0	0	0	0	0	0	0	1 745
1300 No clasificables entre 1100 y 1200	..	..	..	..	..	..	..	..	..	..
Withholding tax	139	206	859	1 798	3 164	3 015	3 418	3 795	4 098	3 310
Income tax advances	0	190	683	1 560	2 847	2 787	3 416	3 886	4 011	3 222
Income tax refunds	0	14	170	298	394	290	15	4	178	50
Other income taxes (local)	0	0	0	-75	-151	-112	-98	-180	-170	-43
2000 Contribuciones a la seguridad social	**1**	**2**	**6**	**15**	**74**	**50**	**84**	**85**	**80**	**80**
2100 Empleados	243	228	1 109	2 541	5 704	5 079	5 305	5 773	6 051	6 062
2110 Sobre la base de la nómina	..	..	..	..	..	..	..	..	..	..
2120 Sobre la base del impuesto sobre la renta	..	..	..	..	..	..	..	..	..	..
2200 Empleadores	..	..	..	..	..	..	..	..	..	..
2210 Sobre la base de la nómina	..	..	..	..	..	..	..	..	..	..
2220 Sobre la base del impuesto sobre la renta	..	..	..	..	..	..	..	..	..	..
2300 Trabajadores por cuenta propia o no empleados	..	..	..	..	..	..	..	..	..	..
2310 Sobre la base de la nómina	..	..	..	..	..	..	..	..	..	..
2320 Sobre la base del impuesto sobre la renta	..	..	..	..	..	..	..	..	..	..
2400 No clasificables entre 2100, 2200 y 2300	..	..	..	..	..	..	..	..	..	..
2410 Sobre la base de la nómina	243	228	1 109	2 541	5 704	5 079	5 305	5 773	6 051	6 062
2420 Sobre la base del impuesto sobre la renta	..	..	..	..	..	..	..	..	..	..
3000 Impuestos sobre la nómina y la fuerza de trabajo	**..**	**..**	**..**	**..**	**..**	**..**	**..**	**..**	**..**	**..**
4000 Impuestos sobre la propiedad	**0**	**0**	**0**	**0**	**0**	**0**	**0**	**0**	**0**	**0**
4100 Impuestos recurrentes sobre la propiedad inmueble	16	17	71	159	353	334	379	991	740	460
Rural land tax	13	8	37	68	186	172	195	202	200	232
4110 Hogares	0	0	0	3	0	0	0	0	0	0
4120 Otros	0	0	0	0	0	0	0	0	0	0
Tax on urban properties	13	8	37	66	185	172	195	202	200	232
Tax on rural properties	12	7	32	55	158	145	163	170	168	196
4200 Impuestos recurrentes sobre la riqueza neta	1	1	6	10	27	27	32	32	32	37
4210 Personas físicas	0	0	0	35	35	31	24	19	19	24
4220 Sociedades	..	..	..	0	0	0	0	0	0	0
Tax on foreign assets	..	..	..	35	35	31	24	19	19	24
4300 Impuestos sobre sucesiones y donaciones	..	..	..	35	35	31	24	19	19	24
4310 Impuestos sobre sucesiones y herencias	0	0	1	5	24	24	40	11	17	54
4320 Impuestos sobre donaciones	..	..	1	5	24	24	40	11	17	54
4400 Imp. sobre transacciones financieras y de capital	..	..	0	0	0	0	0	0	0	0
4500 Otros impuestos no recurrentes sobre la propiedad	0	0	0	0	0	0	0	0	0	0
4510 Otros impuestos sobre la riqueza neta	0	0	0	0	0	0	0	635	374	0
Solidarity contribution on equity	..	..	..	..	..	..	..	635	374	..
Solidarity contribution on foreign assets	..	..	..	..	..	..	..	0	0	..
Regularisation of assets abroad	..	..	..	..	..	..	..	0	0	..
Post-COVID contributions	..	..	..	..	..	..	..	88	4	..
4520 Otros impuestos no recurrentes	..	..	..	..	..	..	..	547	370	..
4600 Otros impuestos recurrentes sobre la propiedad	..	..	..	..	..	..	..	0	0	..
5000 Impuestos sobre los bienes y servicios	**3**	**9**	**33**	**50**	**108**	**107**	**120**	**124**	**131**	**150**
5100 Imp. sobre la producción, venta, etc.	679	1 609	3 244	6 066	10 755	8 608	10 535	12 005	11 986	13 387
5110 Impuestos generales	671	1 580	3 140	5 863	10 248	8 266	10 150	11 602	11 550	12 922
5111 Impuestos sobre el valor agregado	306	928	2 211	3 801	6 622	5 459	6 678	7 954	8 195	9 505
VAT (internal operations)	302	923	2 194	3 759	6 539	5 398	6 581	7 854	8 097	9 409
VAT (imports)	..	557	1 239	2 506	4 885	4 093	4 765	5 783	6 307	7 384
2% contribution on VAT	..	381	1 105	1 668	1 800	1 413	1 961	2 350	2 137	2 382
VAT refunds	..	0	0	0	0	0	0	0	0	0
Other VATs (local)	..	-14	-149	-416	-146	-108	-146	-279	-347	-358
5112 Impuestos sobre las ventas	..	0	0	-0	0	0	0	0	0	0
5113 Otros impuestos generales	..	0	0	0	0	0	0	0	0	279

	1990	2000	2005	2010	2019	2020	2021	2022	2023	2024
5120 Impuestos sobre bienes y servicios específicos	0	0	0	0	0	0	0	0	0	0
5121 Impuestos selectivos	4	5	16	41	83	61	97	101	97	97
Beer	365	652	929	2 062	3 627	2 807	3 472	3 648	3 355	3 416
Cigarettes	90	89	237	508	885	715	821	865	846	781
Fizzy drinks	..	29	62	119	246	209	234	274	281	290
Vehicles	..	30	72	117	103	71	42	0	0	0
Alcohol and alcoholic products	..	9	15	40	93	79	81	79	76	73
Non-returnable plastic bottles	..	6	17	55	42	25	31	38	43	35
Telephone	..	4	11	23	40	28	36	43	42	44
Water heaters	..	0	0	0	36	29	34	40	44	45
Perfumes	..	0	0	0	29	84	75	4	0	1
Non-alcoholic drinks	..	0	0	0	2	1	2	0	0	0
Other excises (internal operations)	..	0	0	17	21	13	14	15	16	16
Excises on imports	..	0	0	0	11	11	14	16	18	17
5122 Utilidades de los monopolios fiscales	..	0	0	0	5	4	5	6	6	7
5123 Derechos de aduanas y de importación	..	10	60	138	257	162	253	351	319	254
5124 Impuestos sobre las exportaciones	0	0	0	0	0	0	0	0	0	0
5125 Impuestos sobre los bienes de inversión	227	217	547	1 153	1 414	944	1 207	1 267	1 180	1 117
5126 Impuestos sobre servicios específicos	0	0	0	0	0	0	0	0	0	0
Contribution to comprehensive cancer care	0	0	0	0	0	0	0	0	0	0
Prepaid television services	26	343	145	30	188	183	232	242	240	246
Club membership fees	0	0	0	0	116	125	184	202	206	219
Casino services	0	0	0	14	60	54	43	32	25	19
Telecommunications	0	0	0	0	1	0	0	0	0	0
Capital circulation tax	0	0	0	8	0	0	0	0	0	0
Departure tax	0	0	142	0	0	0	0	0	0	0
Tax on credit operations	0	322	0	0	0	0	0	0	0	0
Other service taxes (local)	7	16	0	0	0	0	0	0	0	0
5127 Otros imp. sobre el comercio y transacciones intern.	18	2	0	1	0	0	0	0	0	0
Foreign Currency Exit Tax (ISD)	1	2	3	7	11	3	5	8	9	8
Tax on purchase of foreign currency	22	4	0	371	1 140	964	1 212	1 274	1 088	1 272
5128 Otros impuestos sobre bienes y servicios específicos	0	0	..	371	1 140	964	1 212	1 274	1 088	1 272
5130 No clasificables entre 5110 y 5120	22	4	..	0	0	0	0	0	0	0
5200 Sobre el uso de bienes y permiso para actividades	0	0	0	0	0	0	0	0	0	0
5210 Impuestos recurrentes	0	0	0	0	0	0	0	0	0	0
5211 Por los hogares sobre vehículos automotores	8	29	105	203	507	342	385	403	436	466
Motor vehicle tax	5	28	104	203	491	330	369	387	420	449
Environmental tax on vehicle pollution	5	23	78	168	364	215	242	251	274	272
5212 Por otros sobre vehículos automotores	5	23	78	168	242	208	233	242	270	272
5213 Otros impuestos recurrentes	0	0	0	0	122	7	9	9	4	0
5220 Impuestos no recurrentes	0	0	0	0	0	0	0	0	0	0
5300 No clasificables entre 5100 y 5200	1	5	26	35	127	115	127	136	146	177
6000 Otros impuestos	**2**	**1**	**0**	**0**	**16**	**11**	**16**	**16**	**17**	**17**
6100 Pagados únicamente por empresas	0	0	0	0	0	0	0	0	0	0
6200 Pagados por otros o no identificables	2	2	52	4	20	20	22	2	0	-1
Simplified taxation system of Ecuador (RISE)	0	0	0	0	0	0	0	0	0	0
Other tax refunds	2	2	52	4	20	20	22	2	0	-1
Other taxes (local)	0	0	0	6	22	20	23	5	1	0
..	0	0	0	-2	-2	-1	-1	-3	-2	-1
..	2	2	52	1	0	0	0	0	0	0

.. No disponible

Nota: Ejercicio cerrado a 31 de diciembre.

Los datos siguen el criterio de caja, salvo del Banco Central de Ecuador, que siguen el criterio de devengo.

Los ingresos tributarios del Gobierno central proceden principalmente del Servicio de Rentas Internas, aunque parte de ellos provienen del Banco del Ecuador (véanse los pormenores más adelante). Los ingresos tributarios de las administraciones locales provienen del Banco de Desarrollo del Ecuador..

Partida 2000: Los datos se recaban de las operaciones del sector público no financiero publicadas por el Banco Central del Ecuador.

Partida 5123: Los datos se recaban del presupuesto general de la administración estatal consolidada publicado por el Banco Central del Ecuador.

Partida 5126: Esta partida incluye el impuesto a las operaciones de crédito del presupuesto general de la administración estatal consolidada publicado por el Banco Central del Ecuador.

Partida 5127: Esta partida incluye el impuesto a la compra de divisas del presupuesto general de la administración estatal consolidada publicado por el Banco Central del Ecuador.

Fuente: Servicio de Rentas Internas; Banco Central del Ecuador; Banco de Desarrollo de Ecuador.

Cuadro 4.14. El Salvador, ingresos tributarios detallados

Millones USD

	1990	2000	2010	2015	2019	2020	2021	2022	2023	2024
Total de ingresos tributarios	**543**	**1 669**	**3 447**	**4 659**	**5 640**	**5 404**	**6 716**	**7 438**	**7 799**	**8 344**
1000 Imp. renta, utilidades y ganancias de capital	**95**	**429**	**996**	**1 545**	**1 959**	**1 954**	**2 259**	**2 707**	**2 809**	**3 045**
1100 De personas físicas	..	..	590	774	836	820	923	1 060	1 172	1 276
1110 Renta y utilidades	..	..	590	774	836	820	923	1 060	1 172	1 276
1120 Ganancias de capital	..	..	..	..	..	..	..	..	..	..
1200 De sociedades	..	..	420	622	922	934	1 078	1 334	1 310	1 377
1210 Renta y utilidades	..	..	420	622	922	934	1 078	1 334	1 310	1 377
Corporate income tax	..	..	420	622	848	848	1 004	1 334	1 310	1 377
Special Contribution - Public security (large taxpayers)	..	..	0	0	74	85	74	0	0	0
1220 Ganancias de capital de sociedades	..	..	..	..	..	..	..	..	..	..
1300 No clasificables entre 1100 y 1200	95	429	- 14	148	201	201	258	313	328	392
Withholding income tax	..	..	41	178	249	239	299	387	396	449
Income tax refunds	..	..	- 55	- 30	- 48	- 38	- 41	- 74	- 68	- 58
2000 Contribuciones a la seguridad social	**104**	**325**	**470**	**608**	**722**	**700**	**771**	**834**	**881**	**902**
2100 Empleados	..	75	165	214	251	246	271	293	318	329
2110 Sobre la base de la nómina	..	75	165	214	251	246	271	293	318	329
2120 Sobre la base del impuesto sobre la renta	..	0	0	0	0	0	0	0	0	0
2200 Empleadores	..	176	306	393	471	454	500	541	564	573
2210 Sobre la base de la nómina	..	176	306	393	471	454	500	541	564	573
2220 Sobre la base del impuesto sobre la renta	..	0	0	0	0	0	0	0	0	0
2300 Trabajadores por cuenta propia o no empleados	..	13	0	0	0	0	0	0	0	0
2310 Sobre la base de la nómina	..	13	..	..	..	..	..	..	..	..
2320 Sobre la base del impuesto sobre la renta	..	0	..	..	..	..	..	..	..	..
2400 No clasificables entre 2100, 2200 y 2300	104	62	0	0	0	0	0	0	0	0
2410 Sobre la base de la nómina	104	62	..	..	..	..	..	..	..	..
2420 Sobre la base del impuesto sobre la renta	0	0	..	..	..	..	..	..	..	..
3000 Impuestos sobre la nómina y la fuerza de trabajo	**0**	**0**	**21**	**30**	**38**	**36**	**40**	**42**	**45**	**45**
4000 Impuestos sobre la propiedad	**26**	**12**	**19**	**112**	**44**	**27**	**47**	**58**	**61**	**62**
4100 Impuestos recurrentes sobre la propiedad inmueble	0	0	3	5	7	6	8	11	7	3
4110 Hogares	..	..	..	..	..	..	..	..	..	..
4120 Otros	..	..	..	..	..	..	..	..	..	..
4200 Impuestos recurrentes sobre la riqueza neta	16	0	0	0	0	0	0	0	0	0
4210 Personas físicas	..	..	..	..	..	..	..	..	..	..
4220 Sociedades	..	..	..	..	..	..	..	..	..	..
4300 Impuestos sobre sucesiones y donaciones	0	0	0	0	0	0	0	0	0	0
4310 Impuestos sobre sucesiones y herencias	..	..	..	..	..	..	..	..	..	..
4320 Impuestos sobre donaciones	..	..	..	..	..	..	..	..	..	..
4400 Imp. sobre transacciones financieras y de capital	10	12	16	107	37	21	39	47	54	59
Property transfers	10	12	16	20	29	21	39	47	54	59
Checks and electronic transfers of funds	0	0	0	55	5	0	0	0	0	0
Withholding for liquidity control	0	0	0	31	3	0	0	0	0	0
4500 Otros impuestos no recurrentes sobre la propiedad	0	0	0	0	0	0	0	0	0	0
4510 Otros impuestos sobre la riqueza neta	..	..	..	..	..	..	..	..	..	..
4520 Otros impuestos no recurrentes	..	..	..	..	..	..	..	..	..	..
4600 Otros impuestos recurrentes sobre la propiedad	0	0	0	0	0	0	0	0	0	0
5000 Impuestos sobre los bienes y servicios	**259**	**903**	**1 878**	**2 278**	**2 778**	**2 585**	**3 494**	**3 684**	**3 895**	**4 202**
5100 Imp. sobre la producción, venta, etc.	259	903	1 863	2 254	2 747	2 561	3 453	3 637	3 848	4 159
5110 Impuestos generales	133	714	1 433	1 764	2 109	2 033	2 771	2 944	3 072	3 354
5111 Impuestos sobre el valor agregado	0	714	1 433	1 764	2 109	2 033	2 771	2 944	3 072	3 354
5112 Impuestos sobre las ventas	0	0	0	0	0	0	0	0	0	0
5113 Otros impuestos generales	133	0	0	0	0	0	0	0	0	0
5120 Impuestos sobre bienes y servicios específicos	127	189	431	490	638	528	682	694	776	806
5121 Impuestos selectivos	65	49	224	285	393	336	379	361	398	407
Alcoholic beverages	..	..	22	22	25	34	40	33	34	32
Cigarettes	..	..	38	29	24	25	27	27	102	104
Soft drinks	..	..	31	48	52	50	62	64	27	27
Beer	..	..	29	55	82	67	92	101	69	70
Weapons, ammunition and explosives	..	..	1	1	1	1	1	2	1	1
Ad-valorem on fuels	..	..	0	7	8	7	5	0	1	1
Special contribution- Sugar	..	..	1	1	1	1	1	1	1	1
Special contribution- Public transportation	..	..	35	40	48	23	49	25	55	55
Special contribution- FOVIAL	..	..	69	80	96	83	104	108	110	115
Special contribution- Public security	..	..	0	2	55	43	1	0	0	0
5122 Utilidades de los monopolios fiscales	0	0	0	0	0	0	0	0	0	0
5123 Derechos de aduanas y de importación	61	141	151	194	232	187	291	319	322	341

	1990	2000	2010	2015	2019	2020	2021	2022	2023	2024
5124 Impuestos sobre las exportaciones	0	0	0	0	0	0	0	0	0	0
5125 Impuestos sobre los bienes de inversión	0	0	0	0	0	0	0	0	0	0
5126 Impuestos sobre servicios específicos	0	0	56	11	13	5	11	14	55	58
5127 Otros imp. sobre el comercio y transacciones intern.	0	0	0	0	0	0	0	0	0	0
5128 Otros impuestos sobre bienes y servicios específicos	0	0	0	0	0	0	0	0	0	0
5130 No clasificables entre 5110 y 5120	0	0	0	0	0	0	0	0	0	0
5200 Sobre el uso de bienes y permiso para actividades	0	0	15	24	31	24	40	47	47	43
5210 Impuestos recurrentes	..	..	7	12	15	12	17	23	21	15
5211 Por los hogares sobre vehículos automotores	..	..	0	0	0	0	0	0	0	0
5212 Por otros sobre vehículos automotores	..	..	0	0	0	0	0	0	0	0
5213 Otros impuestos recurrentes	..	..	7	12	15	12	17	23	21	15
5220 Impuestos no recurrentes	..	..	7	12	16	12	23	24	26	28
5300 No clasificables entre 5100 y 5200	0	0	0	0	0	0	0	0	0	0
6000 Otros impuestos	**58**	**0**	**63**	**86**	**98**	**102**	**105**	**114**	**108**	**87**
6100 Pagados únicamente por empresas	0	0	0	0	0	0	0	0	0	0
6200 Pagados por otros o no identificables	58	0	63	86	98	102	105	114	108	87

.. No disponible

Nota: Ejercicio cerrado a 31 de diciembre.

Los datos siguen el criterio de caja.

Los datos de ingresos tributarios del Gobierno central correspondientes a 2020-24 son preliminares.

Partida 1000: Antes de 2002 no hay impuestos sobre la renta de las personas físicas ni impuestos de sociedades desagregados disponibles.

Partida 2000: Las cifras incluyen las contribuciones a la seguridad social abonadas al Instituto Salvadoreño del Seguro Social (ISSS), el Instituto Nacional de Pensiones de los Empleados Públicos (INPEP), el Instituto de Previsión Social de la Fuerza Armada (IPSFA) y el Instituto Salvadoreño de Bienestar Magisterial (ISBM). Las cifras no incluyen los pagos a fondos de pensiones de gestión privada, pero pueden incluir una pequeña cantidad de contribuciones voluntarias, que no se puede distinguir de los datos de contribuciones al sistema público de seguridad social.

Partida 3000: Las contribuciones a la formación profesional realizadas al Instituto Salvadoreño de Formación Profesional (INSAFORP) se incluyen en la partida 3000. Los ingresos tributarios se clasifican dentro del Gobierno central. En El Salvador, estos ingresos se clasifican en una unidad aparte que se considera diferente del Gobierno central.

Fuente: Dirección General de Tesorería en Ministerio de Hacienda; Dirección General de Contabilidad Gubernamental en Ministerio de Hacienda; División de Análisis Financiero y Estadístico en Ministerio de Hacienda; Instituto Salvadoreño del Seguro Social; Centro Interamericano de Administraciones Tributarias.

Cuadro 4.15. Granada, ingresos tributarios detallados

Millones XCD

	1990	2000	2010	2015	2019	2020	2021	2022	2023	2024
Total de ingresos tributarios	..	..	..	..	**719**	**623**	**625**	**715**	**848**	**891**
1000 Imp. renta, utilidades y ganancias de capital	..	..	..	..	**151**	**135**	**122**	**138**	**165**	**193**
1100 De personas físicas	..	..	..	..	81	77	76	92	100	98
1110 Renta y utilidades	..	..	..	..	81	77	76	92	100	98
Personal Income Tax	..	..	..	..	71	66	66	81	87	85
Withholding Tax	..	..	..	..	10	11	11	10	13	12
1120 Ganancias de capital	..	..	..	..	..	..	..	..	..	..
1200 De sociedades	..	..	..	..	71	58	45	46	65	95
1210 Renta y utilidades	..	..	..	..	71	58	45	46	65	95
Company Income Tax	..	..	..	..	71	58	45	46	65	95
1220 Ganancias de capital de sociedades	..	..	..	..	..	..	..	..	..	..
1300 No clasificables entre 1100 y 1200	..	..	..	..	0	0	0	0	0	0
2000 Contribuciones a la seguridad social	..	..	..	..	..	..	..	..	..	..
2100 Empleados	..	..	..	..	..	..	..	..	..	..
2110 Sobre la base de la nómina	..	..	..	..	..	..	..	..	..	..
2120 Sobre la base del impuesto sobre la renta	..	..	..	..	..	..	..	..	..	..
2200 Empleadores	..	..	..	..	..	..	..	..	..	..
2210 Sobre la base de la nómina	..	..	..	..	..	..	..	..	..	..
2220 Sobre la base del impuesto sobre la renta	..	..	..	..	..	..	..	..	..	..
2300 Trabajadores por cuenta propia o no empleados	..	..	..	..	..	..	..	..	..	..
2310 Sobre la base de la nómina	..	..	..	..	..	..	..	..	..	..
2320 Sobre la base del impuesto sobre la renta	..	..	..	..	..	..	..	..	..	..
2400 No clasificables entre 2100, 2200 y 2300	..	..	..	..	..	..	..	..	..	..
2410 Sobre la base de la nómina	..	..	..	..	..	..	..	..	..	..
2420 Sobre la base del impuesto sobre la renta	..	..	..	..	..	..	..	..	..	..
3000 Impuestos sobre la nómina y la fuerza de trabajo	..	..	..	..	**0**	**0**	**0**	**0**	**0**	**0**
4000 Impuestos sobre la propiedad	..	..	..	..	**40**	**35**	**29**	**27**	**41**	**39**
4100 Impuestos recurrentes sobre la propiedad inmueble	..	..	..	..	14	14	14	13	20	12
4110 Hogares	..	..	..	..	..	..	..	..	..	..
4120 Otros	..	..	..	..	..	..	..	..	..	..
4200 Impuestos recurrentes sobre la riqueza neta	..	..	..	..	0	0	0	0	0	0
4210 Personas físicas	..	..	..	..	..	..	..	..	..	..
4220 Sociedades	..	..	..	..	..	..	..	..	..	..
4300 Impuestos sobre sucesiones y donaciones	..	..	..	..	0	0	0	0	0	0
4310 Impuestos sobre sucesiones y herencias	..	..	..	..	..	..	..	..	..	..
4320 Impuestos sobre donaciones	..	..	..	..	..	..	..	..	..	..
4400 Imp. sobre transacciones financieras y de capital	..	..	..	..	25	21	15	15	22	27
Property Transfer Tax	..	..	..	..	25	21	15	15	22	27
4500 Otros impuestos no recurrentes sobre la propiedad	..	..	..	..	0	0	0	0	0	0
4510 Otros impuestos sobre la riqueza neta	..	..	..	..	..	..	..	..	..	..
4520 Otros impuestos no recurrentes	..	..	..	..	..	..	..	..	..	..
4600 Otros impuestos recurrentes sobre la propiedad	..	..	..	..	0	0	0	0	0	0
5000 Impuestos sobre los bienes y servicios	..	..	..	..	**520**	**449**	**469**	**542**	**634**	**652**
5100 Imp. sobre la producción, venta, etc.	..	..	..	..	520	449	469	542	634	652
5110 Impuestos generales	..	..	..	..	273	236	243	310	349	355
5111 Impuestos sobre el valor agregado	..	..	..	..	252	217	223	288	324	330
VAT - Domestic	..	..	..	..	125	104	99	130	155	156
VAT - Imports	..	..	..	..	128	113	125	158	169	173
5112 Impuestos sobre las ventas	..	..	..	..	..	..	..	..	..	..
5113 Otros impuestos generales	..	..	..	..	21	19	19	22	25	25
Annual Stamp Tax	..	..	..	..	21	19	19	22	25	25
5120 Impuestos sobre bienes y servicios específicos	..	..	..	..	247	213	226	233	285	297
5121 Impuestos selectivos	..	..	..	..	100	88	84	46	84	86
Excise Tax (domestic goods)	..	..	..	..	3	3	3	3	3	3
Excise Tax (imported goods)	..	..	..	..	21	20	15	18	26	24
Environmental Levy	..	..	..	..	13	10	8	10	14	13
Petrol tax	..	..	..	..	63	55	58	15	42	46
5122 Utilidades de los monopolios fiscales	..	..	..	..	..	..	..	..	..	..
5123 Derechos de aduanas y de importación	..	..	..	..	147	125	142	186	200	211
Import duty	..	..	..	..	85	74	82	109	118	125
Customs Service Charge	..	..	..	..	63	51	60	77	82	86
5124 Impuestos sobre las exportaciones	..	..	..	..	0	0	0	0	0	0
5125 Impuestos sobre los bienes de inversión	..	..	..	..	0	0	0	0	0	0
5126 Impuestos sobre servicios específicos	..	..	..	..	0	0	0	0	0	0
5127 Otros imp. sobre el comercio y transacciones intern.	..	..	..	..	0	0	0	0	0	0
5128 Otros impuestos sobre bienes y servicios específicos	..	..	..	..	0	0	0	0	0	0
5130 No clasificables entre 5110 y 5120	..	..	..	..	0	0	0	0	0	0
5200 Sobre el uso de bienes y permiso para actividades	..	..	..	..	0	0	0	0	0	0

	1990	2000	2010	2015	2019	2020	2021	2022	2023	2024
5210 Impuestos recurrentes	..	..	..	..	..	..	..	..	..	..
5211 Por los hogares sobre vehículos automotores	..	..	..	..	..	..	..	..	..	..
5212 Por otros sobre vehículos automotores	..	..	..	..	..	..	..	..	..	..
5213 Otros impuestos recurrentes	..	..	..	..	..	..	..	..	..	..
5220 Impuestos no recurrentes	..	..	..	..	..	..	..	..	..	..
5300 No clasificables entre 5100 y 5200	..	..	..	..	0	0	0	0	0	0
6000 Otros impuestos	**..**	**..**	**..**	**..**	**8**	**5**	**6**	**8**	**8**	**8**
6100 Pagados únicamente por empresas	..	..	..	..	..	..	..	..	..	..
6200 Pagados por otros o no identificables	..	..	..	..	..	..	..	..	..	..

.. No disponible

Nota: Ejercicio cerrado a 31 de diciembre.

Los datos siguen el criterio de caja.

Fuente: Ministerio de Hacienda (Gobierno de Granada).

Cuadro 4.16. Guatemala, ingresos tributarios detallados

Millones GTQ

	1990	2000	2010	2015	2019	2020	2021	2022	2023	2024
Total de ingresos tributarios	**2 646**	**16 531**	**41 537**	**60 817**	**77 652**	**75 066**	**94 737**	**106 658**	**116 105**	**125 763**
1000 Imp. renta, utilidades y ganancias de capital	**507**	**3 293**	**7 745**	**13 628**	**17 100**	**16 751**	**23 291**	**25 658**	**28 391**	**30 594**
1100 De personas físicas	25	143	1 225	1 826	2 813	2 816	4 769	3 892	4 205	4 694
1110 Renta y utilidades	25	143	1 225	1 826	2 813	2 816	4 769	3 892	4 205	4 694
1120 Ganancias de capital	..	..	..	..	..	..	..	..	..	..
1200 De sociedades	482	3 149	6 520	11 801	14 287	13 935	18 522	21 765	24 186	25 899
1210 Renta y utilidades	482	3 149	6 520	11 801	14 287	13 935	18 522	21 765	24 186	25 899
Corporate income tax	482	1 858	6 518	11 801	14 285	13 933	18 519	21 763	24 185	25 899
Commercial and agricultural enterprises	0	1 291	2	0	2	2	3	2	1	0
1220 Ganancias de capital de sociedades	..	..	..	..	..	..	..	..	..	..
1300 No clasificables entre 1100 y 1200	0	0	0	0	0	0	0	0	0	0
2000 Contribuciones a la seguridad social	**436**	**2 569**	**6 312**	**9 778**	**12 957**	**12 742**	**14 314**	**15 539**	**17 613**	**19 206**
2100 Empleados	..	..	..	..	..	..	..	..	..	..
2110 Sobre la base de la nómina	..	..	..	..	..	..	..	..	..	..
2120 Sobre la base del impuesto sobre la renta	..	..	..	..	..	..	..	..	..	..
2200 Empleadores	..	..	..	..	..	..	..	..	..	..
2210 Sobre la base de la nómina	..	..	..	..	..	..	..	..	..	..
2220 Sobre la base del impuesto sobre la renta	..	..	..	..	..	..	..	..	..	..
2300 Trabajadores por cuenta propia o no empleados	..	..	..	..	..	..	..	..	..	..
2310 Sobre la base de la nómina	..	..	..	..	..	..	..	..	..	..
2320 Sobre la base del impuesto sobre la renta	..	..	..	..	..	..	..	..	..	..
2400 No clasificables entre 2100, 2200 y 2300	436	2 569	6 312	9 778	12 957	12 742	14 314	15 539	17 613	19 206
2410 Sobre la base de la nómina	436	2 569	6 312	9 778	12 957	12 742	14 314	15 539	17 613	19 206
2420 Sobre la base del impuesto sobre la renta	0	0	0	0	0	0	0	0	0	0
3000 Impuestos sobre la nómina y la fuerza de trabajo	**0**	**0**	**447**	**736**	**933**	**859**	**1 038**	**1 130**	**1 249**	**1 400**
Contributions to INTECAP	..	..	233	384	484	448	537	586	644	725
Contributions to IRTRA	..	..	214	352	449	411	501	544	604	675
4000 Impuestos sobre la propiedad	**149**	**347**	**1 202**	**1 050**	**1 708**	**1 652**	**2 029**	**2 225**	**2 258**	**2 454**
4100 Impuestos recurrentes sobre la propiedad inmueble	0	153	621	693	1 216	1 249	1 463	1 603	1 630	1 747
4110 Hogares	..	0	0	0	0	0	0	0	0	0
4120 Otros	..	153	621	693	1 216	1 249	1 463	1 603	1 630	1 747
Property tax	..	6	1	1	2	1	2	1	1	1
Property tax (municipal)	..	147	620	692	1 214	1 248	1 461	1 602	1 630	1 746
4200 Impuestos recurrentes sobre la riqueza neta	0	0	0	0	0	0	0	0	0	0
4210 Personas físicas	..	..	..	..	..	..	..	..	..	..
4220 Sociedades	..	..	..	..	..	..	..	..	..	..
4300 Impuestos sobre sucesiones y donaciones	0	0	0	0	0	0	0	0	0	0
4310 Impuestos sobre sucesiones y herencias	..	..	..	..	..	..	..	..	..	..
4320 Impuestos sobre donaciones	..	..	..	..	..	..	..	..	..	..
4400 Imp. sobre transacciones financieras y de capital	149	194	581	357	492	403	567	622	628	707
Stamp duty	104	182	572	336	451	392	542	586	588	667
Tax on property transfer	45	12	10	20	40	11	25	36	39	40
4500 Otros impuestos no recurrentes sobre la propiedad	0	0	0	0	0	0	0	0	0	0
4510 Otros impuestos sobre la riqueza neta	..	..	..	..	..	..	..	..	..	..
4520 Otros impuestos no recurrentes	..	..	..	..	..	..	..	..	..	..
4600 Otros impuestos recurrentes sobre la propiedad	0	0	0	0	0	0	0	0	0	0
5000 Impuestos sobre los bienes y servicios	**1 554**	**10 317**	**23 255**	**31 719**	**40 124**	**37 993**	**48 666**	**55 975**	**59 325**	**64 162**
5100 Imp. sobre la producción, venta, etc.	1 526	10 131	22 750	31 002	39 215	37 090	47 655	54 905	58 165	62 910
5110 Impuestos generales	762	6 259	16 980	23 271	29 920	28 760	36 985	43 404	45 770	49 408
5111 Impuestos sobre el valor agregado	762	6 259	16 980	23 271	29 920	28 760	36 985	43 404	45 770	49 408
VAT domestic	361	2 903	7 995	12 023	15 897	15 992	18 226	20 215	22 998	25 235
VAT imports	401	4 189	11 127	13 630	16 331	14 955	21 461	26 131	25 925	27 566
Tax credit refunds	0	- 834	- 2 142	- 2 381	- 2 307	- 2 187	- 2 702	- 2 941	- 3 153	- 3 392
5112 Impuestos sobre las ventas	0	0	0	0	0	0	0	0	0	0
5113 Otros impuestos generales	0	0	0	0	0	0	0	0	0	0
5120 Impuestos sobre bienes y servicios específicos	764	3 872	5 770	7 730	9 294	8 330	10 670	11 500	12 395	13 502
5121 Impuestos selectivos	258	1 797	3 101	5 202	6 106	5 662	6 879	7 132	7 712	8 204
Tobacco and derivatives	76	205	347	369	363	299	333	346	316	318
Beer	0	97	159	293	365	387	471	526	580	629
Alcoholic beverages	0	77	97	88	109	104	130	154	156	176
Soft drinks	0	15	220	328	396	405	458	479	512	554
Other beverages	77	12	2	0	0	0	0	1	0	1
Cement	0	0	99	312	131	147	183	186	201	205
Oil and derivatives	105	1 389	2 179	2 899	3 743	3 485	4 066	4 039	4 270	4 533
IPRIMA	0	0	0	914	999	836	1 238	1 402	1 676	1 787
5122 Utilidades de los monopolios fiscales	0	0	0	0	0	0	0	0	0	0

	1990	2000	2010	2015	2019	2020	2021	2022	2023	2024
5123 Derechos de aduanas y de importación	506	1 806	2 368	2 157	2 712	2 487	3 485	3 903	4 087	4 635
5124 Impuestos sobre las exportaciones	0	0	0	0	0	0	0	0	0	0
5125 Impuestos sobre los bienes de inversión	0	0	0	0	0	0	0	0	0	0
5126 Impuestos sobre servicios específicos	0	269	301	370	477	181	305	466	595	663
Departure tax	..	135	224	263	338	117	214	323	421	461
INGUATE	..	40	73	104	132	57	83	134	166	193
Transportation and communications	..	94	3	4	7	7	8	9	9	9
5127 Otros imp. sobre el comercio y transacciones intern.	0	0	0	0	0	0	0	0	0	0
5128 Otros impuestos sobre bienes y servicios específicos	0	0	0	0	0	0	0	0	0	0
5130 No clasificables entre 5110 y 5120	0	0	0	0	0	0	0	0	0	0
5200 Sobre el uso de bienes y permiso para actividades	28	186	505	717	909	903	1 011	1 071	1 160	1 252
5210 Impuestos recurrentes	28	186	505	717	909	903	1 011	1 071	1 160	1 252
5211 Por los hogares sobre vehículos automotores	0	0	0	0	0	0	0	0	0	0
5212 Por otros sobre vehículos automotores	28	186	505	717	909	903	1 011	1 071	1 160	1 252
5213 Otros impuestos recurrentes	0	0	0	0	0	0	0	0	0	0
5220 Impuestos no recurrentes	0	0	0	0	0	0	0	0	0	0
5300 No clasificables entre 5100 y 5200	0	0	0	0	0	0	0	0	0	0
6000 Otros impuestos	**0**	**7**	**2 575**	**3 907**	**4 830**	**5 070**	**5 399**	**6 130**	**7 268**	**7 947**
6100 Pagados únicamente por empresas	..	0	0	0	0	0	0	0	0	0
6200 Pagados por otros o no identificables	..	7	2 575	3 907	4 830	5 070	5 399	6 130	7 268	7 947
Extraordinary and temporary solidarity tax in support of peace agreements	..	0	44	1	63	3	9	11	8	6
Solidarity tax	..	0	2 530	3 906	4 766	5 067	5 389	6 119	7 259	7 941
Extraordinary and temporary solidarity tax	..	2	0	0	0	0	0	0	0	0
Other indirect taxes	..	4	1	0	0	0	0	1	1	0

.. No disponible

Nota: Ejercicio cerrado a 31 de diciembre.

Los datos siguen el criterio de caja.

Los ingresos tributarios de las administraciones locales incluyen ingresos procedentes del impuesto municipal sobre inmuebles (IUSI).

Partida 1000: Los impuestos sobre la renta de las personas físicas y de sociedades también incluyen los impuestos sobre ingresos obtenidos a partir de productos financieros.

Partida 2000: Las cifras incluyen las contribuciones al Instituto Guatemalteco de Seguridad Social (IGSS) y los pagos de los empleados públicos al fondo de pensiones del Gobierno.

Partida 3000: Las contribuciones al INTECAP y al IRTRA se incluyen en la partida 3000. Los ingresos tributarios se clasifican dentro del Gobierno central. En Guatemala, estos ingresos se clasifican en una unidad aparte considerada diferente de la administración central.

Partida 4400: Antes de 2000, el impuesto a la transferencia de propiedades de la partida 4400 incluye también el impuesto a la propiedad de la administración central de la partida 4120, porque no se puede distinguir.

Fuente: Superintendencia de Administración Tributaria; Ministerio de Finanzas Públicas; Contraloría General de Cuentas.

Cuadro 4.17. Guyana, ingresos tributarios detallados

Millones GYD

	1990	2000	2010	2015	2019	2020	2021	2022	2023	2024
Total de ingresos tributarios	**5 232**	**42 750**	**111 906**	**159 895**	**250 240**	**243 507**	**282 401**	**324 376**	**408 949**	**472 719**
1000 Imp. renta, utilidades y ganancias de capital	**1 752**	**16 179**	**39 561**	**55 011**	**94 504**	**105 756**	**124 088**	**164 802**	**213 899**	**251 213**
1100 De personas físicas	333	7 734	17 816	23 300	35 249	39 711	46 962	58 903	72 423	83 131
1110 Renta y utilidades	333	7 734	17 816	23 300	35 249	39 711	46 962	58 903	72 423	83 131
Personal	306	7 157	15 419	19 894	29 213	34 688	42 907	54 881	67 833	77 149
Self-employed	27	577	2 397	3 407	6 036	5 024	4 054	4 022	4 590	5 982
1120 Ganancias de capital	..	..	..	..	..	..	..	..	..	..
1200 De sociedades	1 375	8 266	21 427	31 200	58 346	64 992	75 897	104 581	139 404	166 077
1210 Renta y utilidades	1 375	8 266	21 427	31 200	58 346	64 992	75 897	104 581	139 404	166 077
1220 Ganancias de capital de sociedades	..	..	..	..	..	..	..	..	..	..
1300 No clasificables entre 1100 y 1200	43	179	317	511	908	1 053	1 229	1 318	2 072	2 005
2000 Contribuciones a la seguridad social	**191**	**4 868**	**10 047**	**16 644**	**23 728**	**24 706**	**26 725**	**31 353**	**36 077**	**39 121**
2100 Empleados	..	..	..	..	..	..	..	..	..	..
2110 Sobre la base de la nómina	..	..	..	..	..	..	..	..	..	..
2120 Sobre la base del impuesto sobre la renta	..	..	..	..	..	..	..	..	..	..
2200 Empleadores	..	..	..	..	..	..	..	..	..	..
2210 Sobre la base de la nómina	..	..	..	..	..	..	..	..	..	..
2220 Sobre la base del impuesto sobre la renta	..	..	..	..	..	..	..	..	..	..
2300 Trabajadores por cuenta propia o no empleados	..	..	..	..	..	..	..	..	..	..
2310 Sobre la base de la nómina	..	..	..	..	..	..	..	..	..	..
2320 Sobre la base del impuesto sobre la renta	..	..	..	..	..	..	..	..	..	..
2400 No clasificables entre 2100, 2200 y 2300	191	4 868	10 047	16 644	23 728	24 706	26 725	31 353	36 077	39 121
2410 Sobre la base de la nómina	..	..	..	..	..	..	..	..	..	..
2420 Sobre la base del impuesto sobre la renta	..	..	..	..	..	..	..	..	..	..
3000 Impuestos sobre la nómina y la fuerza de trabajo	**0**	**0**	**0**	**0**	**0**	**0**	**0**	**0**	**0**	**0**
4000 Impuestos sobre la propiedad	**53**	**701**	**2 068**	**3 676**	**4 917**	**4 390**	**5 581**	**6 543**	**7 668**	**8 889**
4100 Impuestos recurrentes sobre la propiedad inmueble	40	681	1 562	3 201	4 312	3 847	4 907	5 853	7 065	8 238
4110 Hogares	0	0	0	588	933	892	1 030	1 235	1 366	2 014
4120 Otros	40	681	1 562	2 613	3 379	2 956	3 877	4 619	5 699	6 225
4200 Impuestos recurrentes sobre la riqueza neta	0	0	0	0	0	0	0	0	0	0
4210 Personas físicas	..	..	..	..	..	..	..	..	..	..
4220 Sociedades	..	..	..	..	..	..	..	..	..	..
4300 Impuestos sobre sucesiones y donaciones	13	20	31	37	41	44	67	91	99	228
4310 Impuestos sobre sucesiones y herencias	13	20	31	37	41	44	67	91	99	228
4320 Impuestos sobre donaciones	0	0	0	0	0	0	0	0	0	0
4400 Imp. sobre transacciones financieras y de capital	0	0	476	438	565	499	607	598	505	423
Stamp duties	..	..	476	438	565	499	607	598	505	423
4500 Otros impuestos no recurrentes sobre la propiedad	0	0	0	0	0	0	0	0	0	0
4510 Otros impuestos sobre la riqueza neta	..	..	..	..	..	..	..	..	..	..
4520 Otros impuestos no recurrentes	..	..	..	..	..	..	..	..	..	..
4600 Otros impuestos recurrentes sobre la propiedad	0	0	0	0	0	0	0	0	0	0
5000 Impuestos sobre los bienes y servicios	**2 200**	**20 798**	**59 360**	**83 924**	**124 952**	**106 683**	**124 040**	**119 641**	**149 202**	**170 654**
5100 Imp. sobre la producción, venta, etc.	2 162	20 530	58 846	83 227	123 710	105 489	122 857	118 411	141 976	155 975
5110 Impuestos generales	1 399	14 861	27 044	35 374	52 735	49 907	48 452	56 998	72 535	80 823
5111 Impuestos sobre el valor agregado	0	0	27 044	35 374	52 676	49 844	48 363	56 830	72 043	80 184
Imports	..	..	14 877	19 366	29 302	22 934	21 134	23 255	28 671	30 752
Domestic supply	..	..	12 168	16 008	23 374	26 910	27 228	33 575	43 372	49 432
5112 Impuestos sobre las ventas	0	0	0	0	0	0	0	0	0	0
5113 Otros impuestos generales	1 399	14 861	0	0	60	63	90	168	493	639
5120 Impuestos sobre bienes y servicios específicos	763	5 669	31 802	47 853	70 975	55 582	74 404	61 413	69 441	75 153
5121 Impuestos selectivos	32	609	22 070	33 827	45 979	35 941	48 793	31 139	34 686	36 224
Motor vehicle (imports)	..	..	7 702	8 499	7 977	8 188	14 917	13 708	20 456	20 920
Petroleum products (imports)	..	..	9 437	19 355	29 124	19 290	24 019	6 801	3 542	3 018
Tobacco (imports)	..	..	1 077	1 224	1 427	1 256	1 179	1 314	1 121	1 113
Alcoholic beverages (imports)	..	..	719	875	785	589	1 010	1 175	1 068	2 107
Alcoholic beverages (domestic)	..	..	2 358	3 377	4 486	4 599	5 275	5 394	5 557	5 406
Purchase tax - motor cars	..	..	0	0	0	0	0	0	0	0
Environmental tax	..	..	777	496	2 179	2 019	2 392	2 747	2 941	3 661
5122 Utilidades de los monopolios fiscales	0	0	0	0	0	0	0	0	0	0
5123 Derechos de aduanas y de importación	544	3 943	8 302	12 357	22 140	18 624	23 737	27 125	30 410	34 489
5124 Impuestos sobre las exportaciones	94	7	7	12	29	27	29	84	135	221
5125 Impuestos sobre los bienes de inversión	0	0	0	0	0	0	0	0	0	0
5126 Impuestos sobre servicios específicos	92	1 110	1 423	1 658	2 827	990	1 845	3 064	4 211	4 218
Entertainment tax	12	27	0	0	0	0	0	0	0	0
Travel tax	80	1 084	1 423	1 658	2 827	990	1 845	3 064	4 211	4 218

	1990	2000	2010	2015	2019	2020	2021	2022	2023	2024
5127 Otros imp. sobre el comercio y transacciones intern.	0	0	0	0	0	0	0	0	0	0
5128 Otros impuestos sobre bienes y servicios específicos	0	0	0	0	0	0	0	0	0	0
5130 No clasificables entre 5110 y 5120	0	0	0	0	0	0	0	0	0	0
5200 Sobre el uso de bienes y permiso para actividades	38	268	514	697	1 242	1 194	1 183	1 230	7 226	14 679
5210 Impuestos recurrentes	38	268	514	697	1 242	1 194	1 183	1 230	1 441	1 642
5211 Por los hogares sobre vehículos automotores	27	239	475	653	1 150	1 135	1 112	1 165	1 368	1 574
5212 Por otros sobre vehículos automotores	0	0	0	0	0	0	0	0	0	0
5213 Otros impuestos recurrentes	12	29	39	44	92	60	70	65	73	69
Other licences	12	29	39	44	92	60	70	65	73	69
5220 Impuestos no recurrentes	0	0	0	0	0	0	0	0	5 786	13 036
5300 No clasificables entre 5100 y 5200	0	0	0	0	0	0	0	0	0	0
6000 Otros impuestos	**1 037**	**204**	**870**	**640**	**2 139**	**1 972**	**1 968**	**2 037**	**2 103**	**2 842**
6100 Pagados únicamente por empresas	0	0	0	0	0	0	0	0	0	0
6200 Pagados por otros o no identificables	1 037	204	870	640	2 139	1 972	1 968	2 037	2 103	2 842

.. No disponible

Nota: Ejercicio cerrado a 31 de diciembre.

Los datos siguen el criterio de caja.

Los datos sobre los ingresos tributarios de las administraciones locales incluyen los pagos de los impuestos locales por parte de las corporaciones públicas.

Los datos de ingresos tributarios de 2023 son estimaciones revisadas por la administración.

Partida 2000: Las cifras incluyen contribuciones al Sistema de Seguro Social.

Partida 5220: Las cifras incluyen las entradas de créditos de carbono.

Fuente: Ministerio de Finanzas; Banco de la Guyana; Sistema de Seguro Social (Ministry of Finance; Bank of Guyana; National Insurance Scheme).

Cuadro 4.18. Honduras, ingresos tributarios detallados

Millones HNL

	1990	2000	2010	2015	2019	2020	2021	2022	2023	2024
Total de ingresos tributarios	**2 118**	**18 299**	**54 544**	**94 699**	**131 995**	**112 448**	**145 066**	**166 126**	**177 685**	**193 853**
1000 Imp. renta, utilidades y ganancias de capital	**431**	**2 907**	**13 232**	**25 003**	**34 533**	**25 587**	**35 209**	**48 289**	**48 397**	**53 294**
1100 De personas físicas	157	992	4 528	8 147	11 365	11 214	14 258	17 478	18 570	20 522
1110 Renta y utilidades	157	992	4 528	8 147	11 365	11 214	14 258	17 478	18 570	20 522
1120 Ganancias de capital	..	..	..	..	..	..	..	..	..	..
1200 De sociedades	274	1 916	8 705	16 856	23 167	14 373	20 951	30 811	29 828	32 772
1210 Renta y utilidades	274	1 916	8 705	16 856	23 167	14 373	20 951	30 811	29 828	32 772
Corporate income tax	274	1 916	7 400	15 206	20 538	12 731	18 286	26 509	25 441	27 918
Income tax surcharge	0	0	1 305	1 637	2 612	1 620	2 646	4 277	4 362	4 821
Special contribution of the cooperative sector	0	0	0	13	17	21	19	25	25	33
1220 Ganancias de capital de sociedades	..	..	..	..	..	..	..	..	..	..
1300 No clasificables entre 1100 y 1200	0	0	0	0	0	0	0	0	0	0
2000 Contribuciones a la seguridad social	**179**	**1 727**	**8 671**	**13 524**	**21 068**	**23 138**	**23 994**	**25 284**	**25 949**	**29 239**
2100 Empleados	..	..	..	..	..	..	..	..	..	..
2110 Sobre la base de la nómina	..	..	..	..	..	..	..	..	..	..
2120 Sobre la base del impuesto sobre la renta	..	..	..	..	..	..	..	..	..	..
2200 Empleadores	..	..	..	..	..	..	..	..	..	..
2210 Sobre la base de la nómina	..	..	..	..	..	..	..	..	..	..
2220 Sobre la base del impuesto sobre la renta	..	..	..	..	..	..	..	..	..	..
2300 Trabajadores por cuenta propia o no empleados	..	..	..	..	..	..	..	..	..	..
2310 Sobre la base de la nómina	..	..	..	..	..	..	..	..	..	..
2320 Sobre la base del impuesto sobre la renta	..	..	..	..	..	..	..	..	..	..
2400 No clasificables entre 2100, 2200 y 2300	179	1 727	8 671	13 524	21 068	23 138	23 994	25 284	25 949	29 239
2410 Sobre la base de la nómina	179	1 727	8 671	13 524	21 068	23 138	23 994	25 284	25 949	29 239
2420 Sobre la base del impuesto sobre la renta	0	0	0	0	0	0	0	0	0	0
3000 Impuestos sobre la nómina y la fuerza de trabajo	**0**	**0**	**485**	**1 007**	**1 005**	**935**	**1 081**	**1 215**	**1 459**	**1 459**
4000 Impuestos sobre la propiedad	**16**	**266**	**994**	**2 635**	**3 428**	**2 954**	**4 119**	**4 881**	**5 562**	**5 908**
4100 Impuestos recurrentes sobre la propiedad inmueble	16	189	254	298	446	282	586	720	910	911
4110 Hogares	..	..	..	..	..	..	..	..	..	..
4120 Otros	..	..	..	..	..	..	..	..	..	..
4200 Impuestos recurrentes sobre la riqueza neta	0	78	359	334	341	328	469	439	429	418
4210 Personas físicas	..	..	..	..	..	..	..	..	..	..
4220 Sociedades	..	..	..	..	..	..	..	..	..	..
4300 Impuestos sobre sucesiones y donaciones	0	0	0	0	0	0	0	0	0	0
4310 Impuestos sobre sucesiones y herencias	..	..	..	..	..	..	..	..	..	..
4320 Impuestos sobre donaciones	..	..	..	..	..	..	..	..	..	..
4400 Imp. sobre transacciones financieras y de capital	0	0	0	2 003	2 641	2 344	3 064	3 722	4 222	4 579
4500 Otros impuestos no recurrentes sobre la propiedad	0	0	380	0	0	0	0	0	0	0
4510 Otros impuestos sobre la riqueza neta	..	..	0	..	..	..	..	..	..	..
4520 Otros impuestos no recurrentes	..	..	380	..	..	..	..	..	..	..
4600 Otros impuestos recurrentes sobre la propiedad	0	0	0	0	0	0	0	0	0	0
5000 Impuestos sobre los bienes y servicios	**1 401**	**12 436**	**28 937**	**50 027**	**66 742**	**55 520**	**75 817**	**80 525**	**90 535**	**97 287**
5100 Imp. sobre la producción, venta, etc.	1 401	12 436	28 937	50 027	66 742	55 520	75 817	80 525	90 535	97 287
5110 Impuestos generales	344	5 146	16 050	32 273	42 891	35 815	49 264	56 067	64 421	69 458
5111 Impuestos sobre el valor agregado	344	5 146	16 050	32 273	42 891	35 815	49 264	56 067	64 421	69 458
5112 Impuestos sobre las ventas	0	0	0	0	0	0	0	0	0	0
5113 Otros impuestos generales	0	0	0	0	0	0	0	0	0	0
5120 Impuestos sobre bienes y servicios específicos	1 057	7 290	12 887	17 754	23 851	19 705	26 553	24 458	26 114	27 829
5121 Impuestos selectivos	256	4 592	8 458	13 349	18 285	15 598	20 048	16 664	17 284	18 506
Beer	70	376	376	668	1 339	1 164	1 754	1 766	1 806	2 007
Soft drinks	25	240	514	838	1 075	1 073	1 332	1 351	1 495	338
Liquors	32	48	121	194	217	206	297	318	351	0
Petroleum products	43	347	0	0	0	0	0	0	0	1 579
Cigarettes	57	369	607	598	514	471	531	647	575	622
Fuel tax	0	2 954	6 288	10 317	14 131	11 951	14 919	11 004	11 101	12 015
Other	28	258	551	735	1 010	733	1 215	1 578	1 957	1 945
5122 Utilidades de los monopolios fiscales	0	0	0	0	0	0	0	0	0	0
5123 Derechos de aduanas y de importación	498	2 083	2 505	3 541	4 474	3 282	5 288	6 501	7 490	8 002
Petroleum	0	297	0	0	0	0	0	0	0	0
Other	498	1 786	2 505	3 541	4 474	3 282	5 288	6 501	7 490	8 002
5124 Impuestos sobre las exportaciones	217	6	0	84	18	10	76	21	67	105
Bananas	39	5	..	0	0	0	0	0	0	0
Coffee	1	0	..	0	0	0	0	0	0	0
Temporary export tax	163	0	..	0	0	0	0	0	0	0
Special contribution of the mining sector	0	0	..	84	18	10	76	21	67	105
Other	15	1	..	0	0	0	0	0	0	0

	1990	2000	2010	2015	2019	2020	2021	2022	2023	2024
5125 Impuestos sobre los bienes de inversión	0	0	0	0	0	0	0	0	0	0
5126 Impuestos sobre servicios específicos	0	0	0	91	49	41	44	42	42	47
Special contribution of mobile services	..	..	..	67	35	36	36	35	36	38
Special contribution of the food and services sector	..	..	..	21	9	3	5	2	0	2
Special contribution of casino games and slot machines	..	..	..	3	5	2	3	5	6	7
5127 Otros imp. sobre el comercio y transacciones intern.	0	0	0	0	0	0	0	0	0	0
5128 Otros impuestos sobre bienes y servicios específicos	87	610	1 924	690	1 025	774	1 097	1 230	1 231	1 169
5130 No clasificables entre 5110 y 5120	0	0	0	0	0	0	0	0	0	0
5200 Sobre el uso de bienes y permiso para actividades	0	0	0	0	0	0	0	0	0	0
5210 Impuestos recurrentes	..	..	..	..	..	..	..	..	..	..
5211 Por los hogares sobre vehículos automotores	..	..	..	..	..	..	..	..	..	..
5212 Por otros sobre vehículos automotores	..	..	..	..	..	..	..	..	..	..
5213 Otros impuestos recurrentes	..	..	..	..	..	..	..	..	..	..
5220 Impuestos no recurrentes	..	..	..	..	..	..	..	..	..	..
5300 No clasificables entre 5100 y 5200	0	0	0	0	0	0	0	0	0	0
6000 Otros impuestos	**91**	**962**	**2 225**	**2 503**	**5 220**	**4 315**	**4 847**	**5 931**	**5 783**	**6 666**
6100 Pagados únicamente por empresas	0	0	0	0	0	0	0	0	0	0
6200 Pagados por otros o no identificables	91	962	2 225	2 503	5 220	4 315	4 847	5 931	5 783	6 666

.. No disponible

Nota: Ejercicio cerrado a 31 de diciembre.

Los datos siguen el criterio de caja.

Las cifras de ingresos tributarios locales pueden incluir ingresos no tributarios y transferencias del Gobierno central que no se consideran ingresos tributarios según la clasificación de la OCDE, descritas en la Guía de interpretación, aunque no ha sido posible distinguir los diferentes componentes dentro de los datos agregados.

Partida 3000: Las contribuciones de los empleadores al Instituto Nacional de Formación Profesional (INFOP) se incluyen en la partida 3000. Los ingresos tributarios se clasifican dentro del Gobierno central. En Honduras, estos ingresos se clasifican en una unidad aparte que se considera diferente del Gobierno central.

Fuente: Servicio de Administración de Rentas; Secretaría de Finanzas.

Cuadro 4.19. Jamaica, ingresos tributarios detallados

Millones JMD

	1990	2000	2010	2015	2019	2020	2021	2022	2023	2024
Total de ingresos tributarios	**7 748**	**87 713**	**287 139**	**427 640**	**602 592**	**544 211**	**616 467**	**768 574**	**879 171**	**929 347**
1000 Imp. renta, utilidades y ganancias de capital	**3 639**	**35 457**	**105 917**	**129 233**	**155 140**	**155 632**	**167 112**	**206 743**	**278 663**	**287 036**
1100 De personas físicas	1 687	17 441	54 798	74 538	69 323	72 692	77 756	96 902	143 758	148 323
1110 Renta y utilidades	1 687	17 441	54 798	74 538	69 323	72 692	77 756	96 902	143 758	148 323
PAYE	1 489	16 515	50 828	70 075	63 716	67 228	72 416	90 077	136 491	139 971
Other individuals	198	926	3 969	4 463	5 607	5 464	5 340	6 825	7 267	8 351
1120 Ganancias de capital	..	..	..	..	..	..	..	..	..	..
1200 De sociedades	1 280	7 627	33 091	40 198	67 623	61 823	68 791	79 485	100 539	97 807
1210 Renta y utilidades	1 280	7 627	33 091	40 198	67 623	61 823	68 791	79 485	100 539	97 807
Bauxite/alumina	134	430	866	0	0	0	0	0	0	157
Other companies	1 146	7 197	32 224	39 668	67 251	61 665	68 646	79 355	100 431	97 566
Minimum business tax	0	0	0	529	372	159	145	129	108	84
1220 Ganancias de capital de sociedades	..	..	..	..	..	..	..	..	..	..
1300 No clasificables entre 1100 y 1200	672	10 389	18 028	14 498	18 194	21 117	20 565	30 356	34 366	40 906
Tax on dividends	68	854	1 059	979	2 368	2 757	2 536	3 379	3 011	3 317
Tax on interests	605	9 535	16 970	13 519	15 827	18 360	18 029	26 977	31 354	37 588
2000 Contribuciones a la seguridad social	**..**	**..**	**8 199**	**16 449**	**24 569**	**25 076**	**31 671**	**42 531**	**54 449**	**61 345**
2100 Empleados	..	..	..	..	..	..	..	..	..	..
2110 Sobre la base de la nómina	..	..	..	..	..	..	..	..	..	..
2120 Sobre la base del impuesto sobre la renta	..	..	..	..	..	..	..	..	..	..
2200 Empleadores	..	..	..	..	..	..	..	..	..	..
2210 Sobre la base de la nómina	..	..	..	..	..	..	..	..	..	..
2220 Sobre la base del impuesto sobre la renta	..	..	..	..	..	..	..	..	..	..
2300 Trabajadores por cuenta propia o no empleados	..	..	..	..	..	..	..	..	..	..
2310 Sobre la base de la nómina	..	..	..	..	..	..	..	..	..	..
2320 Sobre la base del impuesto sobre la renta	..	..	..	..	..	..	..	..	..	..
2400 No clasificables entre 2100, 2200 y 2300	..	..	8 199	16 449	24 569	25 076	31 671	42 531	54 449	61 345
2410 Sobre la base de la nómina	..	..	..	..	..	..	..	..	..	..
2420 Sobre la base del impuesto sobre la renta	..	..	..	..	..	..	..	..	..	..
3000 Impuestos sobre la nómina y la fuerza de trabajo	**305**	**3 821**	**12 792**	**20 757**	**31 294**	**30 813**	**32 063**	**38 188**	**47 305**	**51 153**
4000 Impuestos sobre la propiedad	**965**	**4 262**	**9 939**	**19 411**	**19 117**	**15 600**	**18 155**	**21 115**	**20 595**	**21 686**
4100 Impuestos recurrentes sobre la propiedad inmueble	67	639	2 600	7 271	9 020	7 996	9 546	9 716	9 449	9 892
4110 Hogares	67	639	2 600	7 271	9 020	7 996	9 546	9 716	9 449	9 892
Municipal property tax	0	639	2 600	7 271	9 020	7 996	9 546	9 716	9 449	9 892
Other property taxes	67	0	0	0	0	0	0	0	0	0
4120 Otros	0	0	0	0	0	0	0	0	0	0
4200 Impuestos recurrentes sobre la riqueza neta	0	0	0	0	0	0	0	0	0	0
4210 Personas físicas	..	..	..	..	..	..	..	..	..	..
4220 Sociedades	..	..	..	..	..	..	..	..	..	..
4300 Impuestos sobre sucesiones y donaciones	0	0	0	0	0	0	0	0	0	0
4310 Impuestos sobre sucesiones y herencias	..	..	..	..	..	..	..	..	..	..
4320 Impuestos sobre donaciones	..	..	..	..	..	..	..	..	..	..
4400 Imp. sobre transacciones financieras y de capital	898	3 623	7 339	12 140	10 097	7 603	8 609	11 399	11 146	11 794
Stamp duty	898	3 623	7 339	12 140	10 097	7 603	8 609	11 399	11 146	11 794
4500 Otros impuestos no recurrentes sobre la propiedad	0	0	0	0	0	0	0	0	0	0
4510 Otros impuestos sobre la riqueza neta	..	..	..	..	..	..	..	..	..	..
4520 Otros impuestos no recurrentes	..	..	..	..	..	..	..	..	..	..
4600 Otros impuestos recurrentes sobre la propiedad	0	0	0	0	0	0	0	0	0	0
5000 Impuestos sobre los bienes y servicios	**2 824**	**43 907**	**149 544**	**240 795**	**370 321**	**315 268**	**365 499**	**457 446**	**475 406**	**505 301**
5100 Imp. sobre la producción, venta, etc.	2 760	43 107	147 500	237 456	363 429	308 011	357 080	448 649	468 632	497 803
5110 Impuestos generales	297	22 356	84 409	138 501	203 297	177 354	199 638	253 358	271 437	294 222
5111 Impuestos sobre el valor agregado	293	22 356	82 407	135 827	199 150	173 480	194 725	246 993	265 092	287 772
General consumption tax	293	22 356	82 407	135 827	199 150	173 480	194 725	246 993	265 092	287 772
5112 Impuestos sobre las ventas	4	0	0	0	0	0	0	0	0	0
Sales tax on used cars	4	..	..	..	..	..	..	..	..	..
5113 Otros impuestos generales	0	0	2 002	2 674	4 147	3 873	4 913	6 364	6 345	6 450
Environmental levy	..	..	2 002	2 674	4 147	3 873	4 913	6 364	6 345	6 450
5120 Impuestos sobre bienes y servicios específicos	2 463	20 752	63 091	98 955	160 133	130 658	157 442	195 291	197 195	203 581
5121 Impuestos selectivos	1 158	9 751	38 112	49 202	80 773	69 949	84 782	96 588	93 120	95 463
Special consumption tax	1 115	9 751	38 112	49 202	80 693	69 852	84 704	96 475	93 066	95 249
Quarry tax	0	0	0	0	80	97	78	113	54	214
Other excises	44	0	0	0	0	0	0	0	0	0
5122 Utilidades de los monopolios fiscales	0	0	0	0	0	0	0	0	0	0
5123 Derechos de aduanas y de importación	782	8 498	19 959	28 771	44 809	40 420	47 762	60 695	61 628	65 532
5124 Impuestos sobre las exportaciones	0	0	0	0	0	0	0	0	0	0
5125 Impuestos sobre los bienes de inversión	0	0	0	0	0	0	0	0	0	0

	1990	2000	2010	2015	2019	2020	2021	2022	2023	2024
5126 Impuestos sobre servicios específicos	523	2 503	5 020	20 982	34 550	20 289	24 898	38 009	42 447	42 586
Travel tax	86	1 999	3 512	9 979	21 954	9 108	12 624	23 274	27 974	27 928
Telephone call tax	86	0	0	6 157	3 568	3 619	3 414	3 252	2 919	2 719
Betting, gaming and lottery	50	504	1 508	2 797	6 152	6 163	7 229	8 401	8 048	8 528
Accommodation tax	87	0	0	2 050	2 877	1 400	1 631	3 082	3 506	3 411
Bank and trust	204	0	0	0	0	0	0	0	0	0
Entertainment tax	11	0	0	0	0	0	0	0	0	0
5127 Otros imp. sobre el comercio y transacciones intern.	0	0	0	0	0	0	0	0	0	0
5128 Otros impuestos sobre bienes y servicios específicos	0	0	0	0	0	0	0	0	0	0
5130 No clasificables entre 5110 y 5120	0	0	0	0	0	0	0	0	0	0
5200 Sobre el uso de bienes y permiso para actividades	64	800	2 045	3 339	6 892	7 257	8 419	8 797	6 774	7 498
5210 Impuestos recurrentes	64	800	2 045	3 339	6 892	7 257	8 419	8 797	6 774	7 498
5211 Por los hogares sobre vehículos automotores	47	751	1 775	2 901	4 863	4 528	4 864	5 668	4 733	5 426
5212 Por otros sobre vehículos automotores	0	0	0	0	0	0	0	0	0	0
5213 Otros impuestos recurrentes	17	49	270	438	2 029	2 728	3 555	3 129	2 041	2 072
5220 Impuestos no recurrentes	0	0	0	0	0	0	0	0	0	0
5300 No clasificables entre 5100 y 5200	0	0	0	0	0	0	0	0	0	0
6000 Otros impuestos	**16**	**266**	**748**	**994**	**2 151**	**1 824**	**1 967**	**2 551**	**2 752**	**2 827**
6100 Pagados únicamente por empresas	0	0	0	0	0	0	0	0	0	0
6200 Pagados por otros o no identificables	16	266	748	994	2 151	1 824	1 967	2 551	2 752	2 827
Contractors levy	16	266	748	994	2 151	1 824	1 967	2 551	2 752	2 827

.. No disponible

Nota: Ejercicio cerrado a 31 de diciembre, a excepción del período 1990-2003 que se refiere al ejercicio fiscal cerrado a 31 de marzo debido a la disponibilidad de los datos.

Los datos siguen el criterio de caja.

Partida 2000: Las cifras incluyen las contribuciones al Sistema de Seguro Nacional (NIS).

Partida 3000: El impuesto a la educación de Jamaica incluye las contribuciones de empleados, empleadores y empleados por cuenta propia, calculadas en función de sus emolumentos. Las contribuciones de los empleadores representan la mayoría de las contribuciones totales.

Fuente: Ministerio de Finanzas y Servicio Público; Administración Tributaria de Jamaica (Ministry of Finance and the Public Service; Tax Administration Jamaica).

Cuadro 4.20. México, ingresos tributarios detallados

Millones MXN

	1990	2000	2010	2015	2019	2020	2021	2022	2023	2024
Total de ingresos tributarios	**102 005**	**767 216**	**1 716 243**	**2 953 480**	**3 995 654**	**4 148 699**	**4 452 360**	**4 948 321**	**5 648 160**	**6 199 485**
1000 Imp. renta, utilidades y ganancias de capital	**34 673**	**276 548**	**683 604**	**1230 555**	**1694 143**	**1768 161**	**1903 047**	**2280 791**	**2514 390**	**2690 515**
1100 De personas físicas	..	..	313 473	609 384	829 501	872 598	938 623	1066 965	1190 186	1331 472
Tax on income of individuals	..	..	313 473	609 384	829 501	872 598	938 623	1066 965	1190 186	1331 472
1110 Renta y utilidades	..	..	..	..	..	..	..	..	..	..
1120 Ganancias de capital	..	..	..	..	..	..	..	..	..	..
1200 De sociedades	..	..	246 745	592 443	803 643	832 120	898 767	1136 636	1243 430	1271 053
Tax on income of corporations	..	..	246 745	592 443	803 643	832 120	898 767	1136 636	1243 430	1271 053
1210 Renta y utilidades	..	..	..	..	..	..	..	..	..	..
1220 Ganancias de capital de sociedades	..	..	..	..	..	..	..	..	..	..
1300 No clasificables entre 1100 y 1200	34 673	276 548	123 386	28 728	60 999	63 443	65 657	77 190	80 774	87 989
Tax on income of other individuals and corporations	..	244 841	66 937	36 268	54 686	58 196	58 306	70 239	73 615	81 969
Tax on asset	..	13 913	- 625	- 502	- 585	-1 245	- 380	31	- 153	- 872
Credit on salary	..	17 794	9 708	993	1 290	479	512	107	175	26
Oil yields tax	..	0	2 296	0	0	0	0	0	0	0
IETU	..	0	45 069	-11 777	- 195	- 888	200	- 346	- 23	201
Imposed by Activity Exploration and extraction of hydrocarbon	..	0	0	3 746	5 803	6 902	7 019	7 160	7 160	6 665
2000 Contribuciones a la seguridad social	**17 165**	**138 223**	**277 459**	**409 249**	**552 058**	**576 019**	**612 175**	**681 672**	**761 511**	**852 362**
2100 Empleados	..	..	..	..	..	..	..	..	..	..
2110 Sobre la base de la nómina	..	..	..	..	..	..	..	..	..	..
2120 Sobre la base del impuesto sobre la renta	..	..	..	..	..	..	..	..	..	..
2200 Empleadores	..	..	..	..	..	..	..	..	..	..
2210 Sobre la base de la nómina	..	..	..	..	..	..	..	..	..	..
2220 Sobre la base del impuesto sobre la renta	..	..	..	..	..	..	..	..	..	..
2300 Trabajadores por cuenta propia o no empleados	..	..	..	..	..	..	..	..	..	..
2310 Sobre la base de la nómina	..	..	..	..	..	..	..	..	..	..
2320 Sobre la base del impuesto sobre la renta	..	..	..	..	..	..	..	..	..	..
2400 No clasificables entre 2100, 2200 y 2300	17 165	138 223	277 459	409 249	552 058	576 019	612 175	681 672	761 511	852 362
2410 Sobre la base de la nómina	..	138 223	277 459	409 249	552 058	576 019	612 175	681 672	761 511	852 362
2420 Sobre la base del impuesto sobre la renta	..	0	0	0	0	0	0	0	0	0
3000 Impuestos sobre la nómina y la fuerza de trabajo	**1 797**	**11 217**	**36 911**	**70 221**	**101 284**	**105 456**	**116 910**	**141 161**	**170 288**	**188 763**
Substitute tax on salary	..	0	0	0	0	0	0	0	0	0
Payroll tax	..	11 101	27 813	69 866	100 798	104 825	115 974	139 977	168 894	187 255
Tax on remuneration to the personal work	..	65	8 841	152	298	407	579	837	989	1 086
Tax on professions and fees	..	36	71	106	121	177	235	263	320	352
Tax on operations by contract	..	15	186	96	67	47	121	84	85	69
4000 Impuestos sobre la propiedad	**1 914**	**13 964**	**38 955**	**57 673**	**79 262**	**79 237**	**90 206**	**105 246**	**111 973**	**104 676**
4100 Impuestos recurrentes sobre la propiedad inmueble	1 036	9 948	25 724	37 961	50 540	52 728	56 148	64 904	70 210	66 292
4110 Hogares	0	0	0	0	0	0	0	0	0	0
4120 Otros	1 036	9 948	25 724	37 961	50 540	52 728	56 148	64 904	70 210	66 292
Property tax	..	9 948	25 724	37 961	50 540	52 728	56 148	64 904	70 210	66 292
4200 Impuestos recurrentes sobre la riqueza neta	0	0	0	0	0	0	0	0	0	0
4210 Personas físicas	..	..	..	..	..	..	..	..	..	..
4220 Sociedades	..	..	..	..	..	..	..	..	..	..
4300 Impuestos sobre sucesiones y donaciones	8	0	0	0	0	0	0	0	0	0
4310 Impuestos sobre sucesiones y herencias	8	..	..	..	..	..	..	..	..	..
4320 Impuestos sobre donaciones	0	..	..	..	..	..	..	..	..	..
4400 Imp. sobre transacciones financieras y de capital	870	4 017	13 231	19 712	28 722	26 509	34 058	40 342	41 763	38 385
Alienation of immovable property	..	1 763	1 122	1 595	1 939	1 982	2 486	2 837	2 906	3 053
Transfer of ownership of real estate	..	2 236	5 027	6 671	8 385	12 072	11 394	16 706	15 043	15 761
Purchasing property	..	18	7 082	11 447	18 397	12 456	20 177	20 799	23 814	19 571
4500 Otros impuestos no recurrentes sobre la propiedad	0	0	0	0	0	0	0	0	0	0
4510 Otros impuestos sobre la riqueza neta	..	..	..	..	..	..	..	..	..	..
4520 Otros impuestos no recurrentes	..	..	..	..	..	..	..	..	..	..
4600 Otros impuestos recurrentes sobre la propiedad	0	0	0	0	0	0	0	0	0	0
5000 Impuestos sobre los bienes y servicios	**44 837**	**319 613**	**651 915**	**1141 170**	**1504 252**	**1544 156**	**1647 927**	**1623 605**	**1983 114**	**2244 988**
5100 Imp. sobre la producción, venta, etc.	44 171	310 326	630 123	1120 610	1486 758	1527 674	1630 616	1606 144	1963 389	2223 115
5110 Impuestos generales	26 635	189 606	504 509	707 213	933 327	987 525	1123 699	1221 803	1366 583	1407 983
5111 Impuestos sobre el valor agregado	26 635	189 606	504 509	707 213	933 327	987 525	1123 699	1221 803	1366 583	1407 983
5112 Impuestos sobre las ventas	0	0	0	0	0	0	0	0	0	0
5113 Otros impuestos generales	0	0	0	0	0	0	0	0	0	0
5120 Impuestos sobre bienes y servicios específicos	17 519	120 720	125 614	413 397	553 432	540 149	506 917	384 341	596 806	815 133

	1990	2000	2010	2015	2019	2020	2021	2022	2023	2024
5121 Impuestos selectivos	10 072	86 163	86 098	361 538	470 993	469 040	410 450	259 306	464 008	647 139
Special tax on production and services on tobacco	..	8 083	26 925	36 891	42 484	43 848	45 657	47 948	48 156	46 943
Special tax on production and services on alcohol and beer	..	7 250	25 152	43 014	57 361	52 312	57 395	68 050	73 687	75 098
Special tax on production and services on sugar-sweetened beverages	..	0	0	21 402	27 260	29 124	30 478	34 247	37 963	40 564
Special tax on production and services on no staple foods with high caloric density	0	0	0	15 926	21 422	21 049	25 590	30 333	35 140	..
Other special tax on production and services	0	66 211	29 349	237 061	311 968	314 340	240 034	63 668	250 156	..
Tax on new automobiles	0	4 619	4 671	7 244	10 497	8 366	11 296	15 060	18 906	..
Tax on luxury goods and services	0	0	0	0	0	0	0	0	0	..
5122 Utilidades de los monopolios fiscales	0	0	0	0	0	0	0	0	0	0
5123 Derechos de aduanas y de importación	6 998	33 285	26 602	45 366	66 295	59 247	77 236	95 901	102 735	139 986
Step customs officer	..	423	2 071	1 270	1 554	1 309	1 697	2 229	2 025	2 165
Import taxes	..	32 861	24 531	44 096	64 741	57 938	75 539	93 672	100 710	137 822
5124 Impuestos sobre las exportaciones	75	4	0	1	0	0	0	0	0	1
Tax on exports	..	4	0	1	0	0	0	0	0	1
5125 Impuestos sobre los bienes de inversión	0	0	0	0	0	0	0	0	0	0
5126 Impuestos sobre servicios específicos	132	1 042	10 958	1 763	9 196	5 625	9 265	13 863	18 146	18 908
IDE	..	0	8 022	-3 323	- 405	- 252	- 135	- 152	- 174	- 50
Tax on lodging	..	504	1 384	2 561	4 254	2 500	4 119	6 411	8 196	9 447
Public entertainment tax	..	240	462	689	924	467	393	1 225	2 961	1 915
Tax on lotteries, raffles and gambling	..	267	923	1 416	3 403	2 114	3 799	5 055	4 397	4 379
Tax on commercials	..	4	166	210	376	0	0	0	0	0
Various indirect taxes	..	28	1	209	644	795	1 089	1 324	2 767	3 216
5127 Otros imp. sobre el comercio y transacciones intern.	0	0	0	0	0	0	0	0	0	0
5128 Otros impuestos sobre bienes y servicios específicos	242	226	1 956	4 730	6 947	6 238	9 966	15 271	11 917	9 100
Mining fees	..	226	1 956	4 730	6 947	6 238	9 966	15 271	11 917	9 100
5130 No clasificables entre 5110 y 5120	17	0	0	0	0	0	0	0	0	0
5200 Sobre el uso de bienes y permiso para actividades	666	9 287	21 793	20 560	17 494	16 482	17 311	17 461	19 725	21 873
5210 Impuestos recurrentes	666	9 287	21 793	20 560	17 494	16 482	17 311	17 461	19 725	21 873
5211 Por los hogares sobre vehículos automotores	567	8 878	21 319	19 880	16 624	15 699	16 422	16 311	17 869	20 071
Tax on motor vehicules	..	8 878	21 319	19 880	16 624	15 699	16 422	16 311	17 869	20 071
5212 Por otros sobre vehículos automotores	0	301	281	439	645	437	605	705	911	1 046
Tax on federal auto transport	..	301	281	439	645	437	605	705	911	1 046
5213 Otros impuestos recurrentes	99	108	193	240	225	347	285	445	945	755
Sport fishing	..	40	59	62	73	55	69	87	79	73
Sport hunting	..	3	0	0	0	0	0	0	0	0
Tax on commercial activities	..	63	50	64	41	159	39	112	334	367
Trade in books and magazines	..	0	0	1	0	0	0	1	1	0
Tax on industrial activities	..	2	82	93	92	113	113	51	313	254
Mining	..	0	1	21	17	19	64	196	219	61
5220 Impuestos no recurrentes	0	0	0	0	0	0	0	0	0	0
5300 No clasificables entre 5100 y 5200	0	0	0	0	0	0	0	0	0	0
6000 Otros impuestos	**1 619**	**7 651**	**27 398**	**44 612**	**64 654**	**75 671**	**82 094**	**115 846**	**106 885**	**118 181**
6100 Pagados únicamente por empresas	0	0	0	0	0	0	0	0	0	0
6200 Pagados por otros o no identificables	1 619	7 651	27 398	44 612	64 654	75 671	82 094	115 846	106 885	118 181
Accessories	..	5 504	22 206	23 211	41 063	56 793	54 231	83 591	72 133	71 111
Unallocable between 1000 and 5000 caused in exercices fiscal previous liquidation slopes or of payment	..	374	30	4 168	79	218	304	328	257	190
Additional state and local taxes	..	1 773	5 162	17 232	23 512	18 660	27 560	31 927	34 495	46 880

.. No disponible

Nota: Ejercicio cerrado a 31 de diciembre.

Los datos siguen el criterio de caja.

Partida 1000: En los datos de la CEPAL, los impuestos sobre la renta se presentan netos de crédito en las cifras salariales.

Partida 2000: En los datos de la CEPAL, las contribuciones a la seguridad social se presentan netas de transferencias procedentes del Gobierno federal en concepto de pago de las pensiones del IMSS (Instituto Mexicano del Seguro Social).

Fuente: Secretaría de Economía.

Cuadro 4.21. Nicaragua, ingresos tributarios detallados

Millones NIO

	1990	2000	2010	2015	2019	2020	2021	2022	2023	2024
Total de ingresos tributarios	**..**	**9 300**	**36 162**	**77 567**	**107 332**	**110 648**	**134 518**	**156 126**	**178 388**	**199 154**
1000 Imp. renta, utilidades y ganancias de capital	**..**	**1 144**	**8 351**	**21 313**	**33 036**	**32 470**	**40 753**	**50 714**	**58 692**	**64 466**
1100 De personas físicas	..	299	1 857	4 432	6 561	6 833	7 753	9 277	10 674	12 280
1110 Renta y utilidades	..	299	1 857	4 432	6 561	6 833	7 753	9 277	10 674	12 280
1120 Ganancias de capital	..	..	..	..	..	..	..	..	..	..
1200 De sociedades	..	845	6 494	16 881	17 798	18 339	23 136	30 332	35 824	38 020
1210 Renta y utilidades	..	845	6 494	16 881	17 798	18 339	23 136	30 332	35 824	38 020
1220 Ganancias de capital de sociedades	..	..	..	..	..	..	..	..	..	0
1300 No clasificables entre 1100 y 1200	..	0	0	0	8 677	7 298	9 864	11 105	12 194	14 166
2000 Contribuciones a la seguridad social	**..**	**1 678**	**8 090**	**18 194**	**27 586**	**29 014**	**32 054**	**35 571**	**38 390**	**42 107**
2100 Empleados	..	..	..	..	..	..	..	..	..	..
2110 Sobre la base de la nómina	..	..	..	..	..	..	..	..	..	..
2120 Sobre la base del impuesto sobre la renta	..	..	..	..	..	..	..	..	..	..
2200 Empleadores	..	..	..	..	..	..	..	..	..	..
2210 Sobre la base de la nómina	..	..	..	..	..	..	..	..	..	..
2220 Sobre la base del impuesto sobre la renta	..	..	..	..	..	..	..	..	..	..
2300 Trabajadores por cuenta propia o no empleados	..	..	..	..	..	..	..	..	..	..
2310 Sobre la base de la nómina	..	..	..	..	..	..	..	..	..	..
2320 Sobre la base del impuesto sobre la renta	..	..	..	..	..	..	..	..	..	..
2400 No clasificables entre 2100, 2200 y 2300	..	1 678	8 090	18 194	27 586	29 014	32 054	35 571	38 390	42 107
2410 Sobre la base de la nómina	..	1 678	8 090	18 194	27 586	29 014	32 054	35 571	38 390	42 107
2420 Sobre la base del impuesto sobre la renta	..	0	0	0	0	0	0	0	0	0
3000 Impuestos sobre la nómina y la fuerza de trabajo	**..**	**0**	**0**	**0**	**0**	**0**	**0**	**0**	**0**	**0**
4000 Impuestos sobre la propiedad	**..**	**11**	**423**	**771**	**1 196**	**1 401**	**1 778**	**1 806**	**2 093**	**2 471**
4100 Impuestos recurrentes sobre la propiedad inmueble	..	0	403	682	1 129	1 346	1 707	1 716	1 986	2 343
4110 Hogares	..	..	..	..	..	..	..	..	..	..
4120 Otros	..	..	..	..	..	..	..	..	..	..
4200 Impuestos recurrentes sobre la riqueza neta	..	0	0	0	0	0	0	0	0	0
4210 Personas físicas	..	..	..	..	..	..	..	..	..	..
4220 Sociedades	..	..	..	..	..	..	..	..	..	..
4300 Impuestos sobre sucesiones y donaciones	..	0	0	0	0	0	0	0	0	0
4310 Impuestos sobre sucesiones y herencias	..	..	..	..	..	..	..	..	..	..
4320 Impuestos sobre donaciones	..	..	..	..	..	..	..	..	..	..
4400 Imp. sobre transacciones financieras y de capital	..	11	20	90	67	55	71	90	107	129
Stamp duties	..	11	20	90	67	55	71	90	107	129
4500 Otros impuestos no recurrentes sobre la propiedad	..	0	0	0	0	0	0	0	0	0
4510 Otros impuestos sobre la riqueza neta	..	..	..	..	..	..	..	..	..	..
4520 Otros impuestos no recurrentes	..	..	..	..	..	..	..	..	..	..
4600 Otros impuestos recurrentes sobre la propiedad	..	0	0	0	0	0	0	0	0	0
5000 Impuestos sobre los bienes y servicios	**..**	**5 584**	**18 951**	**36 599**	**44 608**	**46 487**	**58 693**	**66 623**	**77 578**	**88 164**
5100 Imp. sobre la producción, venta, etc.	..	5 584	18 608	35 798	43 674	45 505	57 630	65 390	76 152	86 586
5110 Impuestos generales	..	2 931	11 932	23 787	27 933	29 002	37 772	43 248	51 386	58 834
5111 Impuestos sobre el valor agregado	..	2 931	10 353	20 714	24 116	24 990	32 998	38 081	45 424	52 122
5112 Impuestos sobre las ventas	..	0	0	0	0	0	0	0	0	0
5113 Otros impuestos generales	..	0	1 579	3 073	3 817	4 012	4 774	5 168	5 962	6 713
5120 Impuestos sobre bienes y servicios específicos	..	2 653	6 676	12 011	15 741	16 503	19 858	22 142	24 766	27 752
5121 Impuestos selectivos	..	2 034	5 541	9 773	13 616	14 163	16 549	18 191	19 999	22 144
Alcoholic beverages	..	84	198	264	583	702	626	713	535	680
Beer	..	203	645	1 370	1 857	1 939	2 269	2 401	2 710	3 233
Cigarettes	..	70	45	0	0	0	0	0	1	1
Soft drinks	..	123	248	501	470	539	611	753	829	1 090
Petroleum products	..	1 359	2 699	4 396	5 589	5 561	6 846	6 900	7 100	7 650
Gaming machines	..	0	0	0	120	118	137	147	158	173
Excises on imports	..	196	1 559	3 105	4 805	5 083	5 794	7 057	8 360	8 991
Other excises	..	- 1	148	136	193	222	267	221	306	327
5122 Utilidades de los monopolios fiscales	..	0	0	0	0	0	0	0	0	0
5123 Derechos de aduanas y de importación	..	619	1 135	2 238	2 125	2 340	3 309	3 950	4 767	5 608
Custom duties	..	452	1 094	2 155	2 125	2 340	3 309	3 950	4 767	5 608
Temporary protection duty	..	96	0	0	0	0	0	0	0	0
On products originating in Colombia or Honduras	..	72	41	83	0	0	0	1	0	1
5124 Impuestos sobre las exportaciones	..	0	0	0	0	0	0	0	0	0
5125 Impuestos sobre los bienes de inversión	..	0	0	0	0	0	0	0	0	0
5126 Impuestos sobre servicios específicos	..	0	0	0	0	0	0	0	0	0
5127 Otros imp. sobre el comercio y transacciones intern.	..	0	0	0	0	0	0	0	0	0

	1990	2000	2010	2015	2019	2020	2021	2022	2023	2024
5128 Otros impuestos sobre bienes y servicios específicos	..	0	0	0	0	0	0	0	0	0
5130 No clasificables entre 5110 y 5120	..	0	0	0	0	0	0	0	0	0
5200 Sobre el uso de bienes y permiso para actividades	..	0	343	801	934	982	1 063	1 233	1 426	1 577
5210 Impuestos recurrentes	..	..	20	60	61	63	68	80	92	101
5211 Por los hogares sobre vehículos automotores	..	..	20	60	61	63	68	80	92	101
5212 Por otros sobre vehículos automotores	..	..	0	0	0	0	0	0	0	0
5213 Otros impuestos recurrentes	..	..	0	0	0	0	0	0	0	0
5220 Impuestos no recurrentes	..	..	323	741	874	919	994	1 153	1 334	1 476
5300 No clasificables entre 5100 y 5200	..	0	0	0	0	0	0	0	0	0
6000 Otros impuestos	**..**	**0**	**347**	**690**	**907**	**1 275**	**1 240**	**1 412**	**1 634**	**1 947**
6100 Pagados únicamente por empresas	..	..	0	0	0	0	0	0	0	0
6200 Pagados por otros o no identificables	..	..	347	690	907	1 275	1 240	1 412	1 634	1 947

.. No disponible

Nota: Ejercicio cerrado a 31 de diciembre.

Los datos siguen el criterio de caja.

No se pueden mostrar datos estadísticos comparables de 1990 por la devaluación de la córdoba nicaragüense.

Las cifras relativas a ingresos tributarios de las administraciones locales de 2022 y 2023 son una estimación, ya que no hay datos disponibles. Los datos de las contribuciones a la seguridad social son preliminares en 2022 y 2023.

Partida 1210: En esta edición, esta partida incluye únicamente los ingresos procedentes de actividades económicas desde el año 2019. Antes de 2019, también incluye los ingresos por «rendimientos del capital» y «ganancias y pérdidas de capital», ya que estas partidas no se registraban por separado.

Partida 1300: Esta partida incluye los ingresos procedentes de «rentas del capital» y «ganancias y pérdidas de capital» en esta edición desde 2019. Antes de 2019, estos ingresos no se registraban por separado, sino que se combinaban con los «ingresos de actividades económicas» y se consignaban en la partida 1210.

Fuente: Ministerio de Hacienda y Crédito Público; Centro Interamericano de Administraciones Tributarias.

Cuadro 4.22. Panamá, ingresos tributarios detallados

Millones PAB

	1990	2000	2010	2015	2019	2020	2021	2022	2023	2024
Total de ingresos tributarios	**948**	**1 942**	**4 793**	**7 811**	**8 782**	**6 866**	**7 862**	**9 141**	**9 958**	**9 789**
1000 Imp. renta, utilidades y ganancias de capital	**217**	**485**	**1 317**	**2 066**	**2 445**	**1 880**	**1 998**	**2 807**	**3 352**	**2 564**
1100 De personas físicas	140	295	440	799	1 135	965	1 101	1 418	1 722	1 180
1110 Renta y utilidades	140	295	440	799	1 135	965	1 101	1 418	1 722	1 180
Payroll	115	222	353	689	992	838	967	1 268	1 572	1 029
Personal income tax	14	20	35	45	49	32	38	46	49	49
Panama Canal Authority withholding	10	53	52	65	94	94	97	103	101	103
1120 Ganancias de capital	..	..	..	..	..	..	..	..	..	..
1200 De sociedades	66	159	603	851	902	595	582	954	1 231	965
1210 Renta y utilidades	66	159	603	851	902	595	582	954	1 231	965
Colón Free Zone	5	3	20	36	45	30	41	69	51	52
Corporate income tax	61	155	584	815	857	565	541	884	1 180	913
1220 Ganancias de capital de sociedades	..	..	..	..	..	..	..	..	..	..
1300 No clasificables entre 1100 y 1200	11	31	273	416	407	320	315	435	399	418
Dividends and complimentary tax	11	31	166	265	266	218	210	269	291	311
Capital gains	0	0	107	151	142	102	105	167	108	108
2000 Contribuciones a la seguridad social	**325**	**742**	**1 615**	**2 770**	**3 295**	**2 851**	**3 325**	**3 313**	**3 490**	**4 136**
2100 Empleados	..	..	..	..	..	..	..	..	..	..
2110 Sobre la base de la nómina	..	..	..	..	..	..	..	..	..	..
2120 Sobre la base del impuesto sobre la renta	..	..	..	..	..	..	..	..	..	..
2200 Empleadores	..	..	..	..	..	..	..	..	..	..
2210 Sobre la base de la nómina	..	..	..	..	..	..	..	..	..	..
2220 Sobre la base del impuesto sobre la renta	..	..	..	..	..	..	..	..	..	..
2300 Trabajadores por cuenta propia o no empleados	..	..	..	..	..	..	..	..	..	..
2310 Sobre la base de la nómina	..	..	..	..	..	..	..	..	..	..
2320 Sobre la base del impuesto sobre la renta	..	..	..	..	..	..	..	..	..	..
2400 No clasificables entre 2100, 2200 y 2300	325	742	1 615	2 770	3 295	2 851	3 325	3 313	3 490	4 136
2410 Sobre la base de la nómina	..	..	..	..	..	..	..	..	..	..
2420 Sobre la base del impuesto sobre la renta	..	..	..	..	..	..	..	..	..	..
3000 Impuestos sobre la nómina y la fuerza de trabajo	**0**	**36**	**59**	**111**	**138**	**103**	**113**	**131**	**200**	**141**
Education insurance	..	36	59	111	138	103	113	131	200	141
4000 Impuestos sobre la propiedad	**32**	**43**	**138**	**199**	**169**	**126**	**180**	**208**	**248**	**176**
4100 Impuestos recurrentes sobre la propiedad inmueble	28	34	108	151	134	104	145	160	201	123
4110 Hogares	28	34	108	151	134	104	145	160	201	123
4120 Otros	0	0	0	0	0	0	0	0	0	0
4200 Impuestos recurrentes sobre la riqueza neta	0	0	0	0	0	0	0	0	0	0
4210 Personas físicas	..	..	..	..	..	..	..	..	..	..
4220 Sociedades	..	..	..	..	..	..	..	..	..	..
4300 Impuestos sobre sucesiones y donaciones	0	0	0	0	0	0	0	0	0	0
4310 Impuestos sobre sucesiones y herencias	..	..	..	..	..	..	..	..	..	..
4320 Impuestos sobre donaciones	..	..	..	..	..	..	..	..	..	..
4400 Imp. sobre transacciones financieras y de capital	3	9	30	48	35	22	35	48	48	52
4500 Otros impuestos no recurrentes sobre la propiedad	0	0	0	0	0	0	0	0	0	0
4510 Otros impuestos sobre la riqueza neta	..	..	..	..	..	..	..	..	..	..
4520 Otros impuestos no recurrentes	..	..	..	..	..	..	..	..	..	..
4600 Otros impuestos recurrentes sobre la propiedad	0	0	0	0	0	0	0	0	0	0
5000 Impuestos sobre los bienes y servicios	**349**	**608**	**1 623**	**2 627**	**2 705**	**1 887**	**2 221**	**2 655**	**2 642**	**2 744**
5100 Imp. sobre la producción, venta, etc.	332	546	1 473	2 376	2 425	1 661	1 974	2 382	2 352	2 463
5110 Impuestos generales	80	69	766	1 357	1 436	979	1 152	1 424	1 436	1 482
5111 Impuestos sobre el valor agregado	80	69	766	1 357	1 436	979	1 152	1 424	1 436	1 482
ITBMS on sales	31	69	399	798	954	659	710	880	880	957
ITBMS on imports	49	0	367	559	482	320	442	543	556	525
5112 Impuestos sobre las ventas	0	0	0	0	0	0	0	0	0	0
5113 Otros impuestos generales	0	0	0	0	0	0	0	0	0	0
5120 Impuestos sobre bienes y servicios específicos	251	477	707	1 019	989	682	822	958	916	981
5121 Impuestos selectivos	0	141	239	496	468	301	368	431	425	454
Petroleum products	..	109	97	157	196	123	151	152	165	156
Beer	..	18	31	48	54	47	47	58	36	55
Cigarette	..	0	0	32	26	20	17	18	14	17
Wine and liquor	..	12	11	15	17	13	15	23	15	22
Soft drinks	..	2	6	7	11	7	6	6	5	5
Automobiles	..	0	0	182	138	69	105	140	157	167
Other excises	..	0	95	53	26	23	27	32	33	31
5122 Utilidades de los monopolios fiscales	0	0	0	0	0	0	0	0	0	0
5123 Derechos de aduanas y de importación	125	298	390	391	319	215	286	323	302	312
5124 Impuestos sobre las exportaciones	13	0	0	0	0	0	0	0	0	0

	1990	2000	2010	2015	2019	2020	2021	2022	2023	2024
5125 Impuestos sobre los bienes de inversión	0	0	0	0	0	0	0	0	0	0
5126 Impuestos sobre servicios específicos	1	37	78	133	203	166	168	205	189	215
Insurance premiums	0	17	47	46	86	88	80	101	87	104
Cable and telecommunications	0	16	17	39	40	37	36	36	35	35
Gambling	0	0	1	23	50	16	29	42	44	51
Banks, financial institutions and exchange houses	0	2	12	24	26	25	23	26	24	25
Commercial activities and services	1	3	0	0	0	0	0	0	0	0
5127 Otros imp. sobre el comercio y transacciones intern.	0	0	0	0	0	0	0	0	0	0
5128 Otros impuestos sobre bienes y servicios específicos	0	0	0	0	0	0	0	0	0	0
5130 No clasificables entre 5110 y 5120	0	0	0	0	0	0	0	0	0	0
5200 Sobre el uso de bienes y permiso para actividades	15	62	151	251	280	227	247	273	290	281
Other indirect taxes	0	0	36	59	61	42	50	56	62	62
5210 Impuestos recurrentes	12	58	115	192	219	184	197	216	228	219
5211 Por los hogares sobre vehículos automotores	0	7	0	0	0	0	0	0	0	0
5212 Por otros sobre vehículos automotores	0	5	0	0	0	0	0	0	0	0
5213 Otros impuestos recurrentes	12	46	115	192	219	184	197	216	228	219
Commercial licences	12	19	75	120	126	107	119	125	125	121
Permission to conduct commercial and service activities	0	25	38	69	89	73	75	88	98	94
Permission to conduct industrial activities	0	2	2	3	4	3	3	4	4	4
Others	0	0	0	0	0	0	0	0	0	0
5220 Impuestos no recurrentes	4	4	0	0	0	0	0	0	0	0
Building and construction	0	4	..	..	..	..	..	..	..	..
Ship registration	4	0	..	..	..	..	..	..	..	..
5300 No clasificables entre 5100 y 5200	2	0	0	0	0	0	0	0	0	0
6000 Otros impuestos	**26**	**27**	**41**	**37**	**30**	**20**	**24**	**28**	**26**	**29**
6100 Pagados únicamente por empresas	0	0	0	0	0	0	0	0	0	0
6200 Pagados por otros o no identificables	26	27	41	37	30	20	24	28	26	29
Stamp duties	17	27	41	37	30	20	24	28	26	29
Others	9	0	0	0	0	0	0	0	0	0

.. No disponible

Nota: Ejercicio cerrado a 31 de diciembre.

Los datos siguen el criterio de caja.

Los datos sobre ingresos tributarios no incluyen los documentos fiscales que se consideran créditos fiscales no exigibles (o desaprovechables) según la clasificación de la OCDE descrita en la Guía de interpretación. Los datos de ingresos tributarios del Gobierno central correspondientes a 2024 son preliminares. Los datos de los ingresos tributarios de las administraciones locales correspondientes a 2023 y 2024 son estimaciones.

Partida 2000: Las contribuciones a la seguridad social engloban contribuciones periódicas y especiales y también la prima por riesgos laborales recaudadas por la Caja de Seguro Social (CSS).

Partida 3000: En los datos de la CEPAL, el seguro de educación se clasifica como "Otros impuestos" (6000).

Partida 5126: En los datos del CIAT y la CEPAL, el impuesto a la banca, las financieras y las casas de cambio se clasifica como un impuesto a la propiedad (4000).

Partida 6200: Los derechos de timbre antes de 2000 incluyen el impuesto sobre llamadas telefónicas y cables, que no puede distinguirse por la disponibilidad de los datos.

Fuente: Contraloría General de la República de Panamá; Ministerio de Economía y Finanzas de Panamá; Caja de Seguro Social, Centro Interamericano de Administraciones Tributarias.

Cuadro 4.23. Paraguay, ingresos tributarios detallados

Millones PYG

	1990	2000	2010	2015	2019	2020	2021	2022	2023	2024
Total de ingresos tributarios	**608 021**	**3 587 451**	**15 638 531**	**25 855 185**	**33 008 733**	**32 441 314**	**37 494 171**	**42 659 531**	**45 466 039**	**52 959 300**
1000 Imp. renta, utilidades y ganancias de capital	**73 726**	**470 388**	**2 096 498**	**3 922 384**	**6 022 875**	**6 010 196**	**6 920 734**	**8 777 690**	**8 175 518**	**10 685 747**
1100 De personas físicas	..	15 042	31 263	409 238	620 038	536 357	364 990	436 247	457 741	504 849
1110 Renta y utilidades	..	15 042	31 263	409 238	620 038	536 357	364 990	436 247	457 741	504 849
IRAGRO-IMAGRO	..	15 042	30 113	283 401	327 328	277 061	14 567	3 481	2 997	1 036
Personal income tax	..	0	1 150	125 837	292 710	259 296	350 422	432 765	454 744	503 813
1120 Ganancias de capital	..	..	..	..	..	..	..	..	..	..
1200 De sociedades	..	455 346	2 065 235	3 513 146	5 402 837	5 473 839	6 555 744	8 341 443	7 717 776	10 180 898
1210 Renta y utilidades	..	455 346	2 065 235	3 513 146	5 402 837	5 473 839	6 555 744	8 341 443	7 717 776	10 180 898
Income tax on small businesses	..	0	9 380	14 563	26 824	28 852	1 907	408	206	124
Single tax	..	4 238	715	5	0	0	0	0	0	0
Single tax on maquiladoras companies	..	0	3 310	10 892	31 201	35 229	53 255	59 535	50 634	49 130
IRACIS	..	451 108	2 051 830	3 487 686	5 344 811	1 302 426	215 069	113 934	111 849	115 985
Business income tax (IRE)	..	0	0	0	0	3 239 933	5 288 814	7 007 006	6 240 808	8 286 064
Tax on dividends and income (IDU)	..	0	0	0	0	867 399	996 698	1 160 560	1 314 279	1 729 595
1220 Ganancias de capital de sociedades	..	..	..	..	..	..	..	..	..	..
1300 No clasificables entre 1100 y 1200	73 726	0	0	0	0	0	0	0	0	0
Others	73 726	..	..	..	..	..	..	..	..	..
2000 Contribuciones a la seguridad social	**28 882**	**919 533**	**3 552 640**	**7 044 316**	**8 729 492**	**8 954 858**	**10 273 367**	**11 801 175**	**12 909 156**	**13 224 558**
2100 Empleados	..	..	..	..	..	..	..	..	..	..
2110 Sobre la base de la nómina	..	..	..	..	..	..	..	..	..	..
2120 Sobre la base del impuesto sobre la renta	..	..	..	..	..	..	..	..	..	..
2200 Empleadores	..	..	..	..	..	..	..	..	..	..
2210 Sobre la base de la nómina	..	..	..	..	..	..	..	..	..	..
2220 Sobre la base del impuesto sobre la renta	..	..	..	..	..	..	..	..	..	..
2300 Trabajadores por cuenta propia o no empleados	..	..	..	..	..	..	..	..	..	..
2310 Sobre la base de la nómina	..	..	..	..	..	..	..	..	..	..
2320 Sobre la base del impuesto sobre la renta	..	..	..	..	..	..	..	..	..	..
2400 No clasificables entre 2100, 2200 y 2300	28 882	919 533	3 552 640	7 044 316	8 729 492	8 954 858	10 273 367	11 801 175	12 909 156	13 224 558
2410 Sobre la base de la nómina	28 882	919 533	3 552 640	7 044 316	8 729 492	8 954 858	10 273 367	11 801 175	12 909 156	13 224 558
2420 Sobre la base del impuesto sobre la renta	0	0	0	0	0	0	0	0	0	0
3000 Impuestos sobre la nómina y la fuerza de trabajo	**0**	**0**	**0**	**0**	**0**	**0**	**0**	**0**	**0**	**0**
4000 Impuestos sobre la propiedad	**17 162**	**71 777**	**276 119**	**435 473**	**443 521**	**401 222**	**488 894**	**541 289**	**584 604**	**615 935**
4100 Impuestos recurrentes sobre la propiedad inmueble	17 162	0	258 423	405 806	417 177	375 800	457 759	498 239	544 983	577 144
4110 Hogares	17 162	..	258 423	405 806	417 177	375 800	457 759	498 239	544 983	577 144
Real estate tax	17 162	..	249 697	390 772	378 712	342 625	408 189	447 898	491 060	519 217
Tax on vacant lots	0	..	2 925	4 818	20 985	19 608	25 876	26 471	27 815	29 834
Large estate and land tax	0	..	5 801	10 216	17 480	13 566	23 694	23 871	26 108	28 094
4120 Otros	0	..	0	0	0	0	0	0	0	0
4200 Impuestos recurrentes sobre la riqueza neta	0	0	0	0	0	0	0	0	0	0
4210 Personas físicas	..	..	..	..	..	..	..	..	..	..
4220 Sociedades	..	..	..	..	..	..	..	..	..	..
4300 Impuestos sobre sucesiones y donaciones	0	0	0	0	0	0	0	0	0	0
4310 Impuestos sobre sucesiones y herencias	..	..	..	..	..	..	..	..	..	..
4320 Impuestos sobre donaciones	..	..	..	..	..	..	..	..	..	..
4400 Imp. sobre transacciones financieras y de capital	0	71 777	15 955	29 601	24 912	24 857	30 556	41 869	38 340	38 010
Real estate transfer tax	..	0	11 766	22 406	17 216	13 595	21 025	32 576	28 102	28 289
Municipal Seal and Stamp Paper Tax	..	0	3 857	6 912	7 346	11 205	9 466	9 064	8 904	9 483
Registration and stamp duties	..	71 777	332	282	350	57	65	229	1 335	238
4500 Otros impuestos no recurrentes sobre la propiedad	0	0	0	0	0	0	0	0	0	0
4510 Otros impuestos sobre la riqueza neta	..	..	..	..	..	..	..	..	..	..
4520 Otros impuestos no recurrentes	..	..	..	..	..	..	..	..	..	..
4600 Otros impuestos recurrentes sobre la propiedad	0	0	1 742	66	1 432	565	579	1 181	1 281	780
5000 Impuestos sobre los bienes y servicios	**438 444**	**2 080 878**	**9 462 461**	**14 279 329**	**17 610 929**	**16 929 091**	**19 548 577**	**21 287 297**	**23 508 408**	**27 638 343**
5100 Imp. sobre la producción, venta, etc.	438 444	2 080 878	9 245 877	13 860 634	17 230 758	16 557 669	19 123 598	20 838 938	23 023 740	27 096 713
5110 Impuestos generales	0	1 150 496	5 991 694	9 768 800	11 794 402	11 787 033	13 705 814	15 142 895	17 037 941	19 598 491
5111 Impuestos sobre el valor agregado	0	1 150 496	5 991 694	9 768 800	11 794 402	11 787 033	13 705 814	15 142 895	17 037 941	19 598 491
5112 Impuestos sobre las ventas	..	0	0	0	0	0	0	0	0	0
5113 Otros impuestos generales	..	0	0	0	0	0	0	0	0	0
5120 Impuestos sobre bienes y servicios específicos	438 444	930 382	3 254 183	4 091 834	5 436 356	4 770 635	5 417 784	5 696 043	5 985 799	7 498 222

	1990	2000	2010	2015	2019	2020	2021	2022	2023	2024
5121 Impuestos selectivos	300 219	456 561	1 710 531	2 404 222	2 992 813	2 773 235	2 989 115	2 832 744	2 974 981	3 780 562
Fuels	41 087	316 694	1 126 143	1 775 479	2 084 712	2 032 124	2 301 115	2 015 230	2 080 065	2 682 380
Other excises	259 132	136 194	537 887	616 342	886 475	724 578	664 820	785 758	865 009	1 062 849
Animal health and quality service	0	3 673	46 501	12 401	13 875	16 533	23 163	31 755	29 907	35 333
Livestock trade	0	0	0	0	7 751	0	17	0	0	0
5122 Utilidades de los monopolios fiscales	0	0	0	0	0	0	0	0	0	0
5123 Derechos de aduanas y de importación	138 225	473 821	1 524 252	1 659 535	2 420 302	1 984 697	2 409 292	2 840 257	2 984 368	3 689 031
5124 Impuestos sobre las exportaciones	0	0	0	0	0	0	0	0	0	0
5125 Impuestos sobre los bienes de inversión	0	0	0	0	0	0	0	0	0	0
5126 Impuestos sobre servicios específicos	0	0	19 401	28 076	23 241	12 704	19 377	23 041	26 450	28 629
Advertising	..	..	5 249	7 428	6 741	6 384	7 979	8 281	9 542	11 178
Public transport	..	..	4 363	4 297	3 420	1 255	2 079	1 896	2 728	1 738
Gambling	..	..	16	4 654	6 617	2 666	4 006	6 787	8 173	9 998
Advertising and gambling	..	..	8 884	9 357	4 447	1 317	2 502	3 723	3 519	2 977
Other taxes on specific services	..	..	888	2 341	2 017	1 082	2 810	2 354	2 489	2 738
5127 Otros imp. sobre el comercio y transacciones intern.	0	0	0	0	0	0	0	0	0	0
5128 Otros impuestos sobre bienes y servicios específicos	0	0	0	0	0	0	0	0	0	0
5130 No clasificables entre 5110 y 5120	0	0	0	0	0	0	0	0	0	0
5200 Sobre el uso de bienes y permiso para actividades	0	0	216 347	395 856	379 208	370 331	423 107	447 151	483 312	539 664
5210 Impuestos recurrentes	..	..	183 622	329 518	329 087	334 724	365 717	388 958	418 103	454 443
5211 Por los hogares sobre vehículos automotores	..	..	0	0	0	0	0	0	0	0
5212 Por otros sobre vehículos automotores	..	..	52 365	94 393	109 402	103 274	116 044	118 598	123 942	128 429
Motor vehicle licences	..	..	52 365	94 393	109 402	103 274	116 044	118 598	123 942	128 429
5213 Otros impuestos recurrentes	..	..	131 257	235 125	219 685	231 450	249 673	270 361	294 161	326 014
Licencing fees	..	..	126 965	229 686	214 555	225 717	245 516	264 129	287 160	317 368
slaughter tax	..	..	4 271	5 074	4 990	5 585	3 958	5 886	6 329	8 635
Tax to the owners of animals	..	..	21	365	140	148	199	345	672	11
5220 Impuestos no recurrentes	..	..	32 725	66 338	50 121	35 607	57 390	58 193	65 208	85 221
Tax on construction	..	..	31 696	65 403	49 375	34 930	56 728	57 466	64 704	84 694
Luxury automobile tax	..	..	91	54	0	0	0	0	0	0
Trademarks registration	..	..	938	881	746	677	662	727	504	527
5300 No clasificables entre 5100 y 5200	0	0	237	22 838	962	1 092	1 872	1 208	1 356	1 967
6000 Otros impuestos	**49 807**	**44 875**	**250 812**	**173 684**	**201 917**	**145 946**	**262 599**	**252 081**	**288 352**	**794 718**
6100 Pagados únicamente por empresas	0	0	0	0	0	0	0	0	0	0
6200 Pagados por otros o no identificables	49 807	44 875	250 812	173 684	201 917	145 946	262 599	252 081	288 352	794 718
Taxes replaced	0	0	0	0	0	0	0	0	0	0
Other	49 807	44 875	250 812	173 684	201 917	145 946	262 599	252 081	288 352	794 718

.. No disponible

Nota: Ejercicio cerrado a 31 de diciembre.

Los datos siguen el criterio de caja.

Las cifras de los años anteriores a 2006 no incluyen los ingresos tributarios de las administraciones locales, porque no hay datos disponibles. Esto afecta a los datos de las categorías 4000, 5000 y 6000.

Partida 2000: Las contribuciones a la seguridad social antes de 1999 no incluyen las contribuciones de ese tipo cobradas por las instituciones descentralizadas porque no hay datos disponibles.

Fuente: Subsecretaría de Estado de Tributación, Ministerio de Hacienda del Paraguay; Centro Interamericano de Administraciones Tributarias.

Cuadro 4.24. Perú, ingresos tributarios detallados

Millones PEN

	1990	2000	2010	2015	2019	2020	2021	2022	2023	2024
Total de ingresos tributarios	**601**	**26 526**	**73 779**	**105 280**	**128 439**	**109 801**	**158 034**	**178 712**	**169 562**	**179 930**
1000 Imp. renta, utilidades y ganancias de capital	**37**	**5 078**	**25 530**	**34 075**	**42 986**	**36 526**	**55 185**	**69 141**	**61 638**	**64 805**
1100 De personas físicas	3	2 117	6 518	11 137	14 744	13 182	16 765	18 325	17 875	19 601
First category	..	167	160	443	624	503	616	679	736	845
Second category	..	7	869	1 287	2 412	1 767	3 835	3 605	3 244	3 904
Fourth category	..	234	521	783	1 023	1 002	1 328	1 410	1 329	1 360
Fifth category	..	1 641	4 735	8 044	9 760	9 178	10 237	11 600	11 844	12 693
Income Tax Adjustments	..	68	233	581	926	733	749	1 030	722	798
1110 Renta y utilidades	..	..	..	..	..	..	..	..	..	..
1120 Ganancias de capital	..	..	..	..	..	..	..	..	..	..
1200 De sociedades	32	2 526	17 773	20 569	25 681	19 756	35 488	48 448	41 153	41 534
1210 Renta y utilidades	32	2 526	17 773	20 569	25 681	19 756	35 488	48 448	41 153	41 534
Third category	..	2 023	14 652	16 817	17 679	13 804	22 786	29 821	28 176	28 591
Income tax on mining	..	0	0	208	545	430	1 802	1 608	1 233	1 465
Income tax special regime	..	47	118	310	354	271	406	458	458	504
Other incomes corporate	..	18	148	167	1 666	1 388	2 206	2 571	2 516	3 051
Income Tax Adjustments	..	438	2 856	3 066	5 438	3 863	8 291	13 992	8 770	7 924
Income tax on mining refunds	..	0	0	0	0	0	- 1	- 2	0	0
1220 Ganancias de capital de sociedades	..	..	..	..	..	..	..	..	..	..
1300 No clasificables entre 1100 y 1200	1	436	1 239	2 369	2 560	3 588	2 932	2 368	2 611	3 671
Income tax on non-residents	1	487	1 511	3 248	4 135	5 658	4 425	4 755	5 014	6 061
Income tax refunds	0	- 51	- 272	- 879	- 1 575	- 2 071	- 1 493	- 2 387	- 2 404	- 2 390
2000 Contribuciones a la seguridad social	**50**	**3 185**	**7 929**	**12 681**	**15 453**	**14 680**	**16 407**	**17 877**	**18 883**	**20 224**
2100 Empleados	..	566	2 433	3 451	4 137	3 864	4 193	4 471	4 480	4 761
2110 Sobre la base de la nómina	..	566	1 665	3 314	3 959	3 681	3 988	4 121	4 227	4 495
2120 Sobre la base del impuesto sobre la renta	..	0	768	137	179	182	206	350	253	266
Solidarity contribution for pension plan	..	..	768	137	179	182	206	350	253	266
2200 Empleadores	..	2 515	5 454	9 170	11 245	10 767	12 166	13 353	14 344	15 400
2210 Sobre la base de la nómina	..	2 432	5 216	8 926	10 883	10 344	11 680	12 795	13 825	14 952
2220 Sobre la base del impuesto sobre la renta	..	83	238	244	362	423	486	558	519	449
2300 Trabajadores por cuenta propia o no empleados	..	95	42	60	70	49	48	54	59	62
2310 Sobre la base de la nómina	..	0	0	0	0	0	0	0	0	0
2320 Sobre la base del impuesto sobre la renta	..	95	42	60	70	49	48	54	59	62
2400 No clasificables entre 2100, 2200 y 2300	50	9	0	0	0	0	0	0	0	0
2410 Sobre la base de la nómina	50	9	0	0	..	..	..	..	..	..
2420 Sobre la base del impuesto sobre la renta	0	0	0	0	..	..	..	..	..	..
3000 Impuestos sobre la nómina y la fuerza de trabajo	**0**	**1 149**	**57**	**92**	**99**	**96**	**101**	**113**	**115**	**126**
Extraordinary solidarity tax (IES)	..	1 151	3	5	0	1	0	2	2	1
IES refunds	..	- 2	- 2	- 1	- 3	0	0	- 0	- 1	- 0
Contributions to SENATI	..	0	56	88	102	96	100	111	114	125
4000 Impuestos sobre la propiedad	**99**	**323**	**3 833**	**5 360**	**7 146**	**5 942**	**7 659**	**8 376**	**9 128**	**9 592**
4100 Impuestos recurrentes sobre la propiedad inmueble	0	298	727	1 463	2 026	1 749	2 266	2 391	2 711	2 930
4110 Hogares	..	..	..	..	..	..	..	..	..	..
4120 Otros	..	..	..	..	..	..	..	..	..	..
4200 Impuestos recurrentes sobre la riqueza neta	0	0	1 601	2 931	4 082	3 523	4 393	4 816	5 302	5 379
4210 Personas físicas	..	..	0	0	0	0	0	0	0	0
4220 Sociedades	..	..	1 601	2 931	4 082	3 523	4 393	4 816	5 302	5 379
Temporary Net Assets Tax (ITAN)	..	..	1 788	3 697	5 176	4 764	5 926	6 302	6 692	6 731
Temporary Net Assets Tax (ITAN) refunds	..	..	- 186	- 766	- 1 094	- 1 241	- 1 533	- 1 485	- 1 390	- 1 352
4300 Impuestos sobre sucesiones y donaciones	0	0	0	0	0	0	0	0	0	0
4310 Impuestos sobre sucesiones y herencias	..	..	..	..	..	..	..	..	..	..
4320 Impuestos sobre donaciones	..	..	..	..	..	..	..	..	..	..
4400 Imp. sobre transacciones financieras y de capital	38	25	1 504	966	1 037	669	1 000	1 169	1 115	1 283
Financial transactions tax	0	0	944	161	224	207	271	309	311	350
Real estate transfer tax	0	25	560	805	813	463	728	861	804	933
Tax Law Decree 519	38	0	0	0	0	0	0	0	0	0
4500 Otros impuestos no recurrentes sobre la propiedad	0	0	0	0	0	0	0	0	0	0
4510 Otros impuestos sobre la riqueza neta	..	..	..	..	..	..	..	..	..	..
4520 Otros impuestos no recurrentes	..	..	..	..	..	..	..	..	..	..
4600 Otros impuestos recurrentes sobre la propiedad	61	0	0	0	0	0	0	0	0	0
5000 Impuestos sobre los bienes y servicios	**407**	**16 045**	**35 330**	**50 199**	**59 446**	**50 457**	**73 221**	**79 632**	**76 345**	**80 504**
5100 Imp. sobre la producción, venta, etc.	407	16 020	35 175	49 917	59 144	50 216	72 938	79 308	75 998	80 086
5110 Impuestos generales	109	9 646	29 094	42 612	49 197	42 375	62 780	68 418	65 093	69 562

	1990	2000	2010	2015	2019	2020	2021	2022	2023	2024
5111 Impuestos sobre el valor agregado	109	9 646	29 094	42 612	49 197	42 375	62 780	68 418	65 093	69 562
VAT (internal)	69	6 992	19 629	30 410	37 892	32 708	42 608	47 375	48 052	51 648
VAT (imports)	41	4 961	15 908	21 259	25 613	22 671	35 490	40 930	35 393	36 768
VAT refunds	0	- 2 307	- 6 442	- 9 056	- 14 307	- 13 004	- 15 318	- 19 887	- 18 351	- 18 855
5112 Impuestos sobre las ventas	0	0	0	0	0	0	0	0	0	0
5113 Otros impuestos generales	0	0	0	0	0	0	0	0	0	0
5120 Impuestos sobre bienes y servicios específicos	297	6 374	6 081	7 304	9 947	7 841	10 158	10 890	10 905	10 524
5121 Impuestos selectivos	232	3 518	4 875	5 796	8 672	7 238	9 575	9 773	9 921	9 504
Fuels	151	2 145	2 410	2 211	3 212	2 970	3 648	3 000	3 464	3 215
Gasoline sales tax	3	97	210	332	456	316	548	799	678	680
Other excises	78	1 304	2 258	3 284	5 005	3 951	5 490	6 026	5 864	5 698
Excise tax refunds	0	- 28	- 4	- 31	- 4	- 5	- 119	- 58	- 90	- 94
Plastic Bag Consumption Tax	0	0	0	0	4	7	7	7	6	4
5122 Utilidades de los monopolios fiscales	0	0	0	0	0	0	0	0	0	0
5123 Derechos de aduanas y de importación	64	2 741	779	871	504	398	299	576	388	382
Customs duties	64	2 960	1 803	1 775	1 424	1 159	1 465	1 806	1 547	1 558
Customs duties refunds	0	- 219	- 1 024	- 903	- 920	- 760	- 1 166	- 1 231	- 1 159	- 1 176
5124 Impuestos sobre las exportaciones	2	0	0	0	0	0	0	0	0	0
5125 Impuestos sobre los bienes de inversión	0	0	0	0	0	0	0	0	0	0
5126 Impuestos sobre servicios específicos	0	115	427	637	771	205	284	542	597	638
Casinos and slot machines	..	97	297	446	497	126	191	324	337	351
Tourism tax	..	0	105	144	211	65	76	176	202	237
Municipal taxes on services	..	18	25	47	63	14	17	41	57	51
5127 Otros imp. sobre el comercio y transacciones intern.	0	0	0	0	0	0	0	0	0	0
5128 Otros impuestos sobre bienes y servicios específicos	0	0	0	0	0	0	0	0	0	0
5130 No clasificables entre 5110 y 5120	0	0	0	0	0	0	0	0	0	0
5200 Sobre el uso de bienes y permiso para actividades	0	25	154	282	302	241	284	323	347	417
5210 Impuestos recurrentes	..	25	154	282	302	241	284	323	347	417
5211 Por los hogares sobre vehículos automotores	..	25	154	282	302	241	284	323	347	417
5212 Por otros sobre vehículos automotores	..	0	0	0	0	0	0	0	0	0
5213 Otros impuestos recurrentes	..	0	0	0	0	0	0	0	0	0
5220 Impuestos no recurrentes	..	0	0	0	0	0	0	0	0	0
5300 No clasificables entre 5100 y 5200	0	0	0	0	0	0	0	0	0	0
6000 Otros impuestos	**9**	**745**	**1 100**	**2 873**	**3 309**	**2 100**	**5 461**	**3 573**	**3 454**	**4 680**
6100 Pagados únicamente por empresas	0	84	108	179	135	93	109	114	115	119
Single simplified regime	..	84	108	179	135	93	109	114	115	119
University Development Fund	..	0	0	0	0	0	0	0	0	0
6200 Pagados por otros o no identificables	9	662	993	2 694	3 174	2 006	5 353	3 459	3 339	4 561
Tax Instalment payments	9	543	740	941	1 853	1 186	4 450	2 328	2 373	2 947
Other taxes	0	133	254	1 771	1 340	828	984	1 220	1 128	1 674
Other tax refunds	0	- 14	- 2	- 17	- 18	- 8	- 81	- 89	- 162	- 60

.. No disponible

Nota: Ejercicio cerrado a 31 de diciembre.

Los datos siguen el criterio de caja.

Las cifras de los años hasta 2000 no incluyen los ingresos tributarios de las administraciones locales, porque no hay datos disponibles.

Partida 2000: Todas las contribuciones pertenecientes a las pensiones las realizan exclusivamente los empleados y las contribuciones para el servicio de salud las realizan los empleadores. Las excepciones son regímenes especiales que se aplican a las personas empleadas por cuenta propia, en función de los ingresos.

Partida 6200: "Otras devoluciones de impuestos" excluye "Devoluciones del impuesto sobre la renta de la minería" y "Devoluciones del impuesto Temporal a los Activos Netos (ITAN)" en esta edición, ya que se informarán por separado en partidas 1210 y 4220 respectivamente.

Fuente: Superintendencia Nacional de Aduanas y de Administración Tributaria (SUNAT); Banco de la Nación; Ministerio de Economía y Finanzas; Servicio Nacional de Adiestramiento en Trabajo Industrial.

Cuadro 4.25. Santa Lucía, ingresos tributarios detallados

Millones XCD

	1990	2000	2010	2015	2019	2020	2021	2022	2023	2024
Total de ingresos tributarios	..	**480**	**828**	**1 045**	**1 180**	**923**	**1 046**	**1 274**	**1 384**	**1 479**
1000 Imp. renta, utilidades y ganancias de capital	..	**137**	**224**	**242**	**258**	**228**	**226**	**283**	**325**	**325**
1100 De personas físicas	..	49	83	105	134	115	130	153	152	151
1110 Renta y utilidades	..	49	83	105	134	115	130	153	152	151
Personal income tax	..	49	83	105	116	99	112	131	125	125
Arrears on personal income tax	..	0	0	0	18	16	18	22	28	26
1120 Ganancias de capital	..	..	..	..	..	..	..	..	..	..
1200 De sociedades	..	63	95	78	111	97	84	114	154	148
1210 Renta y utilidades	..	63	95	78	111	97	84	114	154	148
Corporate income tax	..	63	95	78	93	81	67	94	130	126
Arrears on corporate income tax	..	0	0	0	18	16	17	20	24	22
1220 Ganancias de capital de sociedades	..	..	..	..	..	..	..	..	..	..
1300 No clasificables entre 1100 y 1200	..	26	46	58	13	17	12	16	19	25
Withholdings	..	7	14	25	16	20	18	21	25	21
Arrears	..	25	42	44	7	5	4	5	3	14
Tax Refunds	..	-6	-10	-10	-9	-8	- 10	- 10	- 9	- 10
2000 Contribuciones a la seguridad social	..	**48**	**92**	**111**	**127**	**118**	**128**	**152**	**158**	**164**
2100 Empleados	..	..	..	..	..	..	..	..	..	..
2110 Sobre la base de la nómina	..	..	..	..	..	..	..	..	..	..
2120 Sobre la base del impuesto sobre la renta	..	..	..	..	..	..	..	..	..	..
2200 Empleadores	..	..	..	..	..	..	..	..	..	..
2210 Sobre la base de la nómina	..	..	..	..	..	..	..	..	..	..
2220 Sobre la base del impuesto sobre la renta	..	..	..	..	..	..	..	..	..	..
2300 Trabajadores por cuenta propia o no empleados	..	..	1	1	1	1	1	1	1	2
2310 Sobre la base de la nómina	..	..	1	1	1	1	1	1	1	2
2320 Sobre la base del impuesto sobre la renta	..	..	0	0	0	0	0	0	0	0
2400 No clasificables entre 2100, 2200 y 2300	..	48	91	110	126	117	126	150	156	162
2410 Sobre la base de la nómina	..	48	91	110	126	117	126	150	156	162
2420 Sobre la base del impuesto sobre la renta	..	0	0	0	0	0	0	0	0	0
3000 Impuestos sobre la nómina y la fuerza de trabajo	..	**0**	**0**	**0**	**0**	**0**	**0**	**0**	**0**	**0**
4000 Impuestos sobre la propiedad	..	**11**	**19**	**23**	**25**	**20**	**31**	**36**	**37**	**37**
4100 Impuestos recurrentes sobre la propiedad inmueble	..	2	3	11	8	7	8	12	10	12
4110 Hogares	..	..	..	..	..	..	..	..	..	..
4120 Otros	..	..	..	..	..	..	..	..	..	..
4200 Impuestos recurrentes sobre la riqueza neta	..	0	0	0	0	0	0	0	0	0
4210 Personas físicas	..	..	..	..	..	..	..	..	..	..
4220 Sociedades	..	..	..	..	..	..	..	..	..	..
4300 Impuestos sobre sucesiones y donaciones	..	0	0	0	0	0	0	0	0	0
4310 Impuestos sobre sucesiones y herencias	..	..	..	..	..	..	..	..	..	..
4320 Impuestos sobre donaciones	..	..	..	..	..	..	..	..	..	..
4400 Imp. sobre transacciones financieras y de capital	..	9	16	12	18	13	23	24	27	26
4500 Otros impuestos no recurrentes sobre la propiedad	..	0	0	0	0	0	0	0	0	0
4510 Otros impuestos sobre la riqueza neta	..	..	..	..	..	..	..	..	..	..
4520 Otros impuestos no recurrentes	..	..	..	..	..	..	..	..	..	..
4600 Otros impuestos recurrentes sobre la propiedad	..	0	0	0	0	0	0	0	0	0
5000 Impuestos sobre los bienes y servicios	..	**284**	**493**	**670**	**770**	**555**	**661**	**803**	**864**	**954**
5100 Imp. sobre la producción, venta, etc.	..	277	467	642	742	548	654	797	854	943
5110 Impuestos generales	..	101	119	347	339	241	306	396	398	426
5111 Impuestos sobre el valor agregado	..	0	0	346	339	241	306	382	398	426
VAT (domestic)	..	..	..	184	184	..	..	..	..	..
VAT (imports)	..	..	..	163	156	..	..	..	..	..
5112 Impuestos sobre las ventas	..	101	119	0	0	0	0	14	0	0
Consumption tax (domestic)	..	11	6	0	..	0	..	0	..	0
Consumption tax (Imports)	..	90	114	0	..	0	..	14	..	0
5113 Otros impuestos generales	..	0	0	0	0	0	0	0	0	0
5120 Impuestos sobre bienes y servicios específicos	..	176	348	295	402	306	348	401	456	517
5121 Impuestos selectivos	..	34	85	92	140	121	111	101	145	159
Excise tax (domestic)	..	28	14	4	5	3	3	4	4	5
Excise tax (imports)	..	0	68	74	114	99	88	76	119	130
Fuel Surcharge	..	3	4	15	21	18	20	21	21	24
Surcharge on international calls	..	4	0	0	0	0	0	0	0	0
5122 Utilidades de los monopolios fiscales	..	0	0	0	0	0	0	0	0	0

	1990	2000	2010	2015	2019	2020	2021	2022	2023	2024
5123 Derechos de aduanas y de importación	..	108	187	179	205	160	203	241	253	288
Import Duty	..	64	101	106	122	92	116	138	148	162
Thruput Charge	..	1	6	3	4	4	4	1	1	2
Service Charge (imports) and security charges	..	33	64	70	80	65	83	103	104	118
Environmental Levy	..	9	16	0	0	0	0	0	0	5
5124 Impuestos sobre las exportaciones	..	0	0	0	0	0	0	0	0	0
5125 Impuestos sobre los bienes de inversión	..	0	0	0	0	0	0	0	0	0
5126 Impuestos sobre servicios específicos	..	34	76	24	57	25	35	59	58	70
Hotel occupancy tax	..	23	34	1	1	0	0	1	0	0
Insurance premium tax	..	4	7	8	10	10	10	11	13	15
Cellular tax	..	0	18	0	0	0	0	0	0	0
Passenger facility fee	..	0	5	4	3	1	1	4	4	4
Travel tax	..	3	4	4	4	1	1	6	7	5
Airport tax	..	5	9	7	39	13	22	37	34	46
5127 Otros imp. sobre el comercio y transacciones intern.	..	0	0	0	0	0	0	0	0	0
5128 Otros impuestos sobre bienes y servicios especificos	..	0	0	0	0	0	0	0	0	0
5130 No clasificables entre 5110 y 5120	..	0	0	0	0	0	0	0	0	0
5200 Sobre el uso de bienes y permiso para actividades	..	7	26	29	28	8	7	6	10	11
5210 Impuestos recurrentes	..	7	26	29	28	8	7	6	10	11
5211 Por los hogares sobre vehículos automotores	..	0	0	0	0	0	0	0	0	0
5212 Por otros sobre vehículos automotores	..	0	0	0	0	0	0	0	0	0
5213 Otros impuestos recurrentes	..	7	26	29	28	8	7	6	10	11
5220 Impuestos no recurrentes	..	0	0	0	0	0	0	0	0	0
5300 No clasificables entre 5100 y 5200	..	0	0	0	0	0	0	0	0	0
6000 Otros impuestos	**..**	**0**	**0**	**0**	**0**	**0**	**0**	**0**	**0**	**0**
6100 Pagados únicamente por empresas	..	..	..	..	..	..	..	..	..	..
6200 Pagados por otros o no identificables	..	..	..	..	..	..	..	..	..	..

.. No disponible

Nota: Ejercicio cerrado a 31 de marzo. Por ejemplo, los datos de 2024 corresponden al período comprendido entre abril de 2024 y marzo de 2025.

Los datos siguen el criterio de caja.

Las cifras no incluyen los ingresos tributarios locales porque no hay datos disponibles. Los datos de ingresos tributarios del Gobierno central en 2023 son estimaciones revisadas por la.

Partida 2000: Las contribuciones a la seguridad social siguen el ejercicio financiero comprendido entre los meses de julio y junio, no de abril y marzo. Por ejemplo, las contribuciones a la seguridad social de 2024 corresponden al período del 1 de julio de 2023 al 30 de junio de 2024. Los datos de 2021-24 son una estimación.

Partida 5123: Los datos correspondientes al gravamen de seguridad no estarán disponibles después de 2019.

Partida 5213: Los datos han incluido desde 2020 ingresos de algunas de las licencias y las tasas de los impuestos al uso de bienes y los permisos de las Estimaciones de Ingresos y Gastos del Departamento de Finanzas.

Fuente: Oficina Central de Estadística de Santa Lucía (Central Statistical Office); Departamento de Finanzas (Department of Finance) de Santa Lucía; Corporación de Seguro Nacional (National Insurance Corporation) de Santa Lucía.

Cuadro 4.26. Surinam, ingresos tributarios detallados

Millones SRD

	1990	2000	2010	2015	2019	2020	2021	2022	2023	2024
Total de ingresos tributarios	..	..	..	**2 714**	**4 781**	**4 951**	**11 388**	**15 852**	**24 442**	**29 013**
1000 Imp. renta, utilidades y ganancias de capital	..	..	..	**1 076**	**2 385**	**2 695**	**7 497**	**10 190**	**13 321**	**13 380**
1100 De personas físicas	..	..	..	658	1 432	1 122	2 367	3 198	5 293	4 746
1110 Renta y utilidades	..	..	..	658	1 432	1 122	2 367	3 198	5 293	4 746
Wage tax, mining	..	..	..	85	339	327	758	1 214	2 189	2 049
Wage tax, non-mining	..	..	..	573	1 093	795	1 609	1 984	3 104	2 696
1120 Ganancias de capital	..	..	..	..	..	..	..	..	..	..
1200 De sociedades	..	..	..	320	948	1 565	5 127	6 227	7 116	7 688
1210 Renta y utilidades	..	..	..	320	948	1 565	5 127	6 227	7 116	7 688
Corporate tax, mining	..	..	..	14	565	1 117	3 744	5 446	4 579	4 911
Corporate tax, non-mining	..	..	..	306	383	448	1 383	781	2 536	2 778
1220 Ganancias de capital de sociedades	..	..	..	..	..	..	..	..	..	..
1300 No clasificables entre 1100 y 1200	..	..	..	97	6	8	3	766	912	947
Withholding taxes	..	..	..	..	..	..	..	..	34	21
Dividend tax	..	..	..	97	6	8	3	766	878	926
2000 Contribuciones a la seguridad social	..	..	..	..	..	..	..	..	**732**	**937**
AOV (Old age contribution)	..	..	..	..	..	..	..	..	732	937
2100 Empleados	..	..	..	..	..	..	..	..	..	..
2110 Sobre la base de la nómina	..	..	..	..	..	..	..	..	..	..
2120 Sobre la base del impuesto sobre la renta	..	..	..	..	..	..	..	..	..	..
2200 Empleadores	..	..	..	..	..	..	..	..	..	..
2210 Sobre la base de la nómina	..	..	..	..	..	..	..	..	..	..
2220 Sobre la base del impuesto sobre la renta	..	..	..	..	..	..	..	..	..	..
2300 Trabajadores por cuenta propia o no empleados	..	..	..	..	..	..	..	..	..	..
2310 Sobre la base de la nómina	..	..	..	..	..	..	..	..	..	..
2320 Sobre la base del impuesto sobre la renta	..	..	..	..	..	..	..	..	..	..
2400 No clasificables entre 2100, 2200 y 2300	..	..	..	..	..	..	..	..	..	..
2410 Sobre la base de la nómina	..	..	..	..	..	..	..	..	..	..
2420 Sobre la base del impuesto sobre la renta	..	..	..	..	..	..	..	..	..	..
3000 Impuestos sobre la nómina y la fuerza de trabajo	..	..	..	**0**	**0**	**0**	**0**	**0**	**0**	**0**
4000 Impuestos sobre la propiedad	..	..	..	**11**	**5**	**9**	**8**	**11**	**8**	**13**
4100 Impuestos recurrentes sobre la propiedad inmueble	..	..	..	6	3	3	5	7	3	3
Rental value Tax	..	..	..	6	3	3	5	7	3	3
4110 Hogares	..	..	..	..	..	..	..	..	..	..
4120 Otros	..	..	..	..	..	..	..	..	..	..
4200 Impuestos recurrentes sobre la riqueza neta	..	..	..	5	2	6	3	4	5	10
4210 Personas físicas	..	..	..	5	2	6	3	4	5	10
Wealth tax (inheritance, property tax)	..	..	..	5	2	6	3	4	5	10
4220 Sociedades	..	..	..	..	..	..	..	..	..	..
4300 Impuestos sobre sucesiones y donaciones	..	..	..	0	0	0	0	0	0	0
4310 Impuestos sobre sucesiones y herencias	..	..	..	..	..	..	..	..	..	..
4320 Impuestos sobre donaciones	..	..	..	..	..	..	..	..	..	..
4400 Imp. sobre transacciones financieras y de capital	..	..	..	0	0	0	0	0	0	0
4500 Otros impuestos no recurrentes sobre la propiedad	..	..	..	0	0	0	0	0	0	0
4510 Otros impuestos sobre la riqueza neta	..	..	..	..	..	..	..	..	..	..
4520 Otros impuestos no recurrentes	..	..	..	..	..	..	..	..	..	..
4600 Otros impuestos recurrentes sobre la propiedad	..	..	..	0	0	0	0	0	0	0
5000 Impuestos sobre los bienes y servicios	..	..	..	**1 627**	**2 392**	**2 247**	**3 883**	**5 651**	**10 325**	**14 539**
5100 Imp. sobre la producción, venta, etc.	..	..	..	1 627	2 392	2 247	3 883	5 651	10 325	14 539
5110 Impuestos generales	..	..	..	445	846	584	1 541	2 487	5 013	6 146
5111 Impuestos sobre el valor agregado	..	..	..	..	..	..	..	..	4 390	6 117
Value Added Tax (VAT)	..	..	..	..	..	..	..	..	4 390	6 117
5112 Impuestos sobre las ventas	..	..	..	445	846	584	1 541	2 487	623	29
Sales tax	..	..	..	445	846	584	1 541	2 487	623	29
5113 Otros impuestos generales	..	..	..	..	..	..	..	..	..	..
5120 Impuestos sobre bienes y servicios específicos	..	..	..	1 182	1 546	1 663	2 343	3 164	5 312	8 393
5121 Impuestos selectivos	..	..	..	748	618	745	709	636	1 254	2 924

	1990	2000	2010	2015	2019	2020	2021	2022	2023	2024
Exicise on alcohol free drinks	..	..	..	24	51	49	111	132	206	230
Excise on alcohol	..	..	..	23	62	55	108	143	86	161
Excise on beer	..	..	..	30	68	59	127	185	175	247
Excise on tobacco and cigarettes	..	..	..	93	79	68	99	165	244	210
Fuel tax	..	..	..	577	358	514	263	12	542	2 076
5122 Utilidades de los monopolios fiscales	..	..	..	..	..	..	..	..	..	..
5123 Derechos de aduanas y de importación	..	..	..	382	791	760	1 407	2 126	3 513	4 883
Import duties	..	..	..	356	756	715	1 330	1 979	3 274	4 659
Statistical fees	..	..	..	25	35	45	77	147	239	224
5124 Impuestos sobre las exportaciones	..	..	..	16	93	137	222	370	470	498
Wood export tax	..	..	..	16	93	137	222	370	470	498
5125 Impuestos sobre los bienes de inversión	..	..	..	..	..	..	..	..	..	..
5126 Impuestos sobre servicios específicos	..	..	..	36	45	20	4	32	75	87
Casino tax	..	..	..	29	33	16	2	20	55	62
Lottery Tax	..	..	..	3	4	3	2	4	7	10
Public entertainment tax	..	..	..	4	7	1	0	9	13	16
5127 Otros imp. sobre el comercio y transacciones intern.	..	..	..	0	0	0	0	0	0	0
5128 Otros impuestos sobre bienes y servicios específicos	..	..	..	0	0	0	0	0	0	0
5130 No clasificables entre 5110 y 5120	..	..	..	0	0	0	0	0	0	0
5200 Sobre el uso de bienes y permiso para actividades	..	..	..	0	0	0	0	0	0	0
5210 Impuestos recurrentes	..	..	..	..	..	..	..	..	..	..
5211 Por los hogares sobre vehículos automotores	..	..	..	..	..	..	..	..	..	..
5212 Por otros sobre vehículos automotores	..	..	..	..	..	..	..	..	..	..
5213 Otros impuestos recurrentes	..	..	..	..	..	..	..	..	..	..
5220 Impuestos no recurrentes	..	..	..	..	..	..	..	..	..	..
5300 No clasificables entre 5100 y 5200	..	..	..	..	..	..	..	..	..	..
6000 Otros impuestos	**..**	**..**	**..**	**0**	**0**	**0**	**0**	**0**	**56**	**144**
6100 Pagados únicamente por empresas	..	..	..	..	..	..	..	..	..	..
6200 Pagados por otros o no identificables	..	..	..	..	..	..	..	..	56	144
Other taxes (algemeen/tussenrek)	..	..	..	..	..	..	..	..	56	144

.. No disponible

Nota: Ejercicio cerrado a 31 de diciembre.

Los datos siguen el criterio de caja.

Fuente: Ministerio de Finanzas y Planificación

Cuadro 4.27. Trinidad y Tobago, ingresos tributarios detallados

Millones TTD

	1990	2000	2010	2015	2019	2020	2021	2022	2023	2024
Total de ingresos tributarios	**4 923**	**10 953**	**39 720**	**46 559**	**38 417**	**31 258**	**34 745**	**47 956**	**46 704**	**42 550**
1000 Imp. renta, utilidades y ganancias de capital	**2 595**	**6 224**	**27 213**	**29 628**	**22 391**	**15 332**	**17 206**	**32 666**	**29 668**	**22 570**
1100 De personas físicas	669	2 325	4 674	7 752	7 215	6 209	5 816	5 811	6 054	6 489
1110 Renta y utilidades	669	2 325	4 674	7 752	7 215	6 209	5 816	5 811	6 054	6 489
Health surcharge	92	149	185	264	191	170	166	180	170	177
Insurance surrender tax	6	7	22	42	65	59	65	80	66	61
Individuals (Ch. 75:01)	571	2 169	4 467	7 445	6 960	5 980	5 585	5 551	5 818	6 250
1120 Ganancias de capital	..	..	..	..	..	..	..	..	..	..
1200 De sociedades	1 856	3 704	21 659	20 810	13 816	8 186	10 384	25 817	21 995	14 940
1210 Renta y utilidades	1 856	3 704	21 659	20 810	13 816	8 186	10 384	25 817	21 995	14 940
Oil companies	1 439	2 441	13 834	10 513	3 755	1 762	3 104	11 462	10 171	5 867
Other companies	383	1 041	6 630	9 481	8 694	5 641	6 292	11 768	9 587	7 622
Business levy	0	65	206	215	649	571	650	642	763	768
National recovery impost	34	0	0	0	0	0	0	0	0	0
Unemployment Fund	0	157	989	601	718	211	339	1 945	1 474	683
1220 Ganancias de capital de sociedades	..	..	..	..	..	..	..	..	..	..
1300 No clasificables entre 1100 y 1200	70	195	881	1 067	1 360	938	1 005	1 038	1 619	1 142
2000 Contribuciones a la seguridad social	**183**	**702**	**2 645**	**4 261**	**4 706**	**4 686**	**4 510**	**4 530**	**4 808**	**4 749**
2100 Empleados	..	..	..	..	..	..	..	..	..	..
2110 Sobre la base de la nómina	..	..	..	..	..	..	..	..	..	..
2120 Sobre la base del impuesto sobre la renta	..	..	..	..	..	..	..	..	..	..
2200 Empleadores	..	..	..	..	..	..	..	..	..	..
2210 Sobre la base de la nómina	..	..	..	..	..	..	..	..	..	..
2220 Sobre la base del impuesto sobre la renta	..	..	..	..	..	..	..	..	..	..
2300 Trabajadores por cuenta propia o no empleados	..	..	..	..	..	..	..	..	..	..
2310 Sobre la base de la nómina	..	..	..	..	..	..	..	..	..	..
2320 Sobre la base del impuesto sobre la renta	..	..	..	..	..	..	..	..	..	..
2400 No clasificables entre 2100, 2200 y 2300	183	702	2 645	4 261	4 706	4 686	4 510	4 530	4 808	4 749
2410 Sobre la base de la nómina	..	..	..	..	..	..	..	..	..	..
2420 Sobre la base del impuesto sobre la renta	..	..	..	..	..	..	..	..	..	..
3000 Impuestos sobre la nómina y la fuerza de trabajo	**0**	**0**	**0**	**0**	**0**	**0**	**0**	**0**	**0**	**0**
4000 Impuestos sobre la propiedad	**90**	**175**	**194**	**406**	**405**	**260**	**289**	**345**	**291**	**444**
4100 Impuestos recurrentes sobre la propiedad inmueble	39	64	22	3	50	2	2	2	1	100
4110 Hogares	..	..	..	..	..	..	..	..	..	..
4120 Otros	..	..	..	..	..	..	..	..	..	..
4200 Impuestos recurrentes sobre la riqueza neta	0	0	0	0	0	0	0	0	0	0
4210 Personas físicas	..	..	..	..	..	..	..	..	..	..
4220 Sociedades	..	..	..	..	..	..	..	..	..	..
4300 Impuestos sobre sucesiones y donaciones	1	0	0	0	0	0	0	0	0	0
4310 Impuestos sobre sucesiones y herencias	1	..	..	..	..	..	..	..	..	..
4320 Impuestos sobre donaciones	0	..	..	..	..	..	..	..	..	..
4400 Imp. sobre transacciones financieras y de capital	49	111	172	403	356	258	287	342	290	343
Stamp duties	49	111	172	403	356	258	287	342	290	343
4500 Otros impuestos no recurrentes sobre la propiedad	0	0	0	0	0	0	0	0	0	0
4510 Otros impuestos sobre la riqueza neta	..	..	..	..	..	..	..	..	..	..
4520 Otros impuestos no recurrentes	..	..	..	..	..	..	..	..	..	..
4600 Otros impuestos recurrentes sobre la propiedad	0	0	0	0	0	0	0	0	0	0
5000 Impuestos sobre los bienes y servicios	**2 055**	**3 852**	**9 667**	**12 264**	**10 915**	**10 980**	**12 740**	**10 416**	**11 938**	**14 787**
5100 Imp. sobre la producción, venta, etc.	1 973	3 603	9 282	11 678	10 612	10 752	12 480	10 143	11 637	14 556
5110 Impuestos generales	980	1 890	6 358	7 569	6 836	7 417	9 173	6 437	7 788	10 498
5111 Impuestos sobre el valor agregado	927	1 890	6 032	7 223	5 848	6 682	8 296	5 097	6 613	9 460
5112 Impuestos sobre las ventas	54	0	0	0	0	0	0	0	0	0
5113 Otros impuestos generales	0	0	325	346	988	734	877	1 340	1 175	1 038
Green Fund	..	..	325	346	957	689	811	1 284	1 117	975
Tax on online purchases	..	..	0	0	31	46	66	56	58	63
5120 Impuestos sobre bienes y servicios específicos	993	1 713	2 924	4 108	3 777	3 336	3 307	3 707	3 849	4 058
5121 Impuestos selectivos	481	801	708	703	680	703	707	755	710	733
Alcohol products	..	..	156	154	187	205	209	225	196	188
Beer	..	..	202	189	173	197	208	220	229	236
Petroleum products	..	..	105	88	23	6	0	0	0	0
Cigarette products	..	..	243	243	262	274	288	307	283	306
Malt beverages	..	..	2	29	35	21	2	3	2	2
5122 Utilidades de los monopolios fiscales	0	0	0	0	0	0	0	0	0	0
5123 Derechos de aduanas y de importación	260	748	1 905	3 014	2 672	2 301	2 287	2 608	2 740	2 785
5124 Impuestos sobre las exportaciones	0	0	0	0	0	0	0	0	0	0
5125 Impuestos sobre los bienes de inversión	0	0	0	0	0	0	0	0	0	0

	1990	2000	2010	2015	2019	2020	2021	2022	2023	2024
5126 Impuestos sobre servicios específicos	49	163	311	391	425	331	313	343	399	540
Insurance premium tax	0	56	167	191	180	159	175	177	180	204
Transaction tax on financial services	0	23	53	75	103	92	90	103	115	116
Hotel room tax	0	23	46	64	55	34	20	34	54	56
Betting and entertainment taxes	4	17	12	0	0	0	0	0	0	0
Other taxes on goods and services	45	44	33	61	86	46	27	30	50	163
5127 Otros imp. sobre el comercio y transacciones intern.	202	0	1	0	0	0	0	0	0	0
5128 Otros impuestos sobre bienes y servicios específicos	0	0	0	0	0	0	0	0	0	0
5130 No clasificables entre 5110 y 5120	0	0	0	0	0	0	0	0	0	0
5200 Sobre el uso de bienes y permiso para actividades	81	249	386	586	303	228	260	272	301	232
5210 Impuestos recurrentes	81	249	386	586	303	228	260	272	301	232
Motor vehicle taxes and duties	76	239	375	575	291	221	251	260	290	221
5211 Por los hogares sobre vehículos automotores	..	..	..	..	..	..	..	..	..	..
5212 Por otros sobre vehículos automotores	..	..	..	..	..	..	..	..	..	..
5213 Otros impuestos recurrentes	5	10	10	11	12	7	9	12	11	10
Liquor and miscellaneous business licence fees	5	10	10	11	12	7	9	12	11	10
5220 Impuestos no recurrentes	0	0	0	0	0	0	0	0	0	0
5300 No clasificables entre 5100 y 5200	0	0	0	0	0	0	0	0	0	0
6000 Otros impuestos	**0**	**0**	**0**	**0**	**0**	**0**	**0**	**0**	**0**	**0**
6100 Pagados únicamente por empresas	..	..	..	..	..	..	..	..	..	..
6200 Pagados por otros o no identificables	..	..	..	..	..	..	..	..	..	..

.. No disponible

Nota: Ejercicio fiscal cerrado a 30 de septiembre. Por ejemplo, los datos de 2024 corresponden a los meses de octubre de 2023 a septiembre de 2024.

Los datos siguen el criterio de caja.

Las cifras no incluyen los ingresos tributarios de las administraciones locales, porque no hay datos disponibles.

Partida 1100: Los impuestos sobre la renta de las personas físicas incluyen el impuesto a las "Personas físicas (Cap. 75:01)" y los premios de la lotería.

Partida 2000: Las contribuciones a la seguridad social siguen el ejercicio financiero comprendido entre los meses de julio y junio, no de octubre y septiembre. Por ejemplo, las contribuciones a la seguridad social de 2024 corresponden al período del 1 de julio de 2023 al 30 de junio de 2024. Las cifras incluyen los ingresos totales por contribuciones del Consejo de Seguro Nacional menos las devoluciones. Desde 2013, se ha identificado un reducido importe de contribuciones voluntarias y se han eliminado de las cifras.

Partida 5126: Otros impuestos sobre bienes y servicios de la partida 5126 incluyen principalmente el impuesto a los juegos de azar de los clubes que se cobra a todas las mesas de juego y otros dispositivos de juegos de azar de cualquier operador con licencia para realizar esta actividad.

Fuente: Ministerio de Finanzas; Consejo de Seguro Nacional.

Cuadro 4.28. Uruguay, ingresos tributarios detallados

Millones UYU

	1990	2000	2010	2015	2019	2020	2021	2022	2023	2024
Total de ingresos tributarios	**2 399**	**64 183**	**212 907**	**398 274**	**573 865**	**600 943**	**685 878**	**780 297**	**823 617**	**887 203**
1000 Imp. renta, utilidades y ganancias de capital	**114**	**8 698**	**42 583**	**84 141**	**149 920**	**159 783**	**178 797**	**207 294**	**217 293**	**225 943**
1100 De personas físicas	0	3 597	19 148	45 451	85 847	91 819	98 825	113 351	121 171	126 196
Personal income tax (IRP)	..	3 597	0	0	0	0	0	0	0	0
1110 Renta y utilidades	..	..	16 790	39 613	75 944	80 407	84 910	96 142	103 172	107 318
IRPF second category	..	..	14 643	34 881	67 254	70 295	74 209	84 803	92 152	98 093
Social security assistance	..	..	2 651	6 576	12 336	14 198	15 355	16 315	16 648	16 697
Personal income tax refunds	..	..	- 504	- 1 844	- 3 646	- 4 086	- 4 653	- 4 977	- 5 627	- 7 472
1120 Ganancias de capital	..	..	2 358	5 838	9 903	11 412	13 915	17 209	17 999	18 878
IRPF first category	..	..	2 358	5 838	9 903	11 412	13 915	17 209	17 999	18 878
1200 De sociedades	114	5 102	21 772	34 814	58 071	61 487	71 500	82 729	83 530	85 911
1210 Renta y utilidades	114	5 102	21 772	34 814	58 071	61 487	71 500	82 729	83 530	85 911
Income tax for economic activities (IRAE)	0	0	21 437	34 720	58 071	61 487	71 500	82 729	83 530	85 911
Industry and commerce income tax (IRIC)	97	5 096	333	94	0	0	0	0	0	0
Agricultural income tax (IRA)	10	3	2	0	0	0	0	0	0	0
Tax on agricultural activities (IMAGRO)	7	3	0	0	0	0	0	0	0	0
1220 Ganancias de capital de sociedades	..	..	..	..	..	..	..	..	..	..
1300 No clasificables entre 1100 y 1200	0	0	1 662	3 875	6 002	6 477	8 472	11 214	12 592	13 836
Non-resident income tax (IRNR)	..	..	1 662	3 875	6 002	6 477	8 472	11 214	12 592	13 836
2000 Contribuciones a la seguridad social	**717**	**17 679**	**49 742**	**109 282**	**151 813**	**150 796**	**166 527**	**196 455**	**218 426**	**240 759**
2100 Empleados	..	..	..	..	..	..	..	..	..	..
2110 Sobre la base de la nómina	..	..	..	..	..	..	..	..	..	..
2120 Sobre la base del impuesto sobre la renta	..	..	..	..	..	..	..	..	..	..
2200 Empleadores	..	..	..	..	..	..	..	..	..	..
2210 Sobre la base de la nómina	..	..	..	..	..	..	..	..	..	..
2220 Sobre la base del impuesto sobre la renta	..	..	..	..	..	..	..	..	..	..
2300 Trabajadores por cuenta propia o no empleados	..	..	..	..	..	..	..	..	..	..
2310 Sobre la base de la nómina	..	..	..	..	..	..	..	..	..	..
2320 Sobre la base del impuesto sobre la renta	..	..	..	..	..	..	..	..	..	..
2400 No clasificables entre 2100, 2200 y 2300	717	17 679	49 742	109 282	151 813	150 796	166 527	196 455	218 426	240 759
2410 Sobre la base de la nómina	717	17 679	49 742	109 282	151 813	150 796	166 527	196 455	218 426	240 759
2420 Sobre la base del impuesto sobre la renta	0	0	0	0	0	0	0	0	0	0
3000 Impuestos sobre la nómina y la fuerza de trabajo	**0**	**0**	**0**	**0**	**0**	**0**	**0**	**0**	**0**	**0**
4000 Impuestos sobre la propiedad	**213**	**5 508**	**18 965**	**32 422**	**44 178**	**46 785**	**52 387**	**60 024**	**65 448**	**67 934**
4100 Impuestos recurrentes sobre la propiedad inmueble	87	3 248	8 140	14 884	21 056	22 672	24 921	27 927	31 134	32 569
Primary education tax	0	378	1 064	2 386	3 271	3 474	3 822	4 224	4 664	5 050
Farm property tax	0	155	189	886	750	941	968	1 127	1 031	1 039
Property tax surcharge	0	0	0	503	471	610	562	601	537	472
Primary education tax refunds	0	0	0	0	- 2	- 1	- 1	- 2	- 1	- 2
Other property taxes	87	2 715	6 887	11 109	16 567	17 649	19 570	21 976	24 903	26 011
4110 Hogares	..	..	..	..	..	..	..	..	..	..
4120 Otros	..	..	..	..	..	..	..	..	..	..
4200 Impuestos recurrentes sobre la riqueza neta	94	1 769	8 760	14 776	19 717	20 335	22 357	25 740	28 577	29 409
4210 Personas físicas	64	108	382	606	707	676	579	519	437	360
4220 Sociedades	30	1 661	8 378	14 170	19 010	19 659	21 778	25 221	28 140	29 049
Corporate wealth tax	28	1 507	8 165	14 167	19 010	19 659	21 778	25 221	28 140	29 049
Tax on financial investment companies (ISAFI)	1	154	213	3	0	1	0	0	0	0
4300 Impuestos sobre sucesiones y donaciones	0	0	0	0	0	0	0	0	0	0
4310 Impuestos sobre sucesiones y herencias	..	..	..	..	..	..	..	..	..	..
4320 Impuestos sobre donaciones	..	..	..	..	..	..	..	..	..	..
4400 Imp. sobre transacciones financieras y de capital	31	476	1 740	2 241	2 841	3 193	4 341	5 307	4 985	5 185
Property transfer tax (ITP)	11	372	1 347	1 601	1 859	2 120	2 866	3 553	3 641	3 810
Tax on transfer of rights over athletes	0	0	3	0	0	0	0	0	0	0
Auction tax	20	104	390	639	982	1 073	1 475	1 754	1 344	1 375
4500 Otros impuestos no recurrentes sobre la propiedad	0	0	0	0	0	0	0	0	0	0
4510 Otros impuestos sobre la riqueza neta	..	..	..	..	..	..	..	..	..	..
4520 Otros impuestos no recurrentes	..	..	..	..	..	..	..	..	..	..
4600 Otros impuestos recurrentes sobre la propiedad	1	15	326	522	564	585	768	1 050	751	770
Corporation control tax (ICOSA)	1	15	325	522	564	585	768	1 050	751	770
Financial system control tax (ICOSIFI)	0	0	0	0	0	0	0	0	0	0
5000 Impuestos sobre los bienes y servicios	**1 358**	**32 139**	**100 282**	**170 279**	**224 394**	**239 924**	**284 206**	**311 195**	**316 632**	**346 242**
5100 Imp. sobre la producción, venta, etc.	1 301	29 562	96 494	162 739	212 218	227 247	269 210	294 123	298 172	326 825
5110 Impuestos generales	660	18 009	69 951	114 627	145 846	157 644	184 834	199 428	206 033	225 545
5111 Impuestos sobre el valor agregado	660	17 995	69 921	114 627	145 846	157 644	184 834	199 428	206 033	225 545

	1990	2000	2010	2015	2019	2020	2021	2022	2023	2024
5112 Impuestos sobre las ventas	1	14	30	0	0	0	0	0	0	0
Social security financing tax (COFIS)	0	0	30	..	..	..	..	..	..	..
Other sales taxes	1	14	0	..	..	..	..	..	..	..
5113 Otros impuestos generales	0	0	0	0	0	0	0	0	0	0
5120 Impuestos sobre bienes y servicios específicos	641	11 553	26 543	48 111	66 372	69 604	84 376	94 695	92 139	101 280
5121 Impuestos selectivos	393	7 896	17 300	31 197	42 183	44 212	51 646	58 274	57 773	62 337
Fuels	203	4 067	6 551	14 096	20 094	22 157	23 720	18 047	17 822	20 170
Tobacco products	80	1 741	4 236	5 778	7 703	7 944	8 303	8 640	8 775	8 572
Motor vehicles	20	656	2 289	4 017	3 799	4 626	7 289	7 437	7 540	7 619
Non-alcoholic beverages	19	464	1 172	2 131	2 754	2 879	2 964	3 297	3 675	3 944
Agricultural products	4	299	1 349	2 223	2 998	3 256	4 548	5 222	3 906	4 195
Beer	8	205	602	1 102	1 494	1 688	1 773	2 032	2 191	2 171
Advances of import excises	0	27	- 136	312	1 591	- 465	0	0	0	0
Greases and lubricants	5	119	390	525	677	815	1 380	1 374	1 432	1 506
Alcoholic beverages	22	212	562	789	677	714	1 024	1 125	1 225	1 382
Other excises	32	106	283	224	397	598	644	11 098	11 207	12 779
5122 Utilidades de los monopolios fiscales	0	0	0	0	0	0	0	0	0	0
5123 Derechos de aduanas y de importación	214	1 967	8 478	15 440	22 124	23 099	29 923	33 304	31 341	35 675
5124 Impuestos sobre las exportaciones	1	32	325	582	858	908	1 374	1 430	1 114	1 193
5125 Impuestos sobre los bienes de inversión	0	0	0	0	0	0	0	0	0	0
5126 Impuestos sobre servicios específicos	34	1 392	440	892	1 207	1 384	1 433	1 686	1 911	2 075
Bank asset tax (IMABA)	31	1 092	2	0	0	0	0	0	0	0
Income tax for insurance companies	3	76	366	763	1 004	1 270	1 333	1 447	1 673	1 801
Other services taxes	0	224	72	129	202	115	100	239	237	274
5127 Otros imp. sobre el comercio y transacciones intern.	0	265	0	0	0	0	0	0	0	0
5128 Otros impuestos sobre bienes y servicios específicos	0	0	0	0	0	0	0	0	0	0
5130 No clasificables entre 5110 y 5120	0	0	0	0	0	0	0	0	0	0
5200 Sobre el uso de bienes y permiso para actividades	57	2 576	3 788	7 540	12 176	12 677	14 996	17 072	18 459	19 417
5210 Impuestos recurrentes	57	2 576	3 788	7 540	12 176	12 677	14 996	17 072	18 459	19 417
5211 Por los hogares sobre vehículos automotores	0	0	0	0	0	0	0	0	0	0
5212 Por otros sobre vehículos automotores	57	2 576	3 788	7 540	12 176	12 677	14 996	17 072	18 459	19 417
5213 Otros impuestos recurrentes	0	0	0	0	0	0	0	0	0	0
5220 Impuestos no recurrentes	0	0	0	0	0	0	0	0	0	0
5300 No clasificables entre 5100 y 5200	0	0	0	0	0	0	0	0	0	0
6000 Otros impuestos	**- 3**	**159**	**1 335**	**2 151**	**3 560**	**3 655**	**3 960**	**5 329**	**5 820**	**6 325**
6100 Pagados únicamente por empresas	- 10	- 145	586	796	1 039	1 033	1 099	1 205	1 231	1 293
Small business tax (minimum VAT)	0	296	586	796	1 039	1 033	1 099	1 205	1 231	1 293
Credit card tax	0	0	0	0	0	0	0	0	0	0
Other tax refunds	- 10	- 440	0	0	0	0	0	0	0	0
6200 Pagados por otros o no identificables	7	303	748	1 355	2 521	2 623	2 861	4 124	4 589	5 032

.. No disponible

Nota: Ejercicio cerrado a 31 de diciembre.

Los datos siguen el criterio de caja.

Partida 2000: Las cifras del período 1990-1998 son una estimación de la Dirección General Impositiva (DGI). Las cifras han incluido ingresos del Banco de Previsión Social (BPS) publicados por el Ministerio de Economía y Finanzas desde 1999.

Partida 5112: El impuesto a la venta de productos en subasta pública contabilizado en la partida otros impuestos sobre ventas se clasifica dentro de la categoría 4000 en los datos de la CEPAL.

Fuente: Dirección General Impositiva; Ministerio de Economía y Finanzas.

Cuadro 4.29. Venezuela, ingresos tributarios detallados

VES

	1990	2000	2010	2015	2019	2020	2021	2022	2023	2024
Total de ingresos tributarios	**4 115**	**108 486**	**1 200 840**	..	..	..	..	..	..	..
1000 Imp. renta, utilidades y ganancias de capital	**3 444**	**46 856**	**368 365**	..	..	..	..	..	..	..
1100 De personas físicas	..	..	..	..	..	..	..	..	..	..
1110 Renta y utilidades	..	..	..	..	..	..	..	..	..	..
1120 Ganancias de capital	..	..	..	..	..	..	..	..	..	..
1200 De sociedades	3 148	33 683	86 998	..	..	..	..	..	..	..
1210 Renta y utilidades	3 148	33 683	86 998	..	..	..	..	..	..	..
Oil	3 148	33 683	86 998	..	..	..	..	..	..	..
1220 Ganancias de capital de sociedades	..	..	..	..	..	..	..	..	..	..
1300 No clasificables entre 1100 y 1200	297	13 173	281 367	..	..	..	..	..	..	..
2000 Contribuciones a la seguridad social	**202**	**5 905**	**96 896**	..	..	..	..	..	..	..
2100 Empleados	..	..	..	..	..	..	..	..	..	..
2110 Sobre la base de la nómina	..	..	..	..	..	..	..	..	..	..
2120 Sobre la base del impuesto sobre la renta	..	..	..	..	..	..	..	..	..	..
2200 Empleadores	..	..	..	..	..	..	..	..	..	..
2210 Sobre la base de la nómina	..	..	..	..	..	..	..	..	..	..
2220 Sobre la base del impuesto sobre la renta	..	..	..	..	..	..	..	..	..	..
2300 Trabajadores por cuenta propia o no empleados	..	..	..	..	..	..	..	..	..	..
2310 Sobre la base de la nómina	..	..	..	..	..	..	..	..	..	..
2320 Sobre la base del impuesto sobre la renta	..	..	..	..	..	..	..	..	..	..
2400 No clasificables entre 2100, 2200 y 2300	202	5 905	96 896	..	..	..	..	..	..	..
2410 Sobre la base de la nómina	..	..	..	..	..	..	..	..	..	..
2420 Sobre la base del impuesto sobre la renta	..	..	..	..	..	..	..	..	..	..
3000 Impuestos sobre la nómina y la fuerza de trabajo	**0**	**0**	**0**	..	..	..	..	..	..	..
4000 Impuestos sobre la propiedad	**11**	**3 999**	**2 217**	..	..	..	..	..	..	..
4100 Impuestos recurrentes sobre la propiedad inmueble	0	0	0	..	..	..	..	..	..	..
4110 Hogares	..	..	..	..	..	..	..	..	..	..
4120 Otros	..	..	..	..	..	..	..	..	..	..
4200 Impuestos recurrentes sobre la riqueza neta	0	0	0	..	..	..	..	..	..	..
4210 Personas físicas	..	..	..	..	..	..	..	..	..	..
4220 Sociedades	..	..	..	..	..	..	..	..	..	..
4300 Impuestos sobre sucesiones y donaciones	11	191	2 217	..	..	..	..	..	..	..
4310 Impuestos sobre sucesiones y herencias	11	191	2 217	..	..	..	..	..	..	..
4320 Impuestos sobre donaciones	0	0	0	..	..	..	..	..	..	..
4400 Imp. sobre transacciones financieras y de capital	0	3 808	0	..	..	..	..	..	..	..
Bank debits	..	2 918	..	..	..	..	..	..	..	..
Registration of immovable property rights	..	890	..	..	..	..	..	..	..	..
Tax on Large Financial Transactions (IGTF)	..	0	..	..	..	..	..	..	..	..
4500 Otros impuestos no recurrentes sobre la propiedad	0	0	0	..	..	..	..	..	..	..
4510 Otros impuestos sobre la riqueza neta	..	..	..	..	..	..	..	..	..	..
4520 Otros impuestos no recurrentes	..	..	..	..	..	..	..	..	..	..
4600 Otros impuestos recurrentes sobre la propiedad	0	0	0	..	..	..	..	..	..	..
5000 Impuestos sobre los bienes y servicios	**457**	**51 726**	**733 363**	..	..	..	..	..	..	..
5100 Imp. sobre la producción, venta, etc.	457	51 726	733 363	..	..	..	..	..	..	..
5110 Impuestos generales	0	32 716	561 005	..	..	..	..	..	..	..
5111 Impuestos sobre el valor agregado	0	32 716	561 005	..	..	..	..	..	..	..
5112 Impuestos sobre las ventas	..	0	0	..	..	..	..	..	..	..
5113 Otros impuestos generales	..	0	0	..	..	..	..	..	..	..
5120 Impuestos sobre bienes y servicios específicos	457	19 011	172 357	..	..	..	..	..	..	..
5121 Impuestos selectivos	157	7 742	88 722	..	..	..	..	..	..	..
Oil	57	4 679	12 798	..	..	..	..	..	..	..
Alcoholic beverages	58	852	21 915	..	..	..	..	..	..	..
Tobacco	42	2 201	54 009	..	..	..	..	..	..	..
Matches	0	9	0	..	..	..	..	..	..	..
5122 Utilidades de los monopolios fiscales	0	0	0	..	..	..	..	..	..	..
5123 Derechos de aduanas y de importación	300	9 716	81 333	..	..	..	..	..	..	..
5124 Impuestos sobre las exportaciones	0	0	0	..	..	..	..	..	..	..
5125 Impuestos sobre los bienes de inversión	0	0	0	..	..	..	..	..	..	..
5126 Impuestos sobre servicios específicos	0	1 552	2 302	..	..	..	..	..	..	..
Telecommunications	0	1 505	0	..	..	..	..	..	..	..
Casinos, bingo and slot machines	0	47	2 302	..	..	..	..	..	..	..
5127 Otros imp. sobre el comercio y transacciones intern.	0	0	0	..	..	..	..	..	..	..

	1990	2000	2010	2015	2019	2020	2021	2022	2023	2024
5128 Otros impuestos sobre bienes y servicios específicos	0	0	0	..	..	..	..	..	..	..
5130 No clasificables entre 5110 y 5120	0	0	0	..	..	..	..	..	..	..
5200 Sobre el uso de bienes y permiso para actividades	0	0	0	..	..	..	..	..	..	..
5210 Impuestos recurrentes	..	..	..	..	..	..	..	..	..	..
5211 Por los hogares sobre vehículos automotores	..	..	..	..	..	..	..	..	..	..
5212 Por otros sobre vehículos automotores	..	..	..	..	..	..	..	..	..	..
5213 Otros impuestos recurrentes	..	..	..	..	..	..	..	..	..	..
5220 Impuestos no recurrentes	..	..	..	..	..	..	..	..	..	..
5300 No clasificables entre 5100 y 5200	0	0	0	..	..	..	..	..	..	..
6000 Otros impuestos	**0**	**0**	**0**	**..**	**..**	**..**	**..**	**..**	**..**	**..**
6100 Pagados únicamente por empresas	..	..	..	..	..	..	..	..	..	..
6200 Pagados por otros o no identificables	..	..	..	..	..	..	..	..	..	..

.. No disponible

Nota: Ejercicio cerrado a 31 de diciembre.

Los datos siguen el criterio de caja. Las cifras no incluyen los ingresos tributarios de las administraciones estatal y locales, porque no hay datos disponibles. No ha habido datos sobre ingresos tributarios totales disponibles desde 2014 por la falta de información sobre las contribuciones a la seguridad social desde 2014 y sobre los ingresos por petróleo desde 2016 (clasificados en la partida 1210 impuestos sobre las ganancias de las sociedades).

Fuente: Servicio Nacional Integrado de Administración Aduanera; Ministerio de Finanzas.

5 Cuadros país, ingresos tributarios por subsectores de gobierno general, 1990-2024

Los ingresos de los países latinoamericanos, del Caribe y de los países de la OCDE se han atribuido a los diferentes niveles de gobierno de acuerdo con lo recogido en la versión final 2008 del Sistema de Cuentas Nacionales (SCN), según el cual, los ingresos se atribuyen por lo general al nivel de gobierno que ejerce la facultad de aplicar el impuesto o que puede a su discreción establecer y modificar la tasa del impuesto.

En todos los cuadros siguientes un ("..") indica no disponible. Las principales series de este volumen abarcan los años 1990 a 2024.

Las cifras referidas a 1991-99, 2001-09 y 2011-22 de los cuadros 5.1 a 5.29 se han omitido por falta de espacio. Se puede acceder a las series cronológicas completas en línea en http://data-explorer.oecd.org/s/e1.

Cuadro 5.1. Antigua y Barbuda, ingresos tributarios por subsectores de gobierno general

Millones XCD

	Gobierno federal					Estatal/Regional				
	1990	2000	2010	2023	2024	1990	2000	2010	2023	2024
1000 Imp. renta, utilidades y ganancias de capital	..	**38**	**92**	**102**	**113**	..	..	..	..	..
1100 De personas físicas	..	0	33	0	0	..	..	..	..	..
1200 De sociedades	..	37	59	101	113	..	..	..	..	..
1300 No clasificables entre 1100 y 1200	..	0	0	0	0	..	..	..	..	..
2000 Contribuciones a la seguridad social	..	**0**	**0**	**0**	**0**	..	..	..	..	..
2100 Empleados	..	..	..	..	..	..	..	..	..	..
2200 Empleadores	..	..	..	..	..	..	..	..	..	..
2300 Trabajadores por cuenta propia o no empleados	..	..	..	..	..	..	..	..	..	..
2400 No clasificables entre 2100, 2200 y 2300	..	..	..	..	..	..	..	..	..	..
3000 Imp. sobre nómina y fuerza de trabajo	..	**0**	**0**	**0**	**0**	..	..	..	..	..
4000 Impuestos sobre la propiedad	..	**13**	**49**	**81**	**81**	..	..	..	..	..
4100 Imp. recurrentes sobre propiedad inmueble	..	0	18	22	27	..	..	..	..	..
4200 Impuestos recurrentes sobre la riqueza neta	..	0	0	0	0	..	..	..	..	..
4300 Impuestos sobre sucesiones y donaciones	..	0	0	0	0	..	..	..	..	..
4400 Imp. transacciones finan. y de capital	..	13	32	59	54	..	..	..	..	..
4500 Otros imp. no recurrentes sobre propiedad	..	0	0	0	0	..	..	..	..	..
4600 Otros imp. recurrentes sobre propiedad	..	0	0	0	0	..	..	..	..	..
5000 Impuestos sobre los bienes y servicios	..	**217**	**435**	**636**	**786**	..	..	..	..	..
5100 Imp. sobre la producción, venta, etc.	..	217	429	632	782	..	..	..	..	..
5110 Impuestos generales	..	0	179	435	535	..	..	..	..	..
5120 Impuestos sobre bienes y servicios específicos	..	217	250	197	247	..	..	..	..	..
5130 No clasificables entre 5110 y 5120	..	0	0	0	0	..	..	..	..	..
5200 Sobre uso bienes y permiso para actividades	..	0	6	4	4	..	..	..	..	..
5300 No clasificables entre 5100 y 5200	..	0	0	0	0	..	..	..	..	..
6000 Otros impuestos	..	**0**	**0**	**0**	**0**	..	..	..	..	..
6100 Pagados únicamente por empresas	..	..	..	..	..	..	..	..	..	..
6200 Pagados por otros o no identificables	..	..	..	..	..	..	..	..	..	..
Total de ingresos tributarios	..	**268**	**577**	**819**	**981**	..	..	..	..	..

Millones XCD

	Gobiernos locales					Autoridades de seguridad social[1]				
	1990	2000	2010	2023	2024	1990	2000	2010	2023	2024
1000 Imp. renta, utilidades y ganancias de capital	..	..	..	..	..	..	..	**0**	**0**	**0**
1100 De personas físicas	..	..	..	..	..	..	..	..	..	..
1200 De sociedades	..	..	..	..	..	..	..	..	..	..
1300 No clasificables entre 1100 y 1200	..	..	..	..	..	..	..	..	..	..
2000 Contribuciones a la seguridad social	..	..	..	..	..	..	..	**83**	**175**	**175**
2100 Empleados	..	..	..	..	..	..	..	..	..	..
2200 Empleadores	..	..	..	..	..	..	..	..	..	..
2300 Trabajadores por cuenta propia o no empleados	..	..	..	..	..	..	..	..	..	..
2400 No clasificables entre 2100, 2200 y 2300	..	..	..	..	..	..	..	83	175	175
3000 Imp. sobre nómina y fuerza de trabajo	..	..	..	..	..	..	..	**0**	**0**	**0**
4000 Impuestos sobre la propiedad	..	..	..	..	..	..	..	**0**	**0**	**0**
4100 Imp. recurrentes sobre propiedad inmueble	..	..	..	..	..	..	..	..	..	..
4200 Impuestos recurrentes sobre la riqueza neta	..	..	..	..	..	..	..	..	..	..
4300 Impuestos sobre sucesiones y donaciones	..	..	..	..	..	..	..	..	..	..
4400 Imp. transacciones finan. y de capital	..	..	..	..	..	..	..	..	..	..
4500 Otros imp. no recurrentes sobre propiedad	..	..	..	..	..	..	..	..	..	..
4600 Otros imp. recurrentes sobre propiedad	..	..	..	..	..	..	..	..	..	..
5000 Impuestos sobre los bienes y servicios	..	..	..	..	..	..	..	**0**	**0**	**0**
5100 Imp. sobre la producción, venta, etc.	..	..	..	..	..	..	..	..	..	..
5110 Impuestos generales	..	..	..	..	..	..	..	..	..	..
5120 Impuestos sobre bienes y servicios específicos	..	..	..	..	..	..	..	..	..	..
5130 No clasificables entre 5110 y 5120	..	..	..	..	..	..	..	..	..	..
5200 Sobre uso bienes y permiso para actividades	..	..	..	..	..	..	..	..	..	..
5300 No clasificables entre 5100 y 5200	..	..	..	..	..	..	..	..	..	..
6000 Otros impuestos	..	..	..	..	..	..	..	**0**	**0**	**0**
6100 Pagados únicamente por empresas	..	..	..	..	..	..	..	..	..	..
6200 Pagados por otros o no identificables	..	..	..	..	..	..	..	..	..	..
Total de ingresos tributarios	..	..	..	..	..	..	..	**83**	**175**	**175**

.. No disponible

1. Las cifras del período 2019-24 son una estimación.

Cuadro 5.2. Argentina, ingresos tributarios por subsectores de gobierno general

Millones ARS

	Gobierno federal					Estatal/Regional				
	1990	2000	2010	2023	2024	1990	2000	2010	2023	2024
1000 Imp. renta, utilidades y ganancias de capital	**542**	**11 303**	**78 427**	**8 815 183**	**26 169 234**	**0**	**0**	**0**	**0**	**0**
1100 De personas físicas	141	3 937	23 980	4 143 024	8 558 082	..	..	..	..	..
1200 De sociedades	357	6 575	50 664	4 205 785	15 916 842	..	..	..	..	..
1300 No clasificables entre 1100 y 1200	43	792	3 783	466 374	1 694 310	..	..	..	..	..
2000 Contribuciones a la seguridad social[1]	**0**	**0**	**0**	**0**	**0**	**0**	**0**	**0**	**0**	**0**
2100 Empleados	..	..	..	..	..	..	..	..	..	..
2200 Empleadores	..	..	..	..	..	..	..	..	..	..
2300 Trabajadores por cuenta propia o no empleados	..	..	..	..	..	..	..	..	..	..
2400 No clasificables entre 2100, 2200 y 2300	..	..	..	..	..	..	..	..	..	..
3000 Imp. sobre nómina y fuerza de trabajo	**0**	**0**	**0**	**0**	**0**	**0**	**0**	**0**	**0**	**0**
4000 Impuestos sobre la propiedad	**616**	**1 254**	**32 674**	**4 180 208**	**11 818 459**	**549**	**2 614**	**10 864**	**1 126 126**	**3 626 212**
4100 Imp. recurrentes sobre propiedad inmueble	0	0	0	0	0	419	1 809	5 035	434 855	1 481 559
4200 Impuestos recurrentes sobre la riqueza neta	246	1 084	5 248	1 002 323	2 356 081	0	0	0	0	0
4300 Impuestos sobre sucesiones y donaciones	0	0	0	0	0	0	0	0	0	0
4400 Imp. transacciones finan. y de capital	330	100	27 423	3 177 884	9 462 378	130	804	5 829	691 271	2 144 653
4500 Otros imp. no recurrentes sobre propiedad	40	70	3	0	0	0	0	0	0	0
4600 Otros imp. recurrentes sobre propiedad	0	0	0	0	0	0	0	0	0	0
5000 Impuestos sobre los bienes y servicios	**4 669**	**27 592**	**198 346**	**20 771 346**	**64 606 941**	**967**	**6 947**	**54 746**	**8 412 260**	**23 924 049**
5100 Imp. sobre la producción, venta, etc.	4 671	28 174	201 402	21 005 296	65 187 941	791	6 114	51 148	8 093 757	22 925 554
5110 Impuestos generales	1 594	19 009	116 386	14 791 510	43 027 692	791	6 114	51 148	8 093 757	22 925 554
5120 Impuestos sobre bienes y servicios específicos	3 077	9 166	85 016	6 213 786	22 160 248	0	0	0	0	0
5130 No clasificables entre 5110 y 5120	0	0	0	0	0	0	0	0	0	0
5200 Sobre uso bienes y permiso para actividades[2]	..	..	..	..	..	177	833	3 598	318 503	998 494
5300 No clasificables entre 5100 y 5200	-3	-583	-3 056	-233 950	-581 000	0	0	0	0	0
6000 Otros impuestos	**214**	**395**	**2 386**	**114 973**	**663 232**	**78**	**1 309**	**3 110**	**150 782**	**498 217**
6100 Pagados únicamente por empresas	0	354	2 093	68 791	224 975	0	0	0	0	0
6200 Pagados por otros o no identificables[3]	214	41	294	46 182	438 257	78	1 309	3 110	150 782	498 217
Total de ingresos tributarios	**6 040**	**40 544**	**311 834**	**33 881 710**	**103 257 865**	**1 594**	**10 870**	**68 720**	**9 689 168**	**28 048 478**

Millones ARS

	Gobiernos locales					Autoridades de seguridad social				
	1990	2000	2010	2023	2024	1990	2000	2010	2023	2024
1000 Imp. renta, utilidades y ganancias de capital	**..**	**..**	**..**	**..**	**..**	**0**	**0**	**0**	**0**	**0**
1100 De personas físicas	..	..	..	..	..	..	..	..	..	..
1200 De sociedades	..	..	..	..	..	..	..	..	..	..
1300 No clasificables entre 1100 y 1200	..	..	..	..	..	..	..	..	..	..
2000 Contribuciones a la seguridad social[1]	**..**	**..**	**..**	**..**	**..**	**2 583**	**9 670**	**102 460**	**9 723 087**	**30 010 575**
2100 Empleados	..	..	..	..	..	..	2 486	37 990	3 786 892	10 825 964
2200 Empleadores	..	..	..	..	..	..	6 069	54 713	5 718 848	18 548 998
2300 Trabajadores por cuenta propia o no empleados	..	..	..	..	..	98	1 115	9 757	217 347	635 612
2400 No clasificables entre 2100, 2200 y 2300	..	..	..	..	..	2 485	0	0	0	0
3000 Imp. sobre nómina y fuerza de trabajo	**..**	**..**	**..**	**..**	**..**	**0**	**0**	**0**	**0**	**0**
4000 Impuestos sobre la propiedad	**..**	**..**	**..**	**..**	**..**	**0**	**0**	**0**	**0**	**0**
4100 Imp. recurrentes sobre propiedad inmueble	..	..	..	..	..	..	..	..	..	..
4200 Impuestos recurrentes sobre la riqueza neta	..	..	..	..	..	..	..	..	..	..
4300 Impuestos sobre sucesiones y donaciones	..	..	..	..	..	..	..	..	..	..
4400 Imp. transacciones finan. y de capital	..	..	..	..	..	..	..	..	..	..
4500 Otros imp. no recurrentes sobre propiedad	..	..	..	..	..	..	..	..	..	..
4600 Otros imp. recurrentes sobre propiedad	..	..	..	..	..	..	..	..	..	..
5000 Impuestos sobre los bienes y servicios	**..**	**..**	**..**	**..**	**..**	**0**	**0**	**0**	**0**	**0**
5100 Imp. sobre la producción, venta, etc.	..	..	..	..	..	..	..	..	..	..
5110 Impuestos generales	..	..	..	..	..	..	..	..	..	..
5120 Impuestos sobre bienes y servicios específicos	..	..	..	..	..	..	..	..	..	..
5130 No clasificables entre 5110 y 5120	..	..	..	..	..	..	..	..	..	..
5200 Sobre uso bienes y permiso para actividades[2]	..	..	..	..	..	..	..	..	..	..
5300 No clasificables entre 5100 y 5200	..	..	..	..	..	..	..	..	..	..
6000 Otros impuestos	**..**	**..**	**..**	**..**	**..**	**0**	**0**	**0**	**0**	**0**
6100 Pagados únicamente por empresas	..	..	..	..	..	..	..	..	..	..
6200 Pagados por otros o no identificables[3]	..	..	..	..	..	..	..	..	..	..
Total de ingresos tributarios	**..**	**..**	**..**	**..**	**..**	**2 583**	**9 670**	**102 460**	**9 723 087**	**30 010 575**

.. No disponible

1. Es posible que se hayan infraestimado las cifras, porque excluyen tipos de contribuciones a la seguridad social a cuyos datos no es fácil acceder.
2. En los datos de la CEPAL, el impuesto a la propiedad de vehículos automotores se clasifica en la categoría 4000.
3. Los pagos de deudas tributarias de 2016 incluyen la recaudación tras la aplicación de un nuevo régimen de declaración de información voluntario en julio de 2016 (Ley 27260).

Cuadro 5.3. Bahamas, ingresos tributarios por subsectores de gobierno general

Millones BSD

	Gobierno federal					Estatal/Regional				
	1990	2000	2010	2023	2024	1990	2000	2010	2023	2024
1000 Imp. renta, utilidades y ganancias de capital	**0**	**0**	**0**	**0**	**0**	..	..	..	..	..
1100 De personas físicas	0	0	0	0	0	..	..	..	..	..
1200 De sociedades	0	0	0	0	0	..	..	..	..	..
1300 No clasificables entre 1100 y 1200	0	0	0	0	0	..	..	..	..	..
2000 Contribuciones a la seguridad social	**0**	**0**	**0**	**0**	**0**	..	..	..	..	..
2100 Empleados	..	..	..	..	..	..	..	..	..	..
2200 Empleadores	..	..	..	..	..	..	..	..	..	..
2300 Trabajadores por cuenta propia o no empleados	..	..	..	..	..	..	..	..	..	..
2400 No clasificables entre 2100, 2200 y 2300	..	..	..	..	..	..	..	..	..	..
3000 Imp. sobre nómina y fuerza de trabajo	**0**	**0**	**0**	**0**	**0**	..	..	..	..	..
4000 Impuestos sobre la propiedad	**56**	**208**	**269**	**276**	**319**	..	..	..	..	..
4100 Imp. recurrentes sobre propiedad inmueble	19	32	92	162	203	..	..	..	..	..
4200 Impuestos recurrentes sobre la riqueza neta	0	0	0	0	0	..	..	..	..	..
4300 Impuestos sobre sucesiones y donaciones	0	0	0	0	0	..	..	..	..	..
4400 Imp. transacciones finan. y de capital	37	176	177	115	116	..	..	..	..	..
4500 Otros imp. no recurrentes sobre propiedad	0	0	0	0	0	..	..	..	..	..
4600 Otros imp. recurrentes sobre propiedad	0	0	0	0	0	..	..	..	..	..
5000 Impuestos sobre los bienes y servicios	**386**	**620**	**780**	**2 197**	**2 417**	..	..	..	..	..
5100 Imp. sobre la producción, venta, etc.	354	552	657	1 994	2 136	..	..	..	..	..
5110 Impuestos generales	0	0	0	1 252	1 346	..	..	..	..	..
5120 Impuestos sobre bienes y servicios específicos	354	552	657	742	789	..	..	..	..	..
5130 No clasificables entre 5110 y 5120	0	0	0	0	0	..	..	..	..	..
5200 Sobre uso bienes y permiso para actividades	32	69	123	203	281	..	..	..	..	..
5300 No clasificables entre 5100 y 5200	0	0	0	0	0	..	..	..	..	..
6000 Otros impuestos	**-4**	**21**	**60**	**0**	**0**	..	..	..	..	..
6100 Pagados únicamente por empresas	0	0	0	..	..	..	..	..	..	..
6200 Pagados por otros o no identificables	-4	21	60	..	..	..	..	..	..	..
Total de ingresos tributarios	**438**	**849**	**1 109**	**2 474**	**2 736**	..	..	..	..	..

Millones BSD

	Gobiernos locales					Autoridades de seguridad social[1]				
	1990	2000	2010	2023	2024	1990	2000	2010	2023	2024
1000 Imp. renta, utilidades y ganancias de capital	..	..	..	..	..	**0**	**0**	**0**	**0**	**0**
1100 De personas físicas	..	..	..	..	..	..	..	..	..	..
1200 De sociedades	..	..	..	..	..	..	..	..	..	..
1300 No clasificables entre 1100 y 1200	..	..	..	..	..	..	..	..	..	..
2000 Contribuciones a la seguridad social	..	..	..	..	..	**66**	**115**	**167**	**314**	**327**
2100 Empleados	..	..	..	..	..	..	..	60	..	..
2200 Empleadores	..	..	..	..	..	..	..	104	..	..
2300 Trabajadores por cuenta propia o no empleados	..	..	..	..	..	..	..	3	..	..
2400 No clasificables entre 2100, 2200 y 2300	..	..	..	..	..	66	115	0	314	327
3000 Imp. sobre nómina y fuerza de trabajo	..	..	..	..	..	**0**	**0**	**0**	**0**	**0**
4000 Impuestos sobre la propiedad	..	..	..	..	..	**0**	**0**	**0**	**0**	**0**
4100 Imp. recurrentes sobre propiedad inmueble	..	..	..	..	..	..	..	..	..	..
4200 Impuestos recurrentes sobre la riqueza neta	..	..	..	..	..	..	..	..	..	..
4300 Impuestos sobre sucesiones y donaciones	..	..	..	..	..	..	..	..	..	..
4400 Imp. transacciones finan. y de capital	..	..	..	..	..	..	..	..	..	..
4500 Otros imp. no recurrentes sobre propiedad	..	..	..	..	..	..	..	..	..	..
4600 Otros imp. recurrentes sobre propiedad	..	..	..	..	..	..	..	..	..	..
5000 Impuestos sobre los bienes y servicios	..	..	..	..	..	**0**	**0**	**0**	**0**	**0**
5100 Imp. sobre la producción, venta, etc.	..	..	..	..	..	..	..	..	..	..
5110 Impuestos generales	..	..	..	..	..	..	..	..	..	..
5120 Impuestos sobre bienes y servicios específicos	..	..	..	..	..	..	..	..	..	..
5130 No clasificables entre 5110 y 5120	..	..	..	..	..	..	..	..	..	..
5200 Sobre uso bienes y permiso para actividades	..	..	..	..	..	..	..	..	..	..
5300 No clasificables entre 5100 y 5200	..	..	..	..	..	..	..	..	..	..
6000 Otros impuestos	..	..	..	..	..	**0**	**0**	**0**	..	..
6100 Pagados únicamente por empresas	..	..	..	..	..	..	..	..	..	..
6200 Pagados por otros o no identificables	..	..	..	..	..	..	..	..	..	..
Total de ingresos tributarios	..	..	..	..	..	**66**	**115**	**167**	**314**	**327**

.. No disponible

1. Los datos de las contribuciones a la seguridad social de 2022-24 son una estimación.

Cuadro 5.4. Barbados, ingresos tributarios por subsectores de gobierno general

Millones BBD

	Gobierno federal					Estatal/Regional				
	1990	2000	2010	2023	2024	1990	2000	2010	2023	2024
1000 Imp. renta, utilidades y ganancias de capital	**250**	**599**	**766**	**1 108**	**1 582**	..	..	..	..	..
1100 De personas físicas	140	293	395	447	466	..	..	..	..	..
1200 De sociedades	95	269	294	563	1 027	..	..	..	..	..
1300 No clasificables entre 1100 y 1200	15	37	76	97	89	..	..	..	..	..
2000 Contribuciones a la seguridad social	**0**	**0**	**0**	**0**	**0**	..	..	..	..	..
2100 Empleados	..	..	..	..	..	..	..	..	..	..
2200 Empleadores	..	..	..	..	..	..	..	..	..	..
2300 Trabajadores por cuenta propia o no empleados	..	..	..	..	..	..	..	..	..	..
2400 No clasificables entre 2100, 2200 y 2300	..	..	..	..	..	..	..	..	..	..
3000 Imp. sobre nómina y fuerza de trabajo	**0**	**0**	**0**	**0**	**0**	..	..	..	..	..
4000 Impuestos sobre la propiedad	**147**	**108**	**130**	**237**	**240**	..	..	..	..	..
4100 Imp. recurrentes sobre propiedad inmueble	46	95	118	219	223	..	..	..	..	..
4200 Impuestos recurrentes sobre la riqueza neta	0	0	0	0	0	..	..	..	..	..
4300 Impuestos sobre sucesiones y donaciones	0	0	0	0	0	..	..	..	..	..
4400 Imp. transacciones finan. y de capital	101	13	12	18	17	..	..	..	..	..
4500 Otros imp. no recurrentes sobre propiedad	0	0	0	0	0	..	..	..	..	..
4600 Otros imp. recurrentes sobre propiedad	0	0	0	0	0	..	..	..	..	..
5000 Impuestos sobre los bienes y servicios	**495**	**889**	**1 276**	**1 861**	**1 913**	..	..	..	..	..
5100 Imp. sobre la producción, venta, etc.	424	788	1 105	1 754	1 834	..	..	..	..	..
5110 Impuestos generales	197	492	768	1 096	1 132	..	..	..	..	..
5120 Impuestos sobre bienes y servicios específicos	227	296	337	659	702	..	..	..	..	..
5130 No clasificables entre 5110 y 5120	0	0	0	0	0	..	..	..	..	..
5200 Sobre uso bienes y permiso para actividades	71	101	171	107	79	..	..	..	..	..
5300 No clasificables entre 5100 y 5200	0	0	0	0	0	..	..	..	..	..
6000 Otros impuestos	**0**	**0**	**0**	**0**	**0**	..	..	..	..	..
6100 Pagados únicamente por empresas	..	..	..	..	..	..	..	..	..	..
6200 Pagados por otros o no identificables	..	..	..	..	..	..	..	..	..	..
Total de ingresos tributarios	**892**	**1 596**	**2 171**	**3 206**	**3 735**	..	..	..	..	..

Millones BBD

	Gobiernos locales					Autoridades de seguridad social				
	1990	2000	2010	2023	2024	1990	2000	2010	2023	2024
1000 Imp. renta, utilidades y ganancias de capital	..	..	..	..	..	**0**	**0**	**0**	**0**	**0**
1100 De personas físicas	..	..	..	..	..	..	..	..	..	..
1200 De sociedades	..	..	..	..	..	..	..	..	..	..
1300 No clasificables entre 1100 y 1200	..	..	..	..	..	..	..	..	..	..
2000 Contribuciones a la seguridad social	..	..	..	..	..	**134**	**295**	**565**	**649**	**672**
2100 Empleados	..	..	..	..	..	..	..	..	..	..
2200 Empleadores	..	..	..	..	..	..	..	..	..	..
2300 Trabajadores por cuenta propia o no empleados	..	..	..	..	..	..	..	..	..	..
2400 No clasificables entre 2100, 2200 y 2300	..	..	..	..	..	134	295	565	649	672
3000 Imp. sobre nómina y fuerza de trabajo	..	..	..	..	..	**0**	**0**	**0**	**0**	**0**
4000 Impuestos sobre la propiedad	..	..	..	..	..	**0**	**0**	**0**	**0**	**0**
4100 Imp. recurrentes sobre propiedad inmueble	..	..	..	..	..	..	..	..	..	..
4200 Impuestos recurrentes sobre la riqueza neta	..	..	..	..	..	..	..	..	..	..
4300 Impuestos sobre sucesiones y donaciones	..	..	..	..	..	..	..	..	..	..
4400 Imp. transacciones finan. y de capital	..	..	..	..	..	..	..	..	..	..
4500 Otros imp. no recurrentes sobre propiedad	..	..	..	..	..	..	..	..	..	..
4600 Otros imp. recurrentes sobre propiedad	..	..	..	..	..	..	..	..	..	..
5000 Impuestos sobre los bienes y servicios	..	..	..	..	..	**0**	**0**	**0**	**0**	**0**
5100 Imp. sobre la producción, venta, etc.	..	..	..	..	..	..	..	..	..	..
5110 Impuestos generales	..	..	..	..	..	..	..	..	..	..
5120 Impuestos sobre bienes y servicios específicos	..	..	..	..	..	..	..	..	..	..
5130 No clasificables entre 5110 y 5120	..	..	..	..	..	..	..	..	..	..
5200 Sobre uso bienes y permiso para actividades	..	..	..	..	..	..	..	..	..	..
5300 No clasificables entre 5100 y 5200	..	..	..	..	..	..	..	..	..	..
6000 Otros impuestos	..	..	..	..	..	**0**	**0**	**0**	**0**	**0**
6100 Pagados únicamente por empresas	..	..	..	..	..	..	..	..	..	..
6200 Pagados por otros o no identificables	..	..	..	..	..	..	..	..	..	..
Total de ingresos tributarios	..	..	..	..	..	**134**	**295**	**565**	**649**	**672**

.. No disponible

Cuadro 5.5. Belice, ingresos tributarios por subsectores de gobierno general

Millones BZD

	Gobierno federal					Estatal/Regional				
	1990	2000	2010	2023	2024	1990	2000	2010	2023	2024
1000 Imp. renta, utilidades y ganancias de capital	**37**	**76**	**248**	**349**	**363**	**..**	**..**	**..**	**..**	**..**
1100 De personas físicas	21	19	52	126	131	..	..	..	..	..
1200 De sociedades	12	51	189	209	218	..	..	..	..	..
1300 No clasificables entre 1100 y 1200	4	6	7	13	14	..	..	..	..	..
2000 Contribuciones a la seguridad social	**0**	**0**	**0**	**0**	**0**	**..**	**..**	**..**	**..**	**..**
2100 Empleados	..	..	..	..	..	..	..	..	..	..
2200 Empleadores	..	..	..	..	..	..	..	..	..	..
2300 Trabajadores por cuenta propia o no empleados	..	..	..	..	..	..	..	..	..	..
2400 No clasificables entre 2100, 2200 y 2300	..	..	..	..	..	..	..	..	..	..
3000 Imp. sobre nómina y fuerza de trabajo	**0**	**0**	**0**	**0**	**0**	**..**	**..**	**..**	**..**	**..**
4000 Impuestos sobre la propiedad	**33**	**11**	**16**	**66**	**68**	**..**	**..**	**..**	**..**	**..**
4100 Imp. recurrentes sobre propiedad inmueble	0	0	0	0	0	..	..	..	..	..
4200 Impuestos recurrentes sobre la riqueza neta	0	0	0	0	0	..	..	..	..	..
4300 Impuestos sobre sucesiones y donaciones	0	0	0	0	0	..	..	..	..	..
4400 Imp. transacciones finan. y de capital	33	11	16	66	68	..	..	..	..	..
4500 Otros imp. no recurrentes sobre propiedad	0	0	0	0	0	..	..	..	..	..
4600 Otros imp. recurrentes sobre propiedad	0	0	0	0	0	..	..	..	..	..
5000 Impuestos sobre los bienes y servicios	**97**	**211**	**409**	**918**	**964**	**..**	**..**	**..**	**..**	**..**
5100 Imp. sobre la producción, venta, etc.	94	207	400	910	946	..	..	..	..	..
5110 Impuestos generales	0	82	199	421	438	..	..	..	..	..
5120 Impuestos sobre bienes y servicios específicos	94	125	200	488	508	..	..	..	..	..
5130 No clasificables entre 5110 y 5120	0	0	0	0	0	..	..	..	..	..
5200 Sobre uso bienes y permiso para actividades	3	4	9	9	18	..	..	..	..	..
5300 No clasificables entre 5100 y 5200	0	0	0	0	0	..	..	..	..	..
6000 Otros impuestos	**0**	**0**	**0**	**0**	**0**	**..**	**..**	**..**	**..**	**..**
6100 Pagados únicamente por empresas	..	..	..	..	..	..	..	..	..	..
6200 Pagados por otros o no identificables	..	..	..	..	..	..	..	..	..	..
Total de ingresos tributarios	**167**	**298**	**673**	**1 333**	**1 395**	**..**	**..**	**..**	**..**	**..**

Millones BZD

	Gobiernos locales					Autoridades de seguridad social[1]				
	1990	2000	2010	2023	2024	1990	2000	2010	2023	2024
1000 Imp. renta, utilidades y ganancias de capital	**0**	**0**	**0**	**0**	**0**	**0**	**0**	**0**	**0**	**0**
1100 De personas físicas	..	..	..	..	..	..	..	..	..	..
1200 De sociedades	..	..	..	..	..	..	..	..	..	..
1300 No clasificables entre 1100 y 1200	..	..	..	..	..	..	..	..	..	..
2000 Contribuciones a la seguridad social	**0**	**0**	**0**	**0**	**0**	**10**	**18**	**60**	**166**	**168**
2100 Empleados	..	..	..	..	..	..	..	..	..	..
2200 Empleadores	..	..	..	..	..	..	..	..	..	..
2300 Trabajadores por cuenta propia o no empleados	..	..	..	..	..	..	..	..	..	..
2400 No clasificables entre 2100, 2200 y 2300	..	..	..	..	..	10	18	60	166	168
3000 Imp. sobre nómina y fuerza de trabajo	**0**	**0**	**0**	**0**	**0**	**0**	**0**	**0**	**0**	**0**
4000 Impuestos sobre la propiedad	**1**	**2**	**7**	**7**	**7**	**0**	**0**	**0**	**0**	**0**
4100 Imp. recurrentes sobre propiedad inmueble	1	2	7	7	7	..	..	..	..	..
4200 Impuestos recurrentes sobre la riqueza neta	0	0	0	0	0	..	..	..	..	..
4300 Impuestos sobre sucesiones y donaciones	0	0	0	0	0	..	..	..	..	..
4400 Imp. transacciones finan. y de capital	0	0	0	0	0	..	..	..	..	..
4500 Otros imp. no recurrentes sobre propiedad	0	0	0	0	0	..	..	..	..	..
4600 Otros imp. recurrentes sobre propiedad	0	0	0	0	0	..	..	..	..	..
5000 Impuestos sobre los bienes y servicios	**0**	**0**	**0**	**0**	**0**	**0**	**0**	**0**	**0**	**0**
5100 Imp. sobre la producción, venta, etc.	..	..	..	..	..	..	..	..	..	..
5110 Impuestos generales	..	..	..	..	..	..	..	..	..	..
5120 Impuestos sobre bienes y servicios específicos	..	..	..	..	..	..	..	..	..	..
5130 No clasificables entre 5110 y 5120	..	..	..	..	..	..	..	..	..	..
5200 Sobre uso bienes y permiso para actividades	..	..	..	..	..	..	..	..	..	..
5300 No clasificables entre 5100 y 5200	..	..	..	..	..	..	..	..	..	..
6000 Otros impuestos	**0**	**0**	**0**	**0**	**0**	**0**	**0**	**0**	**0**	**0**
6100 Pagados únicamente por empresas	..	..	..	..	..	..	..	..	..	..
6200 Pagados por otros o no identificables	..	..	..	..	..	..	..	..	..	..
Total de ingresos tributarios	**1**	**2**	**7**	**7**	**7**	**10**	**18**	**60**	**166**	**168**

.. No disponible

1. Los datos de las contribuciones a la seguridad social de 2023 y-2024 son una estimación.

Cuadro 5.6. Bolivia, ingresos tributarios por subsectores de gobierno general

Millones BOB

	Gobierno federal					Estatal/Regional				
	1990	2000	2010	2023	2024	1990	2000	2010	2023	2024
1000 Imp. renta, utilidades y ganancias de capital	**68**	**1 209**	**6 294**	**9 008**	**8 904**	**..**	**..**	**..**	**..**	**..**
1100 De personas físicas	68	214	263	883	971	..	..	..	..	..
1200 De sociedades	0	995	6 031	8 124	7 933	..	..	..	..	..
1300 No clasificables entre 1100 y 1200	0	0	0	0	0	..	..	..	..	..
2000 Contribuciones a la seguridad social	**0**	**0**	**0**	**0**	**0**	**..**	**..**	**..**	**..**	**..**
2100 Empleados	..	..	..	..	..	..	..	..	..	..
2200 Empleadores	..	..	..	..	..	..	..	..	..	..
2300 Trabajadores por cuenta propia o no empleados	..	..	..	..	..	..	..	..	..	..
2400 No clasificables entre 2100, 2200 y 2300	..	..	..	..	..	..	..	..	..	..
3000 Imp. sobre nómina y fuerza de trabajo	**0**	**0**	**0**	**0**	**0**	**..**	**..**	**..**	**..**	**..**
4000 Impuestos sobre la propiedad	**1**	**3**	**367**	**570**	**376**	**..**	**..**	**..**	**..**	**..**
4100 Imp. recurrentes sobre propiedad inmueble	0	0	0	0	0	..	..	..	..	..
4200 Impuestos recurrentes sobre la riqueza neta	0	0	0	180	169	..	..	..	..	..
4300 Impuestos sobre sucesiones y donaciones	1	3	20	0	0	..	..	..	..	..
4400 Imp. transacciones finan. y de capital	0	0	347	389	207	..	..	..	..	..
4500 Otros imp. no recurrentes sobre propiedad	0	0	0	0	0	..	..	..	..	..
4600 Otros imp. recurrentes sobre propiedad	0	0	0	0	0	..	..	..	..	..
5000 Impuestos sobre los bienes y servicios	**907**	**6 656**	**17 791**	**38 386**	**38 204**	**..**	**..**	**..**	**..**	**..**
5100 Imp. sobre la producción, venta, etc.	907	6 656	17 791	38 386	38 204	..	..	..	..	..
5110 Impuestos generales	584	3 953	12 541	29 137	29 168	..	..	..	..	..
5120 Impuestos sobre bienes y servicios específicos	324	2 702	5 250	9 249	9 037	..	..	..	..	..
5130 No clasificables entre 5110 y 5120	0	0	0	0	0	..	..	..	..	..
5200 Sobre uso bienes y permiso para actividades	0	0	0	0	0	..	..	..	..	..
5300 No clasificables entre 5100 y 5200	0	0	0	0	0	..	..	..	..	..
6000 Otros impuestos	**30**	**42**	**451**	**5 170**	**6 356**	**..**	**..**	**..**	**..**	**..**
6100 Pagados únicamente por empresas	4	6	12	40	38	..	..	..	..	..
6200 Pagados por otros o no identificables	26	36	439	5 130	6 318	..	..	..	..	..
Total de ingresos tributarios	**1 005**	**7 910**	**24 903**	**53 133**	**53 840**	**..**	**..**	**..**	**..**	**..**

Millones BOB

	Gobiernos locales[1]					Autoridades de seguridad social[2]				
	1990	2000	2010	2023	2024	1990	2000	2010	2023	2024
1000 Imp. renta, utilidades y ganancias de capital	**..**	**0**	**0**	**0**	**0**	**..**	**0**	**0**	**0**	**0**
1100 De personas físicas	..	..	..	..	..	..	..	..	..	..
1200 De sociedades	..	..	..	..	..	..	..	..	..	..
1300 No clasificables entre 1100 y 1200	..	..	..	..	..	..	..	..	..	..
2000 Contribuciones a la seguridad social	**..**	**0**	**0**	**0**	**0**	**..**	**666**	**5 265**	**17 908**	**18 710**
2100 Empleados	..	..	..	..	..	..	..	..	..	..
2200 Empleadores	..	..	..	..	..	..	..	..	..	..
2300 Trabajadores por cuenta propia o no empleados	..	..	..	..	..	..	..	..	..	..
2400 No clasificables entre 2100, 2200 y 2300	..	..	..	..	..	..	666	5 265	17 908	18 710
3000 Imp. sobre nómina y fuerza de trabajo	**..**	**0**	**0**	**0**	**0**	**..**	**0**	**0**	**0**	**0**
4000 Impuestos sobre la propiedad	**..**	**0**	**0**	**0**	**0**	**..**	**0**	**0**	**0**	**0**
4100 Imp. recurrentes sobre propiedad inmueble	..	..	..	..	..	..	..	..	..	..
4200 Impuestos recurrentes sobre la riqueza neta	..	..	..	..	..	..	..	..	..	..
4300 Impuestos sobre sucesiones y donaciones	..	..	..	..	..	..	..	..	..	..
4400 Imp. transacciones finan. y de capital	..	..	..	..	..	..	..	..	..	..
4500 Otros imp. no recurrentes sobre propiedad	..	..	..	..	..	..	..	..	..	..
4600 Otros imp. recurrentes sobre propiedad	..	..	..	..	..	..	..	..	..	..
5000 Impuestos sobre los bienes y servicios	**..**	**0**	**0**	**0**	**0**	**..**	**0**	**0**	**0**	**0**
5100 Imp. sobre la producción, venta, etc.	..	..	..	..	..	..	..	..	..	..
5110 Impuestos generales	..	..	..	..	..	..	..	..	..	..
5120 Impuestos sobre bienes y servicios específicos	..	..	..	..	..	..	..	..	..	..
5130 No clasificables entre 5110 y 5120	..	..	..	..	..	..	..	..	..	..
5200 Sobre uso bienes y permiso para actividades	..	..	..	..	..	..	..	..	..	..
5300 No clasificables entre 5100 y 5200	..	..	..	..	..	..	..	..	..	..
6000 Otros impuestos	**..**	**575**	**1 381**	**3 381**	**3 504**	**..**	**0**	**0**	**0**	**0**
6100 Pagados únicamente por empresas	..	0	0	0	0	..	..	..	..	..
6200 Pagados por otros o no identificables	..	575	1 381	3 381	3 504	..	..	..	..	..
Total de ingresos tributarios	**..**	**575**	**1 381**	**3 381**	**3 504**	**..**	**666**	**5 265**	**17 908**	**18 710**

.. No disponible

1. Las cifras no incluyen los ingresos tributarios de las administraciones locales en relación con el período comprendido entre 1990 y 1993, porque no hay datos disponibles.
2. Los datos correspondientes a las contribuciones a la seguridad social incluyen las contribuciones al sistema de pensiones de Bolivia (desde su nacionalización en 2010) y los fondos relacionados con la atención sanitaria.

Cuadro 5.7. Brasil, ingresos tributarios por subsectores de gobierno general

Millones BRL

	Gobierno federal					Estatal/Regional				
	1990	2000	2010	2023	2024	1990	2000	2010	2023	2024
1000 Imp. renta, utilidades y ganancias de capital	**1**	**68 667**	**258 738**	**941 049**	**1 064 306**	**0**	**0**	**0**	**0**	**0**
1100 De personas físicas	0	3 406	87 828	334 640	381 846	..	..	..	..	..
1200 De sociedades	0	25 430	128 255	399 090	435 646	..	..	..	..	..
1300 No clasificables entre 1100 y 1200	0	39 831	42 656	207 319	246 813	..	..	..	..	..
2000 Contribuciones a la seguridad social	**0**	**0**	**0**	**0**	**0**	**0**	**0**	**0**	**0**	**0**
2100 Empleados	..	..	..	..	..	..	..	..	..	..
2200 Empleadores	..	..	..	..	..	..	..	..	..	..
2300 Trabajadores por cuenta propia o no empleados	..	..	..	..	..	..	..	..	..	..
2400 No clasificables entre 2100, 2200 y 2300	..	..	..	..	..	..	..	..	..	..
3000 Imp. sobre nómina y fuerza de trabajo	**0**	**5 437**	**21 348**	**61 793**	**66 376**	**0**	**0**	**0**	**0**	**0**
4000 Impuestos sobre la propiedad	**0**	**17 726**	**27 044**	**64 763**	**70 664**	**0**	**329**	**3 166**	**16 473**	**19 428**
4100 Imp. recurrentes sobre propiedad inmueble	0	234	485	3 041	3 250	0	0	437	1 213	1 286
4200 Impuestos recurrentes sobre la riqueza neta	0	0	0	0	0	0	0	0	0	0
4300 Impuestos sobre sucesiones y donaciones	0	0	0	0	0	0	329	2 518	14 714	17 524
4400 Imp. transacciones finan. y de capital	0	17 492	26 559	61 723	67 414	0	0	210	546	618
4500 Otros imp. no recurrentes sobre propiedad	0	0	0	0	0	0	0	0	0	0
4600 Otros imp. recurrentes sobre propiedad	0	0	0	0	0	0	0	0	0	0
5000 Impuestos sobre los bienes y servicios	**1**	**75 502**	**257 124**	**504 287**	**644 077**	**1**	**87 573**	**290 506**	**779 768**	**889 355**
5100 Imp. sobre la producción, venta, etc.	1	75 502	251 726	499 705	638 162	1	82 279	269 140	700 022	805 033
5110 Impuestos generales[1]	0	48 358	182 188	370 509	456 096	1	82 279	269 056	699 737	804 711
5120 Impuestos sobre bienes y servicios específicos	0	27 144	69 538	129 196	182 066	0	0	84	285	322
5130 No clasificables entre 5110 y 5120	0	0	0	0	0	0	0	0	0	0
5200 Sobre uso bienes y permiso para actividades	0	0	5 399	4 582	5 915	0	5 294	21 367	79 746	84 321
5300 No clasificables entre 5100 y 5200	0	0	0	0	0	0	0	0	0	0
6000 Otros impuestos	**0**	**1 479**	**480**	**-233**	**0**	**0**	**322**	**0**	**0**	**0**
6100 Pagados únicamente por empresas	0	0	0	0	0	0	0	..	..	..
6200 Pagados por otros o no identificables	0	1 479	480	-233	0	0	322	..	..	..
Total de ingresos tributarios	**1**	**168 811**	**564 734**	**1 571 659**	**1 845 422**	**1**	**88 224**	**293 672**	**796 241**	**908 783**

Millones BRL

	Gobiernos locales					Autoridades de seguridad social				
	1990	2000	2010	2023	2024	1990	2000	2010	2023	2024
1000 Imp. renta, utilidades y ganancias de capital	**0**	**0**	**0**	**0**	**0**	**0**	**0**	**0**	**0**	**0**
1100 De personas físicas	..	..	..	..	..	..	..	..	..	..
1200 De sociedades	..	..	..	..	..	..	..	..	..	..
1300 No clasificables entre 1100 y 1200	..	..	..	..	..	..	..	..	..	..
2000 Contribuciones a la seguridad social	**0**	**0**	**0**	**0**	**0**	**1**	**83 469**	**314 057**	**875 262**	**949 798**
2100 Empleados	..	..	..	..	..	..	..	75 509	213 912	258 265
2200 Empleadores	..	..	..	..	..	0	18 709	237 807	644 538	674 395
2300 Trabajadores por cuenta propia o no empleados	..	..	..	..	..	..	..	..	..	..
2400 No clasificables entre 2100, 2200 y 2300	..	..	..	..	..	1	64 760	741	16 813	17 138
3000 Imp. sobre nómina y fuerza de trabajo	**0**	**0**	**0**	**0**	**0**	**0**	**0**	**0**	**0**	**0**
4000 Impuestos sobre la propiedad	**0**	**5 469**	**23 285**	**87 065**	**95 683**	**0**	**0**	**0**	**0**	**0**
4100 Imp. recurrentes sobre propiedad inmueble	0	4 519	17 444	66 383	71 319	..	..	..	..	..
4200 Impuestos recurrentes sobre la riqueza neta	0	0	0	0	0	..	..	..	..	..
4300 Impuestos sobre sucesiones y donaciones	0	0	0	0	0	..	..	..	..	..
4400 Imp. transacciones finan. y de capital	0	950	5 840	20 682	24 364	..	..	..	..	..
4500 Otros imp. no recurrentes sobre propiedad	0	0	0	0	0	..	..	..	..	..
4600 Otros imp. recurrentes sobre propiedad	0	0	0	0	0	..	..	..	..	..
5000 Impuestos sobre los bienes y servicios	**0**	**6 106**	**35 873**	**134 163**	**155 640**	**0**	**0**	**0**	**0**	**0**
5100 Imp. sobre la producción, venta, etc.	0	6 106	35 873	134 163	155 640	..	..	..	..	..
5110 Impuestos generales[1]	0	6 106	32 756	120 255	140 077	..	..	..	..	..
5120 Impuestos sobre bienes y servicios específicos	0	0	3 117	13 909	15 563	..	..	..	..	..
5130 No clasificables entre 5110 y 5120	0	0	0	0	0	..	..	..	..	..
5200 Sobre uso bienes y permiso para actividades	0	0	0	0	0	..	..	..	..	..
5300 No clasificables entre 5100 y 5200	0	0	0	0	0	..	..	..	..	..
6000 Otros impuestos	**0**	**377**	**0**	**0**	**0**	**0**	**0**	**0**	**0**	**0**
6100 Pagados únicamente por empresas	0	0	..	..	..	..	..	..	..	..
6200 Pagados por otros o no identificables	0	377	..	..	..	..	..	..	..	..
Total de ingresos tributarios	**0**	**11 952**	**59 158**	**221 228**	**251 322**	**1**	**83 469**	**314 057**	**875 262**	**949 798**

.. No disponible

1. Las contribuciones al PASEP (Programa de Formación del Patrimonio del Funcionariado) se suman a las contribuciones del PIS (Programa de Integración Social) en la partida 5110 en relación con los años previos a 2000.

Cuadro 5.8. Chile, ingresos tributarios por subsectores de gobierno general

Millones CLP

	Gobierno federal					Estatal/Regional				
	1990	2000	2010	2023	2024	1990	2000	2010	2023	2024
1000 Imp. renta, utilidades y ganancias de capital	**..**	**1 841 630**	**8 329 058**	**20 433 071**	**23 238 232**	**..**	**..**	**..**	**..**	**..**
1100 De personas físicas	..	604 100	1492 837	5 424 215	7 030 490	..	..	..	..	..
1200 De sociedades	..	882 896	4 448 745	14 707 116	13 253 852	..	..	..	..	..
1300 No clasificables entre 1100 y 1200	..	354 634	2 387 477	301 739	2 953 890	..	..	..	..	..
2000 Contribuciones a la seguridad social	**..**	**232 728**	**371 386**	**610 121**	**667 431**	**..**	**..**	**..**	**..**	**..**
2100 Empleados	..	209 907	310 558	452 858	477 059	..	..	..	..	..
2200 Empleadores	..	22 821	60 828	157 262	190 373	..	..	..	..	..
2300 Trabajadores por cuenta propia o no empleados	..	0	0	0	0	..	..	..	..	..
2400 No clasificables entre 2100, 2200 y 2300	..	0	0	0	0	..	..	..	..	..
3000 Imp. sobre nómina y fuerza de trabajo	**..**	**0**	**0**	**0**	**0**	**..**	**..**	**..**	**..**	**..**
4000 Impuestos sobre la propiedad	**..**	**255 371**	**244 647**	**1456 116**	**1478 103**	**..**	**..**	**..**	**..**	**..**
4100 Imp. recurrentes sobre propiedad inmueble	..	3 578	8 408	469 386	501 771	..	..	..	..	..
4200 Impuestos recurrentes sobre la riqueza neta	..	0	0	0	0	..	..	..	..	..
4300 Impuestos sobre sucesiones y donaciones	..	10 906	39 338	240 541	200 901	..	..	..	..	..
4400 Imp. transacciones finan. y de capital	..	240 886	196 901	746 189	775 431	..	..	..	..	..
4500 Otros imp. no recurrentes sobre propiedad	..	0	0	0	0	..	..	..	..	..
4600 Otros imp. recurrentes sobre propiedad	..	0	0	0	0	..	..	..	..	..
5000 Impuestos sobre los bienes y servicios	**..**	**4 719 255**	**10 330 379**	**28 832 960**	**31 344 678**	**..**	**..**	**..**	**..**	**..**
5100 Imp. sobre la producción, venta, etc.	..	4 684 525	10 294 166	28 640 165	31 084 433	..	..	..	..	..
5110 Impuestos generales	..	3 306 350	8 399 927	24 179 491	26 779 147	..	..	..	..	..
5120 Impuestos sobre bienes y servicios específicos[1]	..	1378 175	1 894 239	4 460 674	4 305 285	..	..	..	..	..
5130 No clasificables entre 5110 y 5120	..	0	0	0	0	..	..	..	..	..
5200 Sobre uso bienes y permiso para actividades	..	34 730	36 213	192 795	260 245	..	..	..	..	..
5300 No clasificables entre 5100 y 5200	..	0	0	0	0	..	..	..	..	..
6000 Otros impuestos	**..**	**-112 195**	**-60 720**	**-854 527**	**-1269 680**	**..**	**..**	**..**	**..**	**..**
6100 Pagados únicamente por empresas	..	0	0	0	0	..	..	..	..	..
6200 Pagados por otros o no identificables	..	-112 195	-60 720	-854 527	-1269 680	..	..	..	..	..
Total de ingresos tributarios	**..**	**6 936 788**	**19 214 751**	**50 477 740**	**55 458 764**	**..**	**..**	**..**	**..**	**..**

Millones CLP

	Gobiernos locales					Autoridades de seguridad social				
	1990	2000	2010	2023	2024	1990	2000	2010	2023	2024
1000 Imp. renta, utilidades y ganancias de capital	**..**	**0**	**0**	**0**	**0**	**..**	**0**	**0**	**0**	**0**
1100 De personas físicas	..	..	..	..	..	..	..	..	..	..
1200 De sociedades	..	..	..	..	..	..	..	..	..	..
1300 No clasificables entre 1100 y 1200	..	..	..	..	..	..	..	..	..	..
2000 Contribuciones a la seguridad social	**..**	**0**	**0**	**0**	**0**	**..**	**344 030**	**1 122 601**	**2 671 858**	**3 019 529**
2100 Empleados	..	..	..	..	..	..	344 030	1 122 601	2 671 858	3 019 529
2200 Empleadores	..	..	..	..	..	..	0	0	0	0
2300 Trabajadores por cuenta propia o no empleados	..	..	..	..	..	..	0	0	0	0
2400 No clasificables entre 2100, 2200 y 2300	..	..	..	..	..	..	0	0	0	0
3000 Imp. sobre nómina y fuerza de trabajo	**..**	**0**	**0**	**0**	**0**	**..**	**0**	**0**	**0**	**0**
4000 Impuestos sobre la propiedad	**..**	**298 666**	**623 261**	**2 337 996**	**2 491 164**	**..**	**0**	**0**	**0**	**0**
4100 Imp. recurrentes sobre propiedad inmueble	..	298 666	623 261	2 337 996	2 491 164	..	..	..	..	
4200 Impuestos recurrentes sobre la riqueza neta	..	0	0	0	0	..	..	..	..	..
4300 Impuestos sobre sucesiones y donaciones	..	0	0	0	0	..	..	..	..	..
4400 Imp. transacciones finan. y de capital	..	0	0	0	0	..	..	..	..	..
4500 Otros imp. no recurrentes sobre propiedad	..	0	0	0	0	..	..	..	..	..
4600 Otros imp. recurrentes sobre propiedad	..	0	0	0	0	..	..	..	..	..
5000 Impuestos sobre los bienes y servicios	**..**	**322 514**	**854 778**	**2 666 421**	**2 850 822**	**..**	**0**	**0**	**0**	**0**
5100 Imp. sobre la producción, venta, etc.	..	105 302	238 739	606 818	640 258	..	..	..	..	..
5110 Impuestos generales	..	0	0	0	0	..	..	..	..	..
5120 Impuestos sobre bienes y servicios específicos[1]	..	105 302	238 739	606 818	640 258	..	..	..	..	..
5130 No clasificables entre 5110 y 5120	..	0	0	0	0	..	..	..	..	..
5200 Sobre uso bienes y permiso para actividades	..	217 212	616 039	2 059 603	2 210 564	..	..	..	..	..
5300 No clasificables entre 5100 y 5200	..	0	0	0	0	..	..	..	..	..
6000 Otros impuestos	**..**	**0**	**0**	**0**	**0**	**..**	**0**	**0**	**0**	**0**
6100 Pagados únicamente por empresas	..	..	..	..	..	..	..	..	..	..
6200 Pagados por otros o no identificables	..	..	..	..	..	..	..	..	..	..
Total de ingresos tributarios	**..**	**621 180**	**1 478 039**	**5 004 416**	**5 341 986**	**..**	**344 030**	**1 122 601**	**2 671 858**	**3 019 529**

.. No disponible

1. La CEPAL clasifica los ingresos del Fondo de Estabilización de Precios del Petróleo como ingresos no tributarios.

Cuadro 5.10. Costa Rica, ingresos tributarios por subsectores de gobierno general

Millones CRC

	Gobierno federal					Estatal/Regional				
	1990	2000	2010	2023	2024	1990	2000	2010	2023	2024
1000 Imp. renta, utilidades y ganancias de capital	**11 82(**	**128 80!**	**748 09:**	**2 486 51!**	**2 418 04:**	**.**	**.**	**.**	**.**	**.**
1100 De personas físicas	.	.	202 84!	670 83!	717 53!	.	.	.	.	.
1200 De sociedades	.	.	450 31:	1244 93'	1120 61;	.	.	.	.	.
1300 No clasificables entre 1100 y 1200	11 82(	128 80!	94 93:	570 75:	579 89'	.	.	.	.	.
2000 Contribuciones a la seguridad social[1]	**1 34!**	**18 67;**	**61 19:**	**554 24:**	**588 91(**	**.**	**.**	**.**	**.**	**.**
2100 Empleados	.	.	.	.	.	.	.	.	.	.
2200 Empleadores	(	(	(	(	(	.	.	.	.	.
2300 Trabajadores por cuenta propia o no empleados	.	.	.	.	.	.	.	.	.	.
2400 No clasificables entre 2100, 2200 y 2300	1 34!	18 67;	61 19:	554 24:	588 91(	.	.	.	.	.
3000 Imp. sobre nómina y fuerza de trabajo	**(**	**(**	**(**	**(**	**(**	**.**	**.**	**.**	**.**	**.**
4000 Impuestos sobre la propiedad	**36(**	**3 00;**	**18 27(**	**65 39:**	**69 71!**	**.**	**.**	**.**	**.**	**.**
4100 Imp. recurrentes sobre propiedad inmueble	(	(	352;	5 42<	5 49'	.	.	.	.	.
4200 Impuestos recurrentes sobre la riqueza neta	(	(	(	(	(	.	.	.	.	.
4300 Impuestos sobre sucesiones y donaciones	(	(	(	(	(	.	.	.	.	.
4400 Imp. transacciones finan. y de capital	36(	3 00;	14 74:	59 97(	64 22<	.	.	.	.	.
4500 Otros imp. no recurrentes sobre propiedad	(	(	(	(	(	.	.	.	.	.
4600 Otros imp. recurrentes sobre propiedad	(	(	(	(	(	.	.	.	.	.
5000 Impuestos sobre los bienes y servicios	**52 24!**	**444 87(**	**1696 59:**	**3 746 70<**	**3 961 56;**	**.**	**.**	**.**	**.**	**.**
5100 Imp. sobre la producción, venta, etc.	49 86;	425 63(	1598 78!	3 541 20'	3 787 85!	.	.	.	.	.
5110 Impuestos generales	21 32(	222 77!	920 29!	2 312 18!	2 445 15(	.	.	.	.	.
5120 Impuestos sobre bienes y servicios específicos[2]	28 54'	202 85(	678 49'	1 229 01:	1 342 69!	.	.	.	.	.
5130 No clasificables entre 5110 y 5120	(	(	(	(	(	.	.	.	.	.
5200 Sobre uso bienes y permiso para actividades	2 38(	19 24(	97 80<	205 50<	173 71:	.	.	.	.	.
5300 No clasificables entre 5100 y 5200	(	(	(	(	(	.	.	.	.	.
6000 Otros impuestos[3]	**9 25'**	**23 95(**	**92 45:**	**222 54'**	**234 61(**	**.**	**.**	**.**	**.**	**.**
6100 Pagados únicamente por empresas	(	(	(	(	(	.	.	.	.	.
6200 Pagados por otros o no identificables	9 25'	23 95(	92 45:	222 54'	234 61(	.	.	.	.	.
Total de ingresos tributarios	**75 03(**	**619 31<**	**2 616 60(**	**7 075 40:**	**7 272 85'**	**.**	**.**	**.**	**.**	**.**

Millones CRC

	Gobiernos locales					Autoridades de seguridad social				
	1990	2000	2010	2023	2024	1990	2000	2010	2023	2024
1000 Imp. renta, utilidades y ganancias de capital	**0**	**0**	**0**	**0**	**0**	**0**	**0**	**0**	**0**	**0**
1100 De personas físicas	..	..	..	..	..	..	..	..	..	..
1200 De sociedades	..	..	..	..	..	..	..	..	..	..
1300 No clasificables entre 1100 y 1200	..	..	..	..	..	..	..	..	..	..
2000 Contribuciones a la seguridad social[1]	**0**	**0**	**0**	**0**	**0**	**32 645**	**278 392**	**1389 338**	**3 637 837**	**3 848 725**
2100 Empleados	..	..	..	..	..	..	..	..	..	..
2200 Empleadores	..	..	..	..	..	3 447	37 313	207 206	430 510	415 089
2300 Trabajadores por cuenta propia o no empleados	..	..	..	..	..	..	..	..	..	..
2400 No clasificables entre 2100, 2200 y 2300	..	..	..	..	..	29 198	241 079	1182 132	3 207 328	3 433 636
3000 Imp. sobre nómina y fuerza de trabajo	**0**	**0**	**0**	**0**	**0**	**7 575**	**61 796**	**260 664**	**693 618**	**737 607**
4000 Impuestos sobre la propiedad	**1 200**	**5 390**	**45 436**	**155 404**	**166 647**	**0**	**0**	**0**	**0**	**0**
4100 Imp. recurrentes sobre propiedad inmueble	1 200	5 390	45 436	155 395	166 647	..	..	..	..	..
4200 Impuestos recurrentes sobre la riqueza neta	0	0	0	0	0	..	..	..	..	..
4300 Impuestos sobre sucesiones y donaciones	0	0	0	0	0	..	..	..	..	..
4400 Imp. transacciones finan. y de capital	0	0	0	0	0	..	..	..	..	..
4500 Otros imp. no recurrentes sobre propiedad	0	0	0	10	0	..	..	..	..	..
4600 Otros imp. recurrentes sobre propiedad	0	0	0	0	0	..	..	..	..	..
5000 Impuestos sobre los bienes y servicios	**1 262**	**11 981**	**70 321**	**169 947**	**174 401**	**0**	**0**	**0**	**0**	**0**
5100 Imp. sobre la producción, venta, etc.	0	83	1513	3 877	3 613	..	..	..	..	..
5110 Impuestos generales	..	..	0	0	0	..	..	..	..	..
5120 Impuestos sobre bienes y servicios específicos[2]	..	..	1513	3 877	3 613	..	..	..	..	..
5130 No clasificables entre 5110 y 5120	..	..	0	0	0	..	..	..	..	..
5200 Sobre uso bienes y permiso para actividades	1 262	11 898	68 808	166 070	170 788	..	..	..	..	..
5300 No clasificables entre 5100 y 5200	0	0	0	0	0	..	..	..	..	..
6000 Otros impuestos[3]	**0**	**1 242**	**8**	**78**	**207**	**0**	**0**	**0**	**0**	**0**
6100 Pagados únicamente por empresas	0	0	0	0	0	..	..	..	..	..
6200 Pagados por otros o no identificables	0	1 242	8	78	207	..	..	..	..	..
Total de ingresos tributarios	**2 461**	**18 613**	**115 765**	**325 429**	**341 254**	**40 220**	**340 187**	**1650 002**	**4 331 455**	**4 586 332**

.. No disponible

1. Los datos incluyen las contribuciones a la seguridad social que paga la administración por sus empleados, así como las contribuciones destinadas a regímenes especiales (profesorado y magistratura). En los datos de la CEPAL, las contribuciones a la seguridad social también incluyen el INA (Instituto Nacional de Aprendizaje), el IMAS (Instituto Mixto de Ayuda Social) y el FODESAF (Fondo de Desarrollo Social y Asignaciones Familiares).
2. En los datos de la CEPAL, el impuesto a la propiedad de vehículos, aeronaves y embarcaciones se clasifica dentro de la categoría 4000.
3. Los ingresos tributarios de órganos descentralizados se clasifican dentro del Gobierno central. En Costa Rica, estos ingresos se clasifican dentro de una unidad aparte (descentralizada) que se considera separada del Gobierno central.

Cuadro 5.11. Cuba, ingresos tributarios por subsectores de gobierno general

Millones CUP

	Gobierno federal[1]					Estatal/Regional				
	1990	2000	2010	2023	2024	1990	2000	2010	2023	2024
1000 Imp. renta, utilidades y ganancias de capital	..	..	**1 857**	..	..	..	..	..	..	..
1100 De personas físicas	..	..	0	..	..	..	..	..	..	..
1200 De sociedades	..	..	1 857	..	..	..	..	..	..	..
1300 No clasificables entre 1100 y 1200	..	..	0	..	..	..	..	..	..	..
2000 Contribuciones a la seguridad social	..	..	**0**	..	..	..	..	..	..	..
2100 Empleados	..	..	..	..	..	..	..	..	..	..
2200 Empleadores	..	..	..	..	..	..	..	..	..	..
2300 Trabajadores por cuenta propia o no empleados	..	..	..	..	..	..	..	..	..	..
2400 No clasificables entre 2100, 2200 y 2300	..	..	..	..	..	..	..	..	..	..
3000 Imp. sobre nómina y fuerza de trabajo	..	..	**289**	..	..	..	..	..	..	..
4000 Impuestos sobre la propiedad	..	..	**0**	..	..	..	..	..	..	..
4100 Imp. recurrentes sobre propiedad inmueble	..	..	..	..	..	..	..	..	..	..
4200 Impuestos recurrentes sobre la riqueza neta	..	..	..	..	..	..	..	..	..	..
4300 Impuestos sobre sucesiones y donaciones	..	..	..	..	..	..	..	..	..	..
4400 Imp. transacciones finan. y de capital	..	..	..	..	..	..	..	..	..	..
4500 Otros imp. no recurrentes sobre propiedad	..	..	..	..	..	..	..	..	..	..
4600 Otros imp. recurrentes sobre propiedad	..	..	..	..	..	..	..	..	..	..
5000 Impuestos sobre los bienes y servicios	..	..	**5 757**	..	..	..	..	..	..	..
5100 Imp. sobre la producción, venta, etc.	..	..	5 757	..	..	..	..	..	..	..
5110 Impuestos generales	..	..	4 924	..	..	..	..	..	..	..
5120 Impuestos sobre bienes y servicios específicos	..	..	833	..	..	..	..	..	..	..
5130 No clasificables entre 5110 y 5120	..	..	0	..	..	..	..	..	..	..
5200 Sobre uso bienes y permiso para actividades	..	..	0	..	..	..	..	..	..	..
5300 No clasificables entre 5100 y 5200	..	..	0	..	..	..	..	..	..	..
6000 Otros impuestos	..	..	**569**	..	..	..	..	..	..	..
6100 Pagados únicamente por empresas	..	..	..	..	..	..	..	..	..	..
6200 Pagados por otros o no identificables	..	..	..	..	..	..	..	..	..	..
Total de ingresos tributarios	..	..	**8 472**	..	..	..	..	..	..	..

Millones CUP

	Gobiernos locales[2]					Autoridades de seguridad social				
	1990	2000	2010	2023	2024	1990	2000	2010	2023	2024
1000 Imp. renta, utilidades y ganancias de capital	..	..	**1 746**	..	..	**0**	**0**	**0**	**0**	**0**
1100 De personas físicas	..	..	554	..	..	..	..	..	..	..
1200 De sociedades	..	..	1 193	..	..	..	..	..	..	..
1300 No clasificables entre 1100 y 1200	..	..	0	..	..	..	..	..	..	..
2000 Contribuciones a la seguridad social	..	..	**0**	..	..	**691**	**1 181**	**2 974**	**29 368**	**35 626**
2100 Empleados	..	..	..	..	..	..	..	..	..	..
2200 Empleadores	..	..	..	..	..	..	..	..	..	..
2300 Trabajadores por cuenta propia o no empleados	..	..	..	..	..	..	..	..	..	..
2400 No clasificables entre 2100, 2200 y 2300	..	..	..	..	..	691	1 181	2 974	29 368	35 626
3000 Imp. sobre nómina y fuerza de trabajo	..	..	**4 125**	..	..	**0**	**0**	**0**	**0**	**0**
4000 Impuestos sobre la propiedad	..	..	**0**	..	..	**0**	**0**	**0**	**0**	**0**
4100 Imp. recurrentes sobre propiedad inmueble	..	..	..	..	..	..	..	..	..	..
4200 Impuestos recurrentes sobre la riqueza neta	..	..	..	..	..	..	..	..	..	..
4300 Impuestos sobre sucesiones y donaciones	..	..	..	..	..	..	..	..	..	..
4400 Imp. transacciones finan. y de capital	..	..	..	..	..	..	..	..	..	..
4500 Otros imp. no recurrentes sobre propiedad	..	..	..	..	..	..	..	..	..	..
4600 Otros imp. recurrentes sobre propiedad	..	..	..	..	..	..	..	..	..	..
5000 Impuestos sobre los bienes y servicios	..	..	**6 526**	..	..	**0**	**0**	**0**	**0**	**0**
5100 Imp. sobre la producción, venta, etc.	..	..	6 526	..	..	..	..	..	..	..
5110 Impuestos generales	..	..	5 601	..	..	..	..	..	..	..
5120 Impuestos sobre bienes y servicios específicos	..	..	925	..	..	..	..	..	..	..
5130 No clasificables entre 5110 y 5120	..	..	0	..	..	..	..	..	..	..
5200 Sobre uso bienes y permiso para actividades	..	..	0	..	..	..	..	..	..	..
5300 No clasificables entre 5100 y 5200	..	..	0	..	..	..	..	..	..	..
6000 Otros impuestos	..	..	**106**	..	..	**0**	**0**	**0**	**0**	**0**
6100 Pagados únicamente por empresas	..	..	..	..	..	..	..	..	..	..
6200 Pagados por otros o no identificables	..	..	..	..	..	..	..	..	..	..
Total de ingresos tributarios	..	..	**12 503**	..	..	**691**	**1 181**	**2 974**	**29 368**	**35 626**

.. No disponible

1. Las cifras incluyen los ingresos tributarios del Gobierno central entre 2002 y 2012. No hay datos disponibles de los ingresos tributarios del Gobierno central correspondientes a otros años.
2. Las cifras incluyen los ingresos tributarios de las administraciones locales entre 2002 y 2012. No existen ingresos tributarios de las administraciones locales disponibles en relación con los otros años.

Cuadro 5.12. República Dominicana, ingresos tributarios por subsectores de gobierno general

Millones DOP

	Gobierno federal					Estatal/Regional				
	1990	2000	2010	2023	2024	1990	2000	2010	2023	2024
1000 Imp. renta, utilidades y ganancias de capital	**1 650**	**10 517**	**52 653**	**339 645**	**380 145**	..	..	..	..	..
1100 De personas físicas	..	4 088	17 088	103 150	117 252	..	..	..	..	..
1200 De sociedades	..	4 605	21 325	179 748	193 084	..	..	..	..	..
1300 No clasificables entre 1100 y 1200	1 650	1 824	14 241	56 748	69 810	..	..	..	..	..
2000 Contribuciones a la seguridad social	**0**	**0**	**0**	**0**	**0**	..	..	..	..	..
2100 Empleados	..	..	..	..	..	..	..	..	..	..
2200 Empleadores	..	..	..	..	..	..	..	..	..	..
2300 Trabajadores por cuenta propia o no empleados	..	..	..	..	..	..	..	..	..	..
2400 No clasificables entre 2100, 2200 y 2300	..	..	..	..	..	..	..	..	..	..
3000 Imp. sobre nómina y fuerza de trabajo[1]	**0**	**0**	**1 385**	**4 991**	**5 586**	..	..	..	..	..
4000 Impuestos sobre la propiedad	**74**	**644**	**12 416**	**49 224**	**52 619**	..	..	..	..	..
4100 Imp. recurrentes sobre propiedad inmueble	9	115	555	5 105	5 349	..	..	..	..	..
4200 Impuestos recurrentes sobre la riqueza neta	0	0	2 449	9 401	9 990	..	..	..	..	..
4300 Impuestos sobre sucesiones y donaciones	11	96	231	1 158	1 251	..	..	..	..	..
4400 Imp. transacciones finan. y de capital	40	377	8 658	30 737	34 459	..	..	..	..	..
4500 Otros imp. no recurrentes sobre propiedad	3	32	488	2 746	1 491	..	..	..	..	..
4600 Otros imp. recurrentes sobre propiedad	11	25	35	77	79	..	..	..	..	..
5000 Impuestos sobre los bienes y servicios	**4 484**	**35 672**	**174 457**	**576 480**	**641 651**	..	..	..	..	..
5100 Imp. sobre la producción, venta, etc.	4 418	34 962	167 983	551 102	612 784	..	..	..	..	..
5110 Impuestos generales	970	9 912	81 226	336 694	375 088	..	..	..	..	..
5120 Impuestos sobre bienes y servicios específicos	3 449	25 051	86 757	214 408	237 696	..	..	..	..	..
5130 No clasificables entre 5110 y 5120	0	0	0	0	0	..	..	..	..	..
5200 Sobre uso bienes y permiso para actividades	65	710	6 475	25 379	28 867	..	..	..	..	..
5300 No clasificables entre 5100 y 5200	0	0	0	0	0	..	..	..	..	..
6000 Otros impuestos	**159**	**429**	**0**	**3**	**3**	..	..	..	..	..
6100 Pagados únicamente por empresas	0	0	..	0	0	..	..	..	..	..
6200 Pagados por otros o no identificables	159	429	..	3	3	..	..	..	..	..
Total de ingresos tributarios	**6 367**	**47 263**	**240 910**	**970 343**	**1 080 004**	..	..	..	..	..

Millones DOP

	Gobiernos locales					Autoridades de seguridad social[2]				
	1990	2000	2010	2023	2024	1990	2000	2010	2023	2024
1000 Imp. renta, utilidades y ganancias de capital	..	..	..	..	..	**0**	**0**	**0**	**0**	**0**
1100 De personas físicas	..	..	..	..	..	..	..	..	..	..
1200 De sociedades	..	..	..	..	..	..	..	..	..	..
1300 No clasificables entre 1100 y 1200	..	..	..	..	..	..	..	..	..	..
2000 Contribuciones a la seguridad social	..	..	..	..	..	**53**	**490**	**1 845**	**4 221**	**7 372**
2100 Empleados	..	..	..	..	..	..	..	1 720	..	..
2200 Empleadores	..	..	..	..	..	..	..	125	..	..
2300 Trabajadores por cuenta propia o no empleados	..	..	..	..	..	..	..	0	..	..
2400 No clasificables entre 2100, 2200 y 2300	..	..	..	..	..	53	490	0	4 221	7 372
3000 Imp. sobre nómina y fuerza de trabajo[1]	..	..	..	..	..	**0**	**0**	**0**	**0**	**0**
4000 Impuestos sobre la propiedad	..	..	..	..	..	**0**	**0**	**0**	**0**	**0**
4100 Imp. recurrentes sobre propiedad inmueble	..	..	..	..	..	..	..	..	..	..
4200 Impuestos recurrentes sobre la riqueza neta	..	..	..	..	..	..	..	..	..	..
4300 Impuestos sobre sucesiones y donaciones	..	..	..	..	..	..	..	..	..	..
4400 Imp. transacciones finan. y de capital	..	..	..	..	..	..	..	..	..	..
4500 Otros imp. no recurrentes sobre propiedad	..	..	..	..	..	..	..	..	..	..
4600 Otros imp. recurrentes sobre propiedad	..	..	..	..	..	..	..	..	..	..
5000 Impuestos sobre los bienes y servicios	..	..	..	..	..	**0**	**0**	**0**	**0**	**0**
5100 Imp. sobre la producción, venta, etc.	..	..	..	..	..	..	..	..	..	..
5110 Impuestos generales	..	..	..	..	..	..	..	..	..	..
5120 Impuestos sobre bienes y servicios específicos	..	..	..	..	..	..	..	..	..	..
5130 No clasificables entre 5110 y 5120	..	..	..	..	..	..	..	..	..	..
5200 Sobre uso bienes y permiso para actividades	..	..	..	..	..	..	..	..	..	..
5300 No clasificables entre 5100 y 5200	..	..	..	..	..	..	..	..	..	..
6000 Otros impuestos	..	..	..	..	..	**0**	**0**	**0**	**0**	**0**
6100 Pagados únicamente por empresas	..	..	..	..	..	..	..	..	..	..
6200 Pagados por otros o no identificables	..	..	..	..	..	..	..	..	..	..
Total de ingresos tributarios	..	..	..	..	..	**53**	**490**	**1 845**	**4 221**	**7 372**

.. No disponible

1. Esta partida incluye las contribuciones obligatorias no destinadas a las pensiones al Instituto de Formación Técnico Profesional (INFOTEP). Los ingresos tributarios se clasifican dentro del Gobierno central. En la República Dominicana esos ingresos se clasifican en una unidad aparte (descentralizada) que se considera diferente del Gobierno central.
2. Las cifras excluyen las contribuciones a la seguridad social destinadas al Gobierno central gestionadas por el sector privado.

Cuadro 5.13. Ecuador, ingresos tributarios por subsectores de gobierno general

Millones USD

	Gobierno federal					Estatal/Regional				
	1990	2000	2010	2023	2024	1990	2000	2010	2023	2024
1000 Imp. renta, utilidades y ganancias de capital	**138**	**267**	**2 909**	**5 629**	**7 059**	**..**	**..**	**..**	**..**	**..**
1100 De personas físicas	..	10	80	293	303	..	..	..	..	..
1200 De sociedades	..	53	1 046	1 317	3 526	..	..	..	..	..
1300 No clasificables entre 1100 y 1200	138	204	1 783	4 018	3 229	..	..	..	..	..
2000 Contribuciones a la seguridad social	**0**	**0**	**0**	**0**	**0**	**..**	**..**	**..**	**..**	**..**
2100 Empleados	..	..	..	..	..	..	..	..	..	..
2200 Empleadores	..	..	..	..	..	..	..	..	..	..
2300 Trabajadores por cuenta propia o no empleados	..	..	..	..	..	..	..	..	..	..
2400 No clasificables entre 2100, 2200 y 2300	..	..	..	..	..	..	..	..	..	..
3000 Imp. sobre nómina y fuerza de trabajo	**0**	**0**	**0**	**0**	**0**	**..**	**..**	**..**	**..**	**..**
4000 Impuestos sobre la propiedad	**0**	**0**	**43**	**410**	**78**	**..**	**..**	**..**	**..**	**..**
4100 Imp. recurrentes sobre propiedad inmueble	..	..	3	0	0	..	..	..	..	..
4200 Impuestos recurrentes sobre la riqueza neta	..	..	35	19	24	..	..	..	..	..
4300 Impuestos sobre sucesiones y donaciones	..	..	5	17	54	..	..	..	..	..
4400 Imp. transacciones finan. y de capital	..	..	0	0	0	..	..	..	..	..
4500 Otros imp. no recurrentes sobre propiedad	..	..	0	374	0	..	..	..	..	..
4600 Otros imp. recurrentes sobre propiedad	..	..	0	0	0	..	..	..	..	..
5000 Impuestos sobre los bienes y servicios	**668**	**1 596**	**5 969**	**11 704**	**13 079**	**..**	**..**	**..**	**..**	**..**
5100 Imp. sobre la producción, venta, etc.	665	1 574	5 814	11 443	12 817	..	..	..	..	..
5110 Impuestos generales	302	923	3 759	8 097	9 409	..	..	..	..	..
5120 Impuestos sobre bienes y servicios específicos	363	651	2 054	3 346	3 408	..	..	..	..	..
5130 No clasificables entre 5110 y 5120	0	0	0	0	0	..	..	..	..	..
5200 Sobre uso bienes y permiso para actividades	3	22	156	261	263	..	..	..	..	..
5300 No clasificables entre 5100 y 5200	0	0	0	0	0	..	..	..	..	..
6000 Otros impuestos	**0**	**0**	**4**	**0**	**-1**	**..**	**..**	**..**	**..**	**..**
6100 Pagados únicamente por empresas	..	..	0	0	0	..	..	..	..	..
6200 Pagados por otros o no identificables	..	..	4	0	-1	..	..	..	..	..
Total de ingresos tributarios	**806**	**1 863**	**8 925**	**17 743**	**20 215**	**..**	**..**	**..**	**..**	**..**

Millones USD

	Gobiernos locales					Autoridades de seguridad social				
	1990	2000	2010	2023	2024	1990	2000	2010	2023	2024
1000 Imp. renta, utilidades y ganancias de capital	**1**	**2**	**15**	**80**	**80**	**0**	**0**	**0**	**0**	**0**
1100 De personas físicas	..	..	0	..	..	..	..	..	..	..
1200 De sociedades	..	..	..	..	..	..	..	..	..	..
1300 No clasificables entre 1100 y 1200	1	2	15	80	80	..	..	..	..	..
2000 Contribuciones a la seguridad social	**0**	**0**	**0**	**0**	**0**	**243**	**228**	**2 541**	**6 051**	**6 062**
2100 Empleados	..	..	..	..	..	..	..	..	..	..
2200 Empleadores	..	..	..	..	..	..	..	..	..	..
2300 Trabajadores por cuenta propia o no empleados	..	..	..	..	..	..	..	..	..	..
2400 No clasificables entre 2100, 2200 y 2300	..	..	..	..	..	243	228	2 541	6 051	6 062
3000 Imp. sobre nómina y fuerza de trabajo	**0**	**0**	**0**	**0**	**0**	**0**	**0**	**0**	**0**	**0**
4000 Impuestos sobre la propiedad	**16**	**17**	**116**	**331**	**383**	**0**	**0**	**0**	**0**	**0**
4100 Imp. recurrentes sobre propiedad inmueble	13	8	66	200	232	..	..	..	..	..
4200 Impuestos recurrentes sobre la riqueza neta	0	0	0	0	0	..	..	..	..	..
4300 Impuestos sobre sucesiones y donaciones	0	0	0	0	0	..	..	..	..	..
4400 Imp. transacciones finan. y de capital	0	0	0	0	0	..	..	..	..	..
4500 Otros imp. no recurrentes sobre propiedad	0	0	0	0	0	..	..	..	..	..
4600 Otros imp. recurrentes sobre propiedad	3	9	50	131	150	..	..	..	..	..
5000 Impuestos sobre los bienes y servicios	**10**	**13**	**97**	**281**	**308**	**0**	**0**	**0**	**0**	**0**
5100 Imp. sobre la producción, venta, etc.	6	6	49	107	105	..	..	..	..	..
5110 Impuestos generales	4	5	41	97	97	..	..	..	..	..
5120 Impuestos sobre bienes y servicios específicos	1	2	8	9	8	..	..	..	..	..
5130 No clasificables entre 5110 y 5120	0	0	0	0	0	..	..	..	..	..
5200 Sobre uso bienes y permiso para actividades	5	7	48	175	203	..	..	..	..	..
5300 No clasificables entre 5100 y 5200	0	0	0	0	0	..	..	..	..	..
6000 Otros impuestos	**2**	**2**	**1**	**0**	**0**	**0**	**0**	**0**	**0**	**0**
6100 Pagados únicamente por empresas	0	0	0	0	0	..	..	..	..	..
6200 Pagados por otros o no identificables	2	2	1	0	0	..	..	..	..	..
Total de ingresos tributarios	**29**	**34**	**228**	**692**	**771**	**243**	**228**	**2 541**	**6 051**	**6 062**

.. No disponible

Cuadro 5.14. El Salvador, ingresos tributarios por subsectores de gobierno general

Millones USD

	Gobierno federal					Estatal/Regional				
	1990	2000	2010	2023	2024	1990	2000	2010	2023	2024
1000 Imp. renta, utilidades y ganancias de capital	**95**	**429**	**996**	**2 809**	**3 045**	**..**	**..**	**..**	**..**	**..**
1100 De personas físicas	..	..	590	1 172	1 276	..	..	..	..	..
1200 De sociedades	..	..	420	1 310	1 377	..	..	..	..	..
1300 No clasificables entre 1100 y 1200	95	429	-14	328	392	..	..	..	..	..
2000 Contribuciones a la seguridad social	**0**	**0**	**0**	**0**	**0**	**..**	**..**	**..**	**..**	**..**
2100 Empleados	..	..	..	..	..	..	..	..	..	..
2200 Empleadores	..	..	..	..	..	..	..	..	..	..
2300 Trabajadores por cuenta propia o no empleados	..	..	..	..	..	..	..	..	..	..
2400 No clasificables entre 2100, 2200 y 2300	..	..	..	..	..	..	..	..	..	..
3000 Imp. sobre nómina y fuerza de trabajo[1]	**0**	**0**	**21**	**45**	**45**	**..**	**..**	**..**	**..**	**..**
4000 Impuestos sobre la propiedad	**26**	**12**	**16**	**54**	**59**	**..**	**..**	**..**	**..**	**..**
4100 Imp. recurrentes sobre propiedad inmueble	0	0	0	0	0	..	..	..	..	..
4200 Impuestos recurrentes sobre la riqueza neta	16	0	0	0	0	..	..	..	..	..
4300 Impuestos sobre sucesiones y donaciones	0	0	0	0	0	..	..	..	..	..
4400 Imp. transacciones finan. y de capital	10	12	16	54	59	..	..	..	..	..
4500 Otros imp. no recurrentes sobre propiedad	0	0	0	0	0	..	..	..	..	..
4600 Otros imp. recurrentes sobre propiedad	0	0	0	0	0	..	..	..	..	..
5000 Impuestos sobre los bienes y servicios	**259**	**903**	**1 871**	**3 874**	**4 187**	**..**	**..**	**..**	**..**	**..**
5100 Imp. sobre la producción, venta, etc.	259	903	1 863	3 848	4 159	..	..	..	..	..
5110 Impuestos generales	133	714	1 433	3 072	3 354	..	..	..	..	..
5120 Impuestos sobre bienes y servicios específicos	127	189	431	776	806	..	..	..	..	..
5130 No clasificables entre 5110 y 5120	0	0	0	0	0	..	..	..	..	..
5200 Sobre uso bienes y permiso para actividades	0	0	7	26	28	..	..	..	..	..
5300 No clasificables entre 5100 y 5200	0	0	0	0	0	..	..	..	..	..
6000 Otros impuestos	**58**	**0**	**0**	**0**	**0**	**..**	**..**	**..**	**..**	**..**
6100 Pagados únicamente por empresas	0	0	..	..	..	..	..	..	..	..
6200 Pagados por otros o no identificables	58	0	..	..	..	..	..	..	..	..
Total de ingresos tributarios	**438**	**1 344**	**2 903**	**6 781**	**7 336**	**..**	**..**	**..**	**..**	**..**

Millones USD

	Gobiernos locales					Autoridades de seguridad social[2]				
	1990	2000	2010	2023	2024	1990	2000	2010	2023	2024
1000 Imp. renta, utilidades y ganancias de capital	**..**	**..**	**0**	**0**	**0**	**0**	**0**	**0**	**0**	**0**
1100 De personas físicas	..	..	..	..	..	..	..	..	..	..
1200 De sociedades	..	..	..	..	..	..	..	..	..	..
1300 No clasificables entre 1100 y 1200	..	..	..	..	..	..	..	..	..	..
2000 Contribuciones a la seguridad social	**..**	**..**	**0**	**0**	**0**	**104**	**325**	**470**	**881**	**902**
2100 Empleados	..	..	..	..	..	..	75	165	318	329
2200 Empleadores	..	..	..	..	..	..	176	306	564	573
2300 Trabajadores por cuenta propia o no empleados	..	..	..	..	..	..	13	0	0	0
2400 No clasificables entre 2100, 2200 y 2300	..	..	..	..	..	104	62	0	0	0
3000 Imp. sobre nómina y fuerza de trabajo[1]	**..**	**..**	**0**	**0**	**0**	**0**	**0**	**0**	**0**	**0**
4000 Impuestos sobre la propiedad	**..**	**..**	**3**	**7**	**3**	**0**	**0**	**0**	**0**	**0**
4100 Imp. recurrentes sobre propiedad inmueble	..	..	3	7	3	..	..	..	..	..
4200 Impuestos recurrentes sobre la riqueza neta	..	..	0	0	0	..	..	..	..	..
4300 Impuestos sobre sucesiones y donaciones	..	..	0	0	0	..	..	..	..	..
4400 Imp. transacciones finan. y de capital	..	..	0	0	0	..	..	..	..	..
4500 Otros imp. no recurrentes sobre propiedad	..	..	0	0	0	..	..	..	..	..
4600 Otros imp. recurrentes sobre propiedad	..	..	0	0	0	..	..	..	..	..
5000 Impuestos sobre los bienes y servicios	**..**	**..**	**7**	**21**	**15**	**0**	**0**	**0**	**0**	**0**
5100 Imp. sobre la producción, venta, etc.	..	..	0	0	0	..	..	..	..	..
5110 Impuestos generales	..	..	..	..	..	..	..	..	..	..
5120 Impuestos sobre bienes y servicios específicos	..	..	..	..	..	..	..	..	..	..
5130 No clasificables entre 5110 y 5120	..	..	..	..	..	..	..	..	..	..
5200 Sobre uso bienes y permiso para actividades	..	..	7	21	15	..	..	..	..	..
5300 No clasificables entre 5100 y 5200	..	..	0	0	0	..	..	..	..	..
6000 Otros impuestos	**..**	**..**	**63**	**108**	**87**	**0**	**0**	**0**	**0**	**0**
6100 Pagados únicamente por empresas	..	..	0	0	0	..	..	..	..	..
6200 Pagados por otros o no identificables	..	..	63	108	87	..	..	..	..	..
Total de ingresos tributarios	**..**	**..**	**74**	**136**	**106**	**104**	**325**	**470**	**881**	**902**

.. No disponible

1. Las contribuciones a la formación profesional realizadas al Instituto Salvadoreño de Formación Profesional (INSAFORP) se incluyen en la partida 3000. Los ingresos tributarios se clasifican dentro del Gobierno central. En El Salvador, estos ingresos se clasifican en una unidad aparte que se considera diferente del Gobierno central.
2. Las contribuciones a la seguridad social son las que se pagan al Instituto Salvadoreño del Seguro Social (ISSS), el Instituto Nacional de Pensiones de los Empleados Públicos (INPEP), el Instituto de Previsión Social de la Fuerza Armada (IPSFA) y el Instituto Salvadoreño de Bienestar Magisterial (ISBM). Las cifras no incluyen las contribuciones al régimen de gestión privada, pero pueden incluir una pequeña cantidad de contribuciones voluntarias, que no se puede distinguir de los datos de contribuciones al sistema público de seguridad social.

Cuadro 5.15. Granada, ingresos tributarios por subsectores de gobierno general

Millones XCD

	Gobierno federal					Estatal/Regional				
	1990	2000	2010	2023	2024	1990	2000	2010	2023	2024
1000 Imp. renta, utilidades y ganancias de capital	..	..	..	**165**	**193**	..	..	..	..	..
1100 De personas físicas	..	..	..	100	98	..	..	..	..	..
1200 De sociedades	..	..	..	65	95	..	..	..	..	..
1300 No clasificables entre 1100 y 1200	..	..	..	0	0	..	..	..	..	..
2000 Contribuciones a la seguridad social	..	..	..	**0**	**0**	..	..	..	..	..
2100 Empleados	..	..	..	..	..	..	..	..	..	..
2200 Empleadores	..	..	..	..	..	..	..	..	..	..
2300 Trabajadores por cuenta propia o no empleados	..	..	..	..	..	..	..	..	..	..
2400 No clasificables entre 2100, 2200 y 2300	..	..	..	..	..	..	..	..	..	..
3000 Imp. sobre nómina y fuerza de trabajo[1]	..	..	..	**0**	**0**	..	..	..	..	..
4000 Impuestos sobre la propiedad	..	..	..	**41**	**39**	..	..	..	..	..
4100 Imp. recurrentes sobre propiedad inmueble	..	..	..	20	12	..	..	..	..	..
4200 Impuestos recurrentes sobre la riqueza neta	..	..	..	0	0	..	..	..	..	..
4300 Impuestos sobre sucesiones y donaciones	..	..	..	0	0	..	..	..	..	..
4400 Imp. transacciones finan. y de capital	..	..	..	22	27	..	..	..	..	..
4500 Otros imp. no recurrentes sobre propiedad	..	..	..	0	0	..	..	..	..	..
4600 Otros imp. recurrentes sobre propiedad	..	..	..	0	0	..	..	..	..	..
5000 Impuestos sobre los bienes y servicios	..	..	..	**634**	**652**	..	..	..	..	..
5100 Imp. sobre la producción, venta, etc.	..	..	..	634	652	..	..	..	..	..
5110 Impuestos generales	..	..	..	349	355	..	..	..	..	..
5120 Impuestos sobre bienes y servicios específicos	..	..	..	285	297	..	..	..	..	..
5130 No clasificables entre 5110 y 5120	..	..	..	0	0	..	..	..	..	..
5200 Sobre uso bienes y permiso para actividades	..	..	..	0	0	..	..	..	..	..
5300 No clasificables entre 5100 y 5200	..	..	..	0	0	..	..	..	..	..
6000 Otros impuestos	..	..	..	**8**	**8**	..	..	..	..	..
6100 Pagados únicamente por empresas	..	..	..	..	..	..	..	..	..	..
6200 Pagados por otros o no identificables	..	..	..	..	..	..	..	..	..	..
Total de ingresos tributarios	..	..	..	**848**	**891**	..	..	..	..	..

Millones XCD

	Gobiernos locales[1]					Autoridades de seguridad social				
	1990	2000	2010	2023	2024	1990	2000	2010	2023	2024
1000 Imp. renta, utilidades y ganancias de capital	..	..	..	..	..	..	..	..	..	..
1100 De personas físicas	..	..	..	..	..	..	..	..	..	..
1200 De sociedades	..	..	..	..	..	..	..	..	..	..
1300 No clasificables entre 1100 y 1200	..	..	..	..	..	..	..	..	..	..
2000 Contribuciones a la seguridad social	..	..	..	..	..	..	..	..	..	..
2100 Empleados	..	..	..	..	..	..	..	..	..	..
2200 Empleadores	..	..	..	..	..	..	..	..	..	..
2300 Trabajadores por cuenta propia o no empleados	..	..	..	..	..	..	..	..	..	..
2400 No clasificables entre 2100, 2200 y 2300	..	..	..	..	..	..	..	..	..	..
3000 Imp. sobre nómina y fuerza de trabajo[1]	..	..	..	..	..	..	..	..	..	..
4000 Impuestos sobre la propiedad	..	..	..	..	..	..	..	..	..	..
4100 Imp. recurrentes sobre propiedad inmueble	..	..	..	..	..	..	..	..	..	..
4200 Impuestos recurrentes sobre la riqueza neta	..	..	..	..	..	..	..	..	..	..
4300 Impuestos sobre sucesiones y donaciones	..	..	..	..	..	..	..	..	..	..
4400 Imp. transacciones finan. y de capital	..	..	..	..	..	..	..	..	..	..
4500 Otros imp. no recurrentes sobre propiedad	..	..	..	..	..	..	..	..	..	..
4600 Otros imp. recurrentes sobre propiedad	..	..	..	..	..	..	..	..	..	..
5000 Impuestos sobre los bienes y servicios	..	..	..	..	..	..	..	..	..	..
5100 Imp. sobre la producción, venta, etc.	..	..	..	..	..	..	..	..	..	..
5110 Impuestos generales	..	..	..	..	..	..	..	..	..	..
5120 Impuestos sobre bienes y servicios específicos	..	..	..	..	..	..	..	..	..	..
5130 No clasificables entre 5110 y 5120	..	..	..	..	..	..	..	..	..	..
5200 Sobre uso bienes y permiso para actividades	..	..	..	..	..	..	..	..	..	..
5300 No clasificables entre 5100 y 5200	..	..	..	..	..	..	..	..	..	..
6000 Otros impuestos	..	..	..	..	..	..	..	..	..	..
6100 Pagados únicamente por empresas	..	..	..	..	..	..	..	..	..	..
6200 Pagados por otros o no identificables	..	..	..	..	..	..	..	..	..	..
Total de ingresos tributarios	..	..	..	..	..	..	..	..	..	..

.. No disponible

1. En Granada no hay instituciones de gobierno local autónomas.

Cuadro 5.16. Guatemala, ingresos tributarios por subsectores de gobierno general

Millones GTQ

	Gobierno federal					Estatal/Regional				
	1990	2000	2010	2023	2024	1990	2000	2010	2023	2024
1000 Imp. renta, utilidades y ganancias de capital	**507**	**3 293**	**7 745**	**28 391**	**30 594**	..	..	..	..	..
1100 De personas físicas	25	143	1 225	4 205	4 694	..	..	..	..	..
1200 De sociedades	482	3 149	6 520	24 186	25 899	..	..	..	..	..
1300 No clasificables entre 1100 y 1200	0	0	0	0	0	..	..	..	..	..
2000 Contribuciones a la seguridad social	**0**	**0**	**0**	**0**	**0**	..	..	..	..	..
2100 Empleados	..	..	..	..	..	..	..	..	..	..
2200 Empleadores	..	..	..	..	..	..	..	..	..	..
2300 Trabajadores por cuenta propia o no empleados	..	..	..	..	..	..	..	..	..	..
2400 No clasificables entre 2100, 2200 y 2300	..	..	..	..	..	..	..	..	..	..
3000 Imp. sobre nómina y fuerza de trabajo[1]	**0**	**0**	**447**	**1 249**	**1 400**	..	..	..	..	..
4000 Impuestos sobre la propiedad	**149**	**199**	**582**	**629**	**708**	..	..	..	..	..
4100 Imp. recurrentes sobre propiedad inmueble	0	6	1	1	1	..	..	..	..	..
4200 Impuestos recurrentes sobre la riqueza neta	0	0	0	0	0	..	..	..	..	..
4300 Impuestos sobre sucesiones y donaciones	0	0	0	0	0	..	..	..	..	..
4400 Imp. transacciones finan. y de capital	149	194	581	628	707	..	..	..	..	..
4500 Otros imp. no recurrentes sobre propiedad	0	0	0	0	0	..	..	..	..	..
4600 Otros imp. recurrentes sobre propiedad	0	0	0	0	0	..	..	..	..	..
5000 Impuestos sobre los bienes y servicios	**1 554**	**10 317**	**23 255**	**59 325**	**64 162**	..	..	..	..	..
5100 Imp. sobre la producción, venta, etc.	1 526	10 131	22 750	58 165	62 910	..	..	..	..	..
5110 Impuestos generales	762	6 259	16 980	45 770	49 408	..	..	..	..	..
5120 Impuestos sobre bienes y servicios específicos	764	3 872	5 770	12 395	13 502	..	..	..	..	..
5130 No clasificables entre 5110 y 5120	0	0	0	0	0	..	..	..	..	..
5200 Sobre uso bienes y permiso para actividades	28	186	505	1 160	1 252	..	..	..	..	..
5300 No clasificables entre 5100 y 5200	0	0	0	0	0	..	..	..	..	..
6000 Otros impuestos	**0**	**7**	**2 575**	**7 268**	**7 947**	..	..	..	..	..
6100 Pagados únicamente por empresas	..	0	0	0	0	..	..	..	..	..
6200 Pagados por otros o no identificables	..	7	2 575	7 268	7 947	..	..	..	..	..
Total de ingresos tributarios	**2 210**	**13 815**	**34 605**	**96 862**	**104 811**	..	..	..	..	..

Millones GTQ

	Gobiernos locales					Autoridades de seguridad social[2]				
	1990	2000	2010	2023	2024	1990	2000	2010	2023	2024
1000 Imp. renta, utilidades y ganancias de capital	..	**0**	**0**	**0**	**0**	**0**	**0**	**0**	**0**	**0**
1100 De personas físicas	..	..	..	..	..	..	..	..	..	..
1200 De sociedades	..	..	..	..	..	..	..	..	..	..
1300 No clasificables entre 1100 y 1200	..	..	..	..	..	..	..	..	..	..
2000 Contribuciones a la seguridad social	..	**0**	**0**	**0**	**0**	**436**	**2 569**	**6 312**	**17 613**	**19 206**
2100 Empleados	..	..	..	..	..	..	..	..	..	..
2200 Empleadores	..	..	..	..	..	..	..	..	..	..
2300 Trabajadores por cuenta propia o no empleados	..	..	..	..	..	..	..	..	..	..
2400 No clasificables entre 2100, 2200 y 2300	..	..	..	..	..	436	2 569	6 312	17 613	19 206
3000 Imp. sobre nómina y fuerza de trabajo[1]	..	**0**	**0**	**0**	**0**	**0**	**0**	**0**	**0**	**0**
4000 Impuestos sobre la propiedad	..	**147**	**620**	**1 630**	**1 746**	**0**	**0**	**0**	**0**	**0**
4100 Imp. recurrentes sobre propiedad inmueble	..	147	620	1 630	1 746	..	..	..	..	..
4200 Impuestos recurrentes sobre la riqueza neta	..	0	0	0	0	..	..	..	..	..
4300 Impuestos sobre sucesiones y donaciones	..	0	0	0	0	..	..	..	..	..
4400 Imp. transacciones finan. y de capital	..	0	0	0	0	..	..	..	..	..
4500 Otros imp. no recurrentes sobre propiedad	..	0	0	0	0	..	..	..	..	..
4600 Otros imp. recurrentes sobre propiedad	..	0	0	0	0	..	..	..	..	..
5000 Impuestos sobre los bienes y servicios	..	**0**	**0**	**0**	**0**	**0**	**0**	**0**	**0**	**0**
5100 Imp. sobre la producción, venta, etc.	..	..	..	..	..	..	..	..	..	..
5110 Impuestos generales	..	..	..	..	..	..	..	..	..	..
5120 Impuestos sobre bienes y servicios específicos	..	..	..	..	..	..	..	..	..	..
5130 No clasificables entre 5110 y 5120	..	..	..	..	..	..	..	..	..	..
5200 Sobre uso bienes y permiso para actividades	..	..	..	..	..	..	..	..	..	..
5300 No clasificables entre 5100 y 5200	..	..	..	..	..	..	..	..	..	..
6000 Otros impuestos	..	**0**	**0**	**0**	**0**	**0**	**0**	**0**	**0**	**0**
6100 Pagados únicamente por empresas	..	..	..	..	..	..	..	..	..	..
6200 Pagados por otros o no identificables	..	..	..	..	..	..	..	..	..	..
Total de ingresos tributarios	..	**147**	**620**	**1 630**	**1 746**	**436**	**2 569**	**6 312**	**17 613**	**19 206**

.. No disponible

1. Las contribuciones al INTECAP y al IRTRA se incluyen en la partida 3000. Los ingresos tributarios se clasifican dentro del Gobierno central. En Guatemala, estos ingresos se clasifican en una unidad aparte considerada diferente de la administración central.
2. Corresponde a las contribuciones al Instituto Guatemalteco de Seguridad Social (IGSS) y los pagos de los empleados públicos al fondo de pensiones del Gobierno.

Cuadro 5.17. Guyana, ingresos tributarios por subsectores de gobierno general

Millones GYD

	Gobierno federal[1]					Estatal/Regional				
	1990	2000	2010	2023	2024	1990	2000	2010	2023	2024
1000 Imp. renta, utilidades y ganancias de capital	**1 752**	**16 179**	**39 561**	**213 899**	**251 213**	..	..	..	..	..
1100 De personas físicas	333	7 734	17 816	72 423	83 131	..	..	..	..	..
1200 De sociedades	1 375	8 266	21 427	139 404	166 077	..	..	..	..	..
1300 No clasificables entre 1100 y 1200	43	179	317	2 072	2 005	..	..	..	..	..
2000 Contribuciones a la seguridad social	**0**	**0**	**0**	**0**	**0**	..	..	..	..	..
2100 Empleados	..	..	..	..	..	..	..	..	..	..
2200 Empleadores	..	..	..	..	..	..	..	..	..	..
2300 Trabajadores por cuenta propia o no empleados	..	..	..	..	..	..	..	..	..	..
2400 No clasificables entre 2100, 2200 y 2300	..	..	..	..	..	..	..	..	..	..
3000 Imp. sobre nómina y fuerza de trabajo	**0**	**0**	**0**	**0**	**0**	..	..	..	..	..
4000 Impuestos sobre la propiedad	**53**	**701**	**2 068**	**7 668**	**8 889**	..	..	..	..	..
4100 Imp. recurrentes sobre propiedad inmueble	40	681	1 562	7 065	8 238	..	..	..	..	..
4200 Impuestos recurrentes sobre la riqueza neta	0	0	0	0	0	..	..	..	..	..
4300 Impuestos sobre sucesiones y donaciones	13	20	31	99	228	..	..	..	..	..
4400 Imp. transacciones finan. y de capital	0	0	476	505	423	..	..	..	..	..
4500 Otros imp. no recurrentes sobre propiedad	0	0	0	0	0	..	..	..	..	..
4600 Otros imp. recurrentes sobre propiedad	0	0	0	0	0	..	..	..	..	..
5000 Impuestos sobre los bienes y servicios	**2 200**	**20 798**	**59 360**	**149 202**	**170 654**	..	..	..	..	..
5100 Imp. sobre la producción, venta, etc.	2 162	20 530	58 846	141 976	155 975	..	..	..	..	..
5110 Impuestos generales	1 399	14 861	27 044	72 535	80 823	..	..	..	..	..
5120 Impuestos sobre bienes y servicios específicos	763	5 669	31 802	69 441	75 153	..	..	..	..	..
5130 No clasificables entre 5110 y 5120	0	0	0	0	0	..	..	..	..	..
5200 Sobre uso bienes y permiso para actividades	38	268	514	7 226	14 679	..	..	..	..	..
5300 No clasificables entre 5100 y 5200	0	0	0	0	0	..	..	..	..	..
6000 Otros impuestos	**1 037**	**204**	**757**	**2 050**	**2 778**	..	..	..	..	..
6100 Pagados únicamente por empresas	0	0	0	0	0	..	..	..	..	..
6200 Pagados por otros o no identificables	1 037	204	757	2 050	2 778	..	..	..	..	..
Total de ingresos tributarios	**5 041**	**37 882**	**101 746**	**372 819**	**433 535**	..	..	..	..	..

Millones GYD

	Gobiernos locales[2]					Autoridades de seguridad social[3]				
	1990	2000	2010	2023	2024	1990	2000	2010	2023	2024
1000 Imp. renta, utilidades y ganancias de capital	..	..	**0**	**0**	**0**	**0**	**0**	**0**	**0**	**0**
1100 De personas físicas	..	..	..	..	..	..	..	..	..	..
1200 De sociedades	..	..	..	..	..	..	..	..	..	..
1300 No clasificables entre 1100 y 1200	..	..	..	..	..	..	..	..	..	..
2000 Contribuciones a la seguridad social	..	..	**0**	**0**	**0**	**191**	**4 868**	**10 047**	**36 077**	**39 121**
2100 Empleados	..	..	..	..	..	..	..	..	..	..
2200 Empleadores	..	..	..	..	..	..	..	..	..	..
2300 Trabajadores por cuenta propia o no empleados	..	..	..	..	..	..	..	..	..	..
2400 No clasificables entre 2100, 2200 y 2300	..	..	..	..	..	191	4 868	10 047	36 077	39 121
3000 Imp. sobre nómina y fuerza de trabajo	..	..	**0**	**0**	**0**	**0**	**0**	**0**	**0**	**0**
4000 Impuestos sobre la propiedad	..	..	**0**	**0**	**0**	**0**	**0**	**0**	**0**	**0**
4100 Imp. recurrentes sobre propiedad inmueble	..	..	..	..	..	..	..	..	..	..
4200 Impuestos recurrentes sobre la riqueza neta	..	..	..	..	..	..	..	..	..	..
4300 Impuestos sobre sucesiones y donaciones	..	..	..	..	..	..	..	..	..	..
4400 Imp. transacciones finan. y de capital	..	..	..	..	..	..	..	..	..	..
4500 Otros imp. no recurrentes sobre propiedad	..	..	..	..	..	..	..	..	..	..
4600 Otros imp. recurrentes sobre propiedad	..	..	..	..	..	..	..	..	..	..
5000 Impuestos sobre los bienes y servicios	..	..	**0**	**0**	**0**	**0**	**0**	**0**	**0**	**0**
5100 Imp. sobre la producción, venta, etc.	..	..	..	..	..	..	..	..	..	..
5110 Impuestos generales	..	..	..	..	..	..	..	..	..	..
5120 Impuestos sobre bienes y servicios específicos	..	..	..	..	..	..	..	..	..	..
5130 No clasificables entre 5110 y 5120	..	..	..	..	..	..	..	..	..	..
5200 Sobre uso bienes y permiso para actividades	..	..	..	..	..	..	..	..	..	..
5300 No clasificables entre 5100 y 5200	..	..	..	..	..	..	..	..	..	..
6000 Otros impuestos	..	..	**113**	**53**	**64**	**0**	**0**	**0**	**0**	**0**
6100 Pagados únicamente por empresas	..	..	0	0	0	..	..	..	..	..
6200 Pagados por otros o no identificables	..	..	113	53	64	..	..	..	..	..
Total de ingresos tributarios	..	..	**113**	**53**	**64**	**191**	**4 868**	**10 047**	**36 077**	**39 121**

.. No disponible

1. Los ingresos tributarios del Gobierno central se basan en estimaciones presupuestarias del Ministerio de Finanzas.
2. Los ingresos tributarios de las administraciones locales incluyen pagos de impuestos locales por parte de las corporaciones públicas.
3. Las cifras de la seguridad social incluyen las contribuciones al Sistema de Seguro Social.

Cuadro 5.18. Honduras, ingresos tributarios por subsectores de gobierno general

Millones HNL

	Gobierno federal					Estatal/Regional				
	1990	2000	2010	2023	2024	1990	2000	2010	2023	2024
1000 Imp. renta, utilidades y ganancias de capital	**431**	**2 907**	**13 232**	**48 397**	**53 294**	**..**	**..**	**..**	**..**	**..**
1100 De personas físicas	157	992	4 528	18 570	20 522	..	..	..	..	..
1200 De sociedades	274	1 916	8 705	29 828	32 772	..	..	..	..	..
1300 No clasificables entre 1100 y 1200	0	0	0	0	0	..	..	..	..	..
2000 Contribuciones a la seguridad social	**0**	**0**	**0**	**0**	**0**	**..**	**..**	**..**	**..**	**..**
2100 Empleados	..	..	..	..	..	..	..	..	..	..
2200 Empleadores	..	..	..	..	..	..	..	..	..	..
2300 Trabajadores por cuenta propia o no empleados	..	..	..	..	..	..	..	..	..	..
2400 No clasificables entre 2100, 2200 y 2300	..	..	..	..	..	..	..	..	..	..
3000 Imp. sobre nómina y fuerza de trabajo[1]	**0**	**0**	**485**	**1 459**	**1 459**	**..**	**..**	**..**	**..**	**..**
4000 Impuestos sobre la propiedad	**16**	**266**	**994**	**5 562**	**5 908**	**..**	**..**	**..**	**..**	**..**
4100 Imp. recurrentes sobre propiedad inmueble	16	189	254	910	911	..	..	..	..	..
4200 Impuestos recurrentes sobre la riqueza neta	0	78	359	429	418	..	..	..	..	..
4300 Impuestos sobre sucesiones y donaciones	0	0	0	0	0	..	..	..	..	..
4400 Imp. transacciones finan. y de capital	0	0	0	4 222	4 579	..	..	..	..	..
4500 Otros imp. no recurrentes sobre propiedad	0	0	380	0	0	..	..	..	..	..
4600 Otros imp. recurrentes sobre propiedad	0	0	0	0	0	..	..	..	..	..
5000 Impuestos sobre los bienes y servicios	**1 401**	**12 436**	**28 937**	**90 535**	**97 287**	**..**	**..**	**..**	**..**	**..**
5100 Imp. sobre la producción, venta, etc.	1 401	12 436	28 937	90 535	97 287	..	..	..	..	..
5110 Impuestos generales	344	5 146	16 050	64 421	69 458	..	..	..	..	..
5120 Impuestos sobre bienes y servicios específicos	1 057	7 290	12 887	26 114	27 829	..	..	..	..	..
5130 No clasificables entre 5110 y 5120	0	0	0	0	0	..	..	..	..	..
5200 Sobre uso bienes y permiso para actividades	0	0	0	0	0	..	..	..	..	..
5300 No clasificables entre 5100 y 5200	0	0	0	0	0	..	..	..	..	..
6000 Otros impuestos	**1**	**2**	**9**	**13**	**10**	**..**	**..**	**..**	**..**	**..**
6100 Pagados únicamente por empresas	0	0	0	0	0	..	..	..	..	..
6200 Pagados por otros o no identificables	1	2	9	13	10	..	..	..	..	..
Total de ingresos tributarios	**1 849**	**15 612**	**43 657**	**145 966**	**157 958**	**..**	**..**	**..**	**..**	**..**

Millones HNL

	Gobiernos locales[2]					Autoridades de seguridad social				
	1990	2000	2010	2023	2024	1990	2000	2010	2023	2024
1000 Imp. renta, utilidades y ganancias de capital	**0**	**0**	**0**	**0**	**0**	**0**	**0**	**0**	**0**	**0**
1100 De personas físicas	..	..	..	..	..	..	..	..	..	..
1200 De sociedades	..	..	..	..	..	..	..	..	..	..
1300 No clasificables entre 1100 y 1200	..	..	..	..	..	..	..	..	..	..
2000 Contribuciones a la seguridad social	**0**	**0**	**0**	**0**	**0**	**179**	**1 727**	**8 671**	**25 949**	**29 239**
2100 Empleados	..	..	..	..	..	..	..	..	..	..
2200 Empleadores	..	..	..	..	..	..	..	..	..	..
2300 Trabajadores por cuenta propia o no empleados	..	..	..	..	..	..	..	..	..	..
2400 No clasificables entre 2100, 2200 y 2300	..	..	..	..	..	179	1 727	8 671	25 949	29 239
3000 Imp. sobre nómina y fuerza de trabajo[1]	**0**	**0**	**0**	**0**	**0**	**0**	**0**	**0**	**0**	**0**
4000 Impuestos sobre la propiedad	**0**	**0**	**0**	**0**	**0**	**0**	**0**	**0**	**0**	**0**
4100 Imp. recurrentes sobre propiedad inmueble	..	..	..	..	..	..	..	..	..	..
4200 Impuestos recurrentes sobre la riqueza neta	..	..	..	..	..	..	..	..	..	..
4300 Impuestos sobre sucesiones y donaciones	..	..	..	..	..	..	..	..	..	..
4400 Imp. transacciones finan. y de capital	..	..	..	..	..	..	..	..	..	..
4500 Otros imp. no recurrentes sobre propiedad	..	..	..	..	..	..	..	..	..	..
4600 Otros imp. recurrentes sobre propiedad	..	..	..	..	..	..	..	..	..	..
5000 Impuestos sobre los bienes y servicios	**0**	**0**	**0**	**0**	**0**	**0**	**0**	**0**	**0**	**0**
5100 Imp. sobre la producción, venta, etc.	..	..	..	..	..	..	..	..	..	..
5110 Impuestos generales	..	..	..	..	..	..	..	..	..	..
5120 Impuestos sobre bienes y servicios específicos	..	..	..	..	..	..	..	..	..	..
5130 No clasificables entre 5110 y 5120	..	..	..	..	..	..	..	..	..	..
5200 Sobre uso bienes y permiso para actividades	..	..	..	..	..	..	..	..	..	..
5300 No clasificables entre 5100 y 5200	..	..	..	..	..	..	..	..	..	..
6000 Otros impuestos	**90**	**960**	**2 216**	**5 770**	**6 656**	**0**	**0**	**0**	**0**	**0**
6100 Pagados únicamente por empresas	0	0	0	0	0	..	..	..	..	..
6200 Pagados por otros o no identificables	90	960	2 216	5 770	6 656	..	..	..	..	..
Total de ingresos tributarios	**90**	**960**	**2 216**	**5 770**	**6 656**	**179**	**1 727**	**8 671**	**25 949**	**29 239**

.. No disponible

1. Las contribuciones de los empleadores al Instituto Nacional de Formación Profesional (INFOP) se incluyen en la partida 3000. Los ingresos tributarios se clasifican dentro del Gobierno central. En Honduras, estos ingresos se clasifican en una unidad aparte que se considera diferente del Gobierno central.
2. Las cifras pueden incluir ingresos no tributarios y transferencias del Gobierno central, aunque no ha sido posible distinguir los diferentes componentes de los ingresos tributarios de las administraciones locales.

Cuadro 5.19. Jamaica, ingresos tributarios por subsectores de gobierno general

Millones JMD

	Gobierno federal[1]					Estatal/Regional				
	1990	2000	2010	2023	2024	1990	2000	2010	2023	2024
1000 Imp. renta, utilidades y ganancias de capital	**3 639**	**35 457**	**105 917**	**278 663**	**287 036**	..	..	..	..	..
1100 De personas físicas	1 687	17 441	54 798	143 758	148 323	..	..	..	..	..
1200 De sociedades	1 280	7 627	33 091	100 539	97 807	..	..	..	..	..
1300 No clasificables entre 1100 y 1200	672	10 389	18 028	34 366	40 906	..	..	..	..	..
2000 Contribuciones a la seguridad social	**0**	**0**	**0**	**0**	**0**	..	..	..	..	..
2100 Empleados	..	..	..	..	..	..	..	..	..	..
2200 Empleadores	..	..	..	..	..	..	..	..	..	..
2300 Trabajadores por cuenta propia o no empleados	..	..	..	..	..	..	..	..	..	..
2400 No clasificables entre 2100, 2200 y 2300	..	..	..	..	..	..	..	..	..	..
3000 Imp. sobre nómina y fuerza de trabajo	**305**	**3 821**	**12 792**	**47 305**	**51 153**	..	..	..	..	..
4000 Impuestos sobre la propiedad	**965**	**3 623**	**7 339**	**11 146**	**11 794**	..	..	..	..	..
4100 Imp. recurrentes sobre propiedad inmueble	67	0	0	0	0	..	..	..	..	..
4200 Impuestos recurrentes sobre la riqueza neta	0	0	0	0	0	..	..	..	..	..
4300 Impuestos sobre sucesiones y donaciones	0	0	0	0	0	..	..	..	..	..
4400 Imp. transacciones finan. y de capital	898	3 623	7 339	11 146	11 794	..	..	..	..	..
4500 Otros imp. no recurrentes sobre propiedad	0	0	0	0	0	..	..	..	..	..
4600 Otros imp. recurrentes sobre propiedad	0	0	0	0	0	..	..	..	..	..
5000 Impuestos sobre los bienes y servicios	**2 824**	**43 907**	**149 544**	**475 406**	**505 301**	..	..	..	..	..
5100 Imp. sobre la producción, venta, etc.	2 760	43 107	147 500	468 632	497 803	..	..	..	..	..
5110 Impuestos generales	297	22 356	84 409	271 437	294 222	..	..	..	..	..
5120 Impuestos sobre bienes y servicios específicos	2 463	20 752	63 091	197 195	203 581	..	..	..	..	..
5130 No clasificables entre 5110 y 5120	0	0	0	0	0	..	..	..	..	..
5200 Sobre uso bienes y permiso para actividades	64	800	2 045	6 774	7 498	..	..	..	..	..
5300 No clasificables entre 5100 y 5200	0	0	0	0	0	..	..	..	..	..
6000 Otros impuestos	**16**	**266**	**748**	**2 752**	**2 827**	..	..	..	..	..
6100 Pagados únicamente por empresas	0	0	0	0	0	..	..	..	..	..
6200 Pagados por otros o no identificables	16	266	748	2 752	2 827	..	..	..	..	..
Total de ingresos tributarios	**7 748**	**87 074**	**276 340**	**815 273**	**858 110**	..	..	..	..	..

Millones JMD

	Gobiernos locales[1]					Autoridades de seguridad social[1]				
	1990	2000	2010	2023	2024	1990	2000	2010	2023	2024
1000 Imp. renta, utilidades y ganancias de capital	..	**0**	**0**	**0**	**0**	..	..	**0**	**0**	**0**
1100 De personas físicas	..	..	..	..	..	..	..	..	..	..
1200 De sociedades	..	..	..	..	..	..	..	..	..	..
1300 No clasificables entre 1100 y 1200	..	..	..	..	..	..	..	..	..	..
2000 Contribuciones a la seguridad social	..	**0**	**0**	**0**	**0**	..	..	**8 199**	**54 449**	**61 345**
2100 Empleados	..	..	..	..	..	..	..	..	..	..
2200 Empleadores	..	..	..	..	..	..	..	..	..	..
2300 Trabajadores por cuenta propia o no empleados	..	..	..	..	..	..	..	..	..	..
2400 No clasificables entre 2100, 2200 y 2300	..	..	..	..	..	..	..	8 199	54 449	61 345
3000 Imp. sobre nómina y fuerza de trabajo	..	**0**	**0**	**0**	**0**	..	..	**0**	**0**	**0**
4000 Impuestos sobre la propiedad	..	**639**	**2 600**	**9 449**	**9 892**	..	..	**0**	**0**	**0**
4100 Imp. recurrentes sobre propiedad inmueble	..	639	2 600	9 449	9 892	..	..	..	..	..
4200 Impuestos recurrentes sobre la riqueza neta	..	0	0	0	0	..	..	..	..	..
4300 Impuestos sobre sucesiones y donaciones	..	0	0	0	0	..	..	..	..	..
4400 Imp. transacciones finan. y de capital	..	0	0	0	0	..	..	..	..	..
4500 Otros Imp. no recurrentes sobre propiedad	..	0	0	0	0	..	..	..	..	..
4600 Otros imp. recurrentes sobre propiedad	..	0	0	0	0	..	..	..	..	..
5000 Impuestos sobre los bienes y servicios	..	**0**	**0**	**0**	**0**	..	..	**0**	**0**	**0**
5100 Imp. sobre la producción, venta, etc.	..	..	..	..	..	..	..	..	..	..
5110 Impuestos generales	..	..	..	..	..	..	..	..	..	..
5120 Impuestos sobre bienes y servicios específicos	..	..	..	..	..	..	..	..	..	..
5130 No clasificables entre 5110 y 5120	..	..	..	..	..	..	..	..	..	..
5200 Sobre uso bienes y permiso para actividades	..	..	..	..	..	..	..	..	..	..
5300 No clasificables entre 5100 y 5200	..	..	..	..	..	..	..	..	..	..
6000 Otros impuestos	..	**0**	**0**	**0**	**0**	..	..	**0**	**0**	**0**
6100 Pagados únicamente por empresas	..	..	..	..	..	..	..	..	..	..
6200 Pagados por otros o no identificables	..	..	..	..	..	..	..	..	..	..
Total de ingresos tributarios	..	**639**	**2 600**	**9 449**	**9 892**	..	..	**8 199**	**54 449**	**61 345**

.. No disponible

1. Las cifras se refieren al ejercicio fiscal cerrado el 31 de marzo en relación con el período 1990-2003 y posteriormente al ejercicio natural cerrado a 31 de diciembre.

Cuadro 5.20. México, ingresos tributarios por subsectores de gobierno general

Millones MXN

	Gobierno federal					Estatal/Regional				
	1990	2000	2010	2023	2024	1990	2000	2010	2023	2024
1000 Imp. renta, utilidades y ganancias de capital[1]	**34 668**	**276 548**	**683 604**	**2 514 390**	**2 690 515**	**3**	**0**	**0**	**0**	**0**
1100 De personas físicas	..	..	313 473	1 190 186	1 331 472	..	..	..	..	..
1200 De sociedades	..	..	246 745	1 243 430	1 271 053	..	..	..	..	..
1300 No clasificables entre 1100 y 1200	34 668	276 548	123 386	80 774	87 989	3	0	..	..	..
2000 Contribuciones a la seguridad social	**0**	**0**	**0**	**0**	**0**	**0**	**0**	**0**	**0**	**0**
2100 Empleados	..	..	..	..	..	..	..	..	..	..
2200 Empleadores	..	..	..	..	..	..	..	..	..	..
2300 Trabajadores por cuenta propia o no empleados	..	..	..	..	..	..	..	..	..	..
2400 No clasificables entre 2100, 2200 y 2300	..	..	..	..	..	..	..	..	..	..
3000 Imp. sobre nómina y fuerza de trabajo	**818**	**0**	**0**	**0**	**0**	**972**	**11 215**	**36 818**	**170 286**	**188 763**
4000 Impuestos sobre la propiedad	**3**	**0**	**0**	**0**	**0**	**894**	**7 018**	**13 137**	**34 547**	**37 200**
4100 Imp. recurrentes sobre propiedad inmueble	..	..	..	..	..	..	5 238	8 522	22 231	23 845
4200 Impuestos recurrentes sobre la riqueza neta	..	..	..	..	..	..	0	0	0	0
4300 Impuestos sobre sucesiones y donaciones	..	..	..	..	..	..	0	0	0	0
4400 Imp. transacciones finan. y de capital	..	..	..	..	..	..	1781	4 615	12 316	13 355
4500 Otros imp. no recurrentes sobre propiedad	..	..	..	..	..	..	0	0	0	0
4600 Otros imp. recurrentes sobre propiedad	..	..	..	..	..	..	0	0	0	0
5000 Impuestos sobre los bienes y servicios	**44 605**	**318 065**	**645 623**	**1 946 058**	**2 205 276**	**118**	**1346**	**5 805**	**34 018**	**37 843**
5100 Imp. sobre la producción, venta, etc.	44 029	309 283	627 187	1 945 068	2 204 157	45	910	2 470	15 595	17 434
5110 Impuestos generales	26 635	189 606	504 509	1 366 583	1 407 983	0	0	0	0	0
5120 Impuestos sobre bienes y servicios específicos	17 394	119 677	122 678	578 485	796 175	30	910	2 470	15 595	17 434
5130 No clasificables entre 5110 y 5120	0	0	0	0	0	15	0	0	0	0
5200 Sobre uso bienes y permiso para actividades	576	8 782	18 436	990	1119	73	436	3335	18 423	20 408
5300 No clasificables entre 5100 y 5200	0	0	0	0	0	0	0	0	0	0
6000 Otros impuestos	**1 340**	**5 878**	**22 236**	**72 390**	**71 301**	**165**	**907**	**2 546**	**17 510**	**17 157**
6100 Pagados únicamente por empresas	0	0	0	0	0	0	0	0	0	0
6200 Pagados por otros o no identificables	1 340	5 878	22 236	72 390	71 301	165	907	2 546	17 510	17 157
Total de ingresos tributarios	**81 434**	**600 491**	**1351 463**	**4 532 837**	**4 967 092**	**2 152**	**20 485**	**58 307**	**256 362**	**280 963**

Millones MXN

	Gobiernos locales					Autoridades de seguridad social[2]				
	1990	2000	2010	2023	2024	1990	2000	2010	2023	2024
1000 Imp. renta, utilidades y ganancias de capital[1]	**2**	**0**	**0**	**0**	**0**	**0**	**0**	**0**	**0**	**0**
1100 De personas físicas	..	..	..	..	..	..	..	..	..	..
1200 De sociedades	..	..	..	..	..	..	..	..	..	..
1300 No clasificables entre 1100 y 1200	2	0	..	..	..	0	..	..	..	..
2000 Contribuciones a la seguridad social	**0**	**0**	**0**	**0**	**0**	**17 165**	**138 223**	**277 459**	**761 511**	**852 362**
2100 Empleados	..	..	..	..	..	..	..	..	..	..
2200 Empleadores	..	..	..	..	..	..	..	..	..	..
2300 Trabajadores por cuenta propia o no empleados	..	..	..	..	..	..	..	..	..	..
2400 No clasificables entre 2100, 2200 y 2300	..	..	..	..	..	..	138 223	277 459	761 511	852 362
3000 Imp. sobre nómina y fuerza de trabajo	**7**	**2**	**93**	**2**	**0**	**0**	**0**	**0**	**0**	**0**
4000 Impuestos sobre la propiedad	**1017**	**6 946**	**25 818**	**77 426**	**67 476**	**0**	**0**	**0**	**0**	**0**
4100 Imp. recurrentes sobre propiedad inmueble	..	4 710	17 202	47 979	42 446	..	..	..	..	..
4200 Impuestos recurrentes sobre la riqueza neta	..	0	0	0	0	..	..	..	..	..
4300 Impuestos sobre sucesiones y donaciones	..	0	0	0	0	..	..	..	..	..
4400 Imp. transacciones finan. y de capital	..	2236	8 616	29 447	25 030	..	..	..	..	..
4500 Otros imp. no recurrentes sobre propiedad	..	0	0	0	0	..	..	..	..	..
4600 Otros imp. recurrentes sobre propiedad	..	0	0	0	0	..	..	..	..	..
5000 Impuestos sobre los bienes y servicios	**114**	**202**	**487**	**3 038**	**1 869**	**0**	**0**	**0**	**0**	**0**
5100 Imp. sobre la producción, venta, etc.	97	133	466	2 726	1 524	0	..	..	..	..
5110 Impuestos generales	0	0	0	0	0	0	..	..	..	..
5120 Impuestos sobre bienes y servicios específicos	95	133	466	2 726	1 524	0	..	..	..	..
5130 No clasificables entre 5110 y 5120	2	0	0	0	0	0	..	..	..	..
5200 Sobre uso bienes y permiso para actividades	17	69	21	312	345	0	..	..	..	..
5300 No clasificables entre 5100 y 5200	0	0	0	0	0	0	..	..	..	..
6000 Otros impuestos	**114**	**866**	**2 616**	**16 984**	**29 723**	**0**	**0**	**0**	**0**	**0**
6100 Pagados únicamente por empresas	0	0	0	0	0	0	..	..	..	..
6200 Pagados por otros o no identificables	114	866	2 616	16 984	29 723	0	..	..	..	..
Total de ingresos tributarios	**1 254**	**8 016**	**29 014**	**97 450**	**99 068**	**17 165**	**138 223**	**277 459**	**761 511**	**852 362**

.. No disponible

1. En los datos de la CEPAL, los impuestos sobre la renta se presentan netos de crédito en las cifras salariales.
2. En los datos de la CEPAL, las contribuciones a la seguridad social se presentan netas de transferencias procedentes del Gobierno federal en concepto de pago de las pensiones del IMSS (Instituto Mexicano del Seguro Social).

Cuadro 5.21. Nicaragua, ingresos tributarios por subsectores de gobierno general

Millones NIO

	Gobierno federal					Estatal/Regional				
	1990	2000	2010	2023	2024	1990	2000	2010	2023	2024
1000 Imp. renta, utilidades y ganancias de capital	..	**1 144**	**8 351**	**58 692**	**64 466**	..	..	..	..	..
1100 De personas físicas	..	299	1 857	10 674	12 280	..	..	..	..	..
1200 De sociedades	..	845	6 494	35 824	38 020	..	..	..	..	..
1300 No clasificables entre 1100 y 1200	..	0	0	12 194	14 166	..	..	..	..	..
2000 Contribuciones a la seguridad social	..	**0**	**0**	**0**	**0**	..	..	..	..	..
2100 Empleados	..	..	..	..	..	..	..	..	..	..
2200 Empleadores	..	..	..	..	..	..	..	..	..	..
2300 Trabajadores por cuenta propia o no empleados	..	..	..	..	..	..	..	..	..	..
2400 No clasificables entre 2100, 2200 y 2300	..	..	..	..	..	..	..	..	..	..
3000 Imp. sobre nómina y fuerza de trabajo	..	**0**	**0**	**0**	**0**	..	..	..	..	..
4000 Impuestos sobre la propiedad	..	**11**	**20**	**107**	**129**	..	..	..	..	..
4100 Imp. recurrentes sobre propiedad inmueble	..	0	0	0	0	..	..	..	..	..
4200 Impuestos recurrentes sobre la riqueza neta	..	0	0	0	0	..	..	..	..	..
4300 Impuestos sobre sucesiones y donaciones	..	0	0	0	0	..	..	..	..	..
4400 Imp. transacciones finan. y de capital	..	11	20	107	129	..	..	..	..	..
4500 Otros imp. no recurrentes sobre propiedad	..	0	0	0	0	..	..	..	..	..
4600 Otros imp. recurrentes sobre propiedad	..	0	0	0	0	..	..	..	..	..
5000 Impuestos sobre los bienes y servicios	..	**5 584**	**17 029**	**70 600**	**80 328**	..	..	..	..	..
5100 Imp. sobre la producción, venta, etc.	..	5 584	17 029	70 600	80 328	..	..	..	..	..
5110 Impuestos generales	..	2 931	10 353	45 834	52 576	..	..	..	..	..
5120 Impuestos sobre bienes y servicios específicos	..	2 653	6 676	24 766	27 752	..	..	..	..	..
5130 No clasificables entre 5110 y 5120	..	0	0	0	0	..	..	..	..	..
5200 Sobre uso bienes y permiso para actividades	..	0	0	0	0	..	..	..	..	..
5300 No clasificables entre 5100 y 5200	..	0	0	0	0	..	..	..	..	..
6000 Otros impuestos	..	**0**	**0**	**0**	**0**	..	..	..	..	..
6100 Pagados únicamente por empresas	..	..	..	..	..	..	..	..	..	..
6200 Pagados por otros o no identificables	..	..	..	..	..	..	..	..	..	..
Total de ingresos tributarios	..	**6 739**	**25 400**	**129 400**	**144 922**	..	..	..	..	..

Millones NIO

	Gobiernos locales[1]					Autoridades de seguridad social				
	1990	2000	2010	2023	2024	1990	2000	2010	2023	2024
1000 Imp. renta, utilidades y ganancias de capital	..	**0**	**0**	**0**	**0**	..	**0**	**0**	**0**	**0**
1100 De personas físicas	..	..	..	..	..	..	..	..	..	..
1200 De sociedades	..	..	..	..	..	..	..	..	..	..
1300 No clasificables entre 1100 y 1200	..	..	..	..	..	..	..	..	..	..
2000 Contribuciones a la seguridad social	..	**0**	**0**	**0**	**0**	..	**1 678**	**8 090**	**38 390**	**42 107**
2100 Empleados	..	..	..	..	..	..	..	..	..	..
2200 Empleadores	..	..	..	..	..	..	..	..	..	..
2300 Trabajadores por cuenta propia o no empleados	..	..	..	..	..	..	..	..	..	..
2400 No clasificables entre 2100, 2200 y 2300	..	..	..	..	..	..	1 678	8 090	38 390	42 107
3000 Imp. sobre nómina y fuerza de trabajo	..	**0**	**0**	**0**	**0**	..	**0**	**0**	**0**	**0**
4000 Impuestos sobre la propiedad	..	**0**	**403**	**1 986**	**2 343**	..	**0**	**0**	**0**	**0**
4100 Imp. recurrentes sobre propiedad inmueble	..	..	403	1 986	2 343	..	..	..	..	..
4200 Impuestos recurrentes sobre la riqueza neta	..	..	0	0	0	..	..	..	..	..
4300 Impuestos sobre sucesiones y donaciones	..	..	0	0	0	..	..	..	..	..
4400 Imp. transacciones finan. y de capital	..	..	0	0	0	..	..	..	..	..
4500 Otros imp. no recurrentes sobre propiedad	..	..	0	0	0	..	..	..	..	..
4600 Otros imp. recurrentes sobre propiedad	..	..	0	0	0	..	..	..	..	..
5000 Impuestos sobre los bienes y servicios	..	**0**	**1 922**	**6 978**	**7 836**	..	**0**	**0**	**0**	**0**
5100 Imp. sobre la producción, venta, etc.	..	..	1 579	5 552	6 259	..	..	..	..	..
5110 Impuestos generales	..	..	1 579	5 552	6 259	..	..	..	..	..
5120 Impuestos sobre bienes y servicios específicos	..	..	0	0	0	..	..	..	..	..
5130 No clasificables entre 5110 y 5120	..	..	0	0	0	..	..	..	..	..
5200 Sobre uso bienes y permiso para actividades	..	..	343	1 426	1 577	..	..	..	..	..
5300 No clasificables entre 5100 y 5200	..	..	0	0	0	..	..	..	..	..
6000 Otros impuestos	..	**0**	**347**	**1 634**	**1 947**	..	**0**	**0**	**0**	**0**
6100 Pagados únicamente por empresas	..	..	0	0	0	..	..	..	..	..
6200 Pagados por otros o no identificables	..	..	347	1 634	1 947	..	..	..	..	..
Total de ingresos tributarios	..	**882**	**2 672**	**10 598**	**12 125**	..	**1 678**	**8 090**	**38 390**	**42 107**

.. No disponible

Nota : No se pueden mostrar datos estadísticos comparables de 1990 por la devaluación de la córdoba nicaragüense.

1. Los datos de los ingresos tributarios locales de 2021-24 son una estimación.

Cuadro 5.22. Panamá, ingresos tributarios por subsectores de gobierno general

Millones PAB

	Gobierno federal[3]					Estatal/Regional				
	1990	2000	2010	2023	2024	1990	2000	2010	2023	2024
1000 Imp. renta, utilidades y ganancias de capital	**217**	**485**	**1 317**	**3 352**	**2 564**	**..**	**..**	**..**	**..**	**..**
1100 De personas físicas	140	295	440	1 722	1 180	..	..	..	..	..
1200 De sociedades	66	159	603	1 231	965	..	..	..	..	..
1300 No clasificables entre 1100 y 1200	11	31	273	399	418	..	..	..	..	..
2000 Contribuciones a la seguridad social	**0**	**0**	**0**	**0**	**0**	**..**	**..**	**..**	**..**	**..**
2100 Empleados	..	..	..	..	..	..	..	..	..	..
2200 Empleadores	..	..	..	..	..	..	..	..	..	..
2300 Trabajadores por cuenta propia o no empleados	..	..	..	..	..	..	..	..	..	..
2400 No clasificables entre 2100, 2200 y 2300	..	..	..	..	..	..	..	..	..	..
3000 Imp. sobre nómina y fuerza de trabajo[1]	**0**	**36**	**59**	**200**	**141**	**..**	**..**	**..**	**..**	**..**
4000 Impuestos sobre la propiedad	**32**	**43**	**138**	**248**	**176**	**..**	**..**	**..**	**..**	**..**
4100 Imp. recurrentes sobre propiedad inmueble	28	34	108	201	123	..	..	..	..	..
4200 Impuestos recurrentes sobre la riqueza neta	0	0	0	0	0	..	..	..	..	..
4300 Impuestos sobre sucesiones y donaciones	0	0	0	0	0	..	..	..	..	..
4400 Imp. transacciones finan. y de capital	3	9	30	48	52	..	..	..	..	..
4500 Otros imp. no recurrentes sobre propiedad	0	0	0	0	0	..	..	..	..	..
4600 Otros imp. recurrentes sobre propiedad	0	0	0	0	0	..	..	..	..	..
5000 Impuestos sobre los bienes y servicios	**349**	**565**	**1 547**	**2 477**	**2 584**	**..**	**..**	**..**	**..**	**..**
5100 Imp. sobre la producción, venta, etc.	332	546	1 473	2 352	2 463	..	..	..	..	..
5110 Impuestos generales	80	69	766	1 436	1 482	..	..	..	..	..
5120 Impuestos sobre bienes y servicios específicos[2]	251	477	707	916	981	..	..	..	..	..
5130 No clasificables entre 5110 y 5120	0	0	0	0	0	..	..	..	..	..
5200 Sobre uso bienes y permiso para actividades	15	19	75	125	121	..	..	..	..	..
5300 No clasificables entre 5100 y 5200	2	0	0	0	0	..	..	..	..	..
6000 Otros impuestos	**26**	**27**	**41**	**26**	**29**	**..**	**..**	**..**	**..**	**..**
6100 Pagados únicamente por empresas	0	0	0	0	0	..	..	..	..	..
6200 Pagados por otros o no identificables	26	27	41	26	29	..	..	..	..	..
Total de ingresos tributarios	**624**	**1 157**	**3 102**	**6 304**	**5 493**					

Millones PAB

	Gobiernos locales[4]					Autoridades de seguridad social[5]				
	1990	2000	2010	2023	2024	1990	2000	2010	2023	2024
1000 Imp. renta, utilidades y ganancias de capital	**..**	**0**	**0**	**0**	**0**	**0**	**0**	**0**	**0**	**0**
1100 De personas físicas	..	..	..	..	..	..	..	..	..	..
1200 De sociedades	..	..	..	..	..	..	..	..	..	..
1300 No clasificables entre 1100 y 1200	..	..	..	..	..	..	..	..	..	..
2000 Contribuciones a la seguridad social	**..**	**0**	**0**	**0**	**0**	**325**	**742**	**1 615**	**3 490**	**4 136**
2100 Empleados	..	..	..	..	..	..	..	..	..	..
2200 Empleadores	..	..	..	..	..	..	..	..	..	..
2300 Trabajadores por cuenta propia o no empleados	..	..	..	..	..	..	..	..	..	..
2400 No clasificables entre 2100, 2200 y 2300	..	..	..	..	..	325	742	1 615	3 490	4 136
3000 Imp. sobre nómina y fuerza de trabajo[1]	**..**	**0**	**0**	**0**	**0**	**0**	**0**	**0**	**0**	**0**
4000 Impuestos sobre la propiedad	**..**	**0**	**0**	**0**	**0**	**0**	**0**	**0**	**0**	**0**
4100 Imp. recurrentes sobre propiedad inmueble	..	0	..	..	..	..	..	..	..	..
4200 Impuestos recurrentes sobre la riqueza neta	..	0	..	..	..	..	..	..	..	..
4300 Impuestos sobre sucesiones y donaciones	..	0	..	..	..	..	..	..	..	..
4400 Imp. transacciones finan. y de capital	..	0	..	..	..	..	..	..	..	..
4500 Otros imp. no recurrentes sobre propiedad	..	0	..	..	..	..	..	..	..	..
4600 Otros imp. recurrentes sobre propiedad	..	0	..	..	..	..	..	..	..	..
5000 Impuestos sobre los bienes y servicios	**..**	**43**	**76**	**165**	**160**	**0**	**0**	**0**	**0**	**0**
5100 Imp. sobre la producción, venta, etc.	..	0	0	0	0	..	..	..	..	..
5110 Impuestos generales	..	0	..	..	..	..	..	..	..	..
5120 Impuestos sobre bienes y servicios específicos[2]	..	0	..	..	..	..	..	..	..	..
5130 No clasificables entre 5110 y 5120	..	0	..	..	..	..	..	..	..	..
5200 Sobre uso bienes y permiso para actividades	..	43	76	165	160	..	..	..	..	..
5300 No clasificables entre 5100 y 5200	..	0	0	0	0	..	..	..	..	..
6000 Otros impuestos	**..**	**0**	**0**	**0**	**0**	**0**	**0**	**0**	**0**	**0**
6100 Pagados únicamente por empresas	..	0	..	..	..	..	..	..	..	..
6200 Pagados por otros o no identificables	..	0	..	..	..	..	..	..	..	..
Total de ingresos tributarios	**..**	**43**	**76**	**165**	**160**	**325**	**742**	**1 615**	**3 490**	**4 136**

.. No disponible

1. En los datos de la CEPAL, el seguro de educación se clasifica como "Otros impuestos" (6000).
2. En los datos del CIAT y la CEPAL, el impuesto a la banca, las financieras y los operadores de cambio de divisas se clasifica como un impuesto a la propiedad (4000).
3. Las cifras excluyen los documentos fiscales, ya que no se consideran ingresos tributarios según la clasificación de la OCDE descrita en la Guía de interpretación.
4. Los datos de los ingresos tributarios locales de 2023 y 2024 son una estimación.
5. Las contribuciones a la seguridad social engloban contribuciones periódicas y especiales y también la prima por riesgos laborales recaudadas por la Caja de Seguro Social (CSS).

Cuadro 5.23. Paraguay, ingresos tributarios por subsectores de gobierno general

Millones PYG

	Gobierno federal					Estatal/Regional				
	1990	2000	2010	2023	2024	1990	2000	2010	2023	2024
1000 Imp. renta, utilidades y ganancias de capital	**73 726**	**470 388**	**2 096 498**	**8 175 518**	**10 685 747**	**..**	**..**	**..**	**..**	**..**
1100 De personas físicas	..	15 042	31 263	457 741	504 849	..	..	..	..	..
1200 De sociedades	..	455 346	2 065 235	7 717 776	10 180 898	..	..	..	..	..
1300 No clasificables entre 1100 y 1200	73 726	0	0	0	0	..	..	..	..	..
2000 Contribuciones a la seguridad social	**0**	**0**	**0**	**0**	**0**	**..**	**..**	**..**	**..**	**..**
2100 Empleados	..	..	..	..	..	..	..	..	..	..
2200 Empleadores	..	..	..	..	..	..	..	..	..	..
2300 Trabajadores por cuenta propia o no empleados	..	..	..	..	..	..	..	..	..	..
2400 No clasificables entre 2100, 2200 y 2300	..	..	..	..	..	..	..	..	..	..
3000 Imp. sobre nómina y fuerza de trabajo	**0**	**0**	**0**	**0**	**0**	**..**	**..**	**..**	**..**	**..**
4000 Impuestos sobre la propiedad	**17 162**	**71 777**	**332**	**35**	**139**	**..**	**..**	**..**	**..**	**..**
4100 Imp. recurrentes sobre propiedad inmueble	17 162	0	0	0	0	..	..	..	..	..
4200 Impuestos recurrentes sobre la riqueza neta	0	0	0	0	0	..	..	..	..	..
4300 Impuestos sobre sucesiones y donaciones	0	0	0	0	0	..	..	..	..	..
4400 Imp. transacciones finan. y de capital	0	71 777	332	35	139	..	..	..	..	..
4500 Otros imp. no recurrentes sobre propiedad	0	0	0	0	0	..	..	..	..	..
4600 Otros imp. recurrentes sobre propiedad	0	0	0	0	0	..	..	..	..	..
5000 Impuestos sobre los bienes y servicios	**438 444**	**2 080 878**	**9 226 584**	**23 005 530**	**27 078 083**	**..**	**..**	**..**	**..**	**..**
5100 Imp. sobre la producción, venta, etc.	438 444	2 080 878	9 226 493	23 005 530	27 078 083	..	..	..	..	..
5110 Impuestos generales	0	1 150 496	5 991 694	17 037 941	19 598 491	..	..	..	..	..
5120 Impuestos sobre bienes y servicios específicos	438 444	930 382	3 234 799	5 967 589	7 479 592	..	..	..	..	..
5130 No clasificables entre 5110 y 5120	0	0	0	0	0	..	..	..	..	..
5200 Sobre uso bienes y permiso para actividades	0	0	91	0	0	..	..	..	..	..
5300 No clasificables entre 5100 y 5200	0	0	0	0	0	..	..	..	..	..
6000 Otros impuestos	**49 807**	**44 875**	**109 001**	**228 712**	**732 427**	**..**	**..**	**..**	**..**	**..**
6100 Pagados únicamente por empresas	0	0	0	0	0	..	..	..	..	..
6200 Pagados por otros o no identificables	49 807	44 875	109 001	228 712	732 427	..	..	..	..	..
Total de ingresos tributarios	**579 139**	**2 667 918**	**11 432 415**	**31 409 795**	**38 496 395**	**..**	**..**	**..**	**..**	**..**

Millones PYG

	Gobiernos locales[1]					Autoridades de seguridad social[2]				
	1990	2000	2010	2023	2024	1990	2000	2010	2023	2024
1000 Imp. renta, utilidades y ganancias de capital	**..**	**..**	**0**	**0**	**0**	**0**	**0**	**0**	**0**	**0**
1100 De personas físicas	..	..	..	..	..	..	..	..	..	..
1200 De sociedades	..	..	..	..	..	..	..	..	..	..
1300 No clasificables entre 1100 y 1200	..	..	..	..	..	..	..	..	..	..
2000 Contribuciones a la seguridad social	**..**	**..**	**0**	**0**	**0**	**28 882**	**919 533**	**3 552 640**	**12 909 156**	**13 224 558**
2100 Empleados	..	..	..	..	..	..	..	..	..	..
2200 Empleadores	..	..	..	..	..	..	..	..	..	..
2300 Trabajadores por cuenta propia o no empleados	..	..	..	..	..	..	..	..	..	..
2400 No clasificables entre 2100, 2200 y 2300	..	..	..	..	..	28 882	919 533	3 552 640	12 909 156	13 224 558
3000 Imp. sobre nómina y fuerza de trabajo	**..**	**..**	**0**	**0**	**0**	**0**	**0**	**0**	**0**	**0**
4000 Impuestos sobre la propiedad	**..**	**..**	**275 787**	**584 569**	**615 796**	**0**	**0**	**0**	**0**	**0**
4100 Imp. recurrentes sobre propiedad inmueble	..	..	258 423	544 983	577 144	..	..	..	..	..
4200 Impuestos recurrentes sobre la riqueza neta	..	..	0	0	0	..	..	..	..	..
4300 Impuestos sobre sucesiones y donaciones	..	..	0	0	0	..	..	..	..	..
4400 Imp. transacciones finan. y de capital	..	..	15 623	38 305	37 871	..	..	..	..	..
4500 Otros imp. no recurrentes sobre propiedad	..	..	0	0	0	..	..	..	..	..
4600 Otros imp. recurrentes sobre propiedad	..	..	1 742	1 281	780	..	..	..	..	..
5000 Impuestos sobre los bienes y servicios	**..**	**..**	**235 877**	**502 878**	**560 261**	**0**	**0**	**0**	**0**	**0**
5100 Imp. sobre la producción, venta, etc.	..	..	19 384	18 210	18 630	..	..	..	..	..
5110 Impuestos generales	..	..	0	0	0	..	..	..	..	..
5120 Impuestos sobre bienes y servicios específicos	..	..	19 384	18 210	18 630	..	..	..	..	..
5130 No clasificables entre 5110 y 5120	..	..	0	0	0	..	..	..	..	..
5200 Sobre uso bienes y permiso para actividades	..	..	216 256	483 312	539 664	..	..	..	..	..
5300 No clasificables entre 5100 y 5200	..	..	237	1 356	1 967	..	..	..	..	..
6000 Otros impuestos	**..**	**..**	**141 811**	**59 641**	**62 291**	**0**	**0**	**0**	**0**	**0**
6100 Pagados únicamente por empresas	..	..	0	0	0	..	..	..	..	..
6200 Pagados por otros o no identificables	..	..	141 811	59 641	62 291	..	..	..	..	..
Total de ingresos tributarios	**..**	**..**	**653 476**	**1 147 088**	**1 238 347**	**28 882**	**919 533**	**3 552 640**	**12 909 156**	**13 224 558**

.. No disponible

1. Las cifras de los años anteriores a 2006 no incluyen los ingresos tributarios de las administraciones locales, porque no hay datos disponibles.
2. Las contribuciones a la seguridad social antes de 1999 no incluyen las contribuciones de ese tipo cobradas por las instituciones descentralizadas porque no hay datos disponibles.

Cuadro 5.24. Perú, ingresos tributarios por subsectores de gobierno general

Millones PEN

	Gobierno federal					Estatal/Regional				
	1990	2000	2010	2023	2024	1990	2000	2010	2023	2024
1000 Imp. renta, utilidades y ganancias de capital	**37**	**5 078**	**25 530**	**61 638**	**64 805**	**..**	**..**	**..**	**..**	**..**
1100 De personas físicas	3	2 117	6 518	17 875	19 601	..	..	..	..	..
1200 De sociedades	32	2 526	17 773	41 153	41 534	..	..	..	..	..
1300 No clasificables entre 1100 y 1200	1	436	1 239	2 611	3 671	..	..	..	..	..
2000 Contribuciones a la seguridad social	**0**	**0**	**0**	**0**	**0**	**..**	**..**	**..**	**..**	**..**
2100 Empleados	..	..	..	..	..	..	..	..	..	..
2200 Empleadores	..	..	..	..	..	..	..	..	..	..
2300 Trabajadores por cuenta propia o no empleados	..	..	..	..	..	..	..	..	..	..
2400 No clasificables entre 2100, 2200 y 2300	..	..	..	..	..	..	..	..	..	..
3000 Imp. sobre nómina y fuerza de trabajo[1]	**0**	**1 149**	**57**	**115**	**126**	**..**	**..**	**..**	**..**	**..**
4000 Impuestos sobre la propiedad	**99**	**0**	**2 545**	**5 612**	**5 729**	**..**	**..**	**..**	**..**	**..**
4100 Imp. recurrentes sobre propiedad inmueble	0	0	0	0	0	..	..	..	..	..
4200 Impuestos recurrentes sobre la riqueza neta	0	0	1 601	5 302	5 379	..	..	..	..	..
4300 Impuestos sobre sucesiones y donaciones	0	0	0	0	0	..	..	..	..	..
4400 Imp. transacciones finan. y de capital	38	0	944	311	350	..	..	..	..	..
4500 Otros imp. no recurrentes sobre propiedad	0	0	0	0	0	..	..	..	..	..
4600 Otros imp. recurrentes sobre propiedad	61	0	0	0	0	..	..	..	..	..
5000 Impuestos sobre los bienes y servicios	**407**	**15 986**	**35 040**	**75 815**	**79 904**	**..**	**..**	**..**	**..**	**..**
5100 Imp. sobre la producción, venta, etc.	407	15 986	35 040	75 815	79 904	..	..	..	..	..
5110 Impuestos generales	109	9 646	29 094	65 093	69 562	..	..	..	..	..
5120 Impuestos sobre bienes y servicios específicos	297	6 340	5 946	10 722	10 342	..	..	..	..	..
5130 No clasificables entre 5110 y 5120	0	0	0	0	0	..	..	..	..	..
5200 Sobre uso bienes y permiso para actividades	0	0	0	0	0	..	..	..	..	..
5300 No clasificables entre 5100 y 5200	0	0	0	0	0	..	..	..	..	..
6000 Otros impuestos	**9**	**697**	**1 074**	**3 435**	**4 664**	**..**	**..**	**..**	**..**	**..**
6100 Pagados únicamente por empresas	0	84	108	115	119	..	..	..	..	..
6200 Pagados por otros o no identificables	9	614	966	3 321	4 545	..	..	..	..	..
Total de ingresos tributarios	**551**	**22 911**	**64 246**	**146 616**	**155 229**	**..**	**..**	**..**	**..**	**..**

Millones PEN

	Gobiernos locales[2]					Autoridades de seguridad social				
	1990	2000	2010	2023	2024	1990	2000	2010	2023	2024
1000 Imp. renta, utilidades y ganancias de capital	**..**	**0**	**0**	**0**	**0**	**0**	**0**	**0**	**0**	**0**
1100 De personas físicas	..	..	..	..	..	..	..	..	..	..
1200 De sociedades	..	..	..	..	..	..	..	..	..	..
1300 No clasificables entre 1100 y 1200	..	..	..	..	..	..	..	..	..	..
2000 Contribuciones a la seguridad social	**..**	**0**	**0**	**0**	**0**	**50**	**3 185**	**7 929**	**18 883**	**20 224**
2100 Empleados	..	..	..	..	..	..	566	2 433	4 480	4 761
2200 Empleadores	..	..	..	..	..	..	2 515	5 454	14 344	15 400
2300 Trabajadores por cuenta propia o no empleados	..	..	..	..	..	..	95	42	59	62
2400 No clasificables entre 2100, 2200 y 2300	..	..	..	..	..	50	9	0	0	0
3000 Imp. sobre nómina y fuerza de trabajo[1]	**..**	**0**	**0**	**0**	**0**	**0**	**0**	**0**	**0**	**0**
4000 Impuestos sobre la propiedad	**..**	**323**	**1 287**	**3 515**	**3 862**	**0**	**0**	**0**	**0**	**0**
4100 Imp. recurrentes sobre propiedad inmueble	..	298	727	2 711	2 930	..	..	..	..	..
4200 Impuestos recurrentes sobre la riqueza neta	..	0	0	0	0	..	..	..	..	..
4300 Impuestos sobre sucesiones y donaciones	..	0	0	0	0	..	..	..	..	..
4400 Imp. transacciones finan. y de capital	..	25	560	804	933	..	..	..	..	..
4500 Otros imp. no recurrentes sobre propiedad	..	0	0	0	0	..	..	..	..	..
4600 Otros imp. recurrentes sobre propiedad	..	0	0	0	0	..	..	..	..	..
5000 Impuestos sobre los bienes y servicios	**..**	**59**	**290**	**530**	**599**	**0**	**0**	**0**	**0**	**0**
5100 Imp. sobre la producción, venta, etc.	..	34	135	183	182	..	..	..	..	..
5110 Impuestos generales	..	0	0	0	0	..	..	..	..	..
5120 Impuestos sobre bienes y servicios específicos	..	34	135	183	182	..	..	..	..	..
5130 No clasificables entre 5110 y 5120	0	0	0	0	0	..	..	..	..	..
5200 Sobre uso bienes y permiso para actividades	0	25	154	347	417	..	..	..	..	..
5300 No clasificables entre 5100 y 5200	0	0	0	0	0	..	..	..	..	..
6000 Otros impuestos	**0**	**48**	**26**	**18**	**15**	**0**	**0**	**0**	**0**	**0**
6100 Pagados únicamente por empresas	..	0	0	0	0	..	..	..	..	..
6200 Pagados por otros o no identificables	..	48	26	18	15	..	..	..	..	..
Total de ingresos tributarios	**..**	**430**	**1 603**	**4 064**	**4 477**	**50**	**3 185**	**7 929**	**18 883**	**20 224**

.. No disponible

1. Las contribuciones al SENATI se incluyen en la partida 3000. Los ingresos tributarios se clasifican dentro del Gobierno central. En Perú, estos ingresos se clasifican en una unidad aparte que se considera diferente del Gobierno central.
2. Las cifras de los años hasta 2000 no incluyen los ingresos tributarios de las administraciones locales, porque no hay datos disponibles.

Cuadro 5.25. Santa Lucía, ingresos tributarios por subsectores de gobierno general

Millones XCD

	Gobierno federal					Estatal/Regional				
	1990	2000	2010	2023	2024	1990	2000	2010	2023	2024
1000 Imp. renta, utilidades y ganancias de capital	..	**137**	**224**	**325**	**325**	..	..	..	..	..
1100 De personas físicas	..	49	83	152	151	..	..	..	..	..
1200 De sociedades	..	63	95	154	148	..	..	..	..	..
1300 No clasificables entre 1100 y 1200	..	26	46	19	25	..	..	..	..	..
2000 Contribuciones a la seguridad social	..	**0**	**0**	**0**	**0**	..	..	..	..	..
2100 Empleados	..	..	..	..	..	..	..	..	..	..
2200 Empleadores	..	..	..	..	..	..	..	..	..	..
2300 Trabajadores por cuenta propia o no empleados	..	..	..	..	..	..	..	..	..	..
2400 No clasificables entre 2100, 2200 y 2300	..	..	..	..	..	..	..	..	..	..
3000 Imp. sobre nómina y fuerza de trabajo	..	**0**	**0**	**0**	**0**	..	..	..	..	..
4000 Impuestos sobre la propiedad	..	**11**	**19**	**37**	**37**	..	..	..	..	..
4100 Imp. recurrentes sobre propiedad inmueble	..	2	3	10	12	..	..	..	..	..
4200 Impuestos recurrentes sobre la riqueza neta	..	0	0	0	0	..	..	..	..	..
4300 Impuestos sobre sucesiones y donaciones	..	0	0	0	0	..	..	..	..	..
4400 Imp. transacciones finan. y de capital	..	9	16	27	26	..	..	..	..	..
4500 Otros imp. no recurrentes sobre propiedad	..	0	0	0	0	..	..	..	..	..
4600 Otros imp. recurrentes sobre propiedad	..	0	0	0	0	..	..	..	..	..
5000 Impuestos sobre los bienes y servicios	..	**284**	**493**	**864**	**954**	..	..	..	..	..
5100 Imp. sobre la producción, venta, etc.	..	277	467	854	943	..	..	..	..	..
5110 Impuestos generales	..	101	119	398	426	..	..	..	..	..
5120 Impuestos sobre bienes y servicios específicos	..	176	348	456	517	..	..	..	..	..
5130 No clasificables entre 5110 y 5120	..	0	0	0	0	..	..	..	..	..
5200 Sobre uso bienes y permiso para actividades	..	7	26	10	11	..	..	..	..	..
5300 No clasificables entre 5100 y 5200	..	0	0	0	0	..	..	..	..	..
6000 Otros impuestos	..	**0**	**0**	**0**	**0**	..	..	..	..	..
6100 Pagados únicamente por empresas	..	..	..	..	..	..	..	..	..	..
6200 Pagados por otros o no identificables	..	..	..	..	..	..	..	..	..	..
Total de ingresos tributarios	..	**432**	**737**	**1 226**	**1 315**	..	..	..	..	..

Millones XCD

	Gobiernos locales					Autoridades de seguridad social[1]				
	1990	2000	2010	2023	2024	1990	2000	2010	2023	2024
1000 Imp. renta, utilidades y ganancias de capital	..	..	..	..	..	..	**0**	**0**	**0**	**0**
1100 De personas físicas	..	..	..	..	..	..	..	..	..	..
1200 De sociedades	..	..	..	..	..	..	..	..	..	..
1300 No clasificables entre 1100 y 1200	..	..	..	..	..	..	..	..	..	..
2000 Contribuciones a la seguridad social	..	..	..	..	..	..	**48**	**92**	**158**	**164**
2100 Empleados	..	..	..	..	..	..	..	..	..	..
2200 Empleadores	..	..	..	..	..	..	..	..	..	..
2300 Trabajadores por cuenta propia o no empleados	..	..	..	..	..	..	..	1	1	2
2400 No clasificables entre 2100, 2200 y 2300	..	..	..	..	..	..	48	91	156	162
3000 Imp. sobre nómina y fuerza de trabajo	..	..	..	..	..	..	**0**	**0**	**0**	**0**
4000 Impuestos sobre la propiedad	..	..	..	..	..	..	**0**	**0**	**0**	**0**
4100 Imp. recurrentes sobre propiedad inmueble	..	..	..	..	..	..	..	..	..	..
4200 Impuestos recurrentes sobre la riqueza neta	..	..	..	..	..	..	..	..	..	..
4300 Impuestos sobre sucesiones y donaciones	..	..	..	..	..	..	..	..	..	..
4400 Imp. transacciones finan. y de capital	..	..	..	..	..	..	..	..	..	..
4500 Otros imp. no recurrentes sobre propiedad	..	..	..	..	..	..	..	..	..	..
4600 Otros imp. recurrentes sobre propiedad	..	..	..	..	..	..	..	..	..	..
5000 Impuestos sobre los bienes y servicios	..	..	..	..	..	..	**0**	**0**	**0**	**0**
5100 Imp. sobre la producción, venta, etc.	..	..	..	..	..	..	..	..	..	..
5110 Impuestos generales	..	..	..	..	..	..	..	..	..	..
5120 Impuestos sobre bienes y servicios específicos	..	..	..	..	..	..	..	..	..	..
5130 No clasificables entre 5110 y 5120	..	..	..	..	..	..	..	..	..	..
5200 Sobre uso bienes y permiso para actividades	..	..	..	..	..	..	..	..	..	..
5300 No clasificables entre 5100 y 5200	..	..	..	..	..	..	..	..	..	..
6000 Otros impuestos	..	..	..	..	..	..	**0**	**0**	**0**	**0**
6100 Pagados únicamente por empresas	..	..	..	..	..	..	..	..	..	..
6200 Pagados por otros o no identificables	..	..	..	..	..	..	..	..	..	..
Total de ingresos tributarios	..	..	..	..	..	..	**48**	**92**	**158**	**164**

.. No disponible

1. Las cifras del período 2021-24 son una estimación.

Cuadro 5.26. Surinam, ingresos tributarios por subsectores de gobierno general

Millones TTD

	Gobierno federal					Estatal/Regional				
	1990	2000	2010	2023	2024	1990	2000	2010	2023	2024
1000 Imp. renta, utilidades y ganancias de capital	**..**	**..**	**..**	**13 321**	**13 380**	**..**	**..**	**..**	**..**	**..**
1100 De personas físicas	..	..	..	5 293	4 746	..	..	..	..	..
1200 De sociedades	..	..	..	7 116	7 688	..	..	..	..	..
1300 No clasificables entre 1100 y 1200	..	..	..	912	947	..	..	..	..	..
2000 Contribuciones a la seguridad social	**..**	**..**	**..**	**0**	**0**	**..**	**..**	**..**	**..**	**..**
2100 Empleados	..	..	..	..	..	..	..	..	..	..
2200 Empleadores	..	..	..	..	..	..	..	..	..	..
2300 Trabajadores por cuenta propia o no empleados	..	..	..	..	..	..	..	..	..	..
2400 No clasificables entre 2100, 2200 y 2300	..	..	..	..	..	..	..	..	..	..
3000 Imp. sobre nómina y fuerza de trabajo	**..**	**..**	**..**	**0**	**0**	**..**	**..**	**..**	**..**	**..**
4000 Impuestos sobre la propiedad	**..**	**..**	**..**	**8**	**13**	**..**	**..**	**..**	**..**	**..**
4100 Imp. recurrentes sobre propiedad inmueble	..	..	..	3	3	..	..	..	..	..
4200 Impuestos recurrentes sobre la riqueza neta	..	..	..	5	10	..	..	..	..	..
4300 Impuestos sobre sucesiones y donaciones	..	..	..	0	0	..	..	..	..	..
4400 Imp. transacciones finan. y de capital	..	..	..	0	0	..	..	..	..	..
4500 Otros imp. no recurrentes sobre propiedad	..	..	..	0	0	..	..	..	..	..
4600 Otros imp. recurrentes sobre propiedad	..	..	..	0	0	..	..	..	..	..
5000 Impuestos sobre los bienes y servicios	**..**	**..**	**..**	**10 325**	**14 539**	**..**	**..**	**..**	**..**	**..**
5100 Imp. sobre la producción, venta, etc.	..	..	..	10 325	14 539	..	..	..	..	..
5110 Impuestos generales	..	..	..	5 013	6 146	..	..	..	..	..
5120 Impuestos sobre bienes y servicios específicos	..	..	..	5 312	8 393	..	..	..	..	..
5130 No clasificables entre 5110 y 5120	..	..	..	0	0	..	..	..	..	..
5200 Sobre uso bienes y permiso para actividades	..	..	..	0	0	..	..	..	..	..
5300 No clasificables entre 5100 y 5200	..	..	..	..	..	..	..	..	..	..
6000 Otros impuestos	**..**	**..**	**..**	**56**	**144**	**..**	**..**	**..**	**..**	**..**
6100 Pagados únicamente por empresas	..	..	..	..	..	..	..	..	..	..
6200 Pagados por otros o no identificables	..	..	..	56	144	..	..	..	..	..
Total de ingresos tributarios	**..**	**..**	**..**	**23 710**	**28 077**	**..**	**..**	**..**	**..**	**..**

Millones TTD

	Gobiernos locales					Autoridades de seguridad social[1]				
	1990	2000	2010	2023	2024	1990	2000	2010	2023	2024
1000 Imp. renta, utilidades y ganancias de capital	**..**	**..**	**..**	**..**	**..**	**..**	**..**	**..**	**..**	**..**
1100 De personas físicas	..	..	..	..	..	..	..	..	..	..
1200 De sociedades	..	..	..	..	..	..	..	..	..	..
1300 No clasificables entre 1100 y 1200	..	..	..	..	..	..	..	..	..	..
2000 Contribuciones a la seguridad social	**..**	**..**	**..**	**..**	**..**	**..**	**..**	**..**	**732**	**937**
2100 Empleados	..	..	..	..	..	..	..	..	..	..
2200 Empleadores	..	..	..	..	..	..	..	..	..	..
2300 Trabajadores por cuenta propia o no empleados	..	..	..	..	..	..	..	..	..	..
2400 No clasificables entre 2100, 2200 y 2300	..	..	..	..	..	..	..	..	..	..
3000 Imp. sobre nómina y fuerza de trabajo	**..**	**..**	**..**	**..**	**..**	**..**	**..**	**..**	**..**	**..**
4000 Impuestos sobre la propiedad	**..**	**..**	**..**	**..**	**..**	**..**	**..**	**..**	**..**	**..**
4100 Imp. recurrentes sobre propiedad inmueble	..	..	..	..	..	..	..	..	..	..
4200 Impuestos recurrentes sobre la riqueza neta	..	..	..	..	..	..	..	..	..	..
4300 Impuestos sobre sucesiones y donaciones	..	..	..	..	..	..	..	..	..	..
4400 Imp. transacciones finan. y de capital	..	..	..	..	..	..	..	..	..	..
4500 Otros imp. no recurrentes sobre propiedad	..	..	..	..	..	..	..	..	..	..
4600 Otros imp. recurrentes sobre propiedad	..	..	..	..	..	..	..	..	..	..
5000 Impuestos sobre los bienes y servicios	**..**	**..**	**..**	**..**	**..**	**..**	**..**	**..**	**..**	**..**
5100 Imp. sobre la producción, venta, etc.	..	..	..	..	..	..	..	..	..	..
5110 Impuestos generales	..	..	..	..	..	..	..	..	..	..
5120 Impuestos sobre bienes y servicios específicos	..	..	..	..	..	..	..	..	..	..
5130 No clasificables entre 5110 y 5120	..	..	..	..	..	..	..	..	..	..
5200 Sobre uso bienes y permiso para actividades	..	..	..	..	..	..	..	..	..	..
5300 No clasificables entre 5100 y 5200	..	..	..	..	..	..	..	..	..	..
6000 Otros impuestos	**..**	**..**	**..**	**..**	**..**	**..**	**..**	**..**	**..**	**..**
6100 Pagados únicamente por empresas	..	..	..	..	..	..	..	..	..	..
6200 Pagados por otros o no identificables	..	..	..	..	..	..	..	..	..	..
Total de ingresos tributarios	**..**	**..**	**..**	**..**	**..**	**..**	**..**	**..**	**732**	**937**

.. No disponible

Cuadro 5.27. Trinidad y Tobago, ingresos tributarios por subsectores de gobierno general

Millones TTD

	Gobierno federal					Estatal/Regional				
	1990	2000	2010	2023	2024	1990	2000	2010	2023	2024
1000 Imp. renta, utilidades y ganancias de capital	**2 595**	**6 224**	**27 213**	**29 668**	**22 570**	**..**	**..**	**..**	**..**	**..**
1100 De personas físicas	669	2 325	4 674	6 054	6 489	..	..	..	..	..
1200 De sociedades	1 856	3 704	21 659	21 995	14 940	..	..	..	..	..
1300 No clasificables entre 1100 y 1200	70	195	881	1 619	1 142	..	..	..	..	..
2000 Contribuciones a la seguridad social	**0**	**0**	**0**	**0**	**0**	**..**	**..**	**..**	**..**	**..**
2100 Empleados	..	..	..	..	..	..	..	..	..	..
2200 Empleadores	..	..	..	..	..	..	..	..	..	..
2300 Trabajadores por cuenta propia o no empleados	..	..	..	..	..	..	..	..	..	..
2400 No clasificables entre 2100, 2200 y 2300	..	..	..	..	..	..	..	..	..	..
3000 Imp. sobre nómina y fuerza de trabajo	**0**	**0**	**0**	**0**	**0**	**..**	**..**	**..**	**..**	**..**
4000 Impuestos sobre la propiedad	**90**	**175**	**194**	**291**	**444**	**..**	**..**	**..**	**..**	**..**
4100 Imp. recurrentes sobre propiedad inmueble	39	64	22	1	100	..	..	..	..	..
4200 Impuestos recurrentes sobre la riqueza neta	0	0	0	0	0	..	..	..	..	..
4300 Impuestos sobre sucesiones y donaciones	1	0	0	0	0	..	..	..	..	..
4400 Imp. transacciones finan. y de capital	49	111	172	290	343	..	..	..	..	..
4500 Otros imp. no recurrentes sobre propiedad	0	0	0	0	0	..	..	..	..	..
4600 Otros imp. recurrentes sobre propiedad	0	0	0	0	0	..	..	..	..	..
5000 Impuestos sobre los bienes y servicios	**2 055**	**3 852**	**9 667**	**11 938**	**14 787**	**..**	**..**	**..**	**..**	**..**
5100 Imp. sobre la producción, venta, etc.	1 973	3 603	9 282	11 637	14 556	..	..	..	..	..
5110 Impuestos generales	980	1 890	6 358	7 788	10 498	..	..	..	..	..
5120 Impuestos sobre bienes y servicios específicos	993	1 713	2 924	3 849	4 058	..	..	..	..	..
5130 No clasificables entre 5110 y 5120	0	0	0	0	0	..	..	..	..	..
5200 Sobre uso bienes y permiso para actividades	81	249	386	301	232	..	..	..	..	..
5300 No clasificables entre 5100 y 5200	0	0	0	0	0	..	..	..	..	..
6000 Otros impuestos	**0**	**0**	**0**	**0**	**0**	**..**	**..**	**..**	**..**	**..**
6100 Pagados únicamente por empresas	..	..	..	..	..	..	..	..	..	..
6200 Pagados por otros o no identificables	..	..	..	..	..	..	..	..	..	..
Total de ingresos tributarios	**4 740**	**10 251**	**37 074**	**41 897**	**37 801**	**..**	**..**	**..**	**..**	**..**

Millones TTD

	Gobiernos locales					Autoridades de seguridad social[1]				
	1990	2000	2010	2023	2024	1990	2000	2010	2023	2024
1000 Imp. renta, utilidades y ganancias de capital	**..**	**..**	**..**	**..**	**..**	**0**	**0**	**0**	**0**	**0**
1100 De personas físicas	..	..	..	..	..	..	..	..	..	..
1200 De sociedades	..	..	..	..	..	..	..	..	..	..
1300 No clasificables entre 1100 y 1200	..	..	..	..	..	..	..	..	..	..
2000 Contribuciones a la seguridad social	**..**	**..**	**..**	**..**	**..**	**183**	**702**	**2 645**	**4 808**	**4 749**
2100 Empleados	..	..	..	..	..	..	..	..	..	..
2200 Empleadores	..	..	..	..	..	..	..	..	..	..
2300 Trabajadores por cuenta propia o no empleados	..	..	..	..	..	..	..	..	..	..
2400 No clasificables entre 2100, 2200 y 2300	..	..	..	..	..	183	702	2 645	4 808	4 749
3000 Imp. sobre nómina y fuerza de trabajo	**..**	**..**	**..**	**..**	**..**	**0**	**0**	**0**	**0**	**0**
4000 Impuestos sobre la propiedad	**..**	**..**	**..**	**..**	**..**	**0**	**0**	**0**	**0**	**0**
4100 Imp. recurrentes sobre propiedad inmueble	..	..	..	..	..	..	..	..	..	..
4200 Impuestos recurrentes sobre la riqueza neta	..	..	..	..	..	..	..	..	..	..
4300 Impuestos sobre sucesiones y donaciones	..	..	..	..	..	..	..	..	..	..
4400 Imp. transacciones finan. y de capital	..	..	..	..	..	..	..	..	..	..
4500 Otros imp. no recurrentes sobre propiedad	..	..	..	..	..	..	..	..	..	..
4600 Otros imp. recurrentes sobre propiedad	..	..	..	..	..	..	..	..	..	..
5000 Impuestos sobre los bienes y servicios	**..**	**..**	**..**	**..**	**..**	**0**	**0**	**0**	**0**	**0**
5100 Imp. sobre la producción, venta, etc.	..	..	..	..	..	..	..	..	..	..
5110 Impuestos generales	..	..	..	..	..	..	..	..	..	..
5120 Impuestos sobre bienes y servicios específicos	..	..	..	..	..	..	..	..	..	..
5130 No clasificables entre 5110 y 5120	..	..	..	..	..	..	..	..	..	..
5200 Sobre uso bienes y permiso para actividades	..	..	..	..	..	..	..	..	..	..
5300 No clasificables entre 5100 y 5200	..	..	..	..	..	..	..	..	..	..
6000 Otros impuestos	**..**	**..**	**..**	**..**	**..**	**0**	**0**	**0**	**0**	**0**
6100 Pagados únicamente por empresas	..	..	..	..	..	..	..	..	..	..
6200 Pagados por otros o no identificables	..	..	..	..	..	..	..	..	..	..
Total de ingresos tributarios	**..**	**..**	**..**	**..**	**..**	**183**	**702**	**2 645**	**4 808**	**4 749**

.. No disponible

1. Las cifras siguen el ejercicio financiero comprendido entre los meses de julio y junio.

Cuadro 5.28. Uruguay, ingresos tributarios por subsectores de gobierno general

Millones UYU

	Gobierno federal					Estatal/Regional				
	1990	2000	2010	2023	2024	1990	2000	2010	2023	2024
1000 Imp. renta, utilidades y ganancias de capital	**114**	**8 698**	**42 583**	**217 293**	**225 943**	**..**	**..**	**..**	**..**	**..**
1100 De personas físicas	0	3 597	19 148	121 171	126 196	..	..	..	..	..
1200 De sociedades	114	5 102	21 772	83 530	85 911	..	..	..	..	..
1300 No clasificables entre 1100 y 1200	0	0	1 662	12 592	13 836	..	..	..	..	..
2000 Contribuciones a la seguridad social	**0**	**0**	**0**	**0**	**0**	**..**	**..**	**..**	**..**	**..**
2100 Empleados	..	..	..	..	..	..	..	..	..	..
2200 Empleadores	..	..	..	..	..	..	..	..	..	..
2300 Trabajadores por cuenta propia o no empleados	..	..	..	..	..	..	..	..	..	..
2400 No clasificables entre 2100, 2200 y 2300	..	..	..	..	..	..	..	..	..	..
3000 Imp. sobre nómina y fuerza de trabajo	**0**	**0**	**0**	**0**	**0**	**..**	**..**	**..**	**..**	**..**
4000 Impuestos sobre la propiedad	**105**	**2 690**	**11 688**	**39 200**	**40 548**	**..**	**..**	**..**	**..**	**..**
4100 Imp. recurrentes sobre propiedad inmueble	0	533	1 252	6 231	6 559	..	..	..	..	..
4200 Impuestos recurrentes sobre la riqueza neta	94	1 769	8 760	28 577	29 409	..	..	..	..	..
4300 Impuestos sobre sucesiones y donaciones	0	0	0	0	0	..	..	..	..	..
4400 Imp. transacciones finan. y de capital	11	372	1 350	3 641	3 810	..	..	..	..	..
4500 Otros imp. no recurrentes sobre propiedad	0	0	0	0	0	..	..	..	..	..
4600 Otros imp. recurrentes sobre propiedad	1	15	326	751	770	..	..	..	..	..
5000 Impuestos sobre los bienes y servicios	**1 301**	**29 556**	**96 432**	**297 935**	**326 551**	**..**	**..**	**..**	**..**	**..**
5100 Imp. sobre la producción, venta, etc.	1 301	29 556	96 432	297 935	326 551	..	..	..	..	..
5110 Impuestos generales[1]	660	18 009	69 951	206 033	225 545	..	..	..	..	..
5120 Impuestos sobre bienes y servicios específicos	641	11 546	26 480	91 902	101 006	..	..	..	..	..
5130 No clasificables entre 5110 y 5120	0	0	0	0	0	..	..	..	..	..
5200 Sobre uso bienes y permiso para actividades	0	0	0	0	0	..	..	..	..	..
5300 No clasificables entre 5100 y 5200	0	0	0	0	0	..	..	..	..	..
6000 Otros impuestos	**-10**	**-145**	**586**	**1 231**	**1 293**	**..**	**..**	**..**	**..**	**..**
6100 Pagados únicamente por empresas	-10	-145	586	1 231	1 293	..	..	..	..	..
6200 Pagados por otros o no identificables	0	0	0	0	0	..	..	..	..	..
Total de ingresos tributarios	**1 510**	**40 799**	**151 289**	**555 659**	**594 335**	**..**	**..**	**..**	**..**	**..**

Millones UYU

	Gobiernos locales					Autoridades de seguridad social[2]				
	1990	2000	2010	2023	2024	1990	2000	2010	2023	2024
1000 Imp. renta, utilidades y ganancias de capital	**0**	**0**	**0**	**0**	**0**	**0**	**0**	**0**	**0**	**0**
1100 De personas físicas	..	..	..	..	..	..	..	..	..	..
1200 De sociedades	..	..	..	..	..	..	..	..	..	..
1300 No clasificables entre 1100 y 1200	..	..	..	..	..	..	..	..	..	..
2000 Contribuciones a la seguridad social	**0**	**0**	**0**	**0**	**0**	**717**	**17 679**	**49 742**	**218 426**	**240 759**
2100 Empleados	..	..	..	..	..	..	..	..	..	..
2200 Empleadores	..	..	..	..	..	..	..	..	..	..
2300 Trabajadores por cuenta propia o no empleados	..	..	..	..	..	..	..	..	..	..
2400 No clasificables entre 2100, 2200 y 2300	..	..	..	..	..	717	17 679	49 742	218 426	240 759
3000 Imp. sobre nómina y fuerza de trabajo	**0**	**0**	**0**	**0**	**0**	**0**	**0**	**0**	**0**	**0**
4000 Impuestos sobre la propiedad	**107**	**2 819**	**7 277**	**26 247**	**27 386**	**0**	**0**	**0**	**0**	**0**
4100 Imp. recurrentes sobre propiedad inmueble	87	2 715	6 887	24 903	26 011	..	..	..	..	..
4200 Impuestos recurrentes sobre la riqueza neta	0	0	0	0	0	..	..	..	..	..
4300 Impuestos sobre sucesiones y donaciones	0	0	0	0	0	..	..	..	..	..
4400 Imp. transacciones finan. y de capital	20	104	390	1 344	1 375	..	..	..	..	..
4500 Otros imp. no recurrentes sobre propiedad	0	0	0	0	0	..	..	..	..	..
4600 Otros imp. recurrentes sobre propiedad	0	0	0	0	0	..	..	..	..	..
5000 Impuestos sobre los bienes y servicios	**57**	**2 583**	**3 851**	**18 697**	**19 691**	**0**	**0**	**0**	**0**	**0**
5100 Imp. sobre la producción, venta, etc.	0	7	63	237	274	..	..	..	..	..
5110 Impuestos generales[1]	0	0	0	0	0	..	..	..	..	..
5120 Impuestos sobre bienes y servicios específicos	0	7	63	237	274	..	..	..	..	..
5130 No clasificables entre 5110 y 5120	0	0	0	0	0	..	..	..	..	..
5200 Sobre uso bienes y permiso para actividades	57	2 576	3 788	18 459	19 417	..	..	..	..	..
5300 No clasificables entre 5100 y 5200	0	0	0	0	0	..	..	..	..	..
6000 Otros impuestos	**7**	**303**	**748**	**4 589**	**5 032**	**0**	**0**	**0**	**0**	**0**
6100 Pagados únicamente por empresas	0	0	0	0	0	..	..	..	..	..
6200 Pagados por otros o no identificables	7	303	748	4 589	5 032	..	..	..	..	..
Total de ingresos tributarios	**171**	**5 705**	**11 876**	**49 533**	**52 108**	**717**	**17 679**	**49 742**	**218 426**	**240 759**

.. No disponible

1. El impuesto a la venta de productos en subasta pública de esta partida se clasifica dentro de la categoría 4000 en los datos de la CEPAL.
2. Las cifras del período 1990-98 son una estimación de la Dirección General Impositiva (DGI). Desde 1999, las cifras incluyen ingresos del Banco de Previsión Social (BPS) publicados por el Ministerio de Economía y Finanzas.

Cuadro 5.29. Venezuela, ingresos tributarios por subsectores de gobierno general

VES

	Gobierno federal[2]					Estatal/Regional				
	1990	2000	2010	2023	2024	1990	2000	2010	2023	2024
1000 Imp. renta, utilidades y ganancias de capital	**3 444**	**46 856**	**368 365**	..	..	..	..	..	..	..
1100 De personas físicas	..	..	..	..	..	..	..	..	..	..
1200 De sociedades[1]	3 148	33 683	86 998	..	..	..	..	..	..	..
1300 No clasificables entre 1100 y 1200	297	13 173	281 367	..	..	..	..	..	..	..
2000 Contribuciones a la seguridad social	**0**	**0**	**0**	..	..	..	..	..	..	..
2100 Empleados	..	..	..	..	..	..	..	..	..	..
2200 Empleadores	..	..	..	..	..	..	..	..	..	..
2300 Trabajadores por cuenta propia o no empleados	..	..	..	..	..	..	..	..	..	..
2400 No clasificables entre 2100, 2200 y 2300	..	..	..	..	..	..	..	..	..	..
3000 Imp. sobre nómina y fuerza de trabajo	**0**	**0**	**0**	..	..	..	..	..	..	..
4000 Impuestos sobre la propiedad	**11**	**3 999**	**2 217**	..	..	..	..	..	..	..
4100 Imp. recurrentes sobre propiedad inmueble	0	0	0	..	..	..	..	..	..	..
4200 Impuestos recurrentes sobre la riqueza neta	0	0	0	..	..	..	..	..	..	..
4300 Impuestos sobre sucesiones y donaciones	11	191	2 217	..	..	..	..	..	..	..
4400 Imp. transacciones finan. y de capital	0	3 808	0	..	..	..	..	..	..	..
4500 Otros imp. no recurrentes sobre propiedad	0	0	0	..	..	..	..	..	..	..
4600 Otros imp. recurrentes sobre propiedad	0	0	0	..	..	..	..	..	..	..
5000 Impuestos sobre los bienes y servicios	**457**	**51 726**	**733 363**	..	..	..	..	..	..	..
5100 Imp. sobre la producción, venta, etc.	457	51 726	733 363	..	..	..	..	..	..	..
5110 Impuestos generales	0	32 716	561 005	..	..	..	..	..	..	..
5120 Impuestos sobre bienes y servicios específicos	457	19 011	172 357	..	..	..	..	..	..	..
5130 No clasificables entre 5110 y 5120	0	0	0	..	..	..	..	..	..	..
5200 Sobre uso bienes y permiso para actividades	0	0	0	..	..	..	..	..	..	..
5300 No clasificables entre 5100 y 5200	0	0	0	..	..	..	..	..	..	..
6000 Otros impuestos	**0**	**0**	**0**	..	..	..	..	..	..	..
6100 Pagados únicamente por empresas	..	..	..	..	..	..	..	..	..	..
6200 Pagados por otros o no identificables	..	..	..	..	..	..	..	..	..	..
Total de ingresos tributarios	**3 913**	**102 581**	**1 103 944**	..	..	..	..	..	..	..

VES

	Gobiernos locales					Autoridades de seguridad social[2, 3]				
	1990	2000	2010	2023	2024	1990	2000	2010	2023	2024
1000 Imp. renta, utilidades y ganancias de capital	..	..	..	..	..	**0**	**0**	**0**	..	..
1100 De personas físicas	..	..	..	..	..	..	..	..	..	..
1200 De sociedades[1]	..	..	..	..	..	..	..	..	..	..
1300 No clasificables entre 1100 y 1200	..	..	..	..	..	..	..	..	..	..
2000 Contribuciones a la seguridad social	..	..	..	..	..	**202**	**5 905**	**96 896**	..	..
2100 Empleados	..	..	..	..	..	..	..	..	..	..
2200 Empleadores	..	..	..	..	..	..	..	..	..	..
2300 Trabajadores por cuenta propia o no empleados	..	..	..	..	..	..	..	..	..	..
2400 No clasificables entre 2100, 2200 y 2300	..	..	..	..	..	202	5 905	96 896	..	..
3000 Imp. sobre nómina y fuerza de trabajo	..	..	..	..	..	**0**	**0**	**0**	..	..
4000 Impuestos sobre la propiedad	..	..	..	..	..	**0**	**0**	**0**	..	..
4100 Imp. recurrentes sobre propiedad inmueble	..	..	..	..	..	..	..	..	..	..
4200 Impuestos recurrentes sobre la riqueza neta	..	..	..	..	..	..	..	..	..	..
4300 Impuestos sobre sucesiones y donaciones	..	..	..	..	..	..	..	..	..	..
4400 Imp. transacciones finan. y de capital	..	..	..	..	..	..	..	..	..	..
4500 Otros imp. no recurrentes sobre propiedad	..	..	..	..	..	..	..	..	..	..
4600 Otros imp. recurrentes sobre propiedad	..	..	..	..	..	..	..	..	..	..
5000 Impuestos sobre los bienes y servicios	..	..	..	..	..	**0**	**0**	**0**	..	..
5100 Imp. sobre la producción, venta, etc.	..	..	..	..	..	..	..	..	..	..
5110 Impuestos generales	..	..	..	..	..	..	..	..	..	..
5120 Impuestos sobre bienes y servicios específicos	..	..	..	..	..	..	..	..	..	..
5130 No clasificables entre 5110 y 5120	..	..	..	..	..	..	..	..	..	..
5200 Sobre uso bienes y permiso para actividades	..	..	..	..	..	..	..	..	..	..
5300 No clasificables entre 5100 y 5200	..	..	..	..	..	..	..	..	..	..
6000 Otros impuestos	..	..	..	..	..	**0**	**0**	**0**	..	..
6100 Pagados únicamente por empresas	..	..	..	..	..	..	..	..	..	..
6200 Pagados por otros o no identificables	..	..	..	..	..	..	..	..	..	..
Total de ingresos tributarios	..	..	..	..	..	**202**	**5 905**	**96 896**	..	..

.. No disponible

1. Desde 2016 no hay datos disponibles sobre ingresos procedentes de los impuestos a los beneficios del petróleo (clasificados en la partida 1200).
2. No hay datos tributarios disponibles a partir de 2018. Las cifras correspondientes al período entre 2015 y 2017 deberían interpretarse con precaución porque se han visto afectadas por la elevada tasa de inflación durante este período.
3. Desde 2014, no hay datos disponibles sobre contribuciones a la seguridad social.

Anexo A. Clasificación de impuestos de la OCDE y guía de interpretación de la OCDE

Índice[1]

A.1 Clasificación de impuestos de la OCDE

1. **1000. Impuestos sobre la renta, las utilidades y las ganancias de capital**
    - 1100. Impuestos sobre la renta, utilidades y ganancias de capital de personas físicas
        - 1110. Renta y utilidades
        - 1120. Ganancias de capital
    - 1200. Impuesto sobre la renta, utilidades y ganancias de capital de sociedades
        - 1210. Renta y utilidades
        - 1220. Ganancias de capital
    - 1300. No clasificables entre 1100 y 1200
2. **2000. Contribuciones a la seguridad social**
    - 2100. Empleados
        - 2110. Sobre la base de la nómina
        - 2120. Sobre la base del impuesto sobre la renta
    - 2200. Empleadores
        - 2210. Sobre la base de la nómina
        - 2220. Sobre la base del impuesto sobre la renta
    - 2300. Trabajadores por cuenta propia o no empleados
        - 2310. Sobre la base de la nómina
        - 2320. Sobre la base del impuesto sobre la renta
    - 2400. No clasificables entre 2100, 2200 y 2300
        - 2410. Sobre la base de la nómina
        - 2420. Sobre la base del impuesto sobre la renta
3. **3000. Impuestos sobre la nómina y la fuerza de trabajo**
4. **4000. Impuestos sobre la propiedad**
    - 4100. Impuestos recurrentes sobre la propiedad inmueble
        - 4110. Hogares
        - 4120. Otros
    - 4200. Impuestos recurrentes sobre la riqueza neta
        - 4210. Personas físicas
        - 4220. Sociedades
    - 4300. Impuestos sobre sucesiones, herencias y donaciones
        - 4310. Impuestos sobre sucesiones y herencias
        - 4320. Impuestos sobre donaciones
    - 4400. Impuestos sobre transacciones financieras y de capital

4500. Otros impuestos no recurrentes sobre la propiedad

4510. Otros impuestos sobre la riqueza neta

4520. Otros impuestos no recurrentes

4600. Otros impuestos recurrentes sobre la propiedad

5. 5000. Impuestos sobre los bienes y servicios

5100. Impuestos sobre la producción, venta, transferencia, arrendamiento y entrega de bienes y prestación de servicios

5110. Impuestos generales

5111. Impuestos sobre el valor agregado

5112. Impuestos sobre las ventas

5113. Otros impuestos generales sobre ingresos brutos y sobre bienes y servicios

5120. Impuestos sobre bienes y servicios específicos

5121. Impuestos selectivos

5122. Utilidades de los monopolios fiscales

5123. Derechos de aduanas y otros derechos de importación

5124. Impuestos sobre las exportaciones

5125. Impuestos sobre los bienes de inversión

5126. Impuestos sobre servicios específicos

5127. Otros impuestos sobre el comercio y las transacciones internacionales

5128. Otros impuestos sobre bienes y servicios específicos

5130. No clasificables entre 5110 y 5120

5200. Impuestos sobre el uso de bienes y sobre el permiso para usar bienes y realizar actividades

5210. Impuestos recurrentes

5211. Pagados por los hogares sobre vehículos automotores.

5212. Pagados por otros sobre vehículos automotores

5213. Otros impuestos recurrentes

5220. Impuestos no recurrentes

5300. No clasificables entre 5100 y 5200

6. 6000. Otros impuestos

6100. Pagados únicamente por empresas

6200. Pagados por otros distintos de las empresas o no identificables

A.2 Cobertura

Criterios generales

1. En la clasificación de la OCDE, el término "impuestos" se circunscribe exclusivamente a los pagos sin contraprestación efectuados al gobierno general o una autoridad supranacional. Los impuestos carecen de contraprestación en el sentido en que, normalmente, las prestaciones proporcionadas por el gobierno a los contribuyentes no guardan relación directa con los pagos realizados por estos.

2. El término "impuestos" no incluye las multas, sanciones pecuniarias, ni préstamos obligatorios pagados al gobierno. La delimitación entre ingresos tributarios y no tributarios en relación con ciertas tasas y cargos se abordan en los § 12-15.

3. El gobierno general comprende la Administración central y los organismos que se hallan bajo su control efectivo, los gobiernos estatales y locales y sus respectivas administraciones, y ciertos regímenes de seguridad social y entidades gubernamentales autónomas, excluidas las empresas públicas. Esta definición del gobierno proviene del *Sistema de Cuentas Nacionales* (SCN) 2008[2]; en esa publicación, el sector del gobierno general y sus subsectores se hallan definidos en el Capítulo 4, párrafos 4.117 a 4.165 de la versión en inglés.

4. Las unidades extrapresupuestarias son parte del sistema de gobierno general. Estas son entidades del gobierno general con presupuestos individuales que no están completamente cubiertos por el presupuesto principal o general. Estas entidades operan bajo la autoridad o el control de un gobierno central, estatal o local. Las entidades extrapresupuestarias pueden tener sus propias fuentes de ingresos, que pueden complementarse con subvenciones (transferencias) del presupuesto general o de otras fuentes. A pesar de que sus presupuestos pueden estar sujetos a la aprobación de la legislatura, similar a la de las cuentas presupuestarias, tienen discreción sobre el volumen y la composición de sus gastos. Dichas entidades pueden establecerse para llevar a cabo funciones gubernamentales específicas, como la construcción de carreteras o la producción de servicios de salud o educación pública. Los arreglos presupuestarios varían ampliamente entre países, y se utilizan diversos términos para describir estas entidades, pero a menudo se los denomina "fondos extrapresupuestarios" o "agencias descentralizadas".

5. Los pagos obligatorios y sin contraprestación recaudados por los gobiernos nacionales y abonados a las autoridades supranacionales se considerarán también como impuestos según la definición del párrafo 1. Los ingresos tributarios que recaudan los gobiernos nacionales y que se pagan a una autoridad supranacional se asignan como ingresos fiscales a la autoridad supranacional en el SCN 2008 (véanse los párrafos 22.60-61, 22.88 y 22.99) y en el SEC 2010 (véase el párrafo 20.165). En las estadísticas tributarias, estos ingresos tributarios incluyen los derechos de aduana, las contribuciones al Fondo de Resolución Única de la UE y cualquier otro impuesto recaudado por los Estados miembros de la UE en nombre de la Unión Europea. Se incluyen en los importes de los ingresos tributarios en los cuadros de países (Capítulo 5) del país en el que se recaudan y se atribuyen a la autoridad supranacional (véase el §102).

6. En los países en los que la Iglesia forma parte del gobierno general y las autoridades supranacionales, se computan los impuestos eclesiásticos, siempre que reúnan los criterios establecidos en el § 1. Además, habida cuenta de que los datos hacen referencia a las entradas que recibe el gobierno general, quedan excluidos los gravámenes abonados a órganos no gubernamentales, organismos de bienestar o regímenes de seguro social externos al gobierno general, y sindicatos u organizaciones profesionales, aun cuando dichos gravámenes sean obligatorios; sin embargo, los pagos obligatorios al gobierno general asignados a esos entes sí están incluidos aquí siempre que el gobierno no actúe como mero agente de estos[3]. Las utilidades de los monopolios fiscales se diferencian de las de otras empresas públicas, y se tratan como impuestos porque reflejan el ejercicio del poder tributario del Estado mediante

el uso de prerrogativas monopolísticas (véanse los § 66-68), al igual que las utilidades percibidas por el gobierno por la compra y la venta de divisas a diferentes tipos de cambio (véase el § 76).

7. Los impuestos pagados por el gobierno (p. ej., contribuciones a la seguridad social e impuestos sobre la nómina pagados por el gobierno en su calidad de empleador, impuestos sobre el consumo en sus compras o impuestos sobre sus propiedades) no se han excluido de los datos presentados. Sin embargo, cuando ha sido posible identificar las cantidades de ingreso implicadas[4], se han mostrado en el Cuadro 5.39 de la publicación Estadísticas Tributarias en países de la OCDE.

8. La relación entre esta clasificación y la del Sistema de Cuentas Nacionales (SCN) se aclara en los apartados A.9 y A.11 infra.; dado que estas dos clasificaciones no coinciden en todos sus aspectos, en ocasiones, los datos presentados en las cuentas nacionales se calculan o clasifican de forma diferente a lo establecido en la presente guía y, aunque esas y otras diferencias se han mencionado en determinados casos (p. ej., en el § 31 infra.), no ha sido posible hacer referencia a todas ellas. Por otra parte, pueden darse asimismo ciertas disparidades entre la presente clasificación y la empleada internamente por algunas administraciones nacionales (véase el § 13), por lo que quizá las estadísticas de la OCDE y las nacionales no siempre concuerden; sin embargo, es más que probable que esas diferencias sean mínimas en lo que a la cuantía de ingresos se refiere.

Contribuciones a la seguridad social

9. Las contribuciones obligatorias a la seguridad social, tal y como se definen en el § 40, abonadas al gobierno general, se tratan aquí como ingresos tributarios. No obstante, pueden diferir de otros impuestos por el hecho de que la recepción de prestaciones de la seguridad social depende, en numerosos países, de que se hayan aportado las debidas contribuciones, aunque la magnitud de dichas prestaciones no tiene por qué estar supeditada obligatoriamente al importe de las contribuciones. Al tratar las contribuciones sociales como impuestos, se obtiene un mayor grado de comparabilidad entre países, aunque se han consignado en una categoría separada para poder distinguirlas en cualquier análisis.

10. La estricta distinción entre los ingresos tributarios (pagos obligatorios sin contraprestaciones directas a los gobiernos generales o una autoridad supranacional) y los pagos obligatorios no tributarios (NTCPs por sus siglas en inglés) (pagos que con derechos a contraprestaciones o que se realizan a otras instituciones) está claramente definida. Sin embargo, dentro del rango de diferentes pagos obligatorios realizados a los gobiernos en todos los países, no siempre es sencillo en la práctica decidir si los pagos específicos son impuestos o NTCPs. Por ejemplo, los ahorros de pensión obligatorios que son controlados por el gobierno general y que se acumulan en una cuenta individual obteniendo una rentabilidad del mercado o una tasa que compensa la inflación se clasificarían a primera vista como NTCPs en lugar de impuestos. Sin embargo, incluso estos pagos podrían no dar origen a "reembolsos" y clasificarse como impuestos en lugar de NTCPs (por ejemplo, si estos ahorros no se pagan cuando el contribuyente muere antes de alcanzar la edad de jubilación y los fondos se utilizan para proporcionar una pensión mínima a todos los contribuyentes que están asegurados). Estos problemas hacen que las cifras de ingresos de la seguridad social reportadas para la mayoría de los países se basen en la premisa de que todos los tipos de pagos obligatorios a las administraciones públicas se consideran en cierta medida como elementos de redistribución. Cabe señalar que esta conclusión se basa en una interpretación generalmente amplia del término "no correspondido" en la definición del impuesto.

11. Por el contrario, las contribuciones a la seguridad social voluntarias o no pagaderas al gobierno general (véase el § 1) no se tratan como impuestos, aunque en ciertos países, tal y como se indica debidamente en cada caso en las notas que figuran al pie de los cuadros, plantea dificultades el eliminar tanto las contribuciones voluntarias como algunos pagos obligatorios al sector privado de las cifras de recaudo tributario. Las contribuciones a la seguridad social imputadas tampoco son consideradas impuestos.

Tasas, cargos a usuarios y licencias

12. Aparte de las tasas por licencia de vehículos, universalmente consideradas como impuestos, no resulta fácil distinguir entre las tasas y cargos a usuarios que deben tratarse como impuestos y las que no, ya que, aunque toda tasa o cargo se impone en conexión con un servicio o una actividad específicos, la intensidad del vínculo entre el derecho cobrado y el servicio prestado puede variar considerablemente, al igual que puede hacerlo la relación entre la cuantía de la tasa y el costo que supone proporcionar el servicio en cuestión. En todo caso, cuando el beneficiario del servicio pague una tasa claramente relacionada con el costo que supone prestar un servicio, puede inferirse que el gravamen tiene contraprestación y, de acuerdo con la definición reseñada en el § 1, no se considerará como impuesto. En sentido contrario, puede estimarse que el gravamen "carece de contraprestación" cuando:

a) el cargo exceda con creces el costo que supone prestar el servicio;
b) el pagador o sujeto pasivo del gravamen no sea el beneficiario del servicio (p. ej., tasas recaudadas de los mataderos para financiar un servicio proporcionado a los titulares de explotaciones agropecuarias);
c) el gobierno no proporcione un servicio específico a cambio del pago del gravamen, aun cuando se emita un permiso en beneficio del sujeto pasivo (p. ej., cuando el gobierno concede licencias de caza, pesca o tiro que no otorgan el derecho a usar una zona específica propiedad del gobierno);
d) los servicios beneficien únicamente a los pagadores del gravamen, pero las utilidades recibidas por cada persona no guarden necesariamente proporción con sus pagos (p. ej., el gravamen sobre la comercialización de la leche que recae en los criadores de ganado lechero y que se utiliza para fomentar el consumo de la leche).
e) el pagador de la tasa no pueda optar por no pagarla cuando no usa el servicio (por ejemplo, en el caso de las tasas públicas de radiodifusión, en las que el pagador está obligado a pagar la tasa aunque no consuma el servicio público de radiodifusión).

13. Pese a las anteriores consideraciones, en ciertos casos excepcionales la aplicación de los criterios plasmados en el § 1 puede resultar particularmente compleja. La solución adoptada –dada la conveniencia de uniformidad internacional y las cantidades de ingreso relativamente bajas implicadas por lo general– ha consistido en seguir la práctica dominante en la mayoría de las administraciones, en lugar de permitir que cada país aplique su propia visión sobre si estos gravámenes deben considerarse como ingresos tributarios o no tributarios.[5]

14. Seguidamente, se ofrece una lista de las principales tasas y cargos en cuestión, y su tratamiento normal[6] en esta publicación:

Ingresos no tributarios:	Tasas procesales, permisos de conducir, tasas portuarias, tasas por expedición de pasaportes
Impuestos de la partida 5200	Permiso para realizar actividades tales como distribución cinematográfica; caza, pesca o tiro; suministro de instalaciones para actividades recreativas o de ocio o juegos de azar; venta de bebidas alcohólicas o tabaco; posesión de animales domésticos o uso de vehículos automotores; derechos sobre la extracción

15. En la práctica, puede que no siempre resulte posible aislar las entradas tributarias de las no tributarias cuando estas se registran conjuntamente. En ese caso, si se considera que la mayoría de las entradas proviene de ingresos no tributarios, se tratará el importe total como tal; de lo contrario, esas entradas del gobierno se incluirán y clasificarán según las normas recogidas en el § 33.

Regalías

16. La propiedad de los activos del subsuelo en forma de depósitos de minerales o combustibles fósiles (carbón, petróleo o gas natural) depende de la forma en que los derechos de propiedad están definidos por la ley y también de los acuerdos internacionales en el caso de depósitos bajo aguas internacionales. En algunos casos, ya sea en el terreno por debajo del cual se encuentran los depósitos minerales, los depósitos en sí o ambos pueden pertenecer a una unidad del gobierno local o central.

17. En tales casos, estas unidades del gobierno general pueden otorgar arrendamientos a otras unidades institucionales que les permitan extraer estos depósitos durante un período de tiempo específico a cambio de un pago o una serie de pagos. Estos pagos a menudo se describen como "regalías", pero son esencialmente rentas que se acumulan a los propietarios de los recursos naturales a cambio de poner estos activos a disposición de otros agentes durante períodos de tiempo específicos. El alquiler puede tomar la forma de pagos periódicos de cantidades fijas, independientemente de la tasa de extracción, o, más comúnmente, pueden ser una función de la cantidad, el volumen o el valor del activo extraído. Las empresas dedicadas a la exploración en tierras del gobierno pueden hacer pagos a las unidades del gobierno general a cambio del derecho a realizar perforaciones de prueba o investigar de otro modo la existencia y ubicación de los activos del subsuelo. Dichos pagos también se registran como rentas aunque no se realice ninguna extracción. Por lo tanto, estos pagos se clasifican como ingresos no tributarios.

18. Los mismos principios se aplican cuando a otras unidades institucionales se les conceden arrendamientos que les permiten talar madera en bosques naturales en tierras que son propiedad de unidades del gobierno general. Estos pagos también se clasifican como ingresos no tributarios.

19. Estas rentas o regalías pagadas al gobierno general no deben confundirse con los impuestos sobre los ingresos y las ganancias, los impuestos sobre la extracción de recursos naturales, las licencias comerciales u otros impuestos. Si los pagos se aplican a las ganancias de la actividad de extracción, entonces deben clasificarse como impuestos sobre ingresos, utilidades y ganancias (1000). Además, cualquier pago que se imponga a la extracción de minerales y combustibles fósiles de las reservas de propiedad privada o de otro gobierno se debe clasificar como impuestos. Los pagos relacionados con el valor bruto de la producción deben clasificarse como otros impuestos sobre bienes y servicios (5128). Los pagos de una licencia o permiso para realizar operaciones de extracción se deben clasificar como impuestos sobre el uso de bienes y sobre el permiso para usar bienes o realizar actividades (5213).

Multas y sanciones pecuniarias

20. En principio, las multas y sanciones pecuniarias impuestas por el pago tardío de los impuestos o por el intento de evasión de los impuestos no deben registrarse como ingresos tributarios. Sin embargo, en ocasiones no es posible distinguir y separar los pagos por multas y penalidades del recaudo del impuesto a los que estos están relacionados. En este caso, las multas y sanciones pecuniarias vinculadas a un determinado impuesto se registran con los ingresos de ese impuesto. Las multas y penalidades pagadas sobre el recaudo de impuestos no identificados se clasifican como otros impuestos en la partida 6000. Las multas que no están relacionadas con delitos tributarios (por ejemplo, las infracciones por estacionamiento indebido), o que no puedan ser identificadas como ofensas tributarias, no serán tratadas como ingresos tributarios.

A.3. Principios de registro

Criterio de devengo o de caja

21. Los datos recogidos en las publicaciones *Estadísticas tributarias* de los últimos años relativos a los países de la OCDE se han registrado predominantemente según el criterio de devengo, esto es, se

han computado en el momento en que nace la obligación. Se ofrece más información al respecto en las notas que figuran al pie de los cuadros de países en el Capítulo 5 del informe.

22. Sin embargo, los datos relativos a años anteriores y a países que no pertenecen a la OCDE han seguido registrándose principalmente según el criterio de caja, es decir, en el momento en que el gobierno recibió el pago. Por lo tanto, por ejemplo, los impuestos descontados por los empleadores en un año pero pagados al gobierno al año siguiente y los impuestos debidos un año pero liquidados el año después constan ambos en las entradas del segundo año. Las transacciones correctoras, tales como devoluciones, reembolsos y reintegros, se deducen de los ingresos brutos del periodo en que se realizan.

23. Los datos sobre ingresos tributarios se registran sin deducción de los gastos administrativos propios de la recaudación impositiva. De igual modo, cuando los recursos generados por un impuesto se emplean para subvencionar a miembros particulares de la comunidad, el subsidio no se descuenta del producto impositivo, aunque puede que el impuesto aparezca sin los subsidios en los registros nacionales de algunos países.

24. En lo que a los monopolios fiscales se refiere (5122), únicamente se incluye en los ingresos del gobierno el importe realmente transferido a este. Sin embargo, si cualquier gasto de los monopolios fiscales se considera gasto del gobierno (p. ej., gastos sociales emprendidos por los monopolios fiscales en beneficio del gobierno), se añadirán posteriormente con el fin de llegar a cifras de ingreso tributario (véase el § 66 infra.).

Distinción entre disposiciones tributarias y disposiciones relativas al gasto[7]

25. Dado que la presente publicación aborda únicamente la actividad del gobierno desde el punto de vista del ingreso, sin tener en cuenta los aspectos relacionados con el gasto, resulta preciso realizar una distinción entre las disposiciones que rigen estos dos elementos. Por lo general, no existe dificultad alguna en diferenciar ambos aspectos, ya que los gastos operan en un ámbito externo al sistema tributario y sus cuentas, y se rigen por una legislación separada de la impositiva. En los casos de difícil delimitación, se emplea el flujo de caja para distinguir entre disposiciones tributarias y disposiciones relativas al gasto. En la medida en que una disposición incida en el flujo de pagos tributarios del contribuyente al gobierno, se entenderá que reviste un carácter tributario y se tendrá en cuenta en los datos recogidos en esta publicación. Cualquier disposición que no afecte a ese flujo se reputará como relativa al gasto y no se tendrá en consideración en la información plasmada en la publicación.

26. Las desgravaciones, exenciones y deducciones tributarias sobre la base imponible afectan claramente a la cantidad transferida al gobierno y, por ende, se consideran disposiciones de naturaleza tributaria. En el extremo opuesto, los subsidios o exoneraciones que no compensen la obligación tributaria y que estén claramente desvinculados del proceso de evaluación, no reducen los ingresos tributarios consignados en esta publicación. De particular interés en este ámbito resultan los créditos fiscales, que son cantidades deducibles del impuesto liquidable (lo que la diferencia de las deducciones sobre la base imponible). Cabe distinguir dos tipos de créditos fiscales: los créditos fiscales no exigibles (a veces denominados desaprovechables), limitados al importe de la obligación tributaria y que, por ende, no pueden generar un pago de las autoridades al contribuyente; y los créditos fiscales exigibles (o no desaprovechables), que no están sometidos a dicho límite, de forma que toda cantidad que exceda la obligación tributaria puede abonarse al contribuyente[8]. Al igual que las desgravaciones, un crédito fiscal no exigible afecta claramente a la cantidad transferida al gobierno y, por ende, se considerará como tributario. La práctica seguida para los créditos fiscales exigibles[9] consiste en distinguir entre “el componente de gasto tributario”[10] que es la porción del crédito empleada en reducir o eliminar la obligación del contribuyente” y el “componente de transferencia”, constituido por la parte que excede la obligación del contribuyente y que se paga a este. Al registrar los ingresos tributarios deberá restarse la parte equivalente al componente de gasto tributario, pero no la correspondiente al componente de transferencia. Además, las cantidades de ambos componentes deberán figurar como partidas informativas en los

cuadros de países. Los países que no puedan diferenciar entre estos dos componentes deberán indicar si se ha restado de los ingresos tributarios el total de ellos y presentar las evaluaciones disponibles del valor que ambos representan. Para mayor información, consúltese el Capítulo 1 de la publicación *Revenue Statistics* de la OCDE, que examina el efecto de los diversos tratamientos de los créditos fiscales exigibles en la relación impuestos sobre PIB.

Calendario y ejercicio fiscal

27. Las autoridades nacionales cuyos ejercicios fiscales no coinciden con el año calendario deben presentar los datos, siempre que sea posible, sobre la base del año calendario, a fin de permitir el mayor grado posible de comparación con la información de otros países. Subsisten algunos países en los que los datos hacen referencia a los ejercicios fiscales; para ellos, los datos relativos al PIB utilizados en los cuadros comparativos corresponden igualmente a los ejercicios fiscales.

A.4 Criterios generales de clasificación

Principales criterios de clasificación

28. El desglose de las entradas fiscales en las diversas categorías (1000, 2000, 3000, 4000, 5000 y 6000) se rige en general por la base sobre la cual recae el impuesto: 1000, renta, utilidades y ganancias de capital; 2000 y 3000, remuneraciones, nómina o número de empleados (fuerza de trabajo); 4000, propiedad; 5000, bienes y servicios; 6000, bases múltiples, otras bases o bases no identificables. Cuando un impuesto se calcula sobre más de una base, las entradas que genera se distribuyen, en la medida de lo posible, entre las diversas categorías (véanse los § 33 y 84). Las categorías 4000 y 5000 no sólo cubren aquellos impuestos en los que la base tributaria está constituida por la propiedad, los bienes o los servicios en sí mismos, sino también ciertos impuestos afines; y así, por ejemplo, los impuestos sobre transmisiones patrimoniales se incluyen en la partida 4400,[11] y los impuestos sobre el uso de bienes y sobre el permiso para realizar actividades, en la 5200. En las categorías 4000 y 5000, se distingue en ocasiones entre impuestos recurrentes y no recurrentes: son impuestos recurrentes los que se recaudan a intervalos regulares (por lo general, anualmente), y no recurrentes, los que se imponen una sola vez (véanse los § 48 §51, §54 §55 y §81 para profundizar en las aplicaciones particulares de esta distinción).

29. La asignación de un impuesto a fines específicos no afecta a la clasificación de las entradas fiscales que genera. Sin embargo, tal y como se explica en el § 40 en relación con la clasificación de las contribuciones a la seguridad social, el hecho de que estas confieran un derecho a recibir prestaciones sociales es decisivo para la definición de la categoría 2000.

30. La forma en que se establece o recauda un impuesto (p. ej., mediante el uso de timbres) no afecta a su clasificación.

Clasificación de los contribuyentes

31. En ocasiones, se distingue entre diversas clases de contribuyentes. Esas distinciones dependen de cada impuesto.

a) Entre personas físicas y sociedades en relación con los impuestos sobre la renta y sobre la riqueza neta

La distinción básica aquí es que los impuestos sobre la renta de las sociedades (impuesto de sociedades), a diferencia de los impuestos sobre la renta de las personas físicas, gravan a la sociedad como entidad y no a sus propietarios, independientemente de las circunstancias personales de estos; la misma distinción se aplica a los impuestos sobre la riqueza neta de las sociedades y de las personas físicas. Los impuestos liquidados sobre las utilidades de las asociaciones y sobre la renta de las instituciones, tales como seguros de vida o fondos de pensiones, se clasifican siguiendo la misma regla, y así, se considerarán impuestos sobre las sociedades (1200) si se cargan a la asociación o institución como persona jurídica sin tener en cuenta las circunstancias personales de sus propietarios, o impuestos sobre las personas físicas en el caso contrario (1100). Por lo general, los impuestos aplicados a las sociedades y a las personas físicas se rigen por legislaciones diferentes.[12] La distinción realizada aquí entre personas físicas y sociedades no sigue la categorización por sectores entre hogares, empresas, etcétera, del Sistema de Cuentas Nacionales para las cuentas de ingresos y desembolsos. La clasificación del SCN requiere que ciertas empresas no constituidas en sociedad[13] se excluyan del sector de los hogares y vengan a sumarse a las empresas no financieras y las instituciones financieras. Sin embargo, el impuesto sobre las utilidades de esos negocios no siempre puede separarse del impuesto sobre la renta de sus propietarios o, como mucho, puede deslindarse sólo arbitrariamente. Por ello, no se ha intentado reproducir aquí esa separación, y la totalidad del impuesto sobre la renta de las personas físicas se ha recogido en un solo bloque, independientemente de la naturaleza del ingreso imponible.

b) Entre hogares y otros en relación con los impuestos sobre la propiedad inmueble

Esta distinción es la misma que la adoptada por el SCN para las cuentas de gasto del consumo final de los hogares y de producción. Se trata pues de diferenciar a los hogares como consumidores (esto es, excluidas las empresas no constituidas en sociedad), por una parte, y a los productores, por otra. Los impuestos sobre las viviendas ocupadas por los hogares, tanto a cargo de los propietarios-ocupantes como de los arrendatarios o de los arrendadores, se incluyen en los hogares, lo que coincide con la diferenciación que suele hacerse comúnmente entre los impuestos sobre la propiedad doméstica y los impuestos sobre la propiedad empresarial. No obstante, algunos países no se hallan en situación de operar esta distinción.

c) Entre hogares y otros en relación con las licencias de vehículos automotores

Se distingue aquí entre los hogares como consumidores, por una parte, y los productores, por otra, al igual que en las cuentas de gasto del consumo final de los hogares y de producción del SCN.

d) Entre empresas y otros en relación con los impuestos residuales (6000)

La distinción es la misma que en c), esta vez, entre los productores, por una parte, y los hogares como consumidores, por otra. Los impuestos recogidos en la categoría 6000 bien porque gravan más de una base tributaria, o bien porque su base no entra dentro del ámbito de ninguna de las categorías anteriores pero es identificable como imponible sobre los productores, y no sobre los hogares, se incluyen en 'empresas'. El resto de los impuestos de la categoría 6000 se imputan a 'otros' o no identificables.

Recargos

32. Las entradas procedentes de recargos relacionados con impuestos particulares se clasifican por lo general en base al impuesto correspondiente, ya sea el recargo temporal o no. Pero si el recargo posee una característica que lo califica para ser clasificada en una categoría diferente de la lista de la OCDE, las entradas generadas por el recargo se recogen en dicha categoría, separadas de las del correspondiente impuesto.

Entradas tributarias no identificables y partidas residuales

33. En un cierto número de casos, no logra determinarse que los impuestos pertenezcan enteramente a una categoría o partida de la clasificación de la OCDE y, en esos casos, se aplican las siguientes pautas:

a) Se conoce la categoría, pero no la forma de distribuir las entradas entre las diversas subdivisiones: las entradas se clasifican en la correspondiente partida o subpartida residual (1300, 2400, 4520, 4600, 5128, 5130, 5300 o 6200).

b) Se sabe que la mayor parte de las entradas procedentes de un grupo de impuestos (normalmente, impuestos locales) proviene de impuestos de una categoría o una partida particulares, pero algunos de los impuestos del grupo cuya cuantía no puede determinarse con exactitud pueden clasificarse en otras categorías o partidas: las entradas se consignan en la categoría o partida a la que pertenezca la mayoría de ellas.

c) No puede identificarse ni la categoría ni la partida correspondiente al impuesto (normalmente, local): el impuesto se incorpora a la partida 6200, a menos que se conozca que se trata de un impuesto sobre las empresas, en cuyo caso se incluye en la partida 6100.

A.5 Comentarios sobre ítems de la lista

1000 – Impuestos sobre la renta, las utilidades y las ganancias de capital

34. Esta categoría cubre los impuestos aplicados a la renta o a las utilidades netas (esto es, la renta bruta menos las deducciones permitidas) de las personas físicas y las sociedades, así como los impuestos a los que se someten las ganancias de capital de esos mismos sujetos pasivos, y las ganancias obtenidas en juegos de azar.

35. Se incluyen en esta categoría:

a) los impuestos que gravan predominantemente la renta o las utilidades, aunque recaigan parcialmente sobre otras bases; los impuestos aplicados a varias bases que no sean mayoritariamente la renta o las utilidades se clasifican de acuerdo con los principios establecidos en los § 33 y 84;

b) los impuestos sobre la propiedad aplicados a un ingreso presunto o estimado como parte de un impuesto sobre la renta (véase el § 48(a), (c) y (d));

c) los pagos obligatorios al fondo de contribuciones de la seguridad social impuestos sobre la renta que no confieran un derecho a prestaciones sociales; si esas contribuciones otorgan derecho a prestaciones sociales, se incluyen en la categoría 2000 (véase el § 40);

d) el producto de los sistemas integrados de impuestos sobre la renta de régimen cedular se clasifican como un todo en esta categoría, aunque algunos de los impuestos cedulares puedan basarse en la renta bruta y no tener en cuenta las circunstancias personales del contribuyente.

36. La principal división de esta categoría se efectúa entre los gravámenes a personas físicas (1100) y aquellos a sociedades (1200). A su vez, en cada partida, se separa entre impuestos sobre la renta y las utilidades (1110 y 1210) e impuestos sobre las ganancias de capital (1120 y 1220). Si algunas entradas no pueden atribuirse pertinentemente a la partida 1100 o a la 1200, o si no puede realizarse esta distinción en la práctica (p. ej., por falta de datos fiables sobre los receptores de los pagos de los que se deducen los impuestos con retención en la fuente), las entradas se incorporan a la partida 1300 como “no clasificables”.

Tratamiento de los créditos fiscales en los sistemas de imputación

37. En los sistemas de imputación del impuesto de sociedades, los accionistas están exentos, total o parcialmente, de responder en concepto del impuesto sobre la renta por los dividendos abonados por la compañía a partir de la renta o de las utilidades sometidas al impuesto de sociedades. En los países con este sistema,[14] una parte del impuesto sobre las utilidades de la sociedad está disponible para exonerar a los accionistas de su propia obligación tributaria. La exoneración del accionista reviste la forma de un crédito fiscal, cuyo importe puede ser inferior, igual o superior al pasivo tributario total del accionista. Si el crédito fiscal excede al pasivo tributario, puede que ese exceso sea pagadero al accionista. Dado que este tipo de crédito fiscal es parte integrante del sistema de imputación del impuesto sobre la renta de las

sociedades, cualquier pago a los accionistas se trata como devolución tributaria, y no como gasto (compárese con el tratamiento de otros créditos fiscales descrito en el § 26).

38. Puesto que en los sistemas de imputación el crédito fiscal (incluso cuando excede la obligación tributaria) debe considerarse como disposición tributaria, se plantea la cuestión de determinar si deberá deducirse de las entradas en concepto de impuesto sobre la renta de las personas físicas (1110) o de las entradas atribuibles al impuesto sobre la renta de las sociedades (1210). En este informe, la cantidad total pagada a título del impuesto sobre la renta de las sociedades se recoge en la subpartida 1210, y el impuesto no imputado en la subpartida 1110. Por lo tanto, la cuantía total del crédito se resta de esta última subpartida, tanto si el crédito da lugar a una reducción de la obligación tributaria por renta personal, como si se realiza un reembolso porque el crédito fiscal excede el pasivo tributario por este concepto. (No obstante, si los créditos fiscales se deducen del impuesto de sociedades por dividendos repartidos a otras sociedades, las correspondientes cantidades se descuentan de las entradas registradas en la subpartida 1210.)

1120 y 1220 – Impuestos sobre las ganancias de capital

39. Como su nombre indica, estas subpartidas engloban los impuestos sobre las ganancias de capital, ya de las personas físicas (1120), ya de las sociedades (1220), siempre que las entradas procedentes de estos impuestos puedan identificarse por separado. Ese no es el caso en numerosos países, y las entradas de estos impuestos se clasifican junto con las del impuesto sobre la renta. La subpartida 1120 contiene asimismo los impuestos sobre las ganancias obtenidas en juegos de azar.

2000 – Contribuciones a la seguridad social

40. Entran en esta categoría todos los pagos obligatorios a las administraciones públicas que confieran un derecho a recibir una prestación social futura (contingente). Esos pagos suelen estar asignados al financiamiento de prestaciones sociales y, a menudo, se pagan a las instituciones del gobierno general que proporcionan dichas prestaciones. Sin embargo, esa asignación no forma parte de la definición de las contribuciones a la seguridad social y no es necesaria para que un impuesto sea clasificado en esta categoría, pero, para que un impuesto se incluya aquí, sí será preciso que confiera un derecho. Y así, los gravámenes sobre la renta o la nómina asignados a los fondos de seguridad social pero que no confieran el derecho a recibir prestaciones sociales quedan excluidos de la presente categoría y se registran bien entre los impuestos sobre la renta de las personas físicas (1100), bien junto con los impuestos sobre la nómina y la fuerza de trabajo (3000). Los impuestos aplicados sobre otras bases, como los bienes y servicios, no se consignarán aquí aunque estén asignados a prestaciones de la seguridad social, sino que se catalogarán según sus respectivas bases, ya que por lo general no otorgarán derecho alguno a prestaciones sociales.

41. Entre otras, se incluirán aquí las contribuciones a los siguientes tipos de prestaciones de la seguridad social: prestaciones y suplementos por seguro de desempleo; prestaciones por accidente, lesión o enfermedad; pensiones por jubilación, invalidez y supervivencia; ayudas familiares; reembolsos de gastos médicos u hospitalarios o prestación de servicios médicos u hospitalarios. Las contribuciones pueden recaudarse tanto de los empleados como de los empleadores.

42. Las contribuciones pueden tener como base bien las remuneraciones o la nómina ('sobre la base de la nómina'), bien la renta neta tras deducciones y exenciones por circunstancias personales ('sobre la base del impuesto sobre la renta'), y el producto de ambas bases deberá identificarse separadamente en la medida de lo posible. Cuando las contribuciones al régimen general de la seguridad social se basen en la nómina, pero las de grupos particulares (tales como los trabajadores por cuenta propia) no puedan evaluarse en función de esta base y se emplee en ese caso la renta neta como una aproximación de las remuneraciones brutas, las entradas seguirán clasificándose sobre la base de la nómina. En principio,

esta categoría excluye las contribuciones voluntarias aportadas a los regímenes de seguridad social, que, cuando sea posible identificarlas de forma separada, se recogerán en la partida informativa sobre el financiamiento de las prestaciones sociales; sin embargo, en la práctica, estas aportaciones no siempre pueden desvincularse de las contribuciones obligatorias, en cuyo caso se incluirán igualmente en esta categoría.

43. Las contribuciones a los regímenes de seguro social no vinculados a instituciones del gobierno general, así como las aportaciones a otros tipos de sistemas de seguro, tales como planes de previsión o planes de pensiones, mutualidades u otros planes de ahorro, no se consideran contribuciones a la seguridad social. Los planes de previsión son acuerdos por los que las contribuciones de cada empleado y la parte correspondiente del empleador en nombre de aquél se conservan en una cuenta separada que genera interés, de la que pueden retirarse en circunstancias específicas. Por su parte, los planes de pensiones son regímenes organizados separadamente, negociados entre empleados y empleadores, que conllevan disposiciones sobre diversas contribuciones y prestaciones, a veces más directamente vinculadas a los niveles salariales y a la duración del servicio que en otros esquemas sociales. Cuando las contribuciones a esos regímenes son obligatorias o cuasiobligatorias (p. ej., en virtud de un acuerdo con sindicatos u organizaciones profesionales), se hacen constar en la partida informativa (véase el Cuadro 5.38 de este informe).

44. Las contribuciones de los empleados del gobierno y de este con respecto a sus empleados a los regímenes de seguridad social incluidos en el gobierno general se clasifican en esta categoría. También se consideran impuestos las contribuciones de los empleados del gobierno a regímenes diferentes que puedan reputarse sustitutivos de los regímenes generales de seguridad social.[15] Por el contrario, cuando un régimen diferente no pueda considerarse sustitutivo de uno general y haya sido negociado entre el gobierno, en su papel de empleador, y sus empleados, no se estimará como régimen de seguridad social y, por lo tanto, las contribuciones a él no se tendrán como impuestos, aunque el régimen haya sido instaurado por la legislación.

45. Esta categoría excluye las contribuciones 'imputadas', que corresponden a las prestaciones sociales pagadas directamente por los empleadores a sus empleados, antiguos empleados o personas a cargo de estos (p. ej., cuando los empleadores están legalmente obligados a correr con las prestaciones por enfermedad durante cierto tiempo).

46. Las contribuciones se dividen en tres partidas principales – empleados (2100), empleadores (2200) y trabajadores por cuenta propia o no empleados (2300) – y se subdividen posteriormente en función de la base que gravan. A efectos de la presente publicación, se entiende por empleados todas las personas contratadas en actividades de unidades empresariales, órganos gubernamentales, instituciones privadas sin ánimo de lucro u otro tipo de empleo remunerado, con excepción de los dueños de empresas no constituidas en sociedad y de los miembros no remunerados de sus familias. También se consideran empleados los miembros de las Fuerzas Armadas, independientemente de la duración y del tipo de su servicio, siempre que coticen a regímenes de la seguridad social. Por su parte, las contribuciones de los empleadores se definen como las aportaciones que estos realizan por cuenta de sus empleados a los sistemas de seguridad social. Si los empleados o los empleadores tienen la obligación de continuar cotizando a la seguridad social en el caso de desempleo de un empleado, esas contribuciones se muestran en las partidas 2100 y 2200, respectivamente, siempre que los datos lo permitan. En consecuencia, la partida 2300 queda reservada a las contribuciones abonadas por los trabajadores por cuenta propia y por quienes no se hallan incluidos en la población activa (p. ej., incapacitados o jubilados).

3000 – Impuestos sobre la nómina y la fuerza de trabajo

47. Consiste en los impuestos pagados por las firmas o empresas, ya sea como una proporción de los salarios o la nómina, ya como una cantidad fija por persona empleada. No incluyen pagos a la

seguridad social obligatorios pagados por empleadores u otros impuestos pagados por los empleados mismos de sus salarios o remuneraciones.

4000 – Impuestos sobre la propiedad

48. Esta categoría engloba los impuestos, recurrentes y no recurrentes, sobre el uso, la titularidad o la transmisión de la propiedad, lo que incluye impuestos sobre la propiedad inmueble y la riqueza neta, sobre el cambio de titularidad en la propiedad por herencia o donación, y sobre transacciones financieras y de capital. Quedan excluidas de esta categoría los siguientes tipos de impuestos:

a) los impuestos sobre las ganancias de capital procedentes de la venta de propiedad (1120 o 1220);
b) los impuestos sobre el uso de bienes y sobre el permiso para usar bienes o realizar actividades (5200): véase el § 78;
c) los impuestos sobre los bienes inmuebles gravados sobre la base de un ingreso neto presunto que tiene en cuenta las circunstancias personales del contribuyente: se clasifican como impuestos sobre la renta junto con los impuestos sobre la renta y sobre las ganancias de capital derivadas de la propiedad (1100);
d) los impuestos sobre el uso de la propiedad con fines residenciales, tanto si debe responder del impuesto el propietario como el arrendatario, siempre que la cantidad debida tenga en cuenta las circunstancias personales del usuario (ingresos, personas a cargo, etcétera): se integran en los impuestos sobre la renta (1100);
e) los impuestos sobre los edificios con una densidad máxima superior a la permitida; sobre la ampliación, construcción o modificación de ciertos edificios más allá de un valor umbral; y sobre la construcción de edificios: todos ellos se integran en los impuestos sobre el permiso para realizar actividades (5200);
f) los impuestos sobre el uso de la propiedad propia para fines comerciales especiales, tales como la venta de bebidas alcohólicas, tabaco o carne, o para la explotación de tierras (p. ej., impuestos sobre la extracción en Estados Unidos): se integran en los impuestos sobre el permiso para realizar actividades (5200).

4100 – Impuestos recurrentes sobre la propiedad inmueble

49. Esta partida comprende los impuestos con que se grava de forma regular el uso o la titularidad de bienes inmuebles.

- Estos impuestos gravan las tierras y los edificios.
- Pueden consistir en un porcentaje del valor tasado de una propiedad, basado a su vez en un ingreso por alquiler hipotético, en el precio de venta, en un rendimiento capitalizado o en otras características de la propiedad inmueble (por ejemplo, el tamaño o la ubicación) de las que quepa inferir un alquiler o un valor de capital hipotéticos.
- Estos impuestos pueden aplicarse a los propietarios, a los arrendatarios o a ambos. También pueden pagarse de un nivel de gobierno a otro en relación con los bienes bajo jurisdicción de este último.
- Para la evaluación de estos impuestos, no se tienen en cuenta las deudas y, en ese sentido, difieren de los impuestos sobre la riqueza neta.

50. Los impuestos recurrentes sobre la propiedad inmueble se subdividen a su vez en los pagados por los hogares (4110) y los abonados por otros sujetos pasivos (4120), de acuerdo con los criterios establecidos en el § 31(b) supra.

4200 – Impuestos recurrentes sobre la riqueza neta

51. Esta partida abarca los impuestos con que se grava periódicamente (por lo general, anualmente) la riqueza neta, esto es, los impuestos sobre un amplio abanico de bienes muebles e inmuebles, descontadas sus deudas. Esta partida se subdivide a su vez en los impuestos pagados por las personas físicas (4210) y los abonados por las sociedades (4220), de acuerdo con los criterios establecidos en el § 31(a) supra. Si existen cifras separadas para las entradas correspondientes a pagos realizados por instituciones, se añaden a la subpartida de las sociedades.

4300 – Impuestos sobre sucesiones, herencias y donaciones

52. Esta partida se divide entre impuestos sobre sucesiones o herencias (4310) e impuestos sobre donaciones (4320).[16] Los impuestos sobre sucesiones gravan el valor total de la sucesión o del caudal hereditario, mientras los impuestos sobre herencias se aplican a las cuotas recibidas por los causahabientes individualmente considerados o en función de la relación de estos con el difunto.

4400 – Impuestos sobre transacciones financieras y de capital

53. Esta partida incluye, entre otros, los impuestos sobre la emisión, transmisión, compra y venta de activos no financieros y financieros (como divisas o valores), sobre los cheques y otras formas de pago y sobre transacciones legales específicas, tales como la validación de contratos o la venta de bienes inmuebles. La partida no incluye:

a) los impuestos sobre el uso de bienes y sobre el permiso para realizar ciertas actividades (5200);
b) las tasas abonadas en concepto de costos procesales o expedición de actas de nacimiento, matrimonio o defunción, que suelen considerarse como ingresos no tributarios (véase el § 12);
c) los impuestos sobre ganancias de capital (1000);
d) los impuestos recurrentes sobre la propiedad inmueble (4100);
e) los impuestos recurrentes sobre la riqueza neta (4200);
f) otros impuestos no recurrentes sobre la propiedad o la riqueza (4500);
g) impuestos de timbre no relacionados con transacciones financieras y de capital
   i. impuestos de timbre sobre la venta de productos específicos, tales como bebidas alcohólicas o tabaco (5121);
   ii. impuestos de timbre restringidos por ley a productos importados (5123) o productos exportados (5124); o
   iii. impuestos de timbre que no caen exclusivamente en una única categoría de transacción (6000).

4500 – Otros impuestos no recurrentes sobre la propiedad16

54. Esta partida cubre los gravámenes sobre la propiedad que, a diferencia de los impuestos recurrentes, se recaudan una sola vez. Se divide en impuestos no recurrentes sobre la riqueza neta (4510) y otros impuestos no recurrentes sobre la propiedad (4520). La subpartida 4510 contiene los impuestos que se recaudan a fin de hacer frente a gastos excepcionales o de redistribuir la riqueza. Por su parte, la subpartida 4520 comprende los impuestos que gravan los incrementos de valor de la tierra, debido, por ejemplo, a permisos para su desarrollo concedidos por el gobierno general o a la provisión por parte de este de instalaciones locales adicionales; cualesquiera impuestos sobre la reevaluación del capital; y aquellos impuestos gravados una sola vez sobre determinados tipos de propiedad.

4600 – Otros impuestos recurrentes sobre la propiedad

55. Aunque este tipo de impuestos rara vez se dan en los países miembros de la OCDE, esta partida incluye los impuestos sobre bienes tales como ganado bovino, joyas, ventanas y otros signos externos de riqueza.

5000 – Impuestos sobre los bienes y servicios

56. Se incluyen en esta categoría todos los impuestos y derechos sobre la producción, extracción, venta, transmisión, arrendamiento y entrega de bienes, así como sobre la prestación de servicios (5100), y también los impuestos aplicados al uso de bienes y al permiso para usar bienes o realizar actividades (5200). Por lo tanto, esta categoría comprende:

a) los impuestos acumulativos de etapas múltiples;
b) los impuestos generales sobre las ventas aplicados, ya sea en la fabricación/producción, ya sea en la venta al por mayor o al por menor;
c) los impuestos sobre el valor agregado;
d) los impuestos selectivos;
e) los impuestos sobre las importaciones y exportaciones de bienes;
f) los impuestos sobre el uso de bienes y sobre el permiso para usar bienes o realizar ciertas actividades;
g) los impuestos sobre la extracción, el procesamiento o la producción de minerales y otros productos.

57. Los casos de difícil delimitación entre esta categoría y la categoría 4000 (impuestos sobre la propiedad) o la partida 6100 (otros impuestos pagados únicamente por empresas) se tratan en los § 48, §53 y §80. La partida 5300 y la subpartida 5130, ambas residuales, incluyen, respectivamente, las entradas tributarias que no hayan podido clasificarse entre las partidas 5100 y 5200 o entre las subpartidas 5110 y 5120, respectivamente, véase §33.

5100 – Impuestos sobre la producción, venta, transmisión, arrendamiento y entrega de bienes, y la prestación de servicios

58. Esta partida comprende todos los impuestos aplicados a transacciones de bienes y servicios por las características intrínsecas de estos (p. ej., valor, peso del tabaco, graduación de las bebidas alcohólicas, etcétera) a diferencia de los impuestos determinados por el uso de bienes o por el permiso para usar bienes o realizar actividades, que entran dentro del ámbito de la partida 5200.

5110 – Impuestos generales

59. En esta subpartida, se incluyen todos los impuestos, aparte de los derechos de importación y exportación (5123 y 5124, respectivamente), que gravan la producción, el arrendamiento, la transmisión, la entrega o la venta de un amplio abanico de bienes o la prestación de una gran variedad de servicios, independientemente de que sean de producción nacional o importados, o de la etapa de producción o de distribución en la que recaigan. Por ende, comprende los impuestos sobre el valor agregado, los impuestos sobre las ventas y los impuestos acumulativos de etapas múltiples. A las entradas brutas generadas, se añaden las entradas por ajustes fronterizos en concepto de esos impuestos cuando se importan bienes, y se restan las devoluciones de dichos impuestos cuando se exportan bienes. Esta subpartida se divide a su vez en los epígrafes 5111, impuestos sobre el valor agregado; 5112, impuestos sobre las ventas; y 5113, otros impuestos generales sobre los ingresos brutos y sobre bienes y servicios.

60. Suelen plantearse dificultades de delimitación entre esta subpartida y la dedicada a los impuestos sobre bienes y servicios específicos (5120) cuando los impuestos se aplican a un gran número de bienes, como, por ejemplo, en el caso del impuesto sobre las compras del Reino Unido (abolido en 1973) o el impuesto sobre mercancías de Japón (abolido en 1988). De acuerdo con las respectivas perspectivas nacionales, el antiguo impuesto sobre las compras británico se ha clasificado como impuesto general (5112), mientras el desaparecido impuesto sobre mercancías japonés se ha incluido entre los impuestos selectivos (5121).

5111 – Impuestos sobre el valor agregado

61. Todos los impuestos generales al consumo cargados sobre el valor agregado entran dentro de este epígrafe, independientemente del método de deducción y de las etapas en las que recaiga el impuesto. En la práctica, todos los países de la OCDE con este tipo de impuestos permiten que todos los intermediarios, excepto el consumidor final, se deduzcan inmediatamente los impuestos sobre las compras e imponen tributación en todas las etapas. Para algunos países, puede que se incluyan en este epígrafe otros impuestos, tales como los aplicados sobre actividades financieras y de seguros, o bien porque las entradas que generan no pueden identificarse separadamente de las procedentes del impuesto sobre el valor agregado, o bien porque se considera que forman parte de este último, aunque esos mismos impuestos puedan clasificarse diferentemente en terceros países (p. ej., como impuestos sobre servicios específicos (5126) o impuestos sobre transacciones financieras y de capital (4400).

5112 – Impuestos sobre las ventas

62. Se clasifican aquí todos los impuestos generales aplicados a una sola etapa, ya sea en la fabricación/producción, o en la venta al por mayor o al por menor.

5113 – Otros impuestos generales sobre los ingresos brutos y sobre bienes y servicios

63. Estos son impuestos acumulativos de etapas múltiples e impuestos en los que el impuesto al consumo se combina con otros impuestos multifásicos. Estos impuestos se aplican cada vez que se realiza una transacción sin deducción del valor de los impuestos pagados sobre los insumos. Los impuestos multifásicos pueden combinarse con elementos de los impuestos sobre el valor agregado o sobre las ventas.

5120 – Impuestos sobre bienes y servicios específicos

64. Se incluyen en esta subpartida los impuestos selectivos, las utilidades generadas y transferidas por los monopolios fiscales, y los derechos de aduana y otros derechos de importación, así como los impuestos sobre las exportaciones, las transacciones de divisas, los bienes de inversión y las apuestas, y los impuestos especiales sobre los servicios que no formen parte de uno de los impuestos generales de la subpartida 5110.

5121 – Impuestos selectivos

65. Los impuestos selectivos gravan la unidad de un producto específico de una gama predefinida y limitada de bienes. Los impuestos generalmente se aplican a tasas diferenciadas sobre bienes no esenciales o de lujo, bebidas alcohólicas, tabaco y la energía. Los selectivos pueden imponerse en cualquier etapa de la producción o distribución y generalmente se aplican como un cargo específico por unidad en función de las características del bien con referencia al valor, peso, intensidad o cantidad del producto. Se incluyen impuestos especiales sobre productos como el azúcar, la remolacha azucarera, fósforos y chocolates; e impuestos que gravan a tasas variables una cierta gama de bienes; e impuestos

aplicados a los productos de tabaco, bebidas alcohólicas, combustibles para motores e hidrocarburos. Si un impuesto recaudado principalmente sobre bienes importados también se aplica, o se aplicaría, bajo la misma ley a bienes comparables de producción nacional, entonces los ingresos de este impuesto se clasifican como impuestos selectivos más que de derechos de importación. Este principio se aplica incluso si no hay producción nacional comparable o no hay posibilidad de tal producción. Los impuestos sobre el uso de servicios como agua, electricidad, gas y energía se consideran como impuestos selectivos más que impuestos sobre servicios específicos (5126). Los selectivos no incluyen los gravámenes que se aplican como impuestos generales sobre bienes y servicios (5110); beneficios de los monopolios fiscales (5122); derechos de aduana y otros derechos de importación (5123); o impuestos a las exportaciones (5124).

5122 – Utilidades de los monopolios fiscales

66. Este epígrafe comprende la parte de las utilidades de los monopolios fiscales transferida al gobierno general o usada para financiar gastos considerados como gastos del gobierno (véase el § 24). Las cantidades implicadas se registran cuando se transfieren al gobierno general o cuando se usan para gastos considerados como gastos del gobierno.

67. Los monopolios fiscales reflejan el ejercicio del poder tributario del gobierno mediante el uso de prerrogativas monopolísticas. Se trata de empresas públicas no financieras que ejercen un monopolio, en la mayoría de los casos sobre la producción o la distribución de tabaco, bebidas alcohólicas, sal, fósforos, cartas de juego, productos derivados del petróleo y productos agrícolas (es decir, sobre el tipo de productos susceptibles de estar sometidos, alternativa o adicionalmente, a los impuestos selectivos del epígrafe 5121), con el fin de recaudar ingresos para el gobierno que en otros países se obtienen gravando las operaciones que sobre dichos bienes efectúan las unidades empresariales privadas. El monopolio del gobierno puede intervenir en la etapa de producción o, en el caso de los establecimientos de licores propiedad del gobierno o bajo control de éste, en la etapa de distribución.

68. Cabe distinguir los monopolios fiscales de los servicios públicos, tales como el transporte ferroviario, la electricidad, los servicios de correos y otras comunicaciones, que pueden gozar también de una posición monopolística o cuasi-monopolística, pero cuyo fin primero suele ser la prestación de servicios básicos y no la obtención de ingresos para el gobierno; las transferencias de esas otras empresas públicas al gobierno se consideran ingresos no tributarios. Generalmente, el concepto tradicional de monopolio fiscal no abarca a las loterías estatales, cuyas utilidades usualmente se consideran, en consecuencia, ingresos no tributarios. No obstante, se pueden considerar como ingresos tributarios si su función principal es la de recaudar para financiar gasto gubernamental. Las utilidades de los monopolios fiscales se han separado de las de los monopolios de importación y exportación (5127) transferidas de juntas de comercialización u otras empresas dedicadas al comercio internacional.

5123 – Derechos de aduana y otros derechos de importación

69. Se incluyen aquí los impuestos, derechos de timbre y sobrecargas limitados por ley a los productos importados, así como los gravámenes sobre los productos agrícolas importados impuestos en los países miembros de la Unión Europea y las cantidades satisfechas por algunos de esos países a tenor del sistema de montantes compensatorios monetarios (MCM).[17] Los derechos de aduana recaudados por los Estados miembros de la Unión Europea en nombre de ésta ya se registran en este epígrafe a nivel de autoridad supranacional en los cuadros de países (Capítulo 4 de la publicación *Revenue Statistics* de la OCDE). Quedan excluidos aquí los impuestos recaudados de las importaciones como parte de un impuesto general sobre los bienes y servicios, así como los impuestos selectivos aplicables tanto a bienes importados como a bienes de producción nacional.

5124 – Impuestos sobre las exportaciones

70. En los años 1970, los derechos de exportación se aplicaban en Australia, Canadá y Portugal como una medida de carácter regular, y en Finlandia se han utilizado con fines contracíclicos. Algunos países miembros de la Unión Europea pagan un gravamen sobre las exportaciones, en el marco del sistema MCM (véase la nota §16 - § 69). Cuando las cantidades recaudadas son identificables, se integran en este epígrafe, que no incluye, sin embargo, las devoluciones de impuestos generales al consumo, de impuestos selectivos o de derechos de aduana sobre los bienes exportados, que se deducirán de las entradas brutas de 5110, 5121 o 5123, según corresponda.

5125 – Impuestos sobre los bienes de inversión

71. Este epígrafe cubre los impuestos sobre los bienes de inversión, tales como la maquinaria. Estos impuestos pueden cargarse por un cierto número de años o temporalmente con fines contracíclicos. No se incluyen aquí aquellos impuestos sobre los insumos industriales que recaen también en los consumidores (p. ej., el impuesto sobre la energía en Suecia, que se clasifica en 5121).

5126 – Impuestos sobre servicios específicos

72. Todos los impuestos sobre el pago por servicios específicos, tales como los impuestos sobre las primas de seguro, los servicios bancarios, los juegos de azar y las apuestas (p. ej., carreras de caballos, quinielas de fútbol, lotería), el transporte, las actividades recreativas o de ocio, los restaurantes y la publicidad, entran dentro de este epígrafe. También se clasifican en esta partida los impuestos sobre la entrada en casinos, carreras u otras manifestaciones o espacios similares, así como los impuestos de timbre sobre servicios específicos. También se clasifican aquí los impuestos sobre el ingreso bruto de las empresas que prestan un servicio específico (p. ej., transporte, como los impuestos de aeropuerto y otros impuestos de pasajeros; seguros; actividad bancaria; actividades recreativas o de ocio; restaurantes y publicidad).

73. Los ingresos tributarios procedentes de gravámenes bancarios y pagos a sistemas de seguro de depósitos y de estabilidad financiera se han incluido también en este epígrafe

- Los pagos obligatorios de tasas de estabilidad, gravámenes bancarios y primas de seguro de depósitos se tratarán por lo general como ingresos tributarios cuando se abonen al gobierno general o una autoridad supranacional y se asignen a los fondos consolidados o generales de este, de forma que el gobierno pueda utilizar libre e inmediatamente el dinero para los fines que elija. Este principio se aplicará independientemente de que el gobierno prometa revertir esos pagos para garantizar los depósitos de los clientes de los bancos en caso de necesidad futura.
- Si los pagos obligatorios se abonan al gobierno general y se destinan a fondos afectados exclusivamente a volver al sector de la economía que engloba a las sociedades sujetas a dichos pagos, éstos seguirán considerándose ingresos tributarios dado que los fondos estarán disponibles para el gobierno y podrán reducir su déficit presupuestario, que la tasa no conlleva contraprestación para una entidad individual y que las cantidades recaudadas no tienen relación con cualquier pago posterior a los depositantes o cualquier gasto realizado como medio de respaldo más amplio al sector financiero.
- Se clasificarán como tasa por servicio los pagos que deban aportarse a sistemas permanentes más reducidos para garantizar los depósitos de "particulares" cuando los niveles de pago concuerden con el coste del seguro.
- También se clasificarán como tasa por servicio, y no como ingreso tributario, los pagos que impliquen que el gobierno ejecute los activos de una institución en quiebra o tenga un derecho

prioritario sobre la liquidación de activos de esta con objeto de financiar los pagos de compensación a los clientes por la pérdida de sus depósitos.

- Los pagos obligatorios a fondos gestionados fuera del sector público y a instituciones no estatales apoyadas por depositantes, así como todos los pagos a planes voluntarios, no deben tratarse como ingresos tributarios.
- También se incluyen aquí las contribuciones al Fondo de Resolución Única de la UE, que se atribuyen a la autoridad supranacional en los cuadros de los países.

74. Se excluyen de este epígrafe:

a) los impuestos sobre servicios que formen parte de un impuesto general sobre los bienes y servicios (5110);

b) los impuestos sobre la electricidad, el gas y la energía (5121, impuestos selectivos);

c) los impuestos sobre las ganancias de las personas físicas en los juegos de azar (1120, impuestos sobre las ganancias de capital de las personas físicas o de las empresas no constituidas en sociedad) y los impuestos fijos sobre la transferencia de loterías privadas o sobre el permiso para crear loterías (5200);[18]

d) los impuestos sobre los cheques y sobre la emisión, transmisión o compra y venta de valores (4400, impuestos sobre transacciones financieras y de capital);

e) impuestos generales sobre los ingresos brutos (5113).

5127 – Otros impuestos sobre el comercio y las transacciones internacionales

75. Este epígrafe abarca los ingresos percibidos por el gobierno por la compra y la venta de divisas a diferentes tipos de cambio. Cuando el gobierno ejerce poderes monopolísticos para obtener un margen entre los precios de compra y de venta de divisas superior al que sería necesario para cubrir los costos administrativos, el ingreso generado constituye un gravamen obligatorio impuesto en proporciones indeterminadas tanto sobre el comprador como sobre el vendedor de divisas. Es un equivalente común de los derechos de importación y exportación cargados en un sistema con tipo de cambio único o de un impuesto sobre la compraventa de divisas. Al igual que las utilidades de los monopolios fiscales o de los monopolios de importación y exportación transferidas al gobierno, representa el ejercicio de las prerrogativas monopolísticas con fines fiscales y, por lo tanto, se incluye en los ingresos tributarios.

76. El epígrafe engloba asimismo las utilidades de los monopolios de importación y exportación, que, sin embargo, son inexistentes en los países de la OCDE; los impuestos sobre la compraventa de divisas; y cualesquiera otros impuestos que recaigan sobre el comercio o las transacciones internacionales.

5128 – Otros impuestos sobre bienes y servicios específicos

77. Este epígrafe incluye los impuestos sobre la extracción de minerales, combustibles fósiles y otros recursos agotables de yacimientos de propiedad privada o de otro nivel de gobierno, así como cualesquiera otras entradas no clasificables procedentes de impuestos sobre bienes y servicios específicos. Los impuestos sobre la extracción de recursos agotables suelen traducirse en un importe fijo por cantidad o peso, pero también pueden adoptar un valor porcentual. Los impuestos se registran en el momento de extracción de los recursos. Los pagos por extracción de recursos agotables de yacimientos propiedad de la unidad de gobierno que recibe el pago se clasifican como alquiler.

5200 – Impuestos sobre el uso de bienes y sobre el permiso para usar bienes o realizar actividades

78. Esta partida incluye los impuestos aplicados al uso de bienes a diferencia de los impuestos sobre los propios bienes. Al contrario que los impuestos de este último tipo (registrados en la partida 5100), los impuestos considerados aquí no se basan en el valor de los bienes, sino que suelen revestir la forma de importes fijos. Los impuestos sobre el permiso para usar bienes o realizar actividades entran asimismo en esta partida, como, por ejemplo, los impuestos sobre la contaminación que no se basan en el valor de bienes particulares. En ocasiones, resulta complejo distinguir entre cargos obligatorios a los usuarios y tasas de licencia que se consideran como impuestos y aquellos que quedan excluidos por reputarse como ingresos no tributarios; los criterios de deslinde empleados se explican en los § 12 y §13.

79. Aunque el título de esta partida menciona el "uso" de bienes, es posible que sea el registro de la propiedad, y no el uso, lo que dé lugar a la obligación tributaria, y que los impuestos contenidos aquí se apliquen más al hecho de ser titular de ciertos animales o bienes (p. ej., caballos de carreras, perros y vehículos automotores) que al uso que se hace de ellos, o que recaigan incluso en bienes inutilizables (p. ej., vehículos automotores o armas inservibles).

80. Se plantean casos de difícil delimitación con respecto a:

a) los impuestos sobre el permiso para realizar actividades empresariales que parten de una base combinada de renta, nómina o volumen de ventas, que se clasifican de acuerdo con las normas del §84;

b) los impuestos sobre la propiedad o el uso de la propiedad de las partidas 4100, 4200 y 4600; la partida 4100 se dedica exclusivamente a los impuestos sobre la titularidad o la posesión de bienes inmuebles y, a diferencia de los impuestos de la partida 5200, recaen siempre sobre el valor de la propiedad; los impuestos sobre la riqueza neta (4200) y otros impuestos recurrentes sobre la propiedad (4600) se circunscriben al hecho de ser titular de propiedades, y no al uso de activos; se aplican a grupos de activos, y no a bienes particulares; y están en todo caso relacionados con el valor de los activos en cuestión.

5210 – Impuestos recurrentes sobre el uso de bienes y sobre el permiso para usar bienes o realizar actividades

81. La principal característica de los impuestos consignados aquí es que se recaudan a intervalos regulares y se cobran por lo general según una cantidad fija. En términos de ingresos, el elemento más importante está constituido por los impuestos por licencia de vehículos, aunque también integran esta subpartida los impuestos sobre los permisos de caza, pesca o tiro o sobre la venta de ciertos productos, así como los impuestos sobre la propiedad de animales domésticos, impuestos de radiodifusión y tasas sobre la prestación de ciertos servicios siempre que estos reúnan los criterios establecidos en los § 12 y §13. Los epígrafes en que se divide la partida 5210 son:

- impuestos de uso sobre vehículos automotores pagados por los hogares (5211);
- impuestos sobre vehículos automotores abonados por otros (5212); y
- otros impuestos recurrentes (5213). Esta subpartida abarca las licencias comerciales y profesionales pagadas por las empresas para obtener una licencia para desarrollar un determinado tipo de negocio o profesión cuando los gravámenes se imponen de forma recurrente. Se incluyen licencias como las licencias de taxi o de casinos. También se incluyen las licencias de perros y las licencias generales periódicas de caza, pesca y tiro cuando el derecho a emprender esas actividades no se otorga como parte de una transacción comercial normal. Las tasas de servicios de radiodifusión se incluyen cuando quien realiza su pago no puede optar por no pagar por la radiodifusión pública si no desea ver o escuchar servicios de radiodifusión públicos (por

ejemplo, declarando que no consume servicios de radiodifusión pública). Las exenciones específicas (por ejemplo, para las personas mayores) no modifican el carácter obligatorio del pago.

82. Se excluyen de la subpartida 5213:

a) las licencias cuando el derecho a emprender esas actividades se otorga como parte de una transacción comercial normal (p. ej., la concesión de la licencia va acompañada del derecho a usar una zona específica que es propiedad pública);

b) los pagos relativos a los controles efectuados por el gobierno para comprobar la idoneidad y/o la seguridad de los establecimientos o equipos comerciales o la calidad o normalización de los bienes o servicios producidos como condición para la concesión de dicha licencia. Dichos pagos no son unilaterales y deben tratarse como pagos por los servicios prestados, salvo que los importes cobrados por las licencias sean desproporcionados con relación a los gastos de los referidos controles efectuados por el gobierno.

c) las tasas de servicios de radiodifusión si los usuarios pueden optar por no pagar las tasas de radiodifusión en caso de que no deseen consumir estos servicios, sin que ello afecte la capacidad de consumir servicios de radiodifusión privados.

d) 5220 – Impuestos no recurrentes sobre el uso de bienes y sobre el permiso para usar bienes o realizar actividades

83. Se incluyen aquí los impuestos no recurrentes aplicados sobre el uso de bienes y sobre el permiso para utilizar bienes o realizar actividades, así como los impuestos aplicados cada vez que se utilizan los bienes.

- Entran en esta subpartida los impuestos sobre la emisión o liberación en el medio ambiente de gases y líquidos nocivos y otras sustancias peligrosas. Los pagos por permisos negociables de emisión expedidos por los gobiernos en el marco de programas de límites máximos y comercio de emisiones deberán registrarse aquí en la fecha en que se produzcan las emisiones. No se computarán ingresos por los permisos que los gobiernos expidan a título gratuito. El registro según el criterio de devengo implica que habrá una diferencia temporal entre el momento en que el gobierno reciba el pago por los permisos y el momento en que se produzca la emisión. En las cuentas nacionales, esta diferencia genera un pasivo para el gobierno durante ese periodo.
- Se excluirán los pagos efectuados por la recogida y eliminación de desechos o sustancias nocivas por parte de los poderes públicos, ya que constituyen una venta de servicios a las empresas.

84. También se incluyen aquí otros impuestos que entren dentro del ámbito de aplicación de la partida 5200 y que no se recauden recurrentemente. Por lo tanto, quedarán comprendidos los pagos únicos por permisos para la venta de alcohol o tabaco o para la creación de centros de apuestas, siempre que cumplan los criterios de los § 12 -13.

6000 – Otros impuestos

85. Esta categoría recoge los impuestos que reposan en una o varias bases diferentes de las descritas en las categorías 1000, 3000, 4000 y 5000, o en bases que no puedan considerarse relacionadas a ninguna de estas categorías, se incluyen aquí. Los impuestos de base múltiple, y si es posible estimar las entradas relacionadas con cada base las cantidades desglosadas se repartirán en las correspondientes categorías de acuerdo a su base. Si no pueden calcularse los valores por separado y se sabe que la mayoría de las entradas proceden de una base determinada, el total de estas se atribuirán de acuerdo con dicha base. En caso contrario, las entradas se clasificarán aquí. Otros ingresos incluidos aquí son los impuestos presuntos no incluidos en el sistema de clasificación, los impuestos a las personas en forma de impuesto de capitación, impuestos de sellos no relacionados con las transacciones financieras y de capital que no pertenecen exclusivamente a una sola categoría de transacción, impuestos

a los gastos donde se aplican deducciones o exenciones personales y recibos de impuestos no identificables. Esta categoría se subdivide entre los impuestos pagados completa o principalmente por las empresas (6100) y los abonados por otros sujetos pasivos (6200).

A.6. Conciliación con las cuentas nacionales

86. Esta sección de los cuadros reconcilia el cálculo de la recaudación tributaria total realizado por la OCDE y el total de todos los impuestos y contribuciones sociales pagados al gobierno general tal y como figuran en el registro de las cuentas nacionales de cada país. Cuando el país es miembro de la Unión Europea (UE), la comparación se establece entre el cálculo de la recaudación tributaria total realizado por la OCDE y la suma de los ingresos tributarios y contribuciones sociales registrado en la combinación del gobierno general y de las instituciones de los sectores de la UE de las cuentas nacionales.

A.7. Partida informativa sobre el financiamiento de las prestaciones sociales

87. A la vista de la variedad de relaciones entre la tributación y las contribuciones a la seguridad social y de los casos mencionados en los § 40 al §46, se ha previsto una partida informativa que recopile todos los pagos asignados a las prestaciones tipo de la seguridad social, aparte de los pagos voluntarios al sector privado. Los datos se presentan de la forma siguiente (véase el Cuadro 5.38 de este informe):

a) Impuestos de la categoría 2000.
b) Impuestos asignados a las prestaciones de la seguridad social.
c) Contribuciones voluntarias al gobierno.
d) Contribuciones obligatorias al sector privado.

Los § 40 al §46 ofrecen las debidas orientaciones para efectuar el desglose entre las rúbricas (a) a (d).

A.8. Partida informativa sobre impuestos identificables pagados por el gobierno

88. Los impuestos identificables realmente pagados por el gobierno se presentan en una partida informativa, desglosados según las principales categorías de la clasificación de impuestos de la OCDE. En la vasta mayoría de los países, sólo pueden identificarse las contribuciones a la seguridad social y los impuestos sobre la nómina satisfechos por el gobierno, que, sin embargo, suelen ser los gravámenes más importantes liquidados por los gobiernos (véase el Cuadro 5.39 de este informe).

A.9. Relación de la clasificación de impuestos de la OCDE con el Sistema de Cuentas Nacionales

89. El Sistema de Cuentas Nacionales (SCN) pretende proporcionar un marco coherente para registrar y presentar los principales flujos relacionados con la producción, el consumo, la acumulación y las transacciones con el exterior de una determinada zona económica, por lo general, un país o una región destacada de un país, y, en este sentido, los ingresos del gobierno constituyen una importante parte de las transacciones registradas en todo sistema de cuentas nacionales. En agosto de 2009, la versión final del SCN 2008 se publicó conjuntamente por cinco organizaciones internacionales: la Organización de las Naciones Unidas, el Fondo Monetario Internacional, la Unión Europea, la Organización para la Cooperación y el Desarrollo Económicos, y el Banco Mundial. La publicación está diseñada para ser empleada en países con economías de mercado, sea cual sea su estadio de desarrollo económico, así como en países en transición hacia economías de mercado. Las principales partes del marco conceptual

y las definiciones de los diversos sectores económicos del SCN se han plasmado en la clasificación de impuestos de la OCDE.

90. Sin embargo, existen ciertas diferencias, reseñadas seguidamente, entre la clasificación de impuestos de la OCDE y los conceptos del SCN, debidas a que la finalidad de la clasificación de la OCDE consiste en lograr la máxima desagregación posible de los datos estadísticos en relación con lo que, por lo general, las Administraciones tributarias consideran como impuestos. Y así:

a) la OCDE incluye las contribuciones a la seguridad social obligatorias, pagadas al gobierno general en la recaudación tributaria total. No se consideran como impuestos las contribuciones imputadas y voluntarias, además de aquellas pagadas a fondos privados (véanse los §9 y §11 supra.);
b) los puntos de vista sobre la calificación de algunos gravámenes y tasas como impuestos son diferentes (§12 y §13 supra.);
c) la OCDE excluye los impuestos imputados o los subsidios procedentes de la aplicación de múltiples tipos de cambio oficiales, o del pago de una tasa diferente a otras del mercado sobre reservas requeridas que pueda hacer el banco central;
d) los créditos fiscales exigibles se tratan de forma diferente.

91. Tal y como se ha apuntado en los §1 y §2, las categorías 1000 a 6000 de la lista de impuestos de la OCDE cubren todos los pagos sin contraprestación al gobierno general o una autoridad supranacional, aparte de las multas y los préstamos obligatorios. Esos pagos sin contraprestación, incluidas las multas pero excluidos los préstamos obligatorios, pueden obtenerse añadiendo los siguientes valores del SCN 2008:

- impuestos sobre el valor agregado (D211);
- impuestos y derechos sobre las importaciones, IVA no incluido (D212);
- impuestos sobre las exportaciones (D213);
- impuestos sobre los productos, IVA e impuestos sobre las importaciones y exportaciones no incluidos (D214);
- otros impuestos sobre la producción (D29);
- impuestos sobre la renta (D51);
- otros impuestos corrientes (D59);
- las contribuciones efectivas a la seguridad social (D.611 y D1613), con exclusión de las contribuciones voluntarias y los pagos a planes de seguro social relacionados con el empleo que no sean planes de seguridad social;
- impuestos sobre el capital (D91).

A10. Relación de la clasificación de impuestos de la OCDE con el sistema de estadísticas de finanzas públicas del Fondo Monetario Internacional

92. La cobertura y la valoración de los ingresos tributarios en el sistema de estadísticas de finanzas públicas (EFP) y en el SCN 2008 son muy similares. Por lo tanto, a excepción del tratamiento dado a los créditos fiscales exigibles, las diferencias entre la clasificación de la OCDE y la del SCN 2008 (véase el §90 supra.) son de aplicación igualmente al sistema de EFP. Además, el Fondo Monetario Internacional (FMI) escinde la categoría única 5000 de la OCDE en dos categorías distintas dedicadas a los impuestos nacionales sobre bienes y servicios (114) y a los impuestos sobre el comercio y las transacciones internacionales (115). Esto refleja el hecho de que, mientras estos últimos impuestos suelen generar insignificantes cantidades de ingresos en la zona de la OCDE, ese no es el caso en la mayoría de los países no pertenecientes a la Organización.

A.11. Comparación de la clasificación de impuestos de la OCDE con otras clasificaciones internacionales

93. El cuadro siguiente recoge una comparación ítem por ítem entre la clasificación de impuestos de la OCDE y las clasificaciones empleadas en:

a) el Sistema de Cuentas Nacionales (SCN 2008);
b) el Sistema Europeo de Cuentas (SEC 2010);
c) el Manual de estadísticas de finanzas públicas del FMI (MEFP 2014).

94. Estas comparaciones representan equivalencias que podrán aplicarse en la mayoría de los casos. Con todo, deberán emplearse con cierta flexibilidad, ya que, en casos particulares, los países pueden adoptar enfoques diferentes para la clasificación de los ingresos en las cuentas nacionales.

	Clasificación de la OCDE			SCN 2008	SEC 2010	MEFP 2014
1000	Impuestos sobre los ingresos, utilidades y ganancias de capital					
	1100	Personas				
		1110	Ingresos y utilidades	D51-8.61a	D51A	1111
		1120	Ganancias de capital	D51-8.61c, d	D51C, D	1111
	1200	Corporaciones				
		1210	Ingresos y ganancias	D51-8.61b	D51B	1112
		1220	Ganancias de capital	D51-8.61c	D51C	1112
	1300	No clasificables entre 1100 y 1200				1113
2000	Contribuciones a la seguridad social					
	2100	Empleados		D613-8.85	D613	1211
	2200	Empleadores		D611-8.83	D611	1212
	2300	Auto-empleados y no empleados		D613-8.85	D613	1213
	2400	No asignables entre 2100, 2200 y 2300				1214
3000	Impuestos sobre la nómina y fuerza de trabajo			D29-7.97a	D29C	112
4000	Impuestos sobre la propiedad					
	4100	Impuestos recurrentes sobre la propiedad inmueble				
		4110	Hogares	D59-8.63a	D59A	1131
		4120	Otro	D29-7.97b	D29A	1131
	4200	Impuestos recurrentes sobre la riqueza neta				
		4210	Hogares	D59-8.63b	D59A	1132
		4220	Corporaciones	D59-8.63b	D59A	1132
	4300	Impuestos sobre sucesiones, herencias y donaciones				
		4310	Impuestos sobre sucesiones y herencias	D91-10.207b	D91A	1133
		4320	Impuestos sobre donaciones	D91-10.207b	D91A	1133
	4400	Impuestos sobre transacciones financieras y de capital		D59-7.96d; D29-7.97e	D214B, C	114114; 1161
	4500	Otros impuestos no recurrentes sobre la propiedad		D91-10.207a	D91B	1135
	4600	Otros impuestos recurrentes sobre la propiedad		D59-8.63c	D59A	1136

5000	Impuestos sobre los bienes y servicios					
	5100	Impuestos sobre la producción, venta y transmisión de bienes y prestación de servicios				
		5110	Impuestos generales sobre bienes y servicios			
		5111	Impuestos sobre el valor agregado	D211-7.89	D211; D29G	11411
		5112	Impuestos sobre las ventas	D2122-7.94a;	D21224; D214I	11412
		5113	Otros impuestos generales sobre los ingresos brutos y sobre bienes y servicios	D214-7.96a	D214I	11413
		5120	Impuestos sobre bienes y servicios específicos			
		5121	Impuestos selectivos	D2122-7.94b;	D21223;	1142
				D214-7.96b	D214A, B, D	
		5122	Utilidades de los monopolios fiscales	D214-7.96e	D214J	1143
		5123	Derechos de aduanas y otros derechos de importación	D2121-7.93	D2121; D21221, 2	1151
		5124	Sobre las exportaciones	D213-7.95a	D214K	1152-4
		5125	Sobre los bienes de inversión			
		5126	Sobre servicios específicos	D2122-7.94c; D214-7.96c	D21225; D214E, F, G, H; D29F	1144; 1156
		5127	Otros impuestos sobre el comercio y las transacciones internacionales	D2122-7.94d D29-7.95b	D21226; D29D; D59E	1153; 1155-6
		5128	Otros impuestos sobre bienes y servicios específicos			1146
		5130	No clasificables entre 5110 y 5120			
	5200	Impuestos sobre el uso de bienes y sobre el permiso para usar bienes y realizar actividades				
		5210	Impuestos recurrentes			
		5211	Sobre vehículos automotores: hogares	D59-8.64c	D59D	11451
		5212	Sobre vehículos automotores: otros	D29-7.97d	D214D; D29B	11451
		5213	Otros impuestos recurrentes en el uso de bienes y en el permiso para el uso de bienes y la realización de actividades	D29-7.97c, d, f D59-8.64c	D29B, E, F; D59D	11452
		5220	Impuestos no recurrentes sobre el permiso para el uso de bienes o la realización de actividades			11452
	5300	No clasificables entre 5100 y 5200				
6000	Otros impuestos					
	6100	Pagados únicamente por empresas				1161
	6200	Pagados por otros distintos de las empresas o no identificables		D59-8.64a, b	D59B, C	1162

A.12. Atribución de ingresos tributarios por subsectores del gobierno general

95. La clasificación de la OCDE requiere un desglose de los ingresos tributarios por subsectores del gobierno general. Seguidamente, se establecen la definición de cada subsector y los criterios que deben emplearse para atribuir los ingresos tributarios entre ellos, que siguen las orientaciones del SCN 2008 y del MEFP 2014.

Identificación de los subsectores del gobierno general

a) Gobierno central

96. El subsector del gobierno central incluye todos los departamentos, oficinas y establecimientos del gobierno, así como otros órganos que constituyen organismos o instrumentos de la autoridad central, cuya

competencia se extiende a todo el territorio, con excepción de la administración de los fondos de seguridad social. En consecuencia, el gobierno central tiene la facultad de someter a tributación a todas las unidades residentes y no residentes que emprendan actividades económicas en el país.

b) Gobierno estatal, provincial o regional

97. Este subsector está compuesto por unidades intermedias del gobierno que ejercen su competencia a un nivel inferior al del gobierno central. Incluye a todas las unidades que operan independientemente del gobierno central en una parte del territorio de un país que engloba numerosas pequeñas localidades, con la excepción de la administración de los fondos de seguridad social. En los países unitarios, puede considerarse que los gobiernos regionales tienen una existencia separada, en la que cuentan con la suficiente autonomía como para recaudar sus ingresos de fuentes bajo su control, y sus funcionarios son independientes del control administrativo externo en el ejercicio de las actividades de la unidad.

98. En la actualidad, los países federales representan la mayoría de los casos en los que los ingresos atribuidos a unidades intermedias del gobierno se identifican de forma separada. España es el único país unitario en ese caso; en el resto de los países unitarios, los ingresos regionales se computan junto con los de los gobiernos locales.

c) Gobierno local

99. Este subsector incluye todas las demás unidades del gobierno que ejercen una competencia independiente en parte del territorio de un país, con excepción de la administración de los fondos de seguridad social. Engloba varios entes urbanos o rurales (p. ej., autoridades locales, municipios, ciudades, delegaciones, distritos).

d) Fondos de seguridad social

100. Los fondos de seguridad social forman un subsector separado del gobierno general. El SCN 2008 define el subsector de la seguridad social según lo expuesto en sus párrafos 4.124 a 4.126 y 4.147, citados seguidamente:

"Los regímenes de seguridad social son sistemas de seguros sociales que cubren a la comunidad en su conjunto o a amplios sectores de la misma, y que son impuestos y controlados por unidades del gobierno. Los sistemas abarcan una gran variedad de programas, y ofrecen prestaciones en dinero o en especie por vejez, invalidez o muerte, supervivencia, enfermedad y maternidad, accidentes de trabajo, desempleo, ayudas familiares, asistencia sanitaria, etc. No existe necesariamente una relación directa entre la cuantía de la contribución pagada por un individuo y las prestaciones que este pueda recibir." (Párrafo 4.124)

"Cuando los sistemas de seguridad social se organizan por separado de las demás actividades de las unidades del gobierno, mantienen sus activos y pasivos separados de estas últimas, y realizan operaciones financieras por cuenta propia, se califican de unidades institucionales, que reciben el nombre de fondos de seguridad social." (Párrafo 4.125)

"Las cantidades recaudadas y pagadas por contribuciones y prestaciones de la seguridad social pueden modificarse deliberadamente con el fin de alcanzar determinados objetivos de la política del gobierno que no tengan relación directa con el concepto de la seguridad social como sistema destinado a ofrecer prestaciones sociales a los miembros de la comunidad. Pueden aumentarse o disminuirse, por ejemplo, con el fin de influir en el nivel de la demanda agregada de la economía. No obstante, mientras se mantengan como fondos constituidos por separado, han de ser tratados, en el SCN, como unidades institucionales diferentes." (Párrafo 4.126)

"El subsector de los fondos de seguridad social [del gobierno general] está conformado por los fondos de seguridad social que operan en todos los niveles del gobierno. Dichos fondos son sistemas de seguros sociales que cubren a la comunidad en su conjunto o a amplios sectores de la misma, y que son impuestos por unidades del gobierno." (Párrafo 4.147)

101. La clasificación de la OCDE sigue esta definición de los fondos de seguridad social con las dos siguientes excepciones, por las se excluyen:

- los sistemas impuestos por el gobierno pero administrados por órganos externos al sector del gobierno general, tal y como se ha definido en el § 3 de este manual; y
- los sistemas en los que todas las contribuciones son voluntarias.

Autoridades supranacionales

102. Este subsector engloba las operaciones de recaudación fiscal de autoridades supranacionales dentro de un país. En la práctica, la única autoridad supranacional que cabe tener en cuenta en la zona de la OCDE es la que conforman las instituciones de la Unión Europea (UE). Los ingresos tributarios recaudados por los países miembros y remitidos a la UE se incluyen en las estadísticas tributarias a nivel de autoridad supranacional. No se deben incluir los impuestos sobre la renta y las contribuciones a la seguridad social recaudados por las instituciones de la Unión Europea y pagados por funcionarios de la Unión Europea residentes en países miembros de la Unión Europea.

Criterios de atribución de los ingresos tributarios

103. Cuando un gobierno recauda impuestos y los transfiere, en todo o en parte, a otros gobiernos, es necesario determinar si esos ingresos se imputarán al gobierno recaudador que los distribuye a otros en forma de donaciones, o si se atribuirán a los gobiernos beneficiarios para los que el gobierno recaudador actúa como mero agente, recibiendo el producto de los impuestos y transfiriéndolos posteriormente. Los criterios de atribución de los ingresos se establecen en los §104–§107 siguientes, y siguen lo dispuesto en los puntos 3.70 a 3.73 del SCN 2008.

104. Por regla general, un impuesto se atribuye a la unidad de gobierno que:

a) ejerce la facultad de aplicar el impuesto (como entidad principal o a través de la autoridad delegada por la entidad principal); y

b) puede a su discreción establecer y modificar la tasa del impuesto.

105. Cuando un gobierno recauda impuestos para y en nombre de otro, y este último tiene la facultad de aplicar el impuesto y establecer y modificar su tasa impositiva, entonces el gobierno recaudador actúa como agente de este, y el impuesto se reasigna. Cualquier cantidad retenida por el gobierno recaudador como cargo por la recaudación deberá tratarse como pago por un servicio. Cualquier otra cantidad retenida por el gobierno recaudador, por ejemplo, en el marco de un arreglo de coparticipación de impuestos, deberá tratarse como una donación corriente. Si se delegó al gobierno recaudador la autoridad para establecer y modificar la tasa impositiva entonces las cantidades recaudadas deberán tratarse como ingresos tributarios de este gobierno.

106. Cuando diferentes gobiernos establecen conjuntamente y por igual la tasa de un impuesto y el uso de los recursos, sin que ninguno de ellos tenga la autoridad final y exclusiva, entonces los ingresos tributarios se atribuyen a cada gobierno según la proporción de recursos que le corresponda; si el acuerdo permite a una unidad del gobierno ejercer el control final y exclusivo, entonces todos los ingresos tributarios se atribuirán a dicha unidad.

107. También puede ocurrir que un gobierno tenga la autoridad constitucional o de otra índole de aplicar un impuesto, pero que otros gobiernos establezcan individualmente la tasa de ese impuesto en sus jurisdicciones; los recursos generados por el impuesto en cuestión en la jurisdicción de cada gobierno se atribuirán como ingresos tributarios a los respectivos gobiernos.

108. Los gravámenes satisfechos por los Estados miembros de la Unión Europea (UE) revisten la forma de:

a) derechos de aduana y gravámenes sobre los bienes agrícolas (5123);
b) cuentas de compensación monetaria brutas (5123 en relación con las importaciones y 5124 en relación con las exportaciones);
c) contribuciones al Fondo de la Resolución Única (5126); y
d) gravámenes sobre el acero, el carbón, el azúcar y la leche (5128).

109. Los derechos de aduana recaudados por los Estados miembros de la UE en nombre de esta se registran de la siguiente forma:

- sobre la base de un coeficiente de recaudación bruta;
- ajustando los resultados, siempre que sea posible, de forma que esos derechos se muestren en relación con una base de "destino final", por oposición a la base de "país de primera entrada"; estos ajustes atañen particularmente a los derechos colectados en importantes puertos (marítimos); aunque los derechos de la UE se perciben por las autoridades del país de primera entrada, siempre que sea posible cabrá excluir esos derechos del ingreso del país recaudador e incluirlos en el ingreso del país de destino final.

110. Son los gravámenes específicos de la UE los que cumplen más claramente con el criterio de asignación descrito en el §102 anterior. Por consiguiente, estas cantidades se indican en notas a pie de página en los cuadros por país de los Estados miembros de la UE (en el Capítulo 5) y aparecen como ingresos supranacionales en cada uno de los epígrafes fiscales identificados en el §108.

Notas

1. Las referencias a la publicación *Revenue Statistics* de la OCDE en esta Guía Interpretativa, aluden a OECD (2025), *Revenue Statistics 2025*, Publicaciones de la OCDE, París.

2. Todas las referencias al SCN deberán entenderse hechas a la edición de 2008.

3. Véase el apartado A.12 de la presente guía para el análisis del concepto de agente.

4. Por lo general, es posible identificar la cuantía de las contribuciones a la seguridad social y de los impuestos sobre la nómina, pero no otros impuestos asumidos por el gobierno.

5. Sin embargo, si un gravamen considerado como ingreso no tributario en la mayoría de los países se califica de tributario –o permite recaudar sustanciales ingresos– en uno o más países, las entradas en concepto de dicho gravamen se indican en las notas que figuran al pie de los cuadros de países, pero no se incluyen en la recaudación tributaria total.

6. Obsérvese, no obstante, que los nombres pueden dar lugar a confusión. Por ejemplo, aunque una tasa sobre los pasaportes se trataría normalmente como ingreso no tributario, si se impone un gravamen suplementario sobre los pasaportes (como en el caso de Portugal) con el fin de conseguir un ingreso sustancialmente mayor que el costo que supone proporcionar el pasaporte, dicho gravamen deberá considerarse como un impuesto sobre el uso de bienes (5200).

[7] Para una explicación más detallada de esta distinción, consúltese el estudio especial sobre cuestiones de actualidad en relación con el registro de los ingresos tributarios "Current issues in reporting tax revenues", en la edición 2001 de *Revenue Statistics*.

[8] En ocasiones, se emplean asimismo los términos "no reembolsable" y "reembolsable", pero puede parecer ilógico hablar de "reembolsable" cuando no se ha pagado nada.

[9] Con la excepción del diferente tratamiento dado a los créditos fiscales exigibles en los sistemas de imputación del impuesto sobre sociedades (§ 37 - 39).

[10] No se trata aquí de verdaderos gastos tributarios en sentido formal, ya que tales gastos requieren que se identifique un sistema tributario de referencia para cada país o, mejor si cabe, una referencia internacional común y, en la práctica, no se ha logrado acuerdo sobre esta última.

[11] A menos que se basen en la plusvalía obtenida con la venta, en cuyo caso se clasificarían como impuestos sobre las ganancias de capital, en las subpartidas 1120 o 1220.

[12] Con todo, algunos países aplican la misma legislación a ambos en impuestos particulares sobre la renta, aunque las entradas procedentes de dichos impuestos suelen ser fácilmente atribuibles a uno u otro caso y pueden, por lo tanto, consignarse en la debida partida.

[13] Por ejemplo, "[...] que son suficientemente autónomas e independientes y se comportan como si fueran sociedades [...] (incluido en el hecho de llevar) conjuntos completos de cuentas" (SCN 2008, 4.44).

[14] En Canadá, país en el que se considera que rige un sistema de imputación, el crédito fiscal (no exigible) para el accionista nace en relación con el impuesto nacional sobre sociedades que se reputa haber pagado, tanto si ha surgido una obligación tributaria para la sociedad como si no. Habida cuenta de que no existe una conexión íntegra entre la obligación tributaria de la sociedad y el crédito concedido en relación con el impuesto sobre la renta en esos sistemas, los créditos por dividendos se tratan, junto con otros créditos fiscales, según lo descrito en el § 26.

[15] Esto puede darse, por ejemplo, cuando ya existía un régimen para los empleados del gobierno previo a la introducción de un régimen general de seguridad social

[16] En el SCN 2008, se consideran transferencias de capital y no impuestos (véase la sección A.8.).

[17] Mediante este sistema, la Unión Europea ajusta las diferencias entre los tipos de cambio empleados para determinar los precios de la política agrícola común (PAC) y los tipos de cambio reales. Los pagos realizados en este sistema pueden estar relacionados con importaciones o exportaciones y, cuando ha sido posible identificar por separado las respectivas cantidades, se han mostrado en el correspondiente epígrafe (5123 o 5124). En el presente informe, esas cantidades se han consignado en valores brutos (esto es, sin deducir ningún subsidio otorgado en el marco del sistema MCM).

[18] Las transferencias de las utilidades de las loterías del Estado se consideran ingresos no tributarios (véase el § 68).

www.ingramcontent.com/pod-product-compliance
Lightning Source LLC
LaVergne TN
LVHW082035051026
849532LV00011B/3359
* 9 7 8 9 2 6 4 8 6 5 5 7 0 *